グローバル化のなかの近代日本

基軸と展開

小風秀雅・季武嘉也
［編］

有志舎

グローバル化のなかの近代日本——基軸と展開——

《目　次》

序　グローバル世界の形成と日本の近代化

小風秀雅

1　本書の課題

本書は、一九世紀後半から二〇世紀前半の間における日本と国際社会との関係のあり方を多角的に検証し、日本近代史に関する新たな歴史像を提示しようとするものである。掲載された論考は、研究手法や対象・時代も様々であるが、一冊の研究書としてのまとまりがどこにあるのかと言えば、世界史のなかで近代日本を考えよう、とする姿勢であろう。

幕末の開国・開港に本格的に開始される日本の近代化は、国際化・世界化（グローバリゼーション）の過程であった。だが国際化ということは、外交史という分野に限定される近代史のひとつの構成要素ではない。政治・経済・社会。文化など日本近代の全ての事象に関係し、日本近代史という歴史過程全体を貫くもっとも根本的な潮流なのであり、この潮流から無関係であった歴史事象などなかったといえよう。国際化という要素は、国際関係という近代史の一分野を示すものではなく、近代史全体を規定し、近代社会そのものを理解する上でもっとも中心となるべき概念なのである。日本の近代を世界の流れから切り離して考えることは不可能である。

国際化の視点から日本の近代化を考える、という課題はすでに言い古されたものであって、何も目新しいものではない。しかし、従来のように日本という存在を自明の前提とし、その窓から世界をのぞくだけではこの課題は達成されない。日本もまた世界全体の構成要素のひとつであったことを無視しては（言い換えれば常に日本を主語としていたのでは）、日本近代の理解は一面的なものとなり、多くの重要な部分をはじき飛ばしてしまうであろう。世界の側からも日本を見るという相互作用と世界の地平のなかで日本を位置づける相対化の作業のなかで、はじめて達成されるのである。

開国・開港を迎えた一九世紀中葉の時代は東アジアにとって時代を画する時期であったと同時に、世界構造そのものも大きく変化した時代であった。これも今更確認するまでもないことであるかもしれない。しかし、そうした世界史的変化と日本の近代化はどのように関連し、どのように位置づけられるのか。この問いに答えるためには、世界史的視野のなかで相対的に日本をみていく必要があるように思われる。本書の題名を「グローバル化のなかの近代日本」としたのも、そうした意図からである。

2　グローバル世界の形成と東アジア

本書で国際化ではなくグローバル化を使用した意図を説明しておきたい。

グローバリゼーションないしグローバル化は、現代社会を説明するキーワードであり、経済のグローバル化、グローバル・スタンダードなどは、その代表であろう。歴史学においてもグローバル・ヒストリーは関心を惹きつけている。

しかし本書では、もう少し具体的な歴史事象を指すキーワードとして使用している。すなわち、西洋が不平等条約体制によって東アジアを取り込み、すべての非西洋地域が従属的に世界システムに組み込まれる、あるいはその影響下に置かれることによって世界の一体化が完成した、一九世紀中葉における世界構造の変化を起点とする現代世界の成立、という含意である。世界システム論、自由貿易帝国主義論をはじめとして、基軸世界である西洋側の観点から見れば、このような変化は自明のことであるかもしれない。しかし近代世界システムに取り込まれていない最後の広野であった東アジアから見れば、不平等条約体制によって普遍的文明世界である西洋主導による世界秩序に組み込まれたことは、世界の一体化の過程で周辺世界と化し、伝統的国際秩序と自律的存立基盤を失っていくことを意味していた。


では、世界の一体化を実現させた条件とは何か。その中で日本はどのような位置を占めていたのであろうか。

グローバル世界の形成という観点から見れば、交通革命の果たした歴史的役割は極めて大きいと言わざるを得ない。交通革命[*1]（traffic revolution）とは、一八五〇年代から七〇年代にかけて、汽船・鉄道・電信分野における急激な技術革新の進展によって世界の交通・通信ネットワークが一変し、世界の一体化が促進された事象を指す。日本の幕末・維新期はちょうどこの時期に重なっており、近代日本を生み出した維新変革の背景には、交通革命の同時進行が存在していた。ここで注目しておきたいのは、同時進行という点である。列強とは、自国の商船隊と海軍によって世界のどの地域にも進出出来る国家という意味であるが、その列強も交通革命の中で自己増殖を果たしていったのであった。列強は最初から強大な外圧ではなかったのである。

交通革命には、技術革新による海上輸送の変革（帆船の衰退と汽船の時代の到来）という技術的変化と、太平洋横断航路の開設、スエズ運河・大陸横断鉄道の開通により、鉄道と海運が合体して形成された新たな世界交通網（世界周回ルート）が形成されたという交通ネットワーク面の変化が含まれる。

日本の開国まで太平洋が交通路や貿易路として利用されることはなく、欧米とアジアとの航路はアフリカや南アジアを経由する東回りルートに限られていたため、世界はヨーロッパを中心に、東の端（極東）に中国や日本、西の端にアメリカ西海岸が存在するといういわば弥次郎兵衛のような偏平な形をしていた。太平洋横断航路は、その両端である極東の中国と極西のカリフォルニアを結び付けようとする新たなルートであり、世界ははじめて端のない円形の世界を手に入れたのである。極東はもはや世界の東の端ではなくなった。太平洋横断航路が、アメリカの太平洋郵船によって開設されたのは一八六七年であった。一八六九年には、スエズ運河の開通、アメリカ大陸横断鉄道の開通により、世界の交通網はさらに効率的なものへと変化した。とくに、スエズ運河の開通により、ヨーロッパとアジアの距離と時間は大幅に短縮された。一八六九年にはロンドン・横浜間の移動日数は、スエズ経由の東廻りルートで五四日、太平洋経由の西廻りルートで三三日となった。

こうして、汽船の登場は、それまで帆船に頼っていた世界の交通網を一変させた。汽船の燃料に適した石炭を東アジアで産出する日本の開国に欧米列強が強い関心を寄せていたのも当然であった。[*2] 特に後者のグローバル・ネットワークの形成は、交通的側面における変革だけでなく、世界のパワーバランスをも変化させた。太平洋郵船によるサンフランシスコ・横浜・香港線の開設に際して、一八六七年七月一六日の「ニューヨーク・タイムス」は次のように報じている。[*3]

わがアメリカがその地理的状況から大きな恩恵を受けたのは、日本の開国にあたって単に外交的役割を果たした点（わが国は十分な役割を果たしたが）よりは、日本と迅速で定期的な通信を開始するという大事業でリードできた点にある。パシフィック・メール社の先見性、機敏さ、精力的な目標は、帝国の開国に伴って起こるはずの大貿易でアメリカが大きく先発するのに役立った。このリードをわれわれは維持しなければならない。

これをアジア側から見てみると、世界周回ルートの成立は、アジアを世界経済の一環に組み込む力となっただけでなく、東アジアの戦略的意味を増大させたことを指摘することができる。ヨーロッパから東に延伸するルートは東アジアに達する。逆に西に延伸するルートはアメリカ大陸を経由し太平洋を横断して東アジアに達する。二つのルートは東アジアの開港場において結びつき、世界周回ルートを形成した。すなわち、東アジアは、どちらのルートにおいても終点であり、また起点であった。しかもこの両方のルートを利用することが可能であるという交通ネットワーク上の結節点としての地位を獲得した。交通インフラを形成したのは欧米列強であったが、それを利用して東アジアは、ヨーロッパ、アメリカと並ぶ世界の一極を形成したのである。

自由貿易を強要した政治的条件が不平等条約であるならば、交通革命はその果実を実らせた経済的・技術的条件であった。自由貿易は国境を超えて発展していったが、その中核として自由貿易を推進したのは東アジアの開港場であり、とくに航路の起点となった香港、上海、横浜の三港である。この三港は、東アジアを代表する世界的港湾都市であるとともに、世界周回ルートにおけるアジア側の起点の国際都市として機能した。東アジアは、グローバル・ネットワークの形成により世界の一体化が進展する中で、新たな地政的地位を獲得したのである。

アジアにおける交通革命と不平等条約体制の同時進行による世界構造の変化は、世界の基軸たるヨーロッパからは見えにくいかもしれない。しかし、東アジアからみれば、その変化、すなわちグローバル・ネットワークの成立とグローバル世界の形成をよみとることは、容易であろう。日本の近代化はまさにグローバル世界の形成と同時進行で進展したのである。

3 「脱亜入欧」か「万国対峙」か

では、その近代化とはどのようなものであったのであろうか。

「脱亜入欧」は、近代日本国際的態度を端的に表現するキーワードとして影響を与え続けてきており、未だにその生命力を保持している。

しかし、福沢の「脱亜」論が甲申政変における日本の影響力の後退を逆説的に表現したものであることは、すでに坂野氏があきらかにしたところである。[*4] 日本は自らのアイデンティティーを放棄してアジアを脱しようとしたのではない。

では、「入欧」はどうであろうか。この点については、欧化政策の推進者であった井上馨が一八八七年八月六日に、条約改正において欧米に法典整備を約束したさい、西洋主義について、法律にはその国独自の要素が重要である、と自ら「入欧」の問題を指摘していることを挙げたい。[*5] 井上は、次のように記している。[*6]

> 欧州各国ニ於テモ、啻ニ国各々其法ヲ異ニスルノミナラス、一国内ト雖モ遠隔ノ地方ニ於テハ頗ル互ニ異同アリテ、真ニ其法ヲ同クスルハ僅々小地方内ニ限ルモノハ、是レ実ニ立法上固有ノ性ニシテ……是故ニ所謂ル泰西主義ヲ以テ我帝国将来立法ノ標準トナス場合ニ於テモ、決シテ之ヲ解シテ、其特ニ欧州各国中一国ノ様式ニ倣フ事ヲ謂フモノナリ、トナス事ヲ得ス
>
> 然ラハ則チ、日本帝国将来ノ立法ハ恰モ泰西各国ノ法律ノ如ク、充分ニ帝国一種特別ノ要用及ヒ帝国ノ情況、其ノ歴史上ノ由来、竝ニ習慣法ヲ参酌ス可シ（傍線部筆者）

井上は、いたずらに欧米の法典を導入しようとしたのではなく、モデルとすべき単一のヨーロッパなどないとし

て、日本の状況・歴史上の由来を踏まえた内容とすべきことを主張していた。井上の条約改正交渉を、単純に欧化主義に一面化することができないことは、この意見からも明らかであろう。日本は欧米との対等化を目指して近代化を推進していたが、自らのアイデンティティーを放棄（脱亜）してヨーロッパに同化（入欧）する近代化を志向したわけではない。

では、井上が依るべき近代化の道標は何であったのか。そのスローガンは、実はすでに明治四年に「万国対峙」として明示されていた。欧米と対等な近代国家であることを国際社会に承認させることは維新の目標であり、日本の対外的課題が文明化と対等化であったことは、五か条の誓文に示された「開国和親」「公議輿論」の理念、また廃藩置県の詔書に示された「億兆保安」、「万国対峙」など、内外両面にわたるいくつかの国是で明らかである。

明治前期の二〇年間、日本は戊辰戦争にはじまり、士族反乱を経て、民権運動の激化事件に至るまで、激しい内乱と対立をくぐり抜けてきた。しかしそうした国内対立を強調しすぎることは、時代の本質を見失うことにつながるように思われる。国家目標として、立憲制の導入をめざすことはほぼ共有されていたし、条約改正と国際社会における対等の地位を獲得するという目標は自明のことであった。

藩閥政府と在野民権派はこれらの論点をめぐって激しく対立したが、それは国家目標そのものの是非をめぐる原則的で妥協不可能な対立というよりは、近代化の方法・内容と時期などをめぐる実践面における対立であったというべきであろう。

そこで定められた目標は、日本が世界の中に自立していくための近代化を推進する、ということであった。「万国対峙」とは、国際社会のなかにおいて、不平等条約を結んだ欧米と対等の地位を確保し、自立していく、という意味である。そもそも明治維新が当時の国際的環境に強く規定されていたことを考えるならば、国際関係のなかで自立していくことを目指す「万国対峙」という国是は、さまざまの国家目標のうち、明治人の感覚をもっともよく表現していたといえよう。万国対峙こそが明治日本の至上命題であり、対内目標の達成は同時に対外目標の達成にも深く関係していたのである。

憲法発布と並行して条約改正が実現し、日本は文明国の一員として国際的に認知された。政府主導とはいえ、憲法制定と条約改正が実現したことによって、そうした維新の国是は実現したのである。こうして、文明国たるためには、日本人として国際社会に自立しなければならないという意識が生み出された。この時代をあらわすキーワードのひとつに「国民」がある。日本人全体を総称する名詞として、明治初期の人民、明治末期の民衆のあいだに位置づけられる国民という言葉には、そうした自負心が秘められていた。明治国家形成において国際的要因が強く働いていたことは、あらためて指摘するまでもないが、この時代はとくにその傾向が強いように思われる。

非西洋世界において、西洋は常に目標とすべき対象であったことは言うまでもないが、全面的に西洋に同化することが目標であったわけではない。むしろ、自地域の歴史と伝統を踏まえて如何に西洋と異なる近代化を遂げるか、が大きな課題であり、そのことはみずからの存在意義＝ナショナル・アイデンティティを確立する上で極めて重要な要素となった。日本の文化・芸術は決して西洋に劣っているわけではなく、むしろ西洋より優れた要素を備えていたと言う点、また倫理的にはキリスト教倫理に匹敵する倫理観＝自己犠牲の精神を内包した武士道など、科学技術や政治システムにおいては遅れをとっているとしても、全面的に西洋が優れており、人類の文明の中心にいたわけではないということを、明治の日本は主張したのである。[*7]

日本的なものの復権と西洋の相対化の志向は、欧化の一面性に対する反動から来るが、決して日本回帰・反近代ではなく、自文化至上主義（エスノセントリズム）でもないことがポイントである。西洋の直訳でない日本的な近代とは、ヨーロッパ的なものと日本的（東洋的）なものとのバランスの上に成立する。西洋普遍の相対化を意味するこうした志向は、西欧至上主義から脱却するための日本のアイデンティティーの模索であり、そのことは、井上における欧化と日本的なものに対するこだわりにも見てとることができよう。

4　本書の構成

以上、本書の分析対象の始点である一九世紀後半において、日本はどのような国際的環境の下に置かれており、どのような対外態度をとって近代化を推進しようとしていたのかを、編者なりにまとめてみた。ではこの状況はこの後どのように展開していったのであろうか。

そうした点を視野にいれつつ、国民のさまざまなレベルでの世界化の進展を理解するため、本書では三つの視点から、グローバル世界の形成と展開のなかにおける日本の近代化を考えようとした。

第一は、万国対峙の実相の解明である。万国対峙はどのように実現していったのであろうか。日本の政治世界における世界認識の深化、国内の近代化と国際的対等化の同時進行の象徴としての憲法発布、二国間関係の世界化としての日清戦争、外交の場としての万国博覧会における日本の対等化の主張、などを通して、対等化の実相を解明しようとした。

第二は、日本外交に見られる世界意識の解明である。日本外交の基軸はどのように形成され、展開していったのであろうか。この問題に対して、具体的な外交交渉を扱うアプローチではなく、世界システムへの対応＝多角的な「近代」外交政策の展開を、外交組織、外交官、外交戦略の面から迫ろうとしたのである。

第三は、国民レベルにおける世界理解の多様化と深化の実態の解明である。グローバル化の波は、如何に日本の諸方面に浸透し、定着していったのか、という点を、国際情報、地域と世界の直接接触の意味、グローバル経済の中における日本の対応、の諸点から明らかにしようとしたのである。

開国・開港と交通革命の同時進行に始まった日本のグローバル化は、一九二〇年代にその分岐点に達した。その後の一九三〇年代における国際社会と日本との関係は、本書で設定した視点とは異なる視点からの解明が必要となるであろう。それは、今後の課題としたい。

注

＊1 小風秀雅編『近代日本と国際社会』(放送大学教育振興会、二〇〇四年)、同「十九世紀における交通革命と日本の開国・開港」(『交通史研究』七八、二〇一二年)。
＊2 小風秀雅「一九世紀のおける「交通革命」の進展と日本炭の役割」(長崎市『高島炭坑調査報告書』二〇一四年)。
＊3 国際ニュース事典出版委員会編『外国新聞に見る日本』①本編(毎日コミュニケーションズ、一九八九年)、三八七頁。
＊4 坂野潤治「福沢諭吉にみる明治初期の内政と外交」(『近代日本の外交と政治』研文出版、一九八五年)、同『明治・思想の実像』(創文社、一九七七年)を参照。
＊5 小風秀雅「条約改正と憲法発布」(『日本の対外関係7　近代化する日本』吉川弘文館、二〇一二年。
＊6 外務省調査局監修、日本学術振興会編纂『条約改正関係日本外交文書』2上(日本国際連合協会、一九五九年)、五二三頁。
＊7 以上小風秀雅編『日本の時代史23　アジアの帝国国家』(吉川弘文館、二〇〇四年)を参照。

I　万国対峙の実相

一　民権派とヨーロッパの邂逅
――自由党総理板垣退助の洋行体験と政党認識――

真辺美佐

1　問題の所在

一八八一（明治一四）年、日本で最初の政党とされる自由党が結成された。最初の政党という表現に明確なように、「政党」は、前近代の日本には存在していなかったものである。しかしそれはもちろん、ゼロから作られたわけではなく、欧米というモデルが前提として存在し、それをモデルにして日本に「輸入」されたものであるということができる。そうした政治モデルの欧米からの導入という点に関しては、これまで立憲改進党の総理・大隈重信一派の「イギリス流」の立憲政治構想や、伊藤博文ら政府首脳や官僚の「ドイツ流」憲法導入論などがしばしば言及される一方で、これら勢力と対峙した明治期最大の政党勢力である自由党、とりわけその総理板垣退助（一八三七〔天保八〕年～一九一九〔大正八〕年）が、ヨーロッパの何をモデルとし、何を取り入れようとしたのかということについては明らかにされてこなかった。

しかし、自由党が、明治期日本で最大の勢力を有していた政党であることを考えるならば、その党首である板垣が、西洋をはじめとする国際社会にいかに向き合い、その向き合い方が、彼が結党した自由党のあり方とどう結びついているのかということが明らかになっていない現状は、大きな欠落点であるということができる。以上の問題意識から、本章では、一八八二・一八八三年の板垣退助の洋行（主にフランス・イギリスのヨーロッパ視察）と政党認識・政党指導との関係を問うこととする。すなわち、日本における初期の政党のあり方を西洋認識という観点から明らかにすることを通じて、一九世紀後半における日本と国際社会との関係のあり方を検証し、日本近代史に関する新たな歴史像を提示しようとするものである。

従来、板垣の洋行については、洋行費の出所問題や、洋行をめぐる党内抗争については多くの研究が行われ詳細に明らかにされてきた。[*1] しかし、問題の張本人たる板垣が実際にヨーロッパで何を見聞してきたのか、そして洋行を経たことにより、板垣の政治論がどのように変化したのか、そのことがひいては、自由党の党体制の変容や板垣の政党指導のあり方とどのような関係を有していたのかなどについては、本格的に検討されることはなかった。それらの研究が先行した結果、洋行に反対の立場を取り、最終的に自由党を脱党した馬場辰猪の『自伝』[*2]や、自由党を攻撃した諸新聞、[*3]さらには政府側史料（岩倉具視宛西園寺公望書簡など[*4]）などを材料にして、板垣が洋行によりヨーロッパの政治社会が進んでいないことに失望したことや、帰国後板垣が政党活動に熱意を失い自由党解散を唱えたことが断続的に述べられる結果となっている。[*5]

そこで本章では、板垣から遠い立場の者が記した史料ではなく、あくまで板垣に近い側の史料を基軸に据えて、板垣の洋行と体験の詳細を明らかにするとともに、その後の政治論・政党指導にそれがどう影響したのか、ということを連続的に検討することを主眼としたい。まず「2　洋行前の政党指導と政治論」において、洋行前の板垣の政党結成がどのような西洋認識・政党認識のもとになされているのかを確認したうえで、「3　洋行中の動静」では、これまでほとんど語られることのなかった洋行先の体験の再現を試みたい。そのうえで「4　洋行後の政党指導と政治論」では、板垣が実際に西洋を見聞した結果、それまでの西洋認識がどのように変化し、それが日本の現状認識を踏まえた上でどのように自由党の指導方針に反映されたのかを検討することとする。そのうえで、末尾において、板垣が西洋体験を経ることにより、板垣がヨーロッパの何をモデルとし、何を取り入れようとしたのかということについて意義づけたい。

2　洋行前の政党指導と政治論

板垣の洋行とその影響を探る前提として、本節では、洋行前の板垣に焦点を当て、板垣が欧米をどのように認識し、それが彼の政党論にどのように結びついていたのかを見ておきたい。

一八八一（明治一四）年一〇月末に自由党が結成されると、板垣は総理に選ばれた。板垣は前月から東北を始めとして遊説に出かけていたが、党結成後、本格的に全国各地を遊説する。板垣は、各所において、日本と欧米諸国とを比較して次のように述べた。

我ガ建国ハ既ニ二千五百有余年ノ旧キニ在リ、幾多ノ変遷ヲ経歴シ、政変亦少カラズト雖ドモ、或ハ両朝統ヲ競ヒ、或ハ群雄覇ヲ争フニ過ギズ、其能ク政治ノ大体ヲ更革スル者ナク、永ク専制ノ政ト為リ、百年一日ノ如ク、以テ今ニ及ビ、国歩上進ノ機ヲ誤レリ、之ヲ泰西列国ノ進勢ニ比スレバ、其遅速固ヨリ同日ニシテ語ル可ラザル也[*6]〔読点・濁点は筆者が適宜補った。以下同様〕

と、日本は建国以来二千五百有余年の歴史があるが、これまでずっと専制政治であった。このような日本の政治に比べて、泰西諸国の政治は断然進んでおり、同じレベルで語ることはできないという。そこで、まず日本が成すべき課題は、専制政治を改めるところから始めなければならず、そのためには「人民ヲシテ参政ノ権ヲ得、国家公同ノ事ニ与」かる政党が必要であり、自由党を結成したのはそのためであると主張する。さらに板垣は次のように述べる。

政党と私交との別を弁ず可し、蓋し政党なる者は宗教の異同に因る可き者にあらず、道徳を以て相与す可き者に非らず、親を以てす可き者に非らず、恩を以てすべき者にあらず、又た地方の情誼を以てす可き者にも非らず、只其社会公共上の事に付き即ち政治上の事に付き其意見を同ふし、其感情を同ふし、所謂意気相投じ肝胆相許す者にして始めて相倶に之を組織す可きのみ[*7]

すなわち、政党というのは、私的な交際とは別のものであり、宗教や道徳などの異同による集まりでもない。親しいとか、恩があるとか、地方の情があるから集まるというものでもない。ただ、政治上のことについて意見や感情を同じくする者が集まり組織するものであるというのである。それでは自由党は政治上において、いかなる意見や感情を同じくする党なのか。それは、現在の専制政治を改め、「単独ノ心ヲ去テ共同ノ念ヲ興シ、以テ公衆ノ自由ヲ伸ベンコトヲ求ム[*8]」ることであり、したがって、自由党は私心ではなく公衆の利益を目的に結成した「公党」なのであると板垣は主張する。また「我党ハ自ラ治メント欲スルモノニシテ、人ヲ治メント欲スル者ニ非ザルナリ、夫レ人ヲ治ムルハ易ク、而シテ自ラ治ムルハ難シ、〔中略〕彼ノ英国碩儒スペンサー氏ハ、世道ヲ進ムルヲ以テ己レガ任ト為シ、自ラ吾ハ坤輿ノ帝王ナリ、吾ハ真正ノ立法者ナリト称セリ、〔中略〕我党タラン者ハ、其易キヲ人ニ譲リ、其難キヲ己ニ取リ、猜忌ノ念ヲ却ケ、公明ノ心ヲ懐キ、以テ自治ノ業ヲ創ムベシ[*9]」と、英国の哲学者スペンサー〔Herbert Spencer〕の名を引きつつ、自由党は、自治を担う存在として結成されたものであり、公明正大な姿勢によって困難を引き受けることが必要であるとも述べている。スペンサーの名前が出ていることからは、洋行以前の板垣の政党論のなかに既にその影響があったことを窺える。

では、具体的に自由党が行うべきことは何なのか。板垣は次の三点を挙げている。

（第一）に大に天下の政党を団結して天下の政治を改正するを務むること（第二）には大阪に東京に各々一大政党新聞を設け東西相呼応して十分に我党の意見を天下の公衆に質すの便をなすこと（第三）には我党に於て一大出版社を立て、盛んに欧米浩瀚深奥の諸哲学等の書を翻訳刊行し、以て我自由主義を天下に広め、遂ひに之を支那朝鮮等の諸国に輸入し、自由の正気を亜細亜の全洲に磅礴せしめ、真成の興亜の遺業を立つること丶す[*10]

板垣が挙げているのは、①政党の団結、②新聞発行、③翻訳書による自由主義の広布という三点であった。①政党の団結という点については、次のように述べる。

泰西諸邦ニ於テハ政党対峙シ、各々其主義ノ存スル所ヲ精覈シ、其争ヒノ盛ナルニ由テ、政党ノ利ヲ観ルコト多シト雖ドモ、彼ハ守成ノ政党ニシテ、既ニ練熟シ、我ハ創業ノ政党ニシテ猶ホ未熟ナレバ、固ヨリ之ヲ同視スベカラズ。我邦方ニ創業ニ際シ未熟ノ政党ニシテ主義ヲ精覈シ、以テ小ヲ争ハヾ、遂ニ大ヲ誤ルノ虞アリ、故ニ我党ハ精細ノ主義ヲ争ハズシテ、粗大ノ運動ヲ為シ、以テ一大政党ヲ団結スルニ力ヲ尽スベシ[*11]

ヨーロッパ諸国の政党は、既に長い歴史によって熟達した「守成ノ政党」である。他方、日本の政党は、「創業ノ政党」であって未熟であり、ヨーロッパの政党と同一視することはできない。創業段階において主義主張を細かくして小異を争うこととなれば、目的を達成することなどできない。それゆえに、現在の日本の政党は、細かい主義を争わずして、大まかな方向性において団結し尽力するべきであるというのである。

②新聞発行については、説明は不要であろう。これはその後実現し、翌一八八二年一月四日に、板垣を社長として、大阪で『日本立憲政党新聞』が創刊され、同年六月二五日には、同じく板垣を社長として、東京で『自由新聞』が創刊されることとなる。

③翻訳書による自由主義の広布については、板垣はそもそもなぜ西洋書を読む必要があるのかについて次のように説いている。

我党将来の目的を達せんが為め、我党に於て宜しく勉めざる可らざるの事項を開陳せんとするに方り、〔中略〕今日我国人の精神を喚起するには必ず欧米の新主義を以てせざる可からず、欧米の新主義を以て我国人の脳裡に注入せんと欲すれば、必らず西洋舶来の書に由らざる可らず[*12]

すなわち、自由党将来の目的――ここでいう自由党の目的とは、自由党盟約でいうところの「自由拡充、権利保全、幸福増進、社会改良」「善良なる立憲政体の確立」を指すが――その目的を達成するためには、必ず欧米の理論を学ばなければならない、そのためには必ず西洋の書を読まざるを得ないという。しかし、日本人が「英書仏籍」の原書を読むのはとても出来ることではないので、翻訳書が必要であるという。しかし、現在の翻訳状況は、「弥児〔ミル、John Stuart Mill〕の著述が流行すると云へば、忽ち弥児の書の一端を抄訳し、スペンセル〔スペンサー〕の著述が流行すると云へば直にスペンセルの書の一般を抄述し、甚だしきは往々原書の意義を誤解し、鹵莽滅裂殆んど人をして復た解する事を得ざらしむる者あり、如此き杜撰の翻訳書に由て我党の目的を達せんと欲するは、益々難きことなる可し[*13]」というように、杜撰な抄訳翻訳書が横行し、西洋思想の理解も往々いい加減なものとなっている。したがって、完全翻訳版を出版することによってこうした状況を改め、西洋思想を正確に理解できるようにすべきだというのである。ここには、西洋の政治思想に学ぼうという板垣の姿勢を窺うことができるが、特に自由党結成前の板垣及び立志社員は、スペンサーの影響を大きく受けており[*14]、板垣自身、多くの演説でスペンサーの言葉を引用して「自由主義」を主張してきていた[*15]。そうした思想を、広く正確に理解させる必要を板垣は主張していたのである。こうした西洋に学びたいという思いが、後の洋行につながっていくのである。

なお板垣は翻訳書による自由主義の流布について「我党は遂ひに我自由主義をして亜細亜全洲に磅礴普及せしむる事を期せざる可からず[*16]」と述べている。一八八〇年に長岡護美を会長に組織された興亜会についても板垣は批判し、同会は、「興亜」と言いつつ、中国人から中国語を習い、詩文書画を弄んでいるに過ぎず、「妄も亦た甚だしきなり」

と批判した上で、「我党は真に興亜会を興起するの大規模を立てざる可らず、而して是の大規模を立る、宜しく欧米新主義を以て支那朝鮮等の人民の睡を喚醒するよりして始めざる可らず、余は我党に於て十分盛大なる出版会社を組立て欧米の浩瀚深奥なる書蹟を漢訳して、之を支那朝鮮へ輸入し、以て我自由主義を亜細亜の中央に伝へて、之を全洲に弘布し、遂に亜細亜を新造して、欧米の文明開化の上に出でしむる様になすを以て目的となさんことを欲するなり、如此にしてこそ興亜と云ふ可けれ[*17]」と述べる。真に「興亜」を目指すには、欧米の優れた哲学書を翻訳刊行して、これらを中国・朝鮮等アジア諸国にまで輸出することが必要であるというのである。日本が西洋を理解するだけでなく、それを翻訳刊行することによってアジア各国にまで自由主義をいきわたらせようというのが、板垣の考えであった。

以上のように、板垣は、日本、そしてアジアの近代化のためには、西洋文明を学ぶことが必要だと強く唱えていた。しかしながら他方で板垣は、ヨーロッパ諸国の政党は長い歴史を経て成熟しているが、日本の政党は未成熟であるという、政党の発展段階の違いを踏まえ、細かい政治的議論よりも、大雑把な議論による団結こそが必要であるとも説いていた。優れた西洋に、遅れた日本が学ぶ必要を説きつつ、しかしそれは機械的適用であってはならず、日本の実情に応じた戦略が必要であると、洋行前の板垣は説いていたのである。以上見てきたような板垣の主張が、洋行後、どのように変わるのか変わらないのかが本章の焦点となる。

3　洋行中の動静

(1)　洋行の目的

一八八二（明治一五）年四月の、「板垣死すとも自由は死せず」と叫んだとされる岐阜事件を機に、板垣は一躍英雄となり、自由党への入党者や同調する者も増加していく。六月には機関紙『自由新聞』も創刊され、党勢は拡張していた。こうした矢先、板垣は後藤象二郎から洋行に誘われ、それに応じることを決断、八月に洋行を党員に対し発表した。しかしこれに対し、党幹部の馬場辰猪や大石正巳、末広重恭らが異論を唱え、党には内紛が起こることになる。こうした経緯・党内抗争については第一節でも述べたように、多くの先行研究があるため、詳細については先行研究を参照願いたい。

当初板垣は九月二二日に出発する予定であった。しかし、その予定は、こうした党内抗争の影響を受け、二週間ほど延期されることになる。[*18] 結局、馬場らを自由新聞社から退社させる処分を下す形で、党内抗争に一応の決着がつけられ、板垣は一〇月一四日に出発することとなった。ところが今度は、持病の胸病が悪化したことにより、お雇い外国人医師ベルツ（Erwin von Bälz）の診療を受け、[*19] 結局、出発は一一月一一日まで延期されることとなった。[*20]

板垣の渡航に党内から反対者が出たことは述べたが、逆に党首こそ自由や民権の理論を生み出した欧州を巡検し、その理論の運用の実態を視察すべきであるとして、渡航に賛成する者もいた。[*21] また党首の板垣自身、欧米の理論の運用を目の当たりに見たいという思いを抱いていたことは、渡航前、栗原亮一に口述し『自由新聞』に掲載された記事[*22]からも窺える。

この記事によると、板垣は、渡航の趣意は次の五点にあると述べている。

一点目は「今日ニ在テハ或ハ之ヲ耨リ或ハ之ニ灌ギ時ニ培養ノ労ヲ施シ以テ収穫ノ秋ヲ俟ツニ外ナラザレバ、寧ロ今日ヲ以テ農隙ノ時ト為スベシ、余ハ此ノ間隙ヲ得テ別ニ樹芸ノ良術ヲ探討スル所アラント欲スルナリ、諸君或ハ今日ヲ以テ国家多事ノ時ト為シ余ガ此行ヲ非トセラル、モ計リ難ケレドモ、我党ノ所謂ル国家多事ノ時ハ今日ニ在ラザル也、我邦ノ勢愈々危クシテ愈々蹙ルノ時ハ応ニ他日ニ在ルベシ、是レ我党収穫ノ秋ニシテ既ニ此時ニ至ラバ、余復タ海外ニ遊バント欲スルモ其遑ナカルベシ、是レ余ガ此行ヲ企ツル所以ノ一也」というように、今こそ視察を行う好機であるというにあった。渡航に反対する者は「国家多事」と言うが、国家多事の時は「他日」にこそある（議会開設後を指したものか）、今はそれに備えるべき時期であり、国家の将来のために、政党のあり方を探究して実力を蓄えるべき時なのだというのである。

二点目は「〔板垣が〕勇退シテ野ニ在ルニ方テハ、民権自由ノ主義ヲ首唱シ学士論客ト議論ヲ上下シテ以テ其説ヲ敲キ、余ガ執ル所ノ主義ヲ行フニ就テハ略ボ其論理ヲ解釈スルコトヲ得タリト雖ドモ、未ダ目撃実験ノ功ヲ積マザレバ、躬カラ彼地ニ遊ビ以テ更ニ余ガ志気ヲ培養スルニ足ルベキノ材料ヲ獲、将来大ニ我党ノ為メニ為ス所アラント欲ス、是レ余ガ此行ヲ企ツル所以ノ二也」と述べ、板垣は、日頃西洋の自由民権の理論をもって議論し、その理論の解釈についてはある程度のことができているが、いかんせんその理論の実地への運用については、実際に各国を実際に見て、政党活動に資するようにしたいというのである。

三点目は、「我党履ム所ノ者ハ天地ノ公道ナリ、夫レ公道ハ一邦ニ限ラズ普ク宇内ニ通ズル者也、故ニ我党ノ如キ公道ヲ履ム者ハ独リ一邦ニ限ラズ、宜ク広ク是非ヲ世界ノ公評ニ訴フベキ也、〔中略〕我党妄ニ自ラ魯国改革党ニ比スルニ非ズト雖モ其是非ヲ世界ノ公評ニ訴フルノ一事ニ至テハ固ヨリ当ニ其然ルベキ所ナルヲ信ズル也、〔中略〕世界各国ノ勢モ亦タ之ニ異ナラザレバ、我党モ亦万国ノ公評ニ係リ以テ広ク世ニ願ハレンコトヲ期セザル可ラズ、是レ余ガ此行ヲ企ツル所以ノ三也」と述べ、自由党の主義を広く世界に訴えるために渡航を企てたのであるという。

四点目は、「余聞ク、欧米ニ在テハ各国民間志士ノ会同アリ、其交際甚ダ親密ナリト、我邦東洋ノ一隅ニ孤立シ自由ノ主義近時漸ク行ハル、モ是レ唯ダ我国内ノ事ニシテ未ダ広ク邦外ニ顕ハレザレバ、宜ク海外ノ志士ト結約シ、以テ各国民間ノ交際ヲ親密ニセザル可ラズ、是レ余ガ此行ヲ企ツル所以ノ四也」、つまり、欧米各国の民間の志士はお互いに交際が親密であるが、日本は東洋の一隅に孤立しており、日本もそうした志士同士の交際に加わる必要性があるためであるという。

五点目は、「政府ハ曩キニ委官ヲ海外ニ派遣シ以テ西洋各国ノ政体憲法ヲ審査セシメ我邦国会開設ノ時ニ臨ミ憲法ヲ制定スルノ準備ヲ為ス有リト、夫ノ憲法ヲ制定スルガ若キ其利害ヲ討究スルハ我党当務ノ急ナレバ漫然之ヲ政府ノ手ニ委ネ以テ其成ヲ仰グ可ラズ、今後国会ヲ開設スルノ時ヲ期シ、民間ノ志士タル者モ亦宜ク之ガ審査ニ力ヲ用ヰ海外諸邦政体憲法ノ得失ヲ実験シ以テ我邦ニ恰好ノ政法ヲ立テンコトヲ勤ムベシ、〔中略〕余氏〔後藤象次郎〕ト倶ニ此行ヲ同フシ各国施政ノ跡ニ就テ歴々之ヲ鑑ミ、氏ト倶ニ其利害ヲ研究セバ其得ル所応ニ少小ナラザルベク、随テ我党将来勝ヲ政論壇上ニ争フニ於テ其益スル所モ亦応ニ少ク観ル可キ者有ルヲ信ズ、且ツ余夙ニ立憲政体ヲ建ルノ議ヲ天下ニ唱ヘシモ、未ダ其政体ノ実施サル、欧米各国ニ往テ親ク之ヲ目撃セザルハ独リ一身ノ為メニ遺憾ナル而巳ナラズ、又タ一国ノ為メニ謀ルニ先覚ヲ以テ自ラ任ズル者実験ノ労ヲ費スニ非ズンバ我党ノ闕遺タランコトヲ恐ル、是レ余ガ此行ヲ企ツル所以ノ五也」、つまり、現在、政府が官吏を派遣して政体や憲法を調査しているが、こうした中、政府に対峙する政党の側も、憲法の正否を問い議論するために、実際に欧米各国に赴き、各国政体憲法の運用を実見すべきであるということであった。

五つに分けてはいるが、より大きくまとめれば、板垣の洋行目的は、①欧米各国における政治の運用実態を視察すること、②欧米各国の理論家・運動家と交際すること、の二つにあったと言えよう。

(2) 洋行日程の変更

一八八二(明治一五)年一一月一一日、板垣は、後藤象二郎と、自由党員の栗原亮一、通訳の今村和郎を伴い、仏国郵船ボルガ号で横浜から洋行の途に就いた。フランスに到着するまでの詳細な動静は、栗原が現地から報道し『自由新聞』に連載された「泰西紀遊」により知ることができる。*23 一行は、鳥羽沖・土佐沖・佐田岬を抜けて、福州に至り、それから香港の市街、サイゴンの市街を廻覧後、シンガポール港、セイロン島のコロンボ港(コロンボでも市街巡覧）、アデン港、スエズ港、ポートサイド港、イタリア半島のナポリ港を経て、一ヶ月半弱後の一二月二二日、フランスのマルセイユ港に到着する。許可を得てマルセイユに上陸するのは二四日で、二六日にはリヨンに移動、パリに到着したのは、暮れも押し迫った二七日の夜であった。

当初、板垣の一行は、一八八三年五月中旬まで欧州諸国を周遊し、それから英国に渡り、同国滞在の後、米国へ赴き、八月頃帰国する予定であった。[*24] パリから栗原が自由新聞社に出した一月一二日付書簡でも、フランスに滞在するのは三月末頃までで、それより隣国を周遊し、五月初旬に英国に渡る見込みだと伝えている。[*25] しかしフランス在勤特命全権公使の井田譲書簡によれば、板垣は「微恙」のため、当時伊藤博文が滞在していたドイツのベルリンへ向かうことを中止し、パリに留まったようである。[*26] 一方、板垣と同行した後藤は、息子猛太郎がドイツ（旧プロイセン）に留学していたこともあり、一人でドイツに向かい、そこで伊藤と面会を予定していた。[*27] ただし、実際に後藤がドイツを訪れたときには伊藤はすでにドイツを離れイギリスに移動しており、面会はイギリスにて行われることとなった。[*28] 四月二〇日付栗原の自由新聞社宛書簡によれば、その時点で板垣はまだパリに滞在しており、五月初旬に英国に渡り、数日間滞在した後、すぐに米国に渡り、六月中には帰国する予定だと報じられている。[*29] この頃には帰国の日程が早まっていたことが分かる。

結局、フランスのパリには四月下旬まで滞在し、四月二四日に英国に渡り、その後日時は不明だがオランダのアムステルダムの展覧会に立ち寄った後、米国へ渡ることもなく、[*30] 五月八日には再びフランスのパリに戻った。そして一一日まで滞在した後、一三日にはマルセイユから仏国郵船ペイオー号に乗り、六月二二日に帰国したのである。[*31]

つまり、当初は、欧州諸国はもちろん米国にも渡航して八月頃に帰国予定であったものが、実際には、フランス・パリで大部分を過ごす形となり、帰国も六月に早まったのであった。

(3) 洋行先での動静

なぜ板垣がフランス・パリに主に滞在することになったのか、管見の限りそれを明確に示す史料はなく、不明である。前述したように、板垣一行の動静については、栗原が「泰西紀遊」と題する紀行文を定期的に『自由新聞』に寄せていた。しかしパリに到着後、多忙さに取り紛れ、一月から三月末までは連絡が途絶えてしまっている。[*32] この間の動静は帰国後にまとめて報告する予定であったようだが、[*33] 栗原は帰国後まもなく熱病に冒され、大学病院に一一月五日まで入院することになるため、[*34] 報告はさらに延期される。結局、「泰西紀游　仏国之部」の連載が開始されるのは、帰国約一年後の翌一八八四年五月二四日からとなるが、[*35] 八月一日まで二二回連載されたのち中絶してしまっている。しかもその内容は、板垣が面会する予定だったにも関わらず死去したために面会できなかったガンベッタの履歴や、栗原が注目する当時フランス滞在中であった革命家たちの履歴を紹介するのに費やされ、板垣が実際に面会した人との会談内容は記されないままとなってしまう。それは栗原が、八月五日に勃発した清仏戦争の取材のために清国に渡り、その報道に従事することとなったためであった。[*36] したがって、この栗原の報告もきわめて不充分な情報しか提供していない。

パリに到着して以降の日録、洋行先で面会した人たちとの会談記録なども残されていないため、洋行中の動静を追跡するのは極めて困難であるが、ここでは断片的な資料情報を繋ぎ合わせて動静の再現を試みたい。

栗原亮一の報告によれば、板垣一行はパリに到着して間もない一八八三年一月一日に、共和党党首ガンベッタ(Léon Gambetta)の訃報に直面したことが窺える。[*37] ガンベッタは板垣が会談したいと考えていた人物であったが、これにより果たせなくなる。一月六日には、国葬が執り行われ、板垣もその模様を見学したことも、栗原の記録により分かる。[*38] 板垣が実際に会談することができたのは、ガンベッタの後継者と目されていた左翼派急進党のクレマンソー(Georges Clemenceau、後にフランス第三共和政第四〇代首相となる)であった。[*39] 栗原の報道によれば、クレマンソーはフランス滞在中に板垣が最も深く交際した人物で、ともにフランス政治の利害について議論を交わしたとされるが、栗原の報告にはその議論の中身までは報じられていない。[*40]

また板垣はヴィクトル・ユゴー（Victor-Marie Hugo）とも談話している。[*41] ユゴーはこのときすでに八十歳を超える年齢であった。ユゴーは、ガンベッタを肉親のように撫愛しており、その葬式に会葬する様子について栗原は報告しているが、ユゴーと板垣との談話内容については後日報道すると述べながらも結局報道しておらず、またユゴーも記録を残していないため、板垣の談話内でしかその様子を知るすべがない。板垣によると、ユゴーは、板垣を若い東洋の自由改革家として喜んで迎えたという。板垣が、東洋では頑迷固陋の習俗が阻害要因となって、改革が至難であることを述べると、ユゴーは、「進め、退くことなかれ」と、とにかく進歩的運動を継続していくことが大事だと説いた。その際、ユゴーは、一般人民に対する自由思想の宣伝には、政治小説を利用すべきであり、自分の作品もそのために利用すべきであると語ったという。[*42] なお、板垣は、この助言を受け、ユゴーの政治小説のほか、別の作家の政治小説を二百余部も集め、帰国の際に持ち帰ることになる。[*43] さらに、ユゴーは板垣との談話中、孫を背中に乗せて馬のような恰好になって遊び、それからまた会話を続けたとのことであり、ここから板垣は帰国後、フランス人の天真爛漫な気象、特にユゴーの無邪気で慈愛に富んだ姿を称賛することになる。[*44]

板垣はさらに法学者（共和派）のエミール・アコラス（Émile Acollas）とも会談した。その際、板垣は、アコラスから、ヨーロッパに来て、どのような感覚を抱いたかと尋ねられた。それに対して板垣は、日本にいたときに聞いていた通り、ヨーロッパ哲学が大変進歩していることに驚いた、しかしそれよりも驚いたことは、生産業・製造業・販売業・運搬交通など産業の目覚ましい発展、道路などのインフラ完備、会社設立など「生活社会」が大いに進歩していることであり、逆に、その生活社会の進歩に比べて、「政治社会」は、一個人の自由も政治に干渉され、町村の自治に任すべきことも中央政府の牽制を受け、政党はまだ私党のようなものもあり、進歩していないことを知った、と答えたという。するとアコラスは、実は三日前に自分は「十九世紀に於て何をか最も注意すべきもの乎」と題する論文を書き、その中でヨーロッパは、生活社会において進歩したが、政治社会においては進歩していない、一九世紀で最も改良に力を入れるべきは政治社会であるという趣旨を述べたばかりであると話し、板垣の観察が実によくヨーロッパの現状を看破していると称賛したという。[*45] なおこのエピソードは、板垣が、予想に反してヨーロッパでの政治社会が進歩していないことに対して失望したものとして取り上げられるが、板垣は決して失望をしたわけではない。この点については後述する。

このほかフランスでは、二月上旬には、大統領グレヴィー（François Paul Jules Grévy）の夜会に招待されたりもしたが、[*46] これら数人との面会の他は、フランス滞在の多くの時間を、同国の制度・民情の探聞に割いていたと伝えられる。[*47]

ロンドンに渡ってからは、駐英公使森有礼の紹介により、哲学者ハーバート・スペンサー（Herbert Spencer）に面会した。板垣が洋行前からスペンサーの著書に親しんでいたのは前述したとおりである。板垣によれば、スペンサーは、脳病を患い、政治学術に関する深い議論は一切できなかったらしい。[*48] しかし、談話は多岐にわたったらしく、スペンサーは板垣に対して、自分は最近各国の公使に面会し、彼等と議論して、学術上の材料を増やし、社会上の研究に役立てているのだと述べたという。社会のさまざまなことは一人で見聞できるものではなく、人は集会することによりはじめて、多くを知ることができるのであるという。このことから板垣は、社会改良のためには、まずは社会を知る必要があり、そのためにも集会が重要であることを認識したと述べている。[*49]

また板垣は、スペンサーに対し、スペンサーの著作が日本で多く訳述されている旨を伝え、手持ちの日本語訳書を贈り、帰国後も英国公使館を通じて、その他の訳書を郵送した。これに対し、スペンサーは御礼として、森有礼を通じ、新著 *The Principles of Sociology* の首章を増補して宗教上の沿革を通論した小冊子を板垣に送り、併せて日本語の翻訳を希望する旨を伝えた。[*50] 板垣は、一八八六年、スペンサーの希望どおり、本書を『宗教進化論』として出版することになる。このほか、板垣は、以上のような翻訳書だけでなく、外務省を通じて、スペンサー所望の書類も郵送している。[*51] 森有礼は、板垣とスペンサーとの会談について、板垣が無根拠の空論を唱えたこと対してスペンサーが「堪忍袋も破れ談半ばにて、no、no、no、之声と共に立ち上り、其侭にて相別れたる由」との伝聞情報を報告しているが、[*52] 前述した板垣側の記録からは、森が伝える情報とは異なる、板垣とスペンサーとの親密な交際ぶりを窺うことができる。

以上、板垣の洋行中の動静をまとめると、板垣は政府顕官と会うことには力を入れておらず、当初の目的どおり、在野の政党指導者及び学者に面会することに重点を置いていること、さらにこれらの面会とは別に、社会の観察に多くの時間を割いていたことが指摘できる。さらに、帰国の際、スペンサーやアコラスの著書、ユゴーの勧めによりユゴーやデュマを始めとする小説（政治小説を含む）、また英仏独の新書数百巻を持ち帰り、[*53] 帰国後、党の内外に分ち、翻訳出版させたことは、[*54] 板垣の洋行が日本にもたらした思想的・文化的影響という観点からも、重要な事実として指摘しておく必要があるだろう。

4　洋行後の政党指導と政治論

(1)　板垣の西洋認識及び政治論の変容

板垣は、帰国直後、自由党員からフランスの政治の情況について問われ、「先づ野蛮の元気を以て自由の精神を帥る者といふべし」[*55] とごく簡単に答えたことがあったが、これ以外には、帰国後しばらく、西洋見聞について語った様子が見られない。帰国から二ヶ月後の八月二〇日、関西自由懇親会での演説で、ようやく板垣は沈黙を破り、西洋での見聞について語ることとなった。[*56]

この演説において、まず板垣は、洋行の途中に立ち寄ったアジア各国で西力東漸の現実を目の当たりにしたことを述べている。英国領香港では、英国人が現地人に被選挙権を与えない有様を目撃したとして、「彼ノ英国ハ自由ノ保護者ト云ハル、モ此ノ形況ヲ以テ見レバ、殆ンド自由ノ破壊者ナリト云ハザルヲ得ザルニ非ラズヤ」[*57]との感想を吐露している。さらにその後寄港したサイゴン、シンガポール・セイロンなどフランスやイギリス統治下の各地でも、「彼ノ自由平等ヲ唱へ、文明ヲ以テ誇称スル国人ニシテ、其ノ己レガ曾テ忌嫌シタル所ロノ貴族ノ権ヲ恣ニシテ東洋人ヲ虐待凌轢スルノ状態」は「慨歎ニ堪へザルモノアリ」[*58]と述べている。

そして、アジア各地がこのようにヨーロッパ諸国に占有されている状態にあっては、条約改正を行うことは至難の業だと板垣はいう。いかに「日本ハ如何ニ進歩シテ人智進ミ世道開」けたとしても、ヨーロッパ諸国からすれば、アジア全体が「野蛮」と見られている以上、条約改正の実現は相当に難しいものがあるというのである。しかしさりとて、日本は条約改正を実現しないわけにはいかない。そのためには「非常ノ英断」が必要であると板垣は述べる。ではその「非常ノ英断」とは何か。

何ヲカ非常ノ英断ト云フ、請フ試ミニ之レヲ陳ベン、夫レ我国ハ幸ニシテ今日自ラ之レヲ発明シ、自ラ之レヲ試験スルモノニアラズ、文明国ノ先規即チ政治ナリ、法律ナリ、学術ナリ、何レモ進歩シタルモノアレバ、即チ其ノ短ヲ捨テ其ノ長ヲ取ルコトヲ得ベシ、是ヲ以テ非常ノ改革ヲ為シ、欧人ヲシテ喫驚讃歎セシムルニ足ル可キ政体ヲ作リ、且ツ彼レヲシテ治外法権ヲ棄ツルモ遺憾ナカラシム可キ至善至美ノ法律ヲ作ル乎、否ラザレバ即チ海軍ヲ拡張シテ彼レノ肝胆ヲ寒カラシメ、若シ一端外国ト釁ヲ開クニ方リテハ彼レヲシテ城下ノ盟ヲ為サシムルコトヲ得可キ武力ヲ養成セザル可カラズ、此ノ如ク文武孰レカ其一ニ依ツテ非常ノ英断ヲ行フニ非ラザレバ余ハ我国ノ条約改正ハ到底得テ為ス可カラザルヲ知ルナリ[*59]

つまり、板垣は、条約改正を成し遂げるためには、政治法律等の大改革を行って文明国としての体面を整えるか、あるいは、海軍の拡張を行うかの一大英断がなければ、条約改正は成し遂げられないというのである。

この後、板垣は、まず後者、すなわち海軍拡張の方策について、ヨーロッパで耳にしたイタリアでの海軍拡張論争などを参考にしながら、日本は、イタリアとは異なり、ヨーロッパから遠く離れているため、国土すべてを網羅するような海軍は必要なく、ヨーロッパからやってくる艦隊を一大決戦によって迎撃できるだけの設備があれば充分であり、その費用は、陸軍の費用を節減することにより捻出できるという。陸軍費用の節減の方策とは、すなわち、イギリス・フランスで板垣が見聞してきた、人民からなる「自由兵」を編成することであった。

余ガ欧行中英仏ノ地方ヲ通行シテ自由兵ト唱フル兵隊ノ行軍スルヲ目撃シタリ、抑モ此自由兵ナル者ハ人民ノ自ラ編制シタル所ニシテ、其士官ノ如キモ亦人民ノ投票ヲ以テ選挙スル所ナリト聞ク、而シテ行軍ノ状態ハ勇気凛々トシテ侵ス可カラザルノ勢ヒアリ[*60]

そしてこの自由兵というものは単に費用の節減という点から有用なだけではなかった。政府が組織した軍隊においては、人民をその指揮に服させるために「警察若クハ陸軍ノ威力ヲ用イザルベカラズ、此ノ如クニシテ上下内ニ相鬩グニ至テハ、外ニ全力ヲ逞ウスル能ハズ」、しかし人民みずから組織した自由兵は、「固ヨリ内ヲ制スルニアラズシテ全ク国ヲ護ルノ兵ナルヲ以テ能ク人民ト親睦シ時ニ憲法ノ護衛兵トナリ時ニ人民ノ保護兵トナリ誠ニ賞賛ニ堪エザルナナリ」というように、「上下一致協同」を実現することが可能であり、国民や憲法を守るうえでも非常に有用な存在だと板垣は感じたのであった。[*61]こうした義勇兵制度による陸軍経費の節減と、それによる海軍増強を主張する見解は、板垣がこの後晩年に至るまで主張し続けるものであり、[*62]板垣が洋行によって得た大きな知見であったということができる。

そして、こうした「自由兵」「上下一致協同」をなしとげられるのは、その背後にある、ヨーロッパの「生活社会」

の進歩によるものであると板垣は見ていた。それはすなわち、「夫レ欧洲生活社会進歩ノ有様ヲ察スルニ、総ベテ財アル者智アル者力役者等相合同シテ精巧広大ノ事業ヲ為スヲ以テ衣食住ノ三者ヲ始メ農工商ノコトニ至ル迄善ヲ尽シ美ヲ尽シ」[*63]農村に至るまでその合同の力によって繁栄していることに現れているように、経済をはじめ社会生活の諸事において、人々が力を併せて協同事業を行う慣習が存在するというのであった。その一方で、「政治社会」については、一個人の自由に属することまでも政治に干渉され、町村の自治に任すべきことも中央政府の牽制を受け、政党はまだ私党のようなものもあり、さほど進歩していないとの感想を板垣は抱いていた。

こうしたヨーロッパの現状を踏まえて日本の状態を見るならば、ヨーロッパ諸国と対称的に、日本の「生活社会」は、村落では地主と小作人とを区別が存在するのみ、市街では卸売商と小売商との区別が存在するのみ、製造場も職工場もなく、会社すらほとんどない状態で、「野蛮人民ノ各自ニ闘争ヲナスガ如キモノ」[*64]と言わざるを得ないほど遅れている。他方、この「生活社会」の遅れに比べて、「政治社会」は、町村・郡区・府県など地方の政治制度は粗々備わっているので、「生活社会」よりはましであると板垣は考えていた。なお、前述したように、この板垣の感想は、予想に反してヨーロッパでの政治社会が進歩していないことに対し失望したことを示すものとして取り上げられてきたが、板垣はヨーロッパに失望したわけではなかった。板垣の言わんとするところは次のことにあったからである。

そもそも人間社会というものは、政治が先にあって、そのために生活が必要になるわけではなく、生活の必要が先にあって、そのために政治が必要となっているものである。したがって、「生活社会」が先に発達し、それを「政治社会」が追いかけているというヨーロッパ諸国の状況は「自然ノ定則」にかなっていると板垣は述べる。つまり、板垣は、ヨーロッパの政治社会が、日本に較べて進歩していないと述べているのではなく、「生活社会」との比較の上で、それを述べているに過ぎないのである。そして、こうした「生活社会」の改善のために何をなすべきかということになると、「我国凡庸者流」は「殖産興業ヲ盛大ニス可シ」というが、これは板垣によれば物事の表面しか見ていない者の言であった。板垣の見るところによれば、日本の「生活社会」が発達していないのは、古くから専制政治が行われてきたがために、生活社会はその専制政治によって退縮萎靡させられたがゆえであった。したがって板垣は、日本において、「生活社会」の改良を行うためには、「政治ヲ改良シテ干渉ノ弊ヲ一洗スルニ如カザルナリ」と述べるのである。ヨーロッパをそのまま真似し、「生活社会」の改良を手始めに行おうとしても、「政治社会」が専制政治のままであっては、専制政治による「生活社会」の圧迫は止むことはないのであり、そうした「生活社会」に干渉するような弊害を有する「政治社会」の改良に先に着手しなくては、「生活社会」の衰頽を回復する方法はないのである、と板垣は主張したのである。[*65] このように、板垣は決してヨーロッパにも政治の改善からも目を背けたのではなく、ヨーロッパの生活社会の進歩の有様を見ることによって、日本政治の改良により熱意を燃やすようになったのであった。

そしてその「政治社会」「生活社会」の改良において基礎となるものと板垣が考えたのは、人々の気風であった。ヨーロッパ人は、公共のためには生命をも抛つほどの気節を有している。それに対し日本人は、公共の利益が、個人の利益をも増進させるということを知らず、例えば政党を結合するにしても、その結合を親密広大にすることができない。生活社会の保護は政府の力を借りるのが当たり前だと考え、製造場商業会社は官の保護に頼って立つものばかりであると板垣は批判する。すなわち、自分たちの力を合わせ、団結して事を行う気風、民衆の自治的団結の気風が存在しないことが最大の問題であると板垣は考えていたのである。[*66]

そして板垣は繰り返し主張する。「我ガ文明ヲ進メテ泰西文明ノ運ト相争ハント欲スレバ、徒ニ其ノ事物ノ末ヲ摸スルノミヲ以テ足レリト為ス可ラズ」と。つまり、日本がヨーロッパ諸国と競争しようとするのなら、表層だけを模倣するのではなく、その精神に学ぶべきであるというのである。先にみたような、自治的な団結の精神を学ぶことは、一方で「政治社会」の、他方で「生活社会」の改良につながり、両者が相まって、日本の進歩・発展につながると板垣は主張したのであった。

(2)　自由党の指導方針の変化

従来の研究では、板垣は洋行によって、ヨーロッパの現状に失望したと述べられてきた。しかし、先述してきたように、板垣は決してヨーロッパに失望したわけではなかった。むしろヨーロッパ、特に英米の発達の基盤にある生活社会の活発さとその背景にあるヨーロッパ人の自治・団結の精神に感化され、その精神に学ぶべきことを強調したのであった。また帰国後板垣は自由党の解散を唱えるようになるともされるが、その解党論は、洋行との連続性の上に把握するならば、次のように異なった読み解き方が可能である。すなわち、従来、板垣が帰国後に自由党解散を唱えた根拠の一つとして挙げられるのは、七月一七日付で太政大臣・左大臣・参議九人〔大木・山県・西郷・井上・山田・大山・川村・福岡・佐々木〕に提出された機密探偵報告「自由党ノ決議」である。すなわち、この報告では、帰国後の板垣が自由党員に対し、

此迄ノ如キ自由党ノ体裁ニテハ迚モ事ヲ天下ニ成シ能ハズ、断然此時ニ際シ該党ヲ解クニ若クハナシ、然ラズシテ年月ヲ経過セバ自カラ滅亡ヲ招クノ外ナキヲ信ズルナリ、乍去余ガ意見ヲ諸君ガ採納シ給ヒテ以テ天下ニ活動セバ、甚ダ愉快ナルコトナリ、其由縁ハ茲ニ四ヶ月若クハ五ヶ月ヲ期シテ金拾五万円ノ資本ヲ募集シ、以テ壮快ニ事ヲ天下ニ成スノ一事是レナリ、退介ハ此資金ヲ擲テ自在ニ仕事ヲ成スノ日ハ性命ヲ惜マズ此レニ当ルナリト[*67]

と述べたとされる。しかし、引用した部分を素直に読めば明らかなように、板垣は、この報告で解党を主張したわけではない。確かに「解党」という言葉を発してはいるが、それは、自由党が当時置かれていた危機的状況を党員に示すために用いられた言葉であって、むしろ活動を継続して資金を集めることを呼びかける後半部分こそが板垣の主張したいことであり、前半の解党云々の言葉も、党員に協力する覚悟を求めるためのレトリックとして用いられている

ことは文章の流れから明らかであろう。
もっとも、板垣が洋行する前の一八八二年六月二六日にも、自由党常議員等の会合で「解散（解党）」「武力革命」「届書の提出」の三策が議論されたことがあった。それは、同年六月三日、集会条例の改正により、政談集会は警察に届けなければならないこと、政治結社は支社を置くことができないことなどが新たに取り決められ、取り締まりが強化されていたからである。[*68]結局、届書を提出することに決まるが、党内では挙兵を主張するものも多く、板垣はそうした議論を抑えてその場を収めた。[*69]同時に、機関紙『自由新聞』と本部寧静館の存続危機を回避するために自由党寄附金規則が設定されたが、板垣が一〇〇〇円を出資したのをはじめ、多くの党員が出資し、さらなる募金が呼びかけられることとなった。[*70]板垣は、洋行を前にして、政府の弾圧に対し、急進論を抑えつつ党を存続させる対策を講じて、洋行に出向いたつもりだったと思われる。しかしながら、板垣洋行中の一八八三年四月一六日、新聞紙条例が全部改正され、発行禁停止と新聞紙差押えの行政処分の権限が新たに加えられ、[*71]言論の取り締まりが一層厳しくなった。この条例により執筆者はむろん、社主・編輯人・発行人までもが処罰されるようになり、そのうえ時事評論を行う新聞雑誌は保証金（東京は一〇〇〇円、京都・大阪などは七〇〇円）を納めなければならないなどの厳しい規定が加えられたため、五月一八日までに東京だけでも三二もの新聞雑誌が廃刊に追い込まれるなど、多くの新聞・雑誌が発行困難な状況に追い込まれたのである。[*72]
そして、板垣の帰国後、寄付金の集まりは、かんばしい状態とは言えなかった。洋行中に、福島事件や高田事件などが発生しており、実際のところ募金運動どころではなかったのであろう。それのみならず、党員どうしの抗争も絶えず、統制が取れていない有様であり、党の維持すら覚束ない状態となっていた。こうした厳しい情勢のなかで、板垣は、「解党」をちらつかせて、本気で党の存続のために働くよう呼びかけたのであった。七月二日の常議員会議において党資金の募集達成額が一〇万円と定められ、各党員は板垣の一言に発奮したかのように募金に奔走した。[*73]八月一三日付の機密探偵書では、側近の栗原亮一の語った内容と、板垣の言動から推察して、「解党論ハ精神解党スルノ意ニシテ主張セシニ非ズ。党員ノ気力ヲ引立ンカ為メノ方略ナラント」と述べられているが、[*74]この観察は正しいであろう。

したがって、板垣は「解党」の言葉とは逆に、実際にはこれ以降精力的な活動を開始していくのである。帰国祝賀会に出席したほか、七月二二日に武相自由大懇親会、八月二〇日に関西大懇親会にて演説を行った後、八月二九日から一一月一〇日まで郷里の高知に戻り演説を行った。[*75]そこでは、洋行中に感得した有形無形の事情及び自由党の将来に関する目的について述べたが、板垣の演説を聴取したい人数があまりにも多かったために、一回につき二百人の制限を設け、数十日にわたり演説を行ったという。再び上京したのちの一一月一六日、臨時自由党大会にて党方針に変更のないことを確認した後、一二月七日から一八八四年二月二六日まで再び高知に戻る。そして、殖産興業について、民力だけでなしうるものではなく、政治改革も合わせて行わなければならないとの演説を行った。[*76]

さらに二月二九日には今治での四国自由大懇親会、三月二日には松山自由懇親会でも演説を行った。四国自由大懇親会では、フランス大統領の夜会に出席した話やスペンサーとの面会の際の話を例に、こうした会合は食事だけを目的としているのではなく、さまざまな人が同じ場に会合して演説や時事談を行って、知識を交換することに意義があるのであり、社会改良のためにも知識の交換や交際が重要なのであると論じている。[*77]

このように、帰国直後の板垣は、従来言われているように決して政党活動に消極的になったのではなく、むしろ逆に西洋見聞によって、政治・社会の改良のための団結の必要性を説いて、政治活動に熱意を燃やし続けたのである。むろん、そうした板垣の熱意とは裏腹に、募金の集まりは芳しくなかった。遊説を終えた後の三月一〇日時点でも、募集金額は一九三〇円しか集まらず、密偵報告によれば、板垣はついに、解党あるいは総理を辞任せざるを得ないという発言を行ったと伝えられている。[*78]しかしその直後の三月一三日の党大会で、板垣は再び総理に選ばれ、同時に党組織の改革も行われ、常議員を廃し、総理の参与として諮問を若干名置くことなどが定められている。[*79]これについては、板垣が政党活動に熱意を失ったことを受け、板垣を引き止めるためになされた改革であると理解されている。[*80]たしかに募金の集まり具合の悪さに、洋行によって得た熱意がその後失われかけたことは事実であると思われるが、これまでの分析を踏まえて考えれば、このような党内での板垣の指導力を強化するような組織改革を追認する行動を取ったのは、やはり板垣が自由党の改革に対し、それをなお続けたい気持ちが心の底にあったからと考えられよう。また、先に述べたように、政府の弾圧が厳しさを増すなかで、挙兵を主張する者などが出る状況のなか、そうした急進的な動きを抑えようという意図もあったのかもしれない。しかしながら、加波山事件などの激化事件の影響で、結局自由党は解党に追い込まれることになる。しかしそれは板垣の洋行の結果ではなく、洋行後による政党への熱意が、その後の政治状況の変化のなかで挫折に追い込まれていく過程であると捉えるべきなのである。

5　結びにかえて

以上、本章では、これまで本格的に検討されることのなかった、板垣の洋行中の動静を追い、板垣がヨーロッパ見聞を通じて何を得、そのことが板垣の政治論にどのような影響をもたらしたのかについて検討を加えてきた。洋行前の板垣は、政党というものはヨーロッパから導入したものではあるが、すでに経験を積み熟練したヨーロッパの政党とは異なり、日本の政党はいまだ創業段階にあるため、細かい政治的な見解をあらわして議論するよりも、大きな方向性において団結して活動していくべきだと主張していた。そしてその政党における先進国たるヨーロッパ諸国の政治の運用状況を実地に視察しようという意図のもと、ヨーロッパへ向かった。

しかし、ヨーロッパにおいて板垣が目にしたのは、政治の先進国としてのヨーロッパではなかった。板垣は、政党をはじめとする「政治社会」の実情においては、ヨーロッパは必ずしも進歩しているとは言い難い側面を有しているが、しかし、その背後にある「生活社会」の進歩は瞠目すべきものがあると感じるに至った。その「生活社会」の進歩とは、単に経済や生活の度合いが高いという表面的なことだけではなく、その基盤にある、民衆による自治・団結の気風こそ、日本に欠けた、優れた要素であると板垣は考えたのであった。

しかし、なぜ日本において「生活社会」が進歩していないかといえば、専制政治の下に長らく置かれていたからだと板垣は考えた。そこで日本では、「生活社会」の改善のためにも、「政治社会」の改善が急務であると考えるようになる。帰国後の板垣は、こうした認識のもと、政党活動に熱意を燃やし、自由党の旗の下に、人々が団結していくことを求めていくのである。むろん洋行前においても、板垣は政党という場における団結や、自治の必要性を主張しており、その意味では結論そのものは洋行前も洋行後も同じであったが、しかしそれを必要とする理由については、洋行前のような、日本政治がヨーロッパ政治よりも遅れているためという理由ではなく、「政治社会」以上に「生活社会」のあり方こそが重要であり、その「生活社会」の改善にとっても、そうした自治・団結の精神による専制政治の打破が必要なのだという論理が付加されるようになったのである。

明治一四年の政変後、政府はドイツ流、立憲改進党はイギリス流の政治を模範に据えたとされる。しかし板垣の場合、特定の国家ではなく、イギリス・フランスをはじめとするヨーロッパ全体をひとまとまりに見て、それを日本と対比させる傾向が顕著である。板垣にとって、学ぶべきは特定の国家ではなかったのであるが、それは何より、板垣が着目したものが、「国制」ではなく、その背後にある人民の精神性であったからにほかならない。ここからは推論に過ぎないが、板垣が当初の予定であった各国の巡遊を取りやめ、パリに永く滞在することになったのも、フランスという国を模範国であると考えたためではなく、それぞれの国の国制を表面的に見るよりも、ヨーロッパの「生活社会」の進歩の原因がどこにあるのかをじっくりと腰を据えて落ちついて観察する必要があると考えたからなのではなかったろうか。そしてその結果として辿りついたのが、自治・団結という精神性なのであった。

しかし、板垣の観察には、日本の「生活社会」の遅れを長く続いている専制政治に求める一方で、逆に、ヨーロッパの「生活社会」の進歩の基礎となっている自治・団結の精神性が果たして何によって可能となっているのか、いいかえれば、どのような歴史的・社会的環境が、民衆の自治・団結を可能にしているのかということに関する考察が欠けている、ということもまた指摘しなくてはならない。したがって、帰国後の板垣は、政党の旗の下における団結を呼びかけつつも、果たしてその団結がいかにして可能なのか、ということに関する確固たる見通しが存在しなかった。そのことが、党組織を綿密に組み立てるのとはおよそ逆方向の、総理の権限を強化するという自由党の組織改革に結びつくことにつながったのだと考えられる。その後、自由党が解散にまで至る状況に追い込まれるのもまた、こうした板垣の洞察の甘さと無関係ではないであろう。

もちろん、ヨーロッパの自治・団結がいかにして可能となっているのかについての洞察さえあれば、そのままで日本における政党活動がうまく行くという問題でもない。それ以上に、日本の現実社会のなかでそれがいかにして可能なのかを問う作業が要求されるものであることは言うまでもない。板垣はこの後、日本の現実社会のなかで、さまざまな挫折と苦闘とを経験しながら、政党指導の試行錯誤を重ねていくことになる。したがって、この後の政治・社会状況の変化のなかで、板垣がどのような現状認識のもと、どのような政党指導を行っていくのか、いかにして自由党が解党に追い込まれ、さらにそこから大同団結運動期、議会開設期にかけていかにして党活動の復活へと至るのかを検討することが次の課題となるが、既に紙幅がつきているため、それについては別稿で論じることとしたい。

注

＊1　柳田泉「板垣後藤の洋行費問題」（『明治文化』第七巻第一〇号、一九三四年一〇月）、尾佐竹猛「板垣洋行費遺聞」（『明治文化』第八巻第一号、一九三五年一月）、深谷博治「板垣洋行に関する一資料」（『明治文化』第一二巻第一〇号、一九三九年一〇月）、落木正文「板垣洋行費に関する一史料」《明治文化》第一五巻第五号、一九四二年五月、小柳賢泰「板垣洋行費史料」《明治文化』第一五巻第一二号、一九四二年一二月）、彭沢周「板垣退助の外遊費の出所について」（『日本史研究』七五、一九六四年一一月）、平井良朋「板垣退助欧遊費の出資者に就いて」（『日本歴史』二三八、一九六八年三月）、寺崎修「板垣退助の外遊と自由党」（『政治学論集』二二・二三、一九八五年九月・一九八六年三月）。

＊2　西田長寿他編『馬場辰猪全集』第三巻（岩波書店、昭和六三年）八九頁。

＊3　立憲帝政党系の『東京日日新聞』、立憲改進党系の『東京横浜毎日新聞』『郵便報知新聞』など。

＊4　一八八三年五月一〇日付。前田蓮山『「自由民権」時代―板垣伯から星亭まで』（時事通信社、一九六一年）二二四・二二五頁。

＊5　升味準之輔『日本政党史論』第一巻（東京大学出版会、一九六五年）三四一～三四三頁、糸屋寿雄『史伝板垣退助』（清水書院、一九七四年）三〇〇～三〇五頁、鳥海靖『日本近代史講義―明治立憲制の形成とその理念』（東京大学出版会、一九八八年）一四九頁、後藤靖『天皇制形成期の民衆闘争』（青木書店、一九八〇年）八四頁、下山三郎「明治十七年における自由党の動向と農民騒擾の景況」（堀江英一・遠山茂樹編『自由民権期の研究』第三巻、有斐閣、一九五九年）八・九頁。なお寺崎修氏は、自由党解党までの党内の動向を追う分析過程において、「〔帰国後の板垣の解党論には〕非力な現状の自由党を拒絶する姿勢とともに、党の再建・強化をはかろうとする意欲があふれていた。その意欲の源泉こそ、七ヶ月におよぶ欧州巡遊中の経験であったと私は、考えている」（寺崎修「自由党の解党について」〈『明治自由党の研究』上巻、一九八七年〉二〇一頁）と推測を述べている。しかし論稿の主眼が、板垣のヨーロッパ視察の検討にはないため、あくまで推測にとどまりその点が実証されているわけではない。

＊6　板垣退助「甲州自由党会ニ於テ演説ス」（平井市造編『自由主義各党政談演説神髄』興文社、一八八二年九月）六・七頁。この演説内容は、各地で同じものが使われ、各種新聞が掲載した。

＊7　野田与三次郎編『東洋自由の魁』（開成社、一八八二年）一五・一六頁。この演説内容についても、各種新聞が掲載し、木滝清類編『板垣君意見要覧　附高知同盟各社分離始末』（木滝清類、一八八一年）など出版もされた。

＊8　板垣退助「甲州自由党会ニ於テ演説ス」（平井市造編『自由主義各党政談演説神髄』興文社、一八八二年九月）一〇頁。

＊9　板垣退助「甲州自由党会ニ於テ演説ス」（平井市造編『自由主義各党政談演説神髄』興文社、一八八二年九月）一一・一二頁。

＊10　野田与三次郎編『東洋自由の魁』（開成社、一八八二年）二四・二五頁。
＊11　板垣退助「甲州自由党会ニ於テ演説ス」（平井市造編『自由主義各党政談演説神髄』興文社、一八八二年九月）一四・一五頁。
＊12　野田与三次郎編『東洋自由の魁』（開成社、一八八二年）一九頁。
＊13　野田与三次郎編『東洋自由の魁』（開成社、一八八二年）二〇頁。
＊14　「松島剛自伝　松島剛」（一九二六年七月二三日）、国立国会図書館憲政資料室所蔵「憲政史編纂会収集文書」七三一。
＊15　板垣退助「甲州自由党会ニ於テ演説ス」（平井市造編『自由主義各党政談演説神髄』興文社、一八八二年九月）のほか、「高知県下各社員大宴ヲ張テ同君〔板垣退助―筆者〕ノ帰県ヲ祝スルノ儀ニ謝スルノ演説」（『日本演説大家集』初篇、漸進堂、一八八一年三月）、「自由懇親会ノ諸君ニ告グ」「東北周遊ノ趣意及ヒ将来ノ目的」（以上『板垣君意見要覧』、木瀧清類編・出版、一八八一年一二月）など。
＊16　野田与三次郎編『東洋自由の魁』（開成社、一八八二年）二二頁。
＊17　野田与三次郎編『東洋自由の魁』（開成社、一八八二年）二二・二三頁。
＊18　「板垣・馬場・大石ノ争論」、国立国会図書館憲政資料室所蔵「伊藤博文文書」書類之部・三四八。
＊19　『ベルツの日記』上（岩波書店〔文庫〕、一九七九年）、一八八二年一〇月一二日条、一二二頁。
＊20　「〔無題〕」（『自由新聞』雑報、一八八二年一〇月一八日）。
＊21　一八八二年一〇月七～二〇日付三島通庸宛田辺警保局長報告書「自由党近来ノ内状」（「三島通庸関係文書」四九六―八、国立国会図書館憲政資料室所蔵）、「社長板垣ノ西遊」（『自由新聞』社説、一八八二年九月二七日）、「社長ノ洋行」（『自由新聞』社説、一八八二年一一月一一日）。
＊22　以下引用は、栗原亮一筆「〔板垣退助の渡欧に際しての告別の辞〕」（『自由新聞』社説、一八八二年九月二六日）より。
＊23　栗原亮一「泰西紀遊」（『自由新聞』雑報、一八八二年一二月一日・二・三日、一八八三年一月四・五・七・一二・一四・一六日、二月一七・一八日、三月二・四・六日）。後に、清水益次郎編『板垣君欧米漫遊録』第一、二編（清水益次郎、一八八三年）、師岡国編『板垣君欧米漫遊日記』（松井忠平衛、一八八三年六月二日）として出版されるが、前者が、序文として「板垣君洋行ノ旨意」を収録して、出発から一八八三年一二月二三日までの報道を掲載しているのに対し、後者は、出発から一八八二年一二月三一日、一八八三年二月一六日・三月三〇日の報道を掲載している。
＊24　「自由党総理」（『自由新聞』雑報、一八八三年二月一七日）。

＊25 「巴黎信音」（『自由新聞』雑報、一八八三年三月一日）。

＊26 〔一八八三〕年一月二二日付伊藤博文宛井田譲書簡、『伊藤博文関係文書』第一巻（塙書房、一九七三年）一一五頁。なお、板垣が「微恙」のためドイツに向かわなかったということが伝えられているが、『自由新聞』の報道では、体調を崩したとの報道は一切なく、予定変更が体調不良によるものかどうかは不明である。

＊27 〔一八八三〕年一月一四日付岩倉具視宛柳原前光書簡、「岩倉具視関係文書」（岩倉公旧蹟保存会対岳文庫所蔵）五八―三六。『自由新聞』では、ロンドンからの書簡を紹介するとして、板垣はパリに到着して以来、後藤と意見が合わないことがあり、寓居を同じにする日が非常に少なくなり、通訳の今村和郎は後藤にのみ随従して板垣のために通弁の助けをしていないほどだと伝えられた（「後藤象二郎氏」、『自由新聞』雑報、一八八三年六月二〇日）。

＊28 大町桂月『伯爵後藤象二郎』（冨山房、一九一四年一一月再版）五三七頁。

＊29 「板垣総理の帰朝」（『自由新聞』雑報、一八八三年五月一九日）、「栗原氏書簡」（『自由新聞』雑報、一八八三年六月六日）。

＊30 岩下清周稿「仏国巴里府ニ於テ日本美術展覧会ヲ観ルノ記」（『自由新聞』雑報、一八八三年六月一〇日）。

＊31 「板垣総理の帰朝」（『自由新聞』社説、一八八三年六月二三日）、〔一八八三〕年四月二二日付伊藤博文宛前原前光書簡、『伊藤博文関係文書』第八巻（塙書房、一九八〇年）五八頁。

＊32 「巴黎書信」（『自由新聞』雑報、一八八三年五月一五日）。

＊33 「稟告」（『自由新聞』雑報、一八八三年七月八日）。

＊34 「栗原亮一氏」（『自由新聞』雑報、一八八三年一一月六日）。

＊35 栗原亮一稿「泰西紀游　仏国之部」（『自由新聞』社説、一八八四年五月二四日）。掲載された「仏国之部」は、前の紀行文と趣旨を異にし、栗原が共鳴した革命家のフランス共和党党首ガンベッタ（Léon Gambetta）、ロシアの虚無党党首（無政府主義者）クロポトキン（Пётр Алексéевич Кропóткин）、アイルランドの借地党首パーネル（Charles Stewart Parnell）を紹介する内容となっている。

＊36 栗原亮「特報」（『自由新聞』雑報、一八八四年一一月一三日）、栗原亮「清国通信」（『自由新聞』雑報、一八八四年一一月一四日）。

＊37 「巴黎書信」（『自由新聞』雑報、一八八三年五月一五日）。

＊38 栗原亮一稿「泰西紀游　仏国之部（第四）」（『自由新聞』雑報、一八八四年五月三〇日）。

＊39 「巴黎書信」（『自由新聞』雑報、一八八三年五月一五日）。

＊40　栗原亮一稿「泰西紀游　仏国之部（第三）」（『自由新聞』雑報、一八八四年五月二九日）。

＊41　栗原亮一稿「泰西紀游　仏国之部（第四）」（『自由新聞』雑報、一八八四年五月三〇日）。

＊42　坂崎紫瀾「彪吾先生略伝」（『自由新聞』雑報、一八八四年七月二二日）。

＊43　柳田泉「翻訳文学編解題」（『明治文化史料叢書』第九巻翻訳文学編、風間書房、一九五九年）一三頁。

＊44　一八八三年八月末より高知帰省時に、本町自由亭で青年子弟に関講談を話した際の一節。宇田友猪『板垣退助君伝記』第二巻（原書房、二〇〇九年）八六〇頁。

＊45　「板垣退助君ノ演説（承前筆記ノ続）」（『日本立憲政党新聞』社説、一八八三年八月二八日）。

＊46　「板垣総理」（『自由新聞』雑報、一八八三年四月五日）、「板垣総理ノ遭難ノ一週年」（『自由新聞』社説、一八八三年四月六日）、「演説筆記（前々号の続）」（『海南新聞』社説、一八八四年三月二九日）。

＊47　宇田友猪『板垣退助君伝記』第二巻（原書房、二〇〇九年）八六〇頁。

＊48　板垣退助「宗教進化論序」（『宗教進化論』（板垣退助、一八八六年六月）。

＊49　「（板垣退助の）筆記演説（前々号の続）」（『海南新聞』社説、一八八四年三月二九日）。

＊50　「（無題）」（『土陽新聞』雑報、一八八四年一月二二日）所収の一八八三年一一月二二日付板垣退助宛森有礼書簡。

＊51　「（無題）」（『土陽新聞』雑報、一八八四年一月二二日）所収の一八八三年一〇月一九日付板垣退助宛河上房申書簡。

＊52　一八八三年五月付伊藤博文宛森有礼書簡、国立国会図書館憲政資料室所蔵「伊藤博文文書」書簡之部。

＊53　宇田友猪『板垣退助君伝記』第二巻（原書房、二〇〇九年）八六四頁。

＊54　『倫敦塔』（共隆社、一八八九年、著者 William Harrison Ainsworth）などは『自由新聞』に、『一滴千金憂世の涕涙』（成文舎、一八八四年三月、著者 King Edward）などは『絵入自由新聞』に翻訳・連載された。

＊55　「板垣君の一言」（『自由新聞』雑報、一八八三年六月二三日）。

＊56　「（無題）」（『日本立憲政党新聞』広告、一八八三年八月一九日）。

＊57　「（無題）」（『日本立憲政党新聞』社説、一八八三年八月二一日）。八月二一〜二四・二八・二九日の五回連載。これは、『自由新聞』『土陽新聞』など諸新聞に転載され、後に栗田正之助編『自由党総理板垣君欧洲実見意見』（土屋忠兵衛、一八八三年九月）、前野茂久次編『板垣退助演舌』（前野茂久次、一八八三年九月）、板垣退助「関西自由懇親会ニ於テ欧遊実見ノ事情ヲ演説セラレシ大意」（鵜飼嘉一郎編『自由改進大家演説集』富山仲吉、一八八四年六月）などとして刊行された。

＊58　「板垣退助君ノ演説（前号ノ続）」（『日本立憲政党新聞』社説、一八八三年八月二三日）。
＊59　「板垣退助君ノ演説（前号ノ続）」（『日本立憲政党新聞』社説、一八八三年八月二三日）。
＊60　「板垣退助君ノ演説（前号筆記ノ続）」（『日本立憲政党新聞』社説、一八八三年八月二四日）。
＊61　「板垣退助君ノ演説（前号筆記ノ続）」（『日本立憲政党新聞』社説、一八八三年八月二四日）。
＊62　「予が政党実験と今後に於ける其実験」「政友会内閣に望む」「国政の根本方針」「日支両国の国防並に外交」（以上『独論七年』（広文堂、一九一九年一〇月一〇日）所収。『立国の大本』（忠誠堂、一九一九年）一四五頁。
＊63　「板垣退助君ノ演説（承前筆記ノ続）」（『日本立憲政党新聞』社説、一八八三年八月二八日）。
＊64　「板垣退助君ノ演説（承前筆記ノ続）」（『日本立憲政党新聞』社説、一八八三年八月二八日）。
＊65　以上、「板垣退助君ノ演説（承前筆記ノ続）」（『日本立憲政党新聞』社説、一八八三年八月二八日）、「板垣退助君ノ演説（前号筆記ノ続）」（『日本立憲政党新聞』社説、一八八三年八月二九日）。
＊66　「板垣退助君ノ演説（前号筆記ノ続）」（『日本立憲政党新聞』社説、一八八三年八月二九日）。
＊67　「自由党挙動探聞」（『公文別録・機密探偵書・明治十五年～明治十七年・第一巻・明治十六年～明治十七年』（太政官作成）、国立公文書館所蔵、請求番号本館―二A―〇〇一―〇〇・別〇〇〇〇九一〇〇。
＊68　『法令全書　明治十三年』（内閣官報局）五七～六一頁。
＊69　国立国会図書館憲政資料室所蔵「憲政史編纂会収集文書」中の「自由党ノ警察署へ召喚サレタル実況」。
＊70　以上、「〔無題〕」（『自由新聞』雑報、一八八二年一二月六・二八日）。
＊71　『法令全書　明治八年』（内閣官報局）一五二～一五五頁。
＊72　西田長寿『明治時代の新聞と雑誌』（至文堂、一九六六年）一四五～一四八頁。
＊73　「〔無題〕」（『土陽新聞』雑報、一八八三年一〇月一一日）、川田瑞穂『片岡健吉先生伝』（湖北社、一九七八年）四七六頁。募金活動の実態については、寺崎修『明治自由党の研究』上巻（慶応通信株式会社、一九八七年、二〇三～二一二頁）により詳細な分析が行われている。
＊74　「自由党挙動探聞」の中の一八八三年八月一三日付太政大臣三条実美宛内務卿山田彰義書簡（内容は機密探偵書）、『公文別録・機密探偵書・明治十五年～明治十七年・第一巻・明治十六年～明治十七年』（太政官作成）、国立公文書館所蔵、請求番号本館―二A―〇〇一―〇〇・別〇〇〇〇九一〇〇。

＊75　「〔無題〕」（『土陽新聞』雑報、一八八三年九月一日）。
＊76　「〔無題〕」（『土陽新聞』雑報、一八八四年二月二〇日）。
＊77　「演説筆記（前々号の続）」（『海南新聞』社説、一八八四年三月二九日）。
＊78　「自由党挙動探聞」の中の一八八四年三月一三日付太政大臣三条実美宛警視総監大迫貞清探偵報告書、『公文別録・機密探偵書・明治十五年～明治十七年・第一巻・明治十六年～明治十七年』（太政官作成）、国立公文書館所蔵、請求番号本館―二A―〇一―〇〇・別〇〇〇〇九一〇〇。
＊79　「自由党会議」（『自由新聞』雑報、一八八四年三月一四日）。
＊80　寺崎修「自由党の解党について」（『明治自由党の研究』上巻、一九八七年）二一五頁。

二　明治憲法の発布と政治空間の変容

小風秀雅

1　日本型近代の形成

本章では、一八八九（明治二二）年における大日本帝国憲法（明治憲法）の発布とそれにともなう政治的・社会的意識の変化が、日本の近代国民意識の形成にどのような影響を与えたのか、を考えてみたい。

明治維新時に設定された代表的な国家目標（国是）としては、「公議輿論」（五カ条のご誓文）と「万国対峙」（廃藩置県）があったが、これらは、憲法の制定と条約改正の実現のなかで実現していった。

明治憲法の制定は、「公議輿論」に含まれていたリーダーシップとメンバーシップというふたつの政治原理が、それぞれ内閣と議会の並立によって実現したことを意味していた。この間日本社会は、戊辰戦争、士族反乱、そして藩閥政府対自由民権派の対立、という三つの大きな社会的対立の波が連続して惹起した。政府内部においても、明治六年の政変、明治一四年の政変、という深刻な政争と分裂が繰り返されてきた。憲法制定は、そうした二〇年に及ぶ政治対立に終止符を打ったのである。また、憲法制定と並行して進められた法典の整備によって条約改正が実現したことにより、日本を欧米と対等な近代国家として承認させる「万国対峙」が実現した。「公議輿論」と「万国対峙」という二つの国是が実現したことは、近代国家への転換の努力が実を結んだことを意味しており、近世から近代への移行期の終焉と近代国家の確立を意味していた。

しかし、明治憲法の発布は、単にこうした政治史的意義に止まらず、維新以来の近代化のプロセスが結実し、近代国家が成立したことを国民に示した。すなわち憲法発布は、近代国家の一員としての「国民」という意識を根付かせる歴史的役割を果たしたのである。

以上のことを踏まえて、憲法発布によって生じた社会的変化のうち、四つの事象に注目したい。

第一は、憲法発布式典における皇后の役割を国民の前に明らかにする事によってヨーロッパ流の王権のあり方を国際的に示し、憲法発布による日本の「近代化」を強調したことである。それは、一方的な欧化の強調ではなく、伝統的な皇室儀礼と併せ実施されることにより、ヨーロッパと日本の共存を同時に示す機会ともなった。

第二は、発布された明治憲法が、国内的にも受容され、政治の争点が憲法の制定から立憲製の運用へと大きく転換したという法政治史的な点であるが、なぜ政治的軋轢を惹起せずに国民が憲法を受け入れたのか、という点についても注目したい。これなしには、つぎに考察する祝祭の季節を説明することが困難であるからである。

第三は、明治憲法の発布が並行して行われていた条約改正の議論に大きな影響を与えたことである。井上馨の条約改正交渉が列国の協調のなかで限定的な結果に終わり、大隈の交渉も同様のものとなるなか、憲法発布を機に完全対等以外の改正は法治国家の原則に抵触する、との見解が示され、交渉の基調が国権の部分回復から全面回復へと大きく転換した。「公議輿論」の実現が「万国対峙」の実現への道を切り開いたのである。

第四は、一八八九年が単なる憲法発布の年に止まらず、幕末以来の政治的・社会的対立を解消し、新たな国家の方向性を示した政治的な祝祭の年となったことである。二月一一日の紀元節における憲法発布から一一月三日の天長説における立太子式に至るまでの年間を通じて祝祭が連続して実施された意味については、これまでほとんど考察されてこなかったと言ってよいが、そこでは首尾一貫したプログラムが計画され、実施されたのである。

一八八九(明治二二)年、東京は政治的祝祭の季節にあった。それは明治期において、明治新政の理念を示した五カ条のご誓文の誓約、江戸の東京改称、天皇の東京行幸と続いた慶応四年・明治元年年に匹敵する画期的な年であったということができるように思われる。[*1]

2 儀礼としての憲法発布式典

一八八九年二月一一日、紀元節の当日、大日本帝国憲法が発布された。

明治天皇は午前九時、宮中賢所に渡御して皇祖・皇宗に憲法と皇室典範制定の告文を奏し、皇霊殿、神殿に拝し、憲法発布の大典を行なった。祭典には、親王、各大臣、勅任官、師団長、府県知事、府県会議長などが列した。ついで一〇時、洋装した天皇は正殿で憲法発布式に臨み、高御座に立御して、憲法を総理大臣黒田清隆に授けたが、こちらは列国の外交団や勅任待遇のお雇外国人も列席する公開のヨーロッパスタイルの儀式として執り行われた。また皇室典範も同日に制定され、制定を知らせる勅使が各神社や功臣の霊前に派遣された。まず神式の儀礼が行なわれ、のちに洋式の儀礼が実施されるという二重儀礼が本格的に行なわれた初の儀礼でもあった。

この日、東京は祝賀に沸いた。幕末以降中断していた三社祭と日枝神社の山車の宮城(江戸城)入りも復活した。市民による祝賀の準備は周到に進められてきたが、必ずしも強制されたものではなかった。

東京の賑わいについて、ベルツはこう日記に記している。[*2]

東京で今日ほど、たくさん美しい娘を見たことがない。このみずみずしさ、このすこやかさ、このあでやかな着物、この優しい、しとやかな物腰。東京のいわゆる山車はことごとく街頭へ。多くは数倍もある、こみ入った造り物で、上部には大きい人形や舞台面を取付け、前部には一種の音楽隊が控えていて、とてつもない騒音をかき立てるのだった。ある二、三の車ではその前方を、芸者たちがいろいろな服装でねって行った。一番きれいだったのは、「人足」に仮装した芸者の一団である。

午後、天皇は青山練兵場の観兵式に臨んだ。この時天皇は、皇后とはじめて馬車に同乗した。沿道には小学生や各学校の生徒が出迎え、馬車が近づくと君が代を歌い、万歳を唱えた。

八歳から十四歳の少女たちも、雪解けの中に数時間立っていなければならなかったのだが、いささかも疲れなかったかのように、楽しげな顔色で家路についていた。（中略）これがヨーロッパの少女であれば、次の日は全部病気になっていることだろう。

ここまではよく指摘される発布当日の風景であるが、憲法発布は、もうひとつきわめて重要な変化を国民の前に示した。

発布の式典に皇后はダイアモンドの王冠をつけ、バラ色のドレスを着て、臨席した。憲法発布の式典に参加した女性は、皇后はじめ、有栖川宮妃、北白川宮妃などもすべて洋装であった。参列した女性はごくわずかであったが、彼女たちの存在はこの式典にとって欠くことのできない、きわめて重要な役割を果たしていた。彼女たちの参列によって、憲法発布の式典は、ヨーロッパ流の君主・臣下ともに夫妻で参加する儀式となり、国際的な基準に照らしても遜色のないものとなったのである。

さらに、その後観兵式に向かう途上、皇后はこれまでの慣例を破ってはじめて天皇の馬車に同乗し、国民の前に一対の夫婦としての姿を見せたのである。[*3] このことは、当時の日本人にとってはふたつの意味できわめてショッキングな出来事であった。第一は皇后が国民の前で天皇と同席したこと、第二は皇后が洋装で国民の前に現れたこと、である。

第二から説明しよう。皇后が天皇と一対の夫婦として国民の前に登場するためには、皇后が洋装することが必須であり、皇后の洋装が認知される前史が不可欠であった。

国民に示される天皇像は一八七三（明治六）年から洋装に変わり、一八八六年までは洋装の天皇、和装の皇后という取り合わせであったが、八六年六月二三日、天皇の黙認のもと婦人服制が定められ、婦人洋装化の端緒が開かれた。

皇后が初めて洋装で儀式に登場したのは、八六年七月三〇日の華族女学校卒業式の行啓であった。ついで八七年一月の新年儀式に皇后は洋装の大礼服で登場した。この時着けた大礼服はドイツに特注したもので価格は一三万円、鹿鳴館の総工費一八万円と比べると、いかに明治国家が皇后の洋装を重視していたかがうかがえよう。[*4] 洋装化の高コストは、皇室儀礼の西洋化を推進し、対等な文明国としての扱いをヨーロッパに求めるためとはいえ、想像を絶するものがある。同月一七日には、女子洋装奨励の思召書が公布された。

洋装を推進したのは伊藤博文であったが、伊藤がベルツに相談したとき、猛反対したベルツに対して、伊藤はこう述べている。[*5]

かつて伊藤侯が宮中で洋式の服装が採用になる旨、自分に告げた時、見合わせるよう切に勧めていった――何しろ洋服は、日本人の体格を考えて作られたものではないし、衛生上からも婦人には有害である、すなわちコルセットの問題があり、また文化的・美学的見地からは全くお話にならないと。伊藤侯は笑っていわく「ベルツさん、あんたは高等政治の要求するところを何もご存じないのだ。もちろんあんたのいったことは、すべて正しいかも知れない。だが、我が国の婦人連が日本服で姿を見せると人間扱いにはされないで、まるで玩具か飾り人形のようにみられるのでね」と。伊藤侯が自分の忠告ないしは願望を斥けたのは、これがたった一度きりだった。

皇后の洋装はまさに欧化の象徴であり、皇室儀礼が西洋と同質のものであることを示す上で不可欠のものであった。[*6]

ついで第二のポイントである天皇と皇后の同席についてみてみよう。皇后が憲法発布式に同席したことは、皇后がその政治的役割を果たしていることを国民に可視化してみせる効果を有していた。公式の儀式で皇后が王権の一部を担当するようになったのは、外国貴賓の謁見式においてであった。八八年五月八日、外賓の妻が皇后に謁見を許されることになった。同年一一月二〇日には皇后謁見所として「桐の間」が設置され、「鳳凰の間」で天皇に謁見した後、「桐の間」で皇后に謁見するというヨーロッパ流の謁見スタイルが定着するようになったのである。

宮中礼法顧問であったオットマール・フォン・モール夫人は、皇后のこうした行為についてつぎのように記している。[*7]

古い日本の王妃たちは、そもそも婦人一般がそうであったように、おおやけの場所には現れなかった。明治維新以来、王妃たちも洋風に交代する義務を負うようになった。したがって洋風に王侯の義務を果たすことを感受性の強い皇后は熱心に望まれた。ドイツ帝国皇后兼プロシア王妃アウグスタの実例が、日本の皇后にとって模範となった。国民教育制度への関与、病人の看護、日本赤十字会長の座につくこと、外交団ならびにしきりに東京の宮中を来訪するようになった外国の王侯たちの応接、それに時代の精神的なすべての動きに関心を寄せることなどが日常のご生活のなかで皇后がもつとも心をかけられたことであった。皇后がぜひ知りたいと願われたのはこうした王妃としてのお仕事であった。

さらに、八九年六月一四日、洋装の皇后の御真影が撮影された。天皇に遅れること一年であるが、天皇の真影が絵画であったのに比して、実際に写真を撮影し、それを基に書き起こしている。天皇と並んで一対の夫婦像を形作る御真影は、教育勅語における「夫婦相和し」を体現しただけでなく、ヨーロッパ王室と同様の王権のあり方を示した高貴なものとして、その後の皇族・華族女性たちの規範となっていった。

日本の欧化主義は、外相井上馨による条約改正交渉期の鹿鳴館に象徴されているが、通説のように井上の交渉の失敗とともに欧化主義が後退し、国粋主義が台頭したわけではない。欧化は、日本近代を通じて常に意識されていたのである。洋装する皇后はその象徴ともいうべき存在であった。

3 画期としての憲法発布──憲法はどう受け止められたか──

憲法の内容は当日まで公表されなかった。ベルツは、二月九日の日記にこう記している。「東京全市は、十一日の憲法発布をひかえてその準備のため、言語に絶した騒ぎを演じている。到るところ、奉祝門、照明、行列の計画。だが、滑稽なことには、誰も憲法の内容をご存じないのだ」[*8]。だがその理由は、政治的配慮から伏せられていたというよりは、発布を二月一一日に間に合わせるため、直前まで憲法に修正が加えられていたためであった。紀元節は、憲法発布にはもっともふさわしい政治的佳日であったからである。

憲法の審議は枢密院で行われていたが、八八年一二月に枢密院での審議が終わった後も、伊藤博文は考える所あっていまだ上奏せず、完全を期して審議は継続され、一月二九日から三日間開かれた第三審会議でつぎの四点が修正された[*9]。

一、皇位継承を「皇子孫」から「皇男子孫」としたこと（第二条）、二、議会は天皇を「翼賛」する、から「協賛」する、に変更したこと（第五条）、三、天皇が陸海軍の編制を定めるという条項に「常備兵額」の語を追加し、議会の容喙を排除したこと（第一二条）、四、再審議において両議院の上奏権が削除されたのを「憲法上の欠点」であるという意見を容れて復活したこと（第四九条）。

いずれも憲法の根幹にかかわる重要な変更であったが、注目すべきは一と二である。とくに二については、懸案であった議会の権利について、当初案の「承認」が「議会をして至大の権力を掌握せしめ、国体を破壊するの変革を為すもの」という意見を踏まえて「翼賛」に変更されたことについて、伊藤は「深く其の立憲の制に協はざるを思ひ」、再度「翼賛」を「協賛」に変更したのである。翼賛はアドバイス、協賛はコンセント（同意）と訳される。この変更により、天皇の主権の行使には議会の同意を必要とすることとなり、議会の権限はより大きく設定され、その後の立憲制の発展の基礎を築いたのである。皇室典範、憲法、議院法、衆議院議院選挙法、貴族院令が最終的に決定したのは発布六日前の二月五日のことであった。決定後、伊東巳代治らの手によりただちに英訳に着手された。

伊藤は、憲法の出来ばえについて、二月一五日府県会議長に対して、「此の憲法に於て日本国民たる者の享受すべき権利の境域は甚だ広範にして、普通憲法学上より之を論ずるも殆ど完全なりと云ふも敢て不可なかるべし[*10]」との演説を行っている。

伊藤の憲法構想の原点は、オーストリアの憲法学者ロレンツ・フォン・シュタインの「最も一般的な意味では、およそすべての国家は独自の憲法を持っている[*11]」という点にあり、憲法調査中にシュタインから講義を受けた直後の一八八二年九月二三日に井上馨に宛てた書簡において、「主権論及び行政府の職権、民選議会に対するの場合等に至ては、勿論既に其要領を得たる積に御座候。又議会の組織、選挙の方法、地方の組織、自治の体裁制限等、略其要領は相分り候[*12]」と、ほぼその構想を手中にしたことを報告している。それは民権運動が「英米仏の自由過激論者の著述而已を金科玉条の如く誤信し、殆ど国家を傾けんとするの勢は、今日の我国の現情に御座候へ共、之を挽回するの道理と手段とを得[*13]」たことを意味していた。ヨーロッパの模倣ではない独自の憲法を作り上げたという自負が、一五日の演説に表れたのである。

憲法は二月一一日の官報で、議院法・衆議院議院選挙法・貴族院令・会計法などとともに正式に発表され、新聞各紙はその内容を報道した。時事新報と毎日新聞は英文でも報道し、英字紙も英文翻訳を掲載した。憲法の内容が公表されたとき、欧米はその「進歩的」な側面に注目した。

三月二三日、タイムスは長文の論説で、憲法の内容を紹介した。まず「東洋の地で、周到な準備の末に議会制憲法が成立したのは何か夢のような話だ。これは偉大な試みだ」と指摘し、憲法の内容についてはそれなりに高い評価を与えている。皇帝の広範な行政権については「部分的にドイツを手本にして」、閣僚が立法府から完全に独立している点については「部分的に合衆国を手本にしたように思われる」とし、さらに議会については、「立法権は完璧なように見える」ことを指摘している。しかし決論は、「彼らのやり方は幅広くなんでも取り込む折衷主義（eclecticism）であり、「東洋の他の人種には全く見られないような模倣と同化の才を発揮したもの」という限定的な評価であった。いっぽうヨーロッパの優越的な視線に対して、アメリカの国務大臣ブレインは、君主の実権を具体的に規定した点は「日本政事家の卓見」であり、閣僚の天皇輔弼制は「憲法学の進歩」であり「欧米各国の憲法に一層改良を加へたる者と云ふ可し」と高く評価している。[*14]

いずれも現在の日本では明治憲法の保守的な側面とされている内容が、当時では進歩的であると評価されている点が興味深い。そのため、伊藤博文の刊行した憲法解説の『憲法議解』は英訳されると、イギリスでも「憲法学の一機軸を顕はしたり」と好評を博し、日本の憲法はイギリス人の注意を喚起した。[*15]

それ故に、立憲制の導入や国民の権利の拡張に否定的な立場からは批判も受けている。一八八二年から翌年にかけて伊藤が憲法調査でヨーロッパを巡ったとき、ドイツ皇帝ウィルヘルム一世は、立憲政治は好んで与えるものではない、との注意を与え、[*16]伊藤は「意外の専制論」として困惑している。もともとヨーロッパは日本が立憲制を導入することに否定的であった。金子堅太郎が欧米を歴訪して憲法を紹介したときの反応も「何を苦んで憲法を作ったり、欧州で手こずっているやっかいな立憲制度を創始しようとするのか、吾々は了解に苦しむ」[*17]という感想が大半であった。

かつて駐英公使森有礼に、「日本憲法を制定するには漸進保守の主義に基き、其の歴史習慣を基礎とし、傍ら欧米各国の憲法主義を採用して日本旧来の立憲主義に適応せしむるを必要とす」[*18]と、日本に適した憲法の制定を助言したスペンサーは、九〇年三月、憲法の説明に訪れた金子堅太郎に「貴下より聞く所によれば、日本古来の歴史習慣を本にし漸進保守の主義によって起草されたということである。そうだとすれば、この憲法は私のもっとも賛成する所である」と認めたものの、九二年八月二一日の金子宛書簡では、「あなた方は、自由を大盤振る舞いしたことから生じた害悪を経験しておられるようです」と批判している。[*19]

しかし、そもそも伊藤は、「憲法政治と云ふことに、どうしても『デモクラチック・エレメント』と云ふものは、免かれぬことである」[*20]と述べているように、漸進主義的な憲法の導入には消極的であった。八八年五月の枢密院第一審会議において、「抑憲法ヲ創設スルノ精神ハ第一君権ヲ制限シ第二臣民ノ権利ヲ保護スルニアリ、故ニ若シ憲法ニ於テ臣民ノ権利ヲ列記セス只責任ノミヲ記載セハ憲法ヲ設クルノ必要ナシ」[*21]と発言し、国民の権利を明文化することこそ憲法制定の本義であると主張していた。

その結果、憲法の条文では、第一章天皇の第四条に天皇の統治権は「憲法ノ条規ニ依リ」行使されると規定し君権が憲法に制限されていること、第五条には前出のように天皇の立法権は議会の協賛（同意）を得て行なうことが明記され、第二章臣民（国民）の権利義務は、第三章帝国議会の前に置かれた。条文の上でも、第一章天皇が一七か条であるのに対して、第二章臣民の権利義務は一五か条、第三章帝国議会は二二か条が割かれており、内閣（第四章）が二か条、司法（第五章）が五か条であるのに比してきわめて詳細に規定されていた。伊藤は「法律上の自由は臣民の権利にして其の生活及智識の発達の本源」[*22]と解説している。「椀飯振舞」は承知の上であったのである。

制定された明治憲法は、予想以上に議会の権限は広く規定され、国民の権利も明文化されていた。そのため、国内の在野民権派は、一様に好意的な反応を示した。高田早苗は「聞きしに優る良憲法」と評し、肥塚龍は「実に称賛すべきの憲法」と絶賛している。[*23] 内容を絶賛しなくとも、憲法が発布され、日本が立憲国家になったという事実については、これを否定する論調は少なかった。激しい対立から一転し、しごく平和裡に受け入れられたことは、ヨーロッパの状況と比較した場合、注目に値しよう。

憲法の内容に批判がなかったわけではなく、政府が「憲法の親裁」に異議を唱える者は処罰するとの方針を出したことなどのため、民権派の批判が後退したという側面もあったであろう。しかし同時に、民権派もやはり、憲法発布の歴史的意味を理解していたことも見落とすべきではあるまい。憲法の発布が、憲法制定論争の終焉を意味することは民権派もよく承知していた。政治対立を発布後に引きずらないことが絶対条件であった。そのために伊藤は民権派も納得しうる「意外の良憲法」を作り上げる必要があったのであり、民権派はもはや憲法の内容を云々することを避けなければならなかった。

自由党の代表的論客である植木枝盛の「固より欽定憲法なり、国約憲法にはあらざるなり……然れども兎も角も憲法と名付けられたる者が誕生したるに相違なきなり（中略）日本人民が憲法と称する者ある人民と成りしことを失はざるなり」[*24]という評価は、そうした文脈のなかで理解されるべきであろう。

次の課題は立憲制を運用することであった。憲法の内容については、英米などでの評価は高かった。しかし、なぜ日本に憲法が必要なのか、ただの模倣なのではないか。ヨーロッパが抱いた最大の疑問はこの点であった。憲法発布に対する海外の目は、日本人の立憲制運用の能力に向けられていた。タイムスは、「憲法の真価は実際に運用してみないとわからない。……日本のこの憲法を見ると、国会の上院と下院、または国会と皇帝との間で衝突が発生する危険性がすぐみてとれる」と、早くも初期議会における政府と議会の対立をも予言しているのである。まさに「成功するかどうかは、またべつの問題」なのであった。
日本は、憲法発布により、その立憲制の運用能力を世界に示すという新たな課題を背負うことになったのである。[*25]
ちなみに、この点について、福沢諭吉はアメリカの雑誌の通信員に対して、

わたしは、自由なお国に感嘆はしていますが、しかしわたし達自身には、まだ共和政の機が熟してはいないのです。だから、天皇がおられるわけです。だが信じて頂きたい――現在すでに、政治に関して天皇の発言を必要とする場合は、イギリスの女王と比べてもその度合は少ない位です。

と述べ、日本にはすでにある程度の立憲的運営の実績があることを主張している。[*26] 明治一四年の政変以前、大隈のブレインとして多くの慶応義塾の塾生たちを送り込み、政治に深く関わった経験のある福沢ならではの発言であろう。その点でとくに指摘しておかなければならないことは、憲法が、来るべき議会の開院の日を以て施行されると規定されていたことであろう。憲法は議会とともに運動を開始するのであった。

こうして、政治の軸は大きく転回し、論点はいかなる憲法を作成するのか、という点から、いかに憲法を運用して立憲政治を実現するか、という点に移っていった。陸羯南は、憲法の発布によって「日本の政道はここにおいて始《（ママ）》めて文明政道たるを得るに至らん」[*27] とその意義を認め、「願わくは憲法をして生動せしめよ、憲法をして死法たらしむることなかれ」[*28] と今後の立憲制の運用に期待した。また、大隈重信は「一体憲法の妙は運用如何に在ることなれば……政党の発達次第にて英国と同一の状態を見ること能はざるの理あることなし」[*29] としている。時代は、弾圧と抵抗の時代から、議会における政府と民党の政策論争への時代へと展開するのである。

4　条約改正――完全対等への転換と憲法発布――

憲法発布は、条約改正交渉にも直ちに影響を及ぼした。憲法発布直後の二月二〇日、日米通商航海条約が調印され、ついで六月一一日にはドイツと改正条約が締結された。八月八日にはロシアとの間に改正条約が締結された。

列国が外国判事の任用と西洋主義の法典整備とそのチェックにこだわって井上馨の条約改正交渉を中断に追い込んだ主たる理由は、日本の法典整備の遅れであった。それが、ヨーロッパの現状から見ても充分に立憲的な憲法が制定されそれに続く法典整備が約束された以上、条約改正に応じないという姿勢をとることは、許されなくなった。

一八七九年に始まる井上馨の条約改正交渉は、法権・税権の部分回復を目指したものであったが、それは、列強の東アジア外交を主導するイギリスの姿勢に影響されていた。井上による改正交渉の焦点は、八年間の任期を通じて、列強中改正にもっとも消極的なイギリスを如何に説得して交渉を進展させるか、にあったと言ってよいであろう。

イギリスが列強のなかで条約改正にもっとも消極的であった最大の理由は、日本の条約改正が不平等条約を締結している他のアジア諸国に波及し、イギリスの利権が脅かされることを恐れたためであった。森駐英公使は、一八八三年に次のように指摘している。

一タヒ之ヲ我邦ニ許諾セハ、支那其他東洋諸国等モ亦日本ノ例ヲ襲ヒ同一ノ要求ヲ為スノ日ニ方リ之ヲ拒絶スルコトヲ得ヘカラス、果タシテ如此キ場合ニ至トキハ、英国ガ年来東洋諸国ニ於テ占断スル所ノ権勢自ラ削減スヘク、利益亦自ラ退縮スヘキコト明白ナルニ由リ、我所望ヲ拒ムハ彼ガ利己主義ノ政略上不得止コトト云ヘシ[*30]

森はこの懸念を払拭するためには、

我国ノ事実ハ特別ニシテ、其例ハ他ノ東洋諸国ニ引用スルコトヲ得ヘキ者ニ非サルノ理由ヲ弁明シ、英外務省ヲ

シテ他ニ顧慮スル所ナキノ域ニ至ラシム[31]

ことが必要であるとし、そのためには、

我国制度工業其他ノ諸般迅速且堅牢ニ進歩シ東洋中無比ニシテ、条約重修ニ付我請求スル所ノ要点ハ他ノ東洋国ニ於テ之ヲ追倣スルヲ得ヘカラサル事実ヲ明示シ、一ニハ以テ彼カ陰ニ所懐ノ空妄ナル恐懼心ヲ掃却シ、一ハ以テ彼ヲシテ排拒ノ辞柄ヲ構フルコトヲ得サラシムルコト[*32]

が重要である、としている。

すなわちイギリスにとっては、他の東洋諸国とくに清への波及を阻止し不平等条約体制の弱体化を回避しつつ、どこまで日本に妥協できるか、が焦点であり、日本にとっては、イギリスに日本の近代化を評価させアジアにおける特殊な地位を認めさせて、どこまで譲歩させるか、が焦点であった。

だが、最終的に井上はイギリスの姿勢を打破することはできなかった。

条約改正の本会議は八六年五月一日に開始され、海関税の増加、日本側の譲歩内容、裁判権管轄の順で討議することとされた。しかし、イギリスが内地開放や開港場の増加などの譲歩がなければ裁判権管轄問題において譲歩することは不可能である、として反対し、論議が紛糾したため、八六年六月英独は、日本案は実行不可能であるとして、日本の了解のもとに修正案を提出した。その主な内容は、日本は条約批准後二年以内に内地を開放する、西洋の主義に従い法典を編纂する、日本は裁判所章程及び諸法典の英訳を列国に送付する、開港場・開市場以外にある外国人は日本の裁判権に服従する、裁判権を執行する裁判所は外国人判事が多数を占める、公用語は日本語と英語とする、というものであった。

この妥協について寺島は、「結局我要求の幾十歩を譲るにあらずんば、議事の完結を望むべからず[*33]」と否定的評価を下しているが、日本の近代的法典としては、改正刑法及び治罪法は国際的にも評価されていたものの、法制度が整備されたとするにはいまだ準備不足であった。憲法は未だ作成中であった。アジアにおける特殊な地位を欧米に認めさせる根拠が明白でない以上、領事裁判権の撤廃には、司法制度や法制度面での妥協が必要であったのである。

しかし、この案が漏れると、在野派のみならず内閣や官僚のなかからも激しい反対が巻き起こった。八七年七月九日に井上は、今後に充分の自由、充分の自主を得るためには、今日はこれを忍ばなければならない、として、妥協してでも治外法権を撤廃することの必要性を主張し、閣議では反対派に配慮して修正案を作成したが、列国の同意を得がたいとされた。七月一八日、井上はいったん一二月一日に会議を延期するとしたものの、結局七月二九日、井上はすべての法典を完成させれば各国の検閲の必要はなくなる、として法典編成の結果を会議に提出できるまで会議を無期延期したいと通告し[*34]、九月一六日、外務大臣を辞任したのである。

一八八八年二月一日、伊藤総理の求めにより大隈重信が外相に就任、条約改正交渉にあたることとなった。大隈は、通商条約と裁判権条約を総括して締結することとしたが、その内容は程度こそ違うものの、前任の井上馨と同じく法権・税権の一部回復であった。外国人判事の任用は大審院の外国人被告裁判事件に限ること、刑法・治罪法・民法・商法・訴訟法などの重要法典を改正編纂し、その英訳を一年半以内に公布すること、などを盛り込んだ内容は、対等条約とは言い難いものであった。

ただし、井上の交渉と決定的に異なる点は、重要法典の制定が進展したことである。八八年の閣議に、年内に民法、商法、訴訟法、裁判所構成法の編纂が完了し、元老院に付議する予定が報告され、以後順次公布されていった。当初、大隈が条約励行により現行条約の不便さを外国人に知らしめて、条約改正の促進を図ろうとする強硬策を取ったことから、大隈の交渉に対する世論の期待は高まっていたが、八九年四月一九日のタイムスに日米新条約案の大綱が発表され、これが五月三一日から六月二日にかけて『日本』が連載した「条約改正に関するタイムス説[*35]」に報じられたことから、対等条約の締結を期待していた世論は二分され、議論が沸騰した。

最大の論点は、憲法に照らして領事裁判権は違憲となるという点であった。場合によれば、条約の廃止も国際法の原理からは可能であったのである。ロエスレルは、領事裁判権は、憲法第四条の「天皇は国の元首にして統治権を総攬し、此の憲法の条規に依り之を行ふ」に反しており、

外国の君主が日本の版図内に於て主権を行なふの一事は、日本の制度より観察するに於て違憲の行為なることは争ふべからざるの事実なりとす。……既に憲法を施行したる日本に於て此の如き条約の無効に帰すべきは自ら明白なりとす[*36]

と、領事裁判権を含む条約は憲法を無視しており無効である、と明言している。

また陸奥駐米公使は、外国人判事の任用及び重要法典の編纂公布に保証を与えている点について、八九年三月二九日に、憲法第二四条の「日本臣民ハ法律ニ定メタル裁判官ノ裁判ヲ受クルノ権ヲ奪ハルルコトナシ」及び憲法第五八条の「裁判官ハ法律ニ定メタル資格ヲ具フル者ヲ以テ之ニ任ズ」などの条文に抵触する恐れがある、との疑問を大隈外相に示している。[*37]大隈案反対派も、憲法第一九条の「日本臣民は法律命令の定むる所の資格に応じ均く文武官に任ぜられ及其他の公務に就くことを得」という条項について、伊藤の『憲法議解』に「特別の規定あるに依るの外、外国臣民に此権利を及ぼささること知るべきなり」とあることを挙げて、外国人判事の任用に反対した。[*38]

ここにおいて伊藤は八九年一一月、青木と協議し、外国人判事の任用は憲法に違反するだけでなく、将来立法権を束縛する危険があり、また、即時内地開放と五年間の領事裁判権の継続は平等の原則に反すること、新条約の実施期限である九〇年二月一一日までには到底準備を終えることができないとして、期限を延期し改正交渉は追って再開することとの方策を閣議に提出した。この意見書を受けて、後継の三条内閣は一二月一〇日に、現在調印済みの条約案を修正して平等完全のものに近づけること、この要求が受け入れられなければ、「従前ノ位地ヲ存スルモ欠点ノ条約ヲ締結セズ、其間改正ノ手続ヲ中止シテ、以テ将来ニ我ガ目的ヲ達スベキノ機会ヲ待ツヘシ[*39]」と、対等条約締結の方

針を決定した。その結果大隈外相は辞任、大隈による条約改正は中断したのである。

大隈の交渉が延期されたことは、完全対等条約への志向を強めさせることとなった。この問題がきたるべき議会において最大の論点となることは明らかであり、政府が妥協的な外交交渉をおこなうことは困難となった。憲法・議会を所有した段階において、日本の主張は完全対等へと大きく変化した。

憲法・議会を所有した段階において、日本の主張は漸進的な改正から完全対等を基調とするものに大きく変化した。[*40]しかも完全対等を阻むものはなくなっていた。条約の完全改正への展望は開けたのである。

5　東京の政治的空間――祝祭の季節――

さて冒頭にあげた四点の課題のうち、本章でもっとも注目したいのは、一八八九（明治二二）年は、憲法発布を頂点とする一連の政治的祝祭のなかで、維新以来の政治対立が解消されていった、という点である。

その最初の政治的表明が大赦令の発布である。政府は憲法発布に合わせて、国事犯（政治犯）赦免の大赦令を発布した。これは、民権運動によって生じた政府と在野民権派との対立を解消しようとするものであった。[*41]既決三三四名、未決一二四名、計四五八名という大規模なもので、福島事件、大阪事件、保安条例違反、秘密出版事件、新聞条例違反などで逮捕された民権運動家たちの多くが自由の身となった。殺人罪・強盗罪には適用されなかったため、全員が釈放されたわけではなかったが、多くの民権家たちは、翌年の議会開設に向けて政治運動を展開し、翌年には代議士（衆議院議員）として帝国議会に参加していった。

また、一〇日の決定により西郷隆盛が復権し、剥奪された正三位を贈位され、朝敵の汚名を雪いだ。同時に藤田東湖、佐久間象山、吉田松陰に正四位が贈位されており、勤皇憂国の士の功を録すためとされたが、[*42]西郷の復権と復位は、他の三名とは明らかに異なり、西南戦争に代表される士族反乱に起因する分裂を修復する政治的意図を背景に有していた。

そして維新によって生じた最大の亀裂であった戊辰戦争の和解が、一八八九年に東京を舞台とした一〇ヵ月間に及ぶ政治的祝祭によってなしとげられたのである。

第一は、一月一一日の新皇居の落成と天皇の移徙であった。いわば天皇の二度目の江戸城入城である。最初に天皇が京都から江戸城に入ったのは六八年一〇月一三日のことで、この時江戸城は東京城と改称された。しかし七三年五月五日、皇居は太政官・宮内省庁舎とともに炎上し、赤坂離宮が仮皇居に定められた。皇居の再建造営計画は八三年に決定、当初は洋館造りとされたが、国会開設に間に合うよう速成をはかるため和館へと変更され、八四年七月に着工、八八年一〇月に落成したのである。これを機に、皇居は宮城と改称された。

八九年一月一一日における新皇居の落成と天皇の移徙は、「天皇が変化を好まれない性質なので、大いにその意志に反したことだった」[*43]が、『明治天皇紀』によれば、東京市中は歓迎ムードであったという。[*44]ベルツによれば、「新しい宮城は木造で、外観は日本風だが、内部の構えはすこぶる巧みに和洋両式が折衷されている。少なくとも自分は、ここの玉座の間よりも立派な広間を、ヨーロッパでは見たことがないと思う」[*45]。そして、完成直後の玉座の間で憲法発布式が行なわれた。

第二は、時間的順序から言えば二月一一日の憲法発布のパレードであるが、政治的には二月一二日における天皇の上野巡幸のほうが重要であった。上野行幸は、公式には上野の華族会館への行幸という形をとったが、「民衆をして鳳輦を拝するを得しめられん」機会を与えてほしいという東京市民の請願を受け入れて実施されたものであった。言うまでもなく上野は戊辰戦争の激戦地であり、多くの東京市民がこの行幸に鎮魂の意をくみ取ったのは想像に難くない。その意味で、市民にとってこの行幸に対する思い入れは深かったというべきであろう。

上野行幸について、勝海舟は伊藤博文に宛ててつぎのように記している。[*46]

此度之特恩にて大ニ人心ニ感覚ヲ生何と申事も無之心内悦服之姿相見且上野江御幸は尤大出来ニ而初而聖恩ニ逢候心持と相成候形人心之不測もの如斯歟

勝は言うまでもなく、慶応四年三月の江戸総攻撃を中止させた幕府側の立役者であるが、四月に朝廷軍が江戸入りした時の市中について、日記にこう書いている。[*47]

都下の人心、危懼を抱き、空評彼此を雷同す。浮躁の輩等、是が為に奪掠人殺等を以て、士の本意とし、更に沈着して御処置を待たず。富商は戸を閉じ、貧民は生産を失す。市街夜は寂たり。衰世の風か、無道の故か。慨歎するに堪えず

それから二〇年余、「初而聖恩ニ逢候心持と相成候」という感慨は、いかにも勝らしい。そしてこの感慨は勝に限らず、旧幕臣や江戸市民にも共通するものであったと思われる。

ひと月のうちに三度の行幸の機会を設定し、東京市民の前に姿を現したことは、東京市民が天皇を徳川家にかわる東京の主として確認する儀式にほかならない。維新の遺恨はここに流れ去った。

第三が、江戸と徳川家の復権である。八月二六日、徳川家康が江戸に入城して以来三〇〇年目を記念する「江戸開府三百年祭」が行われた。家康が江戸入りした八月一日は八朔と称して、江戸時代には正月と並ぶ重要な祝日であった。この年、旧幕臣たちによって、江戸時代全般にわたって歴史を調査する江戸会が結成され、前島密、木村芥舟、らの旧幕臣のほか、佐幕派諸藩関係者、江戸に関係の深い実業家、芸能人などが参加していたが、八朔を復活しようとする機運が盛り上がり、榎本武揚を委員長として三百年祭会が結成された。そして旧暦で八月一日にあたる八月二六日に、上野東照宮で江戸開府三百年祭が執行されたのである。祭主は、時の東照宮宮司にして戊辰戦争最大の朝敵であった会津藩主松平容保であった。群衆は、高崎府知事、榎本委員長とともに会場を巡回する徳川慶喜に対し

て、東京万歳、徳川万歳と歓呼したという。

市中には軒提灯と国旗が掲げられ、上野三橋際、万世橋、日本橋、京橋では大国旗が交叉され、不忍馬見場にはアーチが設けられた。祝典には、第三皇子明宮嘉仁親王、伏見宮をはじめ、大蔵大臣松方正義、宮内大臣土方久元、旧徳川一門の他、アメリカ、イタリア、清の各国公使らが出席した。首相黒田清隆も出席しようとしたが、群衆に馬車が阻まれて、あきらめて引き返したという。このとき、天皇は金三〇〇円を下賜し[*48]、江戸の祝日の復活を市民とともに祝ったのである。朝野新聞はこう記している[*49]。

東京今日の繁盛あるも、其源は家康公開府の恩賜なれば、謝恩の意を表するも、東京市民の分としては不相当のことにあらざるべし

江戸の栄光を復活し、徳川の恩顧を讃えるこの祭りに、政府、皇室も祝意を表したことは、江戸の復権であると同時に、江戸と天皇との歴史的和睦であり、新しい時代の到来を象徴するものであった。

そして第四が、祝祭の掉尾を飾る立太子式であった。一一月三日の天長節に立太子式が行われ、憲法と皇室典範に則り、第三皇子明宮嘉仁親王が一一歳で皇太子に立てられた。

天皇を君主とする明治憲法体制は天皇家の存続が絶対の条件である。天皇の後継者が定まったことは帝国日本の将来を安定させるはずのものであった。しかし皇位継承は、国家の問題でもあるが皇室という家の問題でもある。血統の保持という点で、この時点で不安がなかったわけではなかった。

発布直前の修正により憲法第二条に明記され、皇室典範に規定された皇位継承の方式は、直系の皇男子孫に限られるという、これまでとは異なったものであった。

皇位継承の上で、天皇の実子が養子に優先するという制度は第三皇子明宮嘉仁親王の誕生のころに成立しはじめたが、それでもいくつかの制度的問題が存在していた。女帝を認めるか、という問題と、嫡出と庶出との関係である。

皇室典範の最も古い草案と見られる「皇室制規」（一八八六年三、四月）では、皇位継承について、男系が絶えた場合は女系をあてること、各嫡出を先とし庶出を後とすることが規定されている。このうち女帝については、同年六月の「帝室典則」では削除され、その後復活の議論もなされたが結局退けられた。

女帝を排した論理はいくつか挙げられているが、男系重視の考え方でいけば、女帝本人の血統に問題はなくともその皇子孫の血統は皇婿に影響され、憲法第一条にいう万世一系の保持が困難となる、という点がもっとも大きな問題であったように思われる。日本にも女帝は存在しているが、多くは皇后や皇太子妃から即位しており、未婚で皇位についた天皇は奈良時代の元正、孝謙、江戸時代の明正、後桜町の四人の天皇があるが、いずれも結婚せず、血統は次代に引き継がれなかった。ヨーロッパの場合は、王室相互の婚姻により女帝であっても血統の問題はとくに生じないが、日本の場合は他国の王室から皇婿を迎えるわけにはいかない。

また嫡出を優先し、庶出の継承を回避しようとする志向は、一夫一婦制であるヨーロッパの王権と同等であるためにも、また、国民に一夫一婦制を説くなかで天皇家だけが例外であるべきでないためにも重要な問題であった。

こうして皇位継承の方式はそれまでとは大きく変化し、ヨーロッパの王権継受を強く意識しつつ嫡流の男子の優先へと限定されていったのである。しかしこうした限定は、血統の由緒を正しくするという点では論理的には純化であったが、万世一系の維持という点では不安定さを増すこととなった。天皇権威の強化をはかり神格化を進めれば、血統の由緒が問題となり、それを正そうとすればするほど、継承は困難になるという循環が生ずることとなったのである。新たな皇位継承の原則を立てても、それが実際に有効でなければ、意味がないのである。

この時点で、新方式にのっとって皇太子を立てようにも親王は第三皇子ひとりしかおらず、しかも嫡出ではなかった。まず立太子の前に嫡出問題が解決されなければならなかった。明治天皇も庶出ではあったが、実子の形をとって継承したことにならい、柳原愛子を母とする第三皇子である明宮嘉仁親王は満八歳に達した八七年八月三一日、儲君

（もうけのきみ）すなわち皇后の実子と定められている。

だが、皇統に対する不安はおさまらなかった。明治天皇の一五人の子供のうち成人したのは五人で、しかも唯一人の皇子である第三皇子の健康が優れなかったのである。

嘉仁親王の健康回復は皇位継承の上でも喫緊の課題であった。東京の暑寒を避ける転地療養先として御用邸の建設が着手された。最初に箱根塔ケ島離宮が竣工したのは一八八八年七月であり、早速親王は八日間避暑に赴いている。[*50]

天皇初め親王の転地を喜びたまはず……事容易に決すること能はざりしが……この行頗る親王の予後に適し、心身に可なるものありしかば、天皇始めて安んじたまふと云ふ

こうして嘉仁親王の健康問題はひとまず解決し、立太子式をおこないうる状況がうまれた。そして、一一月三日の天長節すなわち明治天皇の誕生日に立太子式が行われ、明治の御世、すなわち日本の近代立憲国家システムは次の世代に引き継がれていくことが明確となったのである。

立太子式は明治憲法と同時に制定されたばかりの皇室典範に基づいて行なわれた。天皇は富小路敬直をして天長節の祭典を代拝せしめ、青山練兵場で観兵式を行なったのち、正午に親王・大臣・各国公使など拝賀の出席者に嘉仁親王を冊立して後退しとする勅語を発し、古式に則り儀礼を行なった。皇太子は、鳳凰の間において陸軍少尉の正装で天皇に謁する洋式のスタイルと、宮中三殿における立太子奉告祭典に参拝する神式のスタイルで行い、さらに花御殿御会食所において立食の宴を開く、と交互にスタイルを変えて式典を進めていった。[*51]

大日本帝国憲法第一条で、天皇の王権としての正統性を宣言するために利用された「万世一系」の神話を受け継ぐ儀式である立太子式は、明治憲法の発布とそれにつづく一連の政治的祝祭の最後を飾る、首尾一貫したプログラムの総仕上げであった。立太子式は、憲法が次世代に継承されることを宣言した儀式でもあったのである。

ちなみに、皇太子はこの後避寒、避暑に転地をすることが慣例となり、九三年には沼津、葉山、日光などに相次い

で御用邸が建設されたが、皇太子がもっとも気に入ったのはこの年の二月有栖川宮別邸に滞在した葉山であったため、同年六月に避寒のため御用邸の建設が決定、翌九四年一月に完成後、明治期だけでも、転地保養の記事は四六回、生涯の行幸啓は六六回にのぼっている。大正天皇が一九二六（大正一五）年一二月に没したのも葉山の御用邸であった。

6　明治維新との離別と近代国民意識の形成

一月一一日に始まり、一一月三日の立太子式にいたる一連の政治的祝祭は、維新の国是が実現し日本の近代化が目的を達成したことを、和洋両スタイルの儀式を並行して実施する形で内外に宣言すると同時に、天皇を東京の主としてあらためて確認する東京市民の儀式でもあった。

二月一一日の紀元節における憲法の発布、一一月三日の天長節における立太子式は、皇室の佳日（国民の祝日でもあった）に合わせて絶妙に設定され、天皇家の歴史を引き継ぐ祝祭として実施され、王権の確立を国民にアピールする絶好の儀式となった。これらの祝祭によって、政治空間としての東京は、維新の対立の場から国民融合、国家統一の場へと大きく転回し、徳川のお膝元から日本の首都へと変貌したのである。

憲法発布と翌年の議会開設は、民権の時代と立憲の時代を区切るものであった。明治維新以来の公議与論の理念が憲法によって実現し、条約改正も完全対等の展望が見えた時、公議公論・万国対峙というふたつの維新の国是は政治スローガンとしての現実的意味を失なっていった。維新を語ることはもはや現在を語ることではなく、過去を語ることに転じはじめた。第一の維新が政治の軛から外れたとき、維新は自由に語るべき歴史空間として国民の前に立ち現れ始めたのである。

徳富蘇峰が、「人既に維新の人に非ず、舞台焉んぞ維新の舞台ならむ」[*52]と喝破したように、新たな時代の担い手として明治の青年が登場し、それまで時代を担ってきた天保の老人は時代の後方に追いやられ始めた。新しい時代の到来は新たな歴史意識を生み出す。維新の和解と維新の目標の達成を受けて、新たな維新への期待から、国民という言葉がキーワードとして頻繁に使用されるようになった。[*53]文明とともに、日本の政治的、文化的独立を求めるナショナリズムは、西洋社会とは異なる近代国家像を求めていった。陸羯南はこう述べている。[*54]

吾輩は日本国民政治上生活が他の国民に統一さるるを願わざるがごとく、文化上の生活においてもまた他国民に同化さるるを願わず。吾輩は政治上の独立を希望すると同時にまた文化上の特立を希望す。……これ実に国民的観念の発揮によらざればあたわず。且つ国民的観念もまたこれらの特立によらざれば永くその発達を遂ぐるあたわざるなり。もし国民的観念衰亡せんか、吾人が今日先進国の文明を輸入して進歩の資となすところは、かえって国民の独立生活をそこなうにいたらんとす。

欧化と国粋という東西の二元的対立ではなく、その緊張関係のなかに新たな文化を作りだし、日本のナショナリティ（アイデンティティ）を確立して、政治上の独立と文化上の特立を実現することをめざそうとしたのである。しかもそれは、伝統そのままではなく、近代文明のなかにおいて自立し、欧米の視線に耐えうるものでなくてはならない。

そこに誕生した近代は、これまで「脱亜入欧」＝西洋化として表現されてきたような、日本的要素の切り捨てと欧米型社会の移植ではなかった。憲法発布と条約改正によってヨーロッパ的近代を実現した時点で日本が求めたのは、[*55]日本文化の独自性を踏まえてこれからの日本の近代を作り上げていく国民意識の形成であった。それは、この時期の風潮としてよく言われる「欧化」から「国粋」への転換ではなく、「欧化」と日本というナショナル・アイデンティティの融合、あるいは欧化のなかにおける日本的なナショナル・アイデンティティの主張である。

従来この時期は、欧化への反動期＝国粋主義の時代として一般に理解されてきたが、その場合の反動とは、反近代・反西洋とは異なっている。一九世紀的な西洋普遍の価値を相対化し、ヨーロッパの周辺地域でもほぼ同時期に活発化していた民族的なものの復権に照応したナショナル・アイデンティティ確立の動きであり、近代日本のナショナリズムの確立をめざすものであった。[*56] 民族的価値の復権という点では、世界的な動向の一環として理解できるように思われる。

こうした意識は、英語で書かれた日本人による日本論である、内村鑑三の『代表的日本人』（初版一八九四年）、新渡戸稲蔵の『武士道』（一八九九年）、岡倉天心の『東洋の目覚め』（一九〇三年）、『日本の目覚め』（一九〇四年）、『茶の本』（一九〇六年）に結実した。三人とも、欧米社会を直接体験し、日本に対する無知、認識の偏向、不十分さを痛感していたことが執筆の動機となっており、日清・日露戦争を背景に、それぞれ大きな反響を呼んでいる。内村、新渡戸がキリスト教の現状とヨーロッパ文明の実態に対するするどい批判を含んで日本人の宗教心、倫理観を論じたのに対し、岡倉は、深い精神性と普遍性のなかで東洋文明の美と理想を説き、アジアのなかにおける日本の役割を論じたのである。

こうした時代の到来は、すなわち、明治維新以来近代化を目指してきた時代の終わりと新たな時代の始まりを意味していた。ここに日本の近代が本格的に始まったということができる。

注

＊1　以下の記述については、小風秀雅編『日本の時代史二三　アジアの帝国国家』（吉川弘文館、二〇〇四年）、同『近代日本と国際社会』（放送大学教育振興会、二〇〇四年）、同『日本近現代史』（放送大学教育振興会、二〇〇九年）、拙稿「条約改正と憲法発布」（『日本の対外関係』七、吉川弘文館、二〇一一年）を参照。明治初年の天皇権力の形成過程について、儀礼論的アプローチから論じたものとしては、ジョン・ブリーン『儀礼でみる：天皇の明治維新』（平凡社、二〇一一年）が注目される。

本章は儀礼論を主題とするものではないが、本章で扱う式典の多くが儀礼論のなかで多く取り上げられてきているので、先行研究との違いを明らかにしておきたい。皇室儀礼・天皇のページェントについては、T．フジタニ氏は『天皇のページェント』（NHKブックス、一九九四年）において、伝統的慣習が近代に創出されたことを指摘し、とくに明治天皇の多くのページェントについて取り上げて分析している。しかし、その取り上げ方は時期的・儀式的意味合いにおいて総花的であり、日本の近代化の過程や各歴史的段階におけるページェントの政治的・社会的意味や画期性を明確にしたものとはいえない。本章であつかう明治憲法発布式については「（帝国政府の反映と安寧を維持する力を示す）とりわけ重要なイベントであった」（九六頁）としているが、明治憲法と皇室典範が補完し合うものとして発布されたことを考えれば、本来憲法発布式と一セットでとらえられるべき立太子式については一切触れられていないし、儀式の主体と客体、すなわち祝われるものと祝うもののうち、後者の存在はほとんど儀式の背景としてしか触れられていないため、近代国民国家の主体たるべき国民の成立における儀式の社会的意味が不明確なままなのである。たとえば、「首都が国家の公的儀礼を演じる中心舞台となったのは、このときがはじめてであった」（九六頁）として、東京が首都としての内実を確立したとしているが、儀式の客体である東京市民（あるいは江戸市民）がそれを受け入れなければ、儀式だけでは内実化しえないであろう。

また、牧原憲夫氏は『客分と国民のあいだ』（吉川弘文館、一九九八年）において、憲法発布式は、首都を中核として全国一斉に儀式が挙行されるという国家的儀礼がはじめて成立し、東京の住民が「帝都」を自負した、としているが（一七二頁）、その前に、江戸と天皇との和解抜きには「精一杯浮かれてみせ」（一七一頁）ることもなかったであろう。憲法発布式は、儀礼に内包される政治的な意図と効果の側面を解明しなければならないのである。

憲法発布式を中心とする一八八九年における一連の儀式は、本章で分析したように、さまざまな集団に対して、異なる意味を持ちながら、全体としてそれまでの政治的・社会的対立を解消する絶妙な政治的効果を発揮したのであり、国民意識や首都意識の成立については、二月一一日という一点だけで評価されるべきものではないと思われる。

＊2　トク・ベルツ編『ベルツの日記』上（岩波書店、一九七九年）、一三五〜六頁、一八八九年二月一一日。
＊3　若桑みどり『皇后の肖像』（筑摩書房、二〇〇一年）、一二八頁。
＊4　坂本一登『伊藤博文と明治国家形成』（吉川弘文館、一九九一年）、一八八頁。
＊5　『ベルツの日記』上、三五五頁、一九〇四年一月一日。
＊6　若桑氏は、これを、洋装と和装の二重服制（和服＝守旧・伝統文化、洋服＝近代・先進国との互換性）が男女ともに成立したと

評価している（若桑前掲書、二九〇頁）が、とくにこの時期の天皇家に関して言えば、二重服制を必要としたのは、とくにヨーロッパスタイルによる儀礼を内外に可視化された形で実施するためであり、祭典における二重儀礼の実施のためであったと位置づけることができよう。その意味では、伝統と近代の共存というよりは、洋式儀礼の実施によって欧化を強調するとともに、伝統儀礼を一方で配することによって、両者の併存を主張し、日本の独自性を儀礼の面でも明確に主張したことを意味していたと考えられる。

＊7　オットマール・フォン・モール『ドイツ貴族の明治宮廷記』（新人物往来社、一九八八年）、五四頁。
＊8　『ベルツの日記』（岩波書店、一九七九年）上、一三四頁、一八八九年二月九日。
＊9　『明治天皇紀』第七（吉川弘文館、一九七二年）、一九七頁。
＊10　稲田正次『明治憲法成立史』下（有斐閣、一九六二年）、九二三頁。
＊11　瀧井一博『ドイツ国家学と明治国制―シュタイン国家学の軌跡』（ミネルヴァ書房、一九九九年）、一九五頁。
＊12　『伊藤博文伝』中巻、三一八頁。
＊13　同上、二九六頁、一八八二年八月一一日、岩倉宛伊藤書簡。
＊14　『伊藤博文関係文書』四（塙書房、一九七六年）、三一頁。
＊15　鳥海靖「伊藤博文の立憲政治調査」（鳥海他編『日本立憲政治の形成と変質』、吉川弘文館、二〇〇五年）は、「日本独特の折衷主義の憲法」について、当時のヨーロッパの評価を引用しつつ、明治憲法をドイツ流の君権主義憲法とする通説を批判し、さらに「実際の運用においては、日本とドイツあるいはプロイセンとの際はいっそう明白である」（一三五頁）としている。ただ、折衷主義がタイムスのいう「幅広くなんでも取り込む」ものなのか、スペンサーのいう「（自国の歴史や国情を踏まえた）漸進・保守の主義」、すなわち日本的要素を踏まえた立憲制という意味での折衷なのか、さらに吟味される必要があろう。
＊16　渡辺幾治郎『明治天皇』（宗高書房、一九五八年）上、四六七頁。
＊17　同上、四六八頁。
＊18　山下重一『スペンサーと日本近代』（お茶の水書房、一九八三年）、二〇二頁。
＊19　同上。
＊20　「本邦憲法制定ノ由来」（『国家学会雑誌』一一―一二三・一二四）。
＊21　稲田前掲書下、六二九頁。

＊22　伊藤博文『憲法義解』（岩波文庫、一九四〇年）、五二頁。
＊23　稲田前掲書下を参照。
＊24　家永三郎『植木枝盛研究』（岩波書店、一九六〇年）、五七一頁。
＊25　鳥海靖『動きだした近代日本』（教育出版、二〇〇二年）、一七八頁。
＊26　『ベルツの日記』上、一八七～一八八頁。
＊27　陸羯南「近時憲法考」（『近時政論考』、岩波文庫、一九七二年）、一四三頁。
＊28　『日本』一八八九年二月一五日（『日本の名著三七　陸羯南、三宅雪嶺』、中央公論社、一九八四年、二四三頁）。
＊29　『明治文化全集』正史下、四七頁。
＊30　外務省調査局監修『条約改正関係日本外交文書』第二巻下（日本国際連合協会、一九五九年）、八〇一頁。
＊31　同上、七九六頁。
＊32　同上、八一〇頁。
＊33　『秘書類纂外交編』上（秘書類纂刊行会、一九三六年）、五〇頁。
＊34　外務省調査局監修『条約改正関係日本外交文書』第二巻上（日本国際連合協会、一九五九年）、五一五頁。井上の改正交渉については、多くの先行研究があるが、本章との関係では、稲生前掲書、五百旗頭薫『条約改正史』（有斐閣、二〇一〇年）などを参照。
＊35　稲生典太郎『条約改正論の歴史的展開』（小峯書店、一九七六年）を参照。
＊36　前掲『秘書類纂外交篇』上、一九五頁。
＊37　外務省調査局監修、日本学術振興会編纂『条約改正関係日本外交文書』第三巻（日本国際連合協会、一九五六年）、一〇七頁。
＊38　明治文化研究会『明治文化全集』一一、外交篇（日本評論社、一九二八年）。
＊39　前掲『条約改正関係日本外交文書』三、二三五頁。大隈の改正交渉については、稲生前掲書、大石一男『条約改正交渉史一八八七～一八九四』（思文閣出版、二〇〇八年）などを参照。
＊40　前掲拙稿「条約改正と憲法発布」を参照。
＊41　前掲家永書、五七二頁を参照。
＊42　『明治天皇紀』第七、二二五頁。
＊43　『ベルツの日記』上、一三二頁、一八八九年一月一二日。

＊44　『明治天皇紀』七、一八三頁。ただ、新聞などでは、市民の反応は無関心に近かったと報じられている。
＊45　『ベルツの日記』上、一三二頁、一八八九年一月一二日。
＊46　稲田前掲書下、九一三頁。
＊47　『勝海舟全集一九　海舟日記Ⅱ』（勁草書房、一九七三年）、五七頁、慶応四年四月一三日。
＊48　『明治天皇紀』七、三三九頁。
＊49　『朝野新聞』一八八九年八月二〇日「江戸開府三百年の大祭挙行」。
＊50　『明治天皇紀』七、一一六頁。
＊51　同上、四〇五～七頁。
立太子式典と近代国家との関係については、F．R．ディキンソン氏も注目し（『大正天皇―一躍五大洲を雄飛す』ミネルヴァ日本評伝選、二〇〇九年）、以後国家的行事を描く錦絵に天皇・皇后とならんで皇太子がよく描かれていることを指摘しているが、婚姻や行啓と並んで嘉仁皇太子の伝記的記述の一部として紹介されているだけであり、立太子の政治的・社会的意味については言及がない。筆者は、皇太子を含む天皇家の図像化にこそ、皇室の血統が継承されていくこと、すなわち天皇家の家族として表象された近代日本が、継続していくことを象徴化したものであると考える。その意味で、立太子式典は、明治憲法体制の継続を宣言する政治的儀礼であったのである。
＊52　小山文雄『陸羯南―「国民」の創出』（みすず書房、一九九〇年）を参照。
陸羯南がその「国民主義」（「ナショナリチー」の訳語としている）を定義したのは一八八八年六月の「日本文明の岐路」（『東京電報』であるが、その国民主義の主張の主たる活動の場となった新聞『日本』が発刊されたのは、一八八九年二月一一日であり、憲法発布当日であったことは単なる偶然ではない。羯南の憲法と国民との関係について、小山前掲書では、「欽定憲法のもとにおける立憲政体を『日本国民の新特性』として確保し持続することを日本国民は期さねばならない。そこに西洋と並び立つ日本が築かれるのである」（九二頁）としている。
＊53　徳富蘇峰『蘇峰文選』（民友社、一九一五年）、七頁。
これは、いうまでもなく『国民之友』第一号（一八八七年二月）に掲載された「嗟呼国民之友生れたり」の一節であるが、前年一〇月に刊行された『将来之日本』で蘇峰が使用した「国民」が、アメリカの雑誌〝Nation〟の訳語であることは周知の事柄であり、翌八七年三月に改版して出版した『新日本の青年』の青年とともに、時代の流行語となり、民権運動の再興にも関係した。牧原憲

夫は前掲『客分と国民のあいだ』で、「民衆が国民になっていくための〈回路〉を民権運動は結局のところ切り開いたのではないか」（一三二頁）としているが、明治憲法を国民が受容する土壌を作り出したことと関連させて再検討する余地があろう。

＊54　『日本』一八九〇年一月七日（前掲『日本の名著』三七、二五三頁）。

＊55　憲法制定と条約改正交渉において、日本の独自性への主張が次第に強くなっていく過程については、拙稿「条約改正と憲法発布」（『日本の対外関係』七所収、吉川弘文館、二〇一一年）を参照。

＊56　西川長夫・渡辺公三編『世紀転換期の国際秩序と国民文化の形成』（柏書房、一九九九年）を参照。

（追記）本稿は、国際日本文化研究センター"Japan Review" 23（二〇一一年）に掲載された英文版（翻訳ジョン・ブリーン教授）に加筆修正したものである。英文版の元稿は、『日本の時代史 二三　アジアの帝国国家』の拙稿部分を、寄せられた批判と疑問に応えて論文に書き改めたものを使用した。当該誌への掲載を勧めていただき、さらに翻訳の労をお取り下されたブリーン教授にこの場を借りて深甚の謝意を表する次第である。

三　『蹇蹇録』の描いた国際社会
――日清戦争と陸奥外交――

古結諒子

1　陸奥外交研究と『蹇蹇録』の関係

世界の中での近代日本をとらえようとする場合、欧米を基準に日本を位置づけようとする側面だけが見つめられ、日本が東アジアの歴史的文脈の中で行動せざるを得なかった側面が捨象されてきたのではないだろうか。

本章は日清戦後に陸奥宗光が書いた『蹇蹇録』[*1]における清国や列強の描き方を、実際の交渉過程と対比させることによって、『蹇蹇録』の描いた国際社会の特徴を明らかにする。

日本近代史上初めての対外戦争である日清戦争（一八九四～九五年）は、冊封体制の崩壊や不平等条約体制の動揺といった転換をもたらし、一九世紀末東アジアの一大画期となった。[*2]従来、この戦争における外交は、「日本外交」よりもむしろ「陸奥外交」と称されてきた。陸奥宗光は一八九二（明治二五）年八月に成立した第二次伊藤博文内閣の外務大臣に就任し、条約改正や日清戦争の外交指導にあたった。この外務大臣としての事績が陸奥外交の名を生んだのである。[*3]

ただし、この陸奥外交研究は時代的影響を受けつつ人物評価を中心に、その評価も列強による干渉への対処に集中していた。たとえば、信夫清三郎氏は開戦過程における軍の動向との二重外交の存在を意識して『陸奥外交』[*4]を著したが、そこでは戦後に清国や朝鮮が列強による分割の場となることを前提に、陸奥が列強の干渉を排した過程を論じた。また、深谷博治氏は日中戦争が起こった執筆当時における陸奥の功罪や史的教訓といった意義を問い、陸奥による文武一致の一元外交をはじめとして外交手腕の評価を行ったが、その主たる言及対象は干渉への対処であった。[*5]

こうした研究動向に対し、中塚明氏が陸奥外交を歴史的条件の中で語る重要性を指摘した点は注目される。ただし、一九世紀末から二〇世紀初頭の帝国主義形成期という状況に加えて、朝鮮・中国の民族的結集の弱体性を歴史的条件の前提としたため、やはり列強の干渉を意識した陸奥外交を語った。[*6]要するに、歴史的条件の中で陸奥外交を語るにしても、日本外交における位置づけ、交戦相手である清国との関係については不明な点が多いのである。

その要因として、日清戦後に陸奥が残した『蹇蹇録』の史料的偏向が、これまでの研究の方向性を規定していたことを指摘できる。なぜならば、陸奥外交や日清戦争を研究対象とする際、『蹇蹇録』は常に基本史料として用いられてきたためである。

『蹇蹇録』は渡辺修二郎氏によって「三国干渉弁明の書」[*7]と評価されて以降、陸奥自身による執筆目的や刊行事情に焦点が当てられたほか、推敲過程における政治家や諸政策に対する記述内容の変化、記述そのものの誤りが既に指摘された。[*8]また、史料を分析対象とする研究者だけでなく日清戦争の研究者も、その問題関心に沿って記述内容の妥当性を問い、この史料からの脱却の必要性を説いた。[*9]しかし、執筆目的や記述内容の妥当性を追究するだけでなく、『蹇蹇録』の史料的偏向それ自体も、分析対象となりうる。実際のところ『蹇蹇録』は三国干渉に代表される欧米列強の動向だけでなく、清国や朝鮮の動向も語っている。[*10]そのため、『蹇蹇録』全体に通底する国際社会の特徴、換言すれば、その史料的偏向を明らかにすることは、交戦相手である清国よりも列強の干渉との関係に偏重して語られていた、従来の陸奥外交研究に対する問題提起にもなろう。そこで、本章は日清戦争に直接関与した外相陸奥宗光が自らの外交的対処をどのような偏向で『蹇蹇録』で語ったのかを、実際の交渉過程との対比によって明らかにする。

2　外交と国内政治の接続点としての『蹇蹇録』

本節では、執筆期間の国内外の状況や配布先といった史料周辺のコンテキストから、『蹇蹇録』が国内政策形成過程、諸外国との交渉、国際関係を包摂した日清戦争当時の外交だけでなく、戦後の国内政治も語ることを、先行研究から確認する。

『蹇蹇録』の重要性については、「日本の外務大臣が、自分の直接かかわった外交問題について、その事件が一段落した直後に、ことの顚末を詳述して出版したというのは、他に例を見ない。その意味で『蹇蹇録』は、日本近代史上、異例の著作である」[*11]とされる。また、ほかの近代日本の政治家の回想録に比べ、用いた史料、自らの外交政略の位置づけ方といった点などから、良質の「回想録」であることも指摘されている。一八九五（明治二八）年四月に清国との間で下関条約の調印を終えてロシア、ドイツ、フランス三国に対して遼東半島の返還を表明した後、五月一二日、陸奥は京都御所に参内して御暇を乞い、肺結核のため翌日大磯に向かって同地で療養することになった。政治家の回想録が、退職後に在職中の事件を回想したものであるのに対し、原稿作成当時の陸奥は大磯で療養中であったとはいえ、「現職」の外務大臣であった。[*12]

しかし、『蹇蹇録』は当初から計画的に起草されたものではなかった。陸奥が最初に起草したのは『露、独、仏、三国干渉要概[13]（以降、三国干渉要概と略記）』という一小冊子である。三国による遼東半島返還要求が想定内であったことを冒頭で主張する本書は、公文書を中心に構成され、外務省で印刷、一八九五年五月末までに刊行され、伊藤や出先外交官に配布された。これは、後に『蹇蹇録』の「第七章　欧米各国の干渉」、「第十四章　講和談判開始前における清国および欧洲諸強国の挙動」、「第十五章　日清講和の発端」、「第十九章　露、独、仏三国の干渉(上)」、「第二十章　露、独、仏三国の干渉（中）」、「第二十一章　露、独、仏三国の干渉（下）」に再構成された。[14]

『蹇蹇録』の起草は、『三国干渉要概』の後、ないし、同時並行的に始められた。草稿の末尾に「明治二十八年除夜脱稿」と記されているものの、中塚氏の分析によって、「外務省第一次刊本」印刷用原稿が陸奥の手を離れたのが、一八九六年二月一一日であったとされる。その後「外務省第二次刊本」の印刷を終えたのが同年五月下旬とされ、この刊本が世に流布している『蹇蹇録』の底本となった。[15]その内容は日清戦争前の状況を含みつつ、主に一八九四年五月の甲午農民戦争（「東学党の乱」）から宣戦布告を経て、講和談判、三国干渉（ただし、遼東半島返還表明まであって返還は含まれない）に至るまでであり、『三国干渉要概』とは異なって清国や朝鮮の動向をも包含した日清戦争全般を対象とした。そして、その基本史料は外務省の公文記録であった。[16]

『蹇蹇録』は回想録、外務省における使命報告書、再起を目指す政治的宣言書といった多様な性格を有する史料である。[17]そのほかにも、陸奥は執筆にあたり、「歴史」としての性格を意識していた。このことは、執筆当時に陸奥が駐清公使林董に対して「日韓清に関する外交史を著述いたし候[18]」と送ったことや、『蹇蹇録』冒頭で「もし日清両国の間における当時の外交歴史を草するものあらば[19]」と説明する点などから理解できる。執筆後には駐英公使加藤高明も「貴著日清外交歴史ノ目次御内示被下難有御礼申上候[20]」と陸奥に述べており、外交の歴史としての性格は陸奥自ら付与しただけでなく当時の読み手にも意識されたのである。

とりわけ見落とせないのは、陸奥が戦後の国内政治活動の一環として『蹇蹇録』を執筆した点である。[21]陸奥は『蹇蹇録』の「結論」において、外交問題を政府の「失敗」と非難することで政治的団結を図る対外硬派を意識した記述を残した。

総ての屈辱総ての失錯を以て一に政府の措置に基づくものとし、大いに政府の外交を非難し、戦争における勝利は外交において失敗せりといえる攻撃の喊声は四方に起り、その反響は今なお囂然たり。[*22]

戦後の陸奥は、外交問題の内政問題化を意識していた。『蹇蹇録』執筆期間中、清国では下関条約を締結した李鴻章が直隷総督の任を解かれ、日本は三〇〇〇万両の追加償金の受領と引き換えに遼東半島を返還した。朝鮮半島では一八九五（明治二八）年一〇月に閔妃殺害事件が、陸奥の手元から印刷用原稿が離れた翌年二月には、高宗がロシア公使館に逃げた俄館播遷事件が起きた。

これらは、日本国内において外交問題の争点化をもたらしたのである。対外硬派が第二次伊藤内閣の外交上の失敗を問う構えをみせ、問責派の連合は第九議会中に急展開し、一八九六（明治二九）年三月の進歩党結成へと動いた。問責派は三国干渉・遼東半島還附を外交的「失敗」であるとして批判し、戦後の軍備拡張問題や対朝鮮政策を軸に政府の処置を批判した。だが、遼東半島還附責任を追及する改進党・国民協会に対抗すべく、伊藤は一八九五（明治二八）年一一月に公然と自由党との提携に踏み切り、第九議会を乗り切った。[*23] また、朝鮮では井上馨による甲午改革が行き詰まりの様相を呈し、同年一一月から翌年二月にかけて欧米との同盟のために伊藤の首相辞任・欧州行き問題が政府内では浮上していた。[*24] そのため、陸奥は政策内容や人物に対する戦後の評価を『蹇蹇録』の随所に語っているのである。[*25]

陸奥が『蹇蹇録』を政治的に用いたことは、その配布先からも理解できる。『蹇蹇録』の秘本扱いの解除は、『伯爵陸奥宗光遺稿』[*26]が出版された一九二九（昭和四）年であるが、それまでにも一部が陸奥自身によって流布されていた。[*27] ただしその配布先は不特定多数ではなく、元老層、出先外交官、そして、天皇であった。実際、陸奥は『蹇蹇録』

という名称を、自己の利害を顧みず、ひたすら君主に尽した記録という意味で名付けたとされる。先の『三国干渉要概』と異なり、『蹇蹇録』からは天皇の信任を得ようとする陸奥の政治的志向を見いだせる。[*28]

さらに、陸奥は『蹇蹇録』執筆後も自らの政治活動の一環として『世界之日本』の刊行に関わった。一八九六(明治二九)年五月三〇日に外相を辞任した後、伊藤に政治勢力を作るようはたらきかけ、徳富蘇峰と関係が悪化していた竹越与三郎を引き抜いてこの政論誌を発行させた。[*29] そのため陸奥は、明治期の政治家の中にあっては伊東巳代治と並び、メディアや情報の持つ政治的価値を重視していた人物であったとも評価されている。[*30]

以上のように、執筆期間の国内外の状況や配布先などをふまえると、『蹇蹇録』は外交と国内政治の、そして、戦時中と戦後の境界線上に位置する史料であることを理解できる。陸奥は、戦後の自らの国内政治活動の一環として「外交史」を書いた。『蹇蹇録』が語る日清戦争当時における外交問題は、同時に、戦後における国内政治問題でもあり、時間や領域をまたぐのである。

3 日本外交とは異なる陸奥外交としての『蹇蹇録』

以下では、『蹇蹇録』の表現と実際の交渉過程とを対比させていく。本節は清国に関する記述に注目することで、日本外交とは異なる陸奥外交の特徴が『蹇蹇録』に散見されることを明らかにする。

日清戦争における日本外交は、直隷総督兼北洋大臣の李鴻章(天津)と総理衙門(北京)を使い分けた特徴を有する。もとより、清末の外交事務は、中央に一元化されていたわけではなく、地方大官に大きな権限が委ねられており、外交は多元的に展開されていた。[*31] その中で、陸奥は自身が属する外務省と総理衙門を主軸にした外交を意図していた。

『蹇蹇録』の記述からは、対清外交の多元性に直面する中で、陸奥自身が李鴻章個人を清国政府とは容認しがたかったことを理解できる。日清両国は甲申政変の処理として一八八五（明治一八）年に天津条約を締結し、以後、朝鮮に出兵する際には互いに通知することを定めた。その最初の実践が一八九四（明治二七）年六月の出兵時であったが、この時、行文知照の相手が異なった。清国は駐日公使汪鳳藻が陸奥に対し、「北洋大臣李鴻章」が「日本外務省」に照会する形で伝えたが、いっぽうの日本は駐清臨時代理公使小村寿太郎が総理衙門の王大臣たちに対し、日本政府が清国政府に照会するという体裁で伝えた[*32]。この汪公使の行文知照について『蹇蹇録』で陸奥は「明治二十七年六月七日附公文を以て、その政府の訓令と称し」[*33]と表現しているのである。

しかも、陸奥は伊藤との接触を試みる李鴻章の交渉方法に対して批判的であった。宣戦布告前の状況について次のように記す。

この頃、汪鳳藻は本国政府の訓令に従い、如何にもして日清両国の軍隊を朝鮮より撤去することを周旋せんとする熱心の余り、しばしば余に会談を求めしのみならず、親ら伊藤総理の邸に至り同様の談判を繰り返したることありし。しかるに伊藤総理は[*34]〔削除部分：其地位ノ上ヨリ外国使臣ト直接ニ結局ノ談ヲナスヘキニアラサレハ[*35]〕

記述内で「本国政府」は李鴻章を指す[36]。削除されたものの、推敲前には伊藤が交渉相手ではないという陸奥の表現が含まれており、正式な交渉相手は外相である自分だという意思表示が見られるのである。

このほか『蹇蹇録』には、宣戦布告前に日本が交渉相手を李鴻章から総理衙門へと移す、交渉のターニングポイントとしての評価を含む表現もある。それは、日本が清国に宣言した「第一次絶交書」[*37]と「第二次絶交書」[*38]という『蹇蹇録』独自の表現である。

日清共同朝鮮内政改革案が拒絶された後、陸奥はまず「第一次絶交書」を李鴻章からの電訓に接した汪公使に伝えた。この「絶交書」は末文に「本大臣ガ斯ノ如ク胸襟ヲ披キ」[*39]と付言されており、「公文」[*40]でありながら、私的な側面を有する通告であった[*41]。とくに陸奥は「第一次絶交書」提起以降、北京側との意見相違によって李鴻章が兵を増派できない状況であったことを『蹇蹇録』で詳細に書いており、章立てにおいても特別に「第八章　六月二十二日以後開戦に至る間の李鴻章の位置[*42]」と設けている。李鴻章の動向を封じることに成功したという陸奥の手柄話とも読み取れるのである。

しかし、次に提起した「第二次絶交書」は前もって閣議にかけられ、小村を介して総理衙門とイギリスに伝えられた。[*43]そしてこの「第二次絶交書」は結果的に清国側兵の増派の意向を引き出すと同時に、「属邦論[*44]」の争点化に応じなかったそれまでの清国の交渉姿勢を一変させた。このように、二度にわたる清国への通告は異なる性格を有していた。『蹇蹇録』では「第一次絶交書」と「第二次絶交書」とのように通告回数として均質化して表現されているが、これは清国の交渉主体である天津の李鴻章と北京の総理衙門に対する姿勢の使い分けを意味したのである。

実際、一八九四（明治二七）年八月の宣戦布告前まで日本は李鴻章も総理衙門もそれぞれ個別に清国政府とみなして交渉した。そのため、『蹇蹇録』でも陸奥は「清国政府特に李鴻章がその平素倨傲の常套を脱する能わず[*45]」、「清国政府、特に李鴻章は、後漸く我が政府の決心を覚知しすこぶる周章したるが如く[*46]」と記している。「李鴻章」とは言わず、敢えてその前に「清国政府」と付しており、李鴻章個人を「清国政府」の代表者として表現しているのである。

ところが、宣戦布告後になるとこの表現は変化する。日清双方の駐在公使が引き揚げた後、李鴻章を清国政府とは異なる主体として明示するのである。このことは、同年一〇月日清両国に対するイギリスの講和提議が日本の拒絶によって失敗に終わり、李鴻章が天津海関税務司であるドイツ人デトリング（Gustaf von Detring）を伊藤に派遣した状況の記述にある。

而して、デトリングその人は果して交戦国の使者たる資格に適合するや否は一の疑問に属する上に、李鴻章は元来その職守上清国政府を代表すべき権能を有するものに非ず。また伊藤総理は我が内閣首班の位置を占むるといえども、直接に外交の衝に当るべき任務を有せず。李鴻章が伊藤総理に送致したる書翰は、その文体如何にかかわらず、その実は一片の私書と認むるの外なし。[*47]

日清開戦は日清間の交渉ルートの遮断をもたらしたため、終戦過程はその再編過程でもあった。李鴻章を清国政府の代表者として述べた宣戦布告前の状況とは異なり、ここでは李鴻章が清国政府の代表者としては不十分であることを述べている。さらに、伊藤が交渉相手ではないという記述を推敲過程で削除しなかった点も、注目に値する。外交交渉における私的なルート（伊藤―李鴻章）に対する陸奥の否定的評価を見いだせる。

実際、デトリング来日については、個人なのか清国政府を代表する立場なのか、日本国内で疑問視する声があがった。たとえば、枢密院議長であった黒田清隆は陸奥に対し「右は李氏一己の使者なるか清国政府より派遣の使節なるか」[*48]と書き送っている。この時、清国内における李鴻章の立場の重要性を意識する伊藤は、デトリングを拒絶すれば清国が無政府状態になることを憂慮したが、陸奥はデトリングの受け入れに反対した。すでに日本は、駐日・駐清米公使を介して外務省から総理衙門に繋がる交渉ルートを確立させていたため、デトリングを謝絶することで、そのルートを維持したのである。[*49]

そのいっぽうで、伊藤と李鴻章の私的関係も日清間の交渉で重要な役割を担った。両者は甲申政変後に天津条約の締結交渉を行い、その後も私信を交わした。[*50]朝鮮半島への日清両国の出兵後に提起した日清共同による朝鮮内政改革案は、一八九四（明治二七）年六月一六日に陸奥が汪公使に提起するまでは汪公使を介して伊藤と李鴻章の間で議論されていた。[*51]そして、下関講和会議では伊藤は全権弁理大臣として李鴻章と交渉し、会議終了後、下関条約の批准書の交換を李鴻章に対して催促した。[*52]両者の私的な関係は、国家間関係を牽引したのである。

伊藤と李鴻章の様子は『蹇蹇録』にも記されている。たとえば、宣戦布告から半年後の一八九五（明治二八）年一月、清国から張蔭桓と邵友濂が使節として来日して広島で会談が開かれたものの、日本側は全権委任状の不備を理由にこれを破談にした。その際、伊藤は帰国前の清国講和使随行員の伍廷芳に対し、李鴻章への伝言を依頼した。[*53]

後に李鴻章が全権大臣に任命されて日清両国は下関講和会議を迎えるが、その際にも講和条件の削減をめぐって伊藤は李鴻章と意見交換を行った。それは、「半公信」[*54]と『蹇蹇録』で表現されているのである。[*55]

日清戦争における対清日本外交は伊藤による私的な側面と、陸奥による外務省の制度的側面の相互補完的関係によって成立しており、両者に対する比重は、戦局の推移によって変化した。宣戦布告前まで、日本は李鴻章と総理衙門をそれぞれ個別に清国政府とみなしたが、終戦過程では両者を合わせて清国政府の代表者とみなした。両国の交渉ルートが遮断した後、日本は対清交渉ルートを再編し、李鴻章を全権大臣として迎えることで、分権状態の清国を「国家」に集約したのである。[*56]この対清交渉ルートの再編こそが、陸奥による、自身が属する外務省と総理衙門を主軸にした外交によって進展した。陸奥外交を語る上で、天皇や閣内の調整を行った伊藤の存在は常に意識されてきたが、[*57]国内の政策形成レベルだけでなく実際の交渉現場をみると、担当するルートの相違として理解できる。このほか開戦過程においても、「陸奥の個人外交」というように、指導部全体における陸奥の独断的側面が注目されているが、[*58]これも清末の外交の多元性に起因するものである。陸奥は、自らが所属する外務省に重心を置いた外交を展開することで、李鴻章による外交ルートの一元化を阻止したのである。

こうした陸奥外交の登場は、日本の外政機構の変遷の一側面としても理解できる。大日本帝国憲法の発布後、一八九三（明治二六）年の外交官及領事官試験制度の導入や組織改正といった改革を経て、外務省は第一次世界大戦までは自律化の過程を辿ることになる。[*59]

しかもそれは、日清戦争に伴う日清両国における共時性としてもとらえられる。陸奥外交は同時に李鴻章に対する姿勢の変化を伴ったため、外政機構の変化は日本国内に限定されたわけではなかった。日清戦後、清国では地方大官よりも北京の中枢機関が外交政策の決定や遂行を担うことになる。[*60]日本の外政機構の変化と清国の外政機構の変化は日清戦争に伴って同時に生じており、人物評価に傾斜して研究されてきた陸奥外交はそうした文脈でも語られるべきであろう。『蹇蹇録』における清国に関する記述には、その片鱗がうかがえるのである。

4　清国よりも列強の干渉への対応としての『蹇蹇録』

『蹇蹇録』は、国際法を基準に日本を欧米側に位置づける視点の下に書かれている。[*61] それは日清戦争の性格を「西欧的新文明と東亜的旧文明との衝突」[*62]と規定したように、当時の報道スタイルでもあった「文明」と「野蛮」の構図を踏襲したり、[*63] 国際法を守る日本をそうではない清国と対照的に登場させたりしていることから理解できる。[*64] 戦後に書かれた史料であるため、必ずしも日清戦争当時の状況と一致しない記述や、読み手に意図的に訴えかけるレトリックが存在するのである。以下では、第三節で追った内容と対比させつつ『蹇蹇録』における列強の描き方に注目し、記述内のレトリックを明らかにする。

まず、日清戦争中の列強の動向は対清外交の一環として存在した点が重要である。陸奥も欧米列強による「干渉」を語る前に清国や朝鮮が度々欧米各国に援助を求めたことに言及しており、[*65]「俑を作りしものは清国なり」[*66]と、欧州を巻き込んだという意味で清国に対する批判を行っている。

とくに、欧米と清国の関係について、宣戦布告前に清国が優位に立つ様子を、陸奥は顕著に描写した。「属邦論」を主張する清国の立場とその強化を、朝鮮と欧米の条約締結、巨文島事件を例に述べた。英露両国が朝鮮に対する清国の立場を認めていたこと、そして戦後も引き続きイギリスが巨文島事件時の交換公文の有効性を主張し、清国の立場を認めようとしていることを記している。[*67] 朝鮮に対する清国の立場が欧米の動向によって強化されていた国際社会を論じているのである。

しかし、欧米と日本の関係に対する描写は異なる。陸奥は『蹇蹇録』を、三国干渉の必然性を前提にした構成に仕立てた。最終的に日本が列強の干渉に屈せざるを得ない三国干渉への伏線として、出兵後から戦時中にかけての状況を脚色したのである。たとえば、一八九四（明治二七）年六月、日清両国が朝鮮に出兵した後「彼の欧米諸強国の如き何時ある口実を設け何事かに容喙干渉し来るべきやも計られず」[*68]と干渉がいつ来てもおかしくない状況であったと述べている。それは朝鮮内政改革を朝鮮政府に勧告する際の描写についても同様であり、列強各国が「環視し居る」[*69]状況や、英露政府が東アジアを注視していることを語っているのである。[*70]宣戦布告前の駐日露公使との意見交換も「露国が劈頭に干渉の張本人となりて独仏二国を誘伴し来りたるは決して偶然一時の事に非ざるを知るべし」[*71]と締めくくり、戦時中のロシアの動向についても「いずれか時機の来るを待ち居たるものの如し」[*72]と付言している。しかも、文中には「干渉」を頻用しており、章立でも「第七章　欧米各国の干渉」「第十九章　露、独、仏三国の干渉（上）」「第二十章　露、独、仏三国の干渉（中）」「第二十一章　露、独、仏三国の干渉（下）」という項目を設けている点も、特徴として指摘できよう。[*73]

その中で、陸奥は自らが廟議に従っていかにして第三国による干渉を防ごうとしたのかを主張した。[*74]自身による外交的対処を、交戦相手である清国ではなく列強の動向と結び付けて語ったのである。そのため、結果的に戦時中の日本の方針転換が列強の動向によって説明されてしまった点が存在する。それは、清国に対する講和条件の四大綱（朝鮮独立・土地割譲・賠償金・新たな通商条約の締結）の提示、李鴻章遭難後の休戦条約の締結、遼東半島返還決定に関する記述から指摘できる。

北洋艦隊が降伏して山東半島作戦を達成し、直隷に全軍を投入する段階へと移った時、日本は清国に講和条件の四大綱を伝えた。[*75]しかし、講和条件を提示する契機について『蹇蹇録』には次の通り記されている。

かく欧洲の形勢は漸く不穏の光景を顕わしたり。曩日廟議に決定したるが如く、厳に事局を日清両国の間に制限し、第三者をして何らの交渉をなすべき余地なからしむるとの方針は、最早永くこれを維持し能わざるの恐れあり。〔中略〕故に余はむしろ如何にもして清国政府を誘導し、一日も早く講和使臣を再派せしめ、速やかに戦争を息止し平和を回復し、以て列国の視聴を一新するに如かずと思えり。〔中略〕よって二月十七日を以て、米国公使を経由し清国政府に告げしむる所ありたり。[*76]

ここでは、ヨーロッパ各国の外交活動の活発化との関連で清国に対して講和条件を提示したかのような記述となっている。確かに、同時期講和条件に関する新聞報道はさかんであった。[*77] 各国の利益にも関係するため、日本が講和条件について言明する前から、意見交換が行われていたのである。陸奥は戦況の一段落に因る清国に対する講和条件の提示を、ヨーロッパの動向への自身の対応として語ったのである。

また、李鴻章遭難後に締結された休戦条約も、陸奥は「欧洲強国の干渉[*78]」への自身の対応として語った。

もしある強国にしてこの機に乗じ干渉を試みんとせば、彼固より以て適好の口実を李の負傷に求むるを得べし。よって余は即夜伊藤全権を訪い〔中略〕休戦をこの際我より無条件にて許可するを得計とす〔以下略[*79]〕

しかし実際には、日本には直隷作戦の実施を延期して交渉期限の目安を一週間延長し、李鴻章との講和交渉の場を再設定する目的があった。作戦実施による戦争の長期化が不利である日本としては、李鴻章の来日中に条約を締結することを希望したのである。[*80] 要するに、『蹇蹇録』は列強の干渉と陸奥の対処を一対に述べるため、交戦相手の清国が見えづらく、列強の動向が強調される構図となっているのである。

同様のことは、三国干渉を日本の終戦過程としてではなく、陸奥自身と列強との問題として記した点からも理解できる。日本がロシア、ドイツ、フランス三国に遼東半島の返還を表明するに際して考慮した要素は、列強の動向だけではなく、下関条約の批准書の交換、つまり戦争継続に対する清国の姿勢もあった。[*81] しかし、陸奥は『蹇蹇録』で遼東半島の返還を表明した経緯を、清国と講和条約の批准書を交換する過程として扱わなかった。清国に対する日本外交としてではなく、列強に対する陸奥外交として三国干渉を表現したのである。しかも陸奥は政府の措置よりも三国が対日勧告に踏み切った由来について詳述しており、それを露仏同盟を始めとした「欧洲政略的の関係」[*82]に求めた。陸奥は、批准書の交換をめぐる李鴻章と伊藤の動向を記さないことにより、ヨーロッパ情勢の東アジアへの波及を強調した国際社会を描いたのである。ここから、国内に向けて自らの外交的対処を語るなかで、遼東半島の返還はあくまで列強との問題であるという「三国干渉論」を確立させようとする陸奥の意図と同時に、李鴻章に対する譲歩ではない、という主張も見えるのである。

戦時中の陸奥は、対清外交の一環として欧米列強に対処した。だが、『蹇蹇録』で陸奥は、列強への外交的対処を対清外交の一環として描かなかった。日清戦争当時の国際社会を陸奥と列強の二者間の世界として描いたのである。この構図が、これまでの陸奥外交研究が清国との関係を論じなかった要因となっていた。『蹇蹇録』が語る列強のプレゼンスの強さは『蹇蹇録』を史料として扱う上で無批判に受け入れるべきものではなく、陸奥によるレトリックなのである。

そして、陸奥がこのような構図を採用した背景として、日清戦争を契機とした東アジアにおける日本の立場の変化を、戦後の陸奥が意識していたことを指摘できる。戦争によって日清修好条規は消滅し、日本は下関条約や日清通商航海条約によって片務的最恵国待遇や領事裁判権を有し、欧米と同等に清国をめぐる不平等条約締結国の一員となった。戦後、駐清公使として赴任する林董に対して送った陸奥の訓令は、日本の国際的地位の変化を次のように述べる。

> 清国ニ於ケル我帝国ノ地位一変致候上ハ自然ノ結果トシテ我帝国ノ清国ニ於ケル利害普通ノ事柄ハ最早欧米諸国ト同一ノ関係ヲ有スル様相成候ニ付各国共通ノ事項ニ関シテハ往々各国代表者ト協同シテ事ニ当タラルルノ必要可有之ト存シ候[*83]

ここには、清国における欧米の存在を意識せざるを得ないと同時に、欧米に影響を与える日本の立場が述べられている。『蹇蹇録』の描いた国際社会の構図、いわば、その史料的偏向からは、日清戦後の東アジアにおける日本の「入欧」の意識を見いだせるのである。

さて、『蹇蹇録』の結論で陸奥は露土戦争の結果、ロシアとトルコの間に一八七八年に締結されたサン・ステファノ条約を挙げている。この条約は、三国干渉に対する交渉が行われていた当時から、繰り返し三国干渉のアナロジーとして語られた。ロシア、ドイツ、フランスが遼東半島返還を求める対日勧告を行った直後、農商務次官である金子堅太郎は、同条約を皇帝批准の後に列国の要求によって改定が必要になった先例として注目した。[*84] また、イギリスのソールズベリ外相（Robert Arthur Talbot Gascoyne-Cecil, 3rd Marquess of Salisbury）は駐英公使加藤高明との対談で、対日勧告に対する日本側の譲歩を導き出す論理として例に挙げた。[*85] イギリスやオーストリアによる干渉によって、ロシアが一八七八年のベルリン会議でサン・ステファノ条約内容を修正した経緯を有するためである。ただし、『蹇蹇録』で陸奥は、国外からの一方的な干渉としてではなく「内外形成の困難」[*86]と、ロシア政府が国外と国内の両方の困難に直面した例として取り上げている。[*87] つまり、国内政治や世論の動向を追うことで外交と内政を一体的にとらえようと意識する視点が、ここに貫徹されているのである。さらに、陸奥の執筆意図の一つに「外交歴史」[*88]が存在したことに鑑みれば、結論でサン・ステファノ条約を取り上げることによって、世界レベルで「三国干渉論」の形成を図ろうとする陸奥自身の意図を見いだすことも可能であろう。というのも、以前から度々研究者に指摘されていたが、『蹇蹇録』には執筆者・日付ともに不明の英訳草稿が存在する。[*89] 英訳草稿が陸奥の意図の下で準備されていたと仮定すれば、読者に対して東アジアで生じた三国干渉を伝えるために、結論でサン・ステファノ条約を取り上げたと考えられる。しかも、今後の東アジア問題を共に処理していこうとする姿勢を、陸奥は英文読者に対しても発信したかったのではないだろうか。

5　陰の主人公李鴻章

『蹇蹇録』の描いた国際社会には、日清戦争に伴う東アジアにおける日本の国際的地位の変化が反映されている。陸奥は自ら携わった戦時中の外交問題を、戦後の国内政治問題にも対応させる形で『蹇蹇録』を仕立てた。そこには、外交と内政を一体的にとらえる視点や日本を欧米側に位置づける論じ方が踏襲され、外務省を主軸とした陸奥自身の外交が伊藤と李鴻章の個人的な関係と対比されながら登場している。しかも、前半は列強をも味方にする清国を中心とした東アジア情勢に直面する日本の状況が描かれ、後半では東アジアにおける欧州の問題にも直面しながら清国の問題を処理した陸奥の状況が描かれている。戦争に伴って東アジアに変調が生じたことを、当事者である陸奥自身も意識していたのであろう。『蹇蹇録』は三国干渉の弁明のために書かれたとされる。だが、描かれた国際社会からは、日清戦争を終え、外交の第一線を退きながらも、今後は欧米との間で東アジアの問題を処理していかなければならないという陸奥のメッセージが垣間見えるのである。

陸奥は列強に対する陸奥外交を、対清外交の一環としてではなく、陸奥と列強の二者間の世界として『蹇蹇録』で表現した。『蹇蹇録』が描いた陸奥外交は、李鴻章との駆け引きを背後においやったのである。この『蹇蹇録』は一八九七（明治三〇）年の陸奥の死後から現代に至るまで、時代的影響を受けながら幾度となく取り上げられ、陸奥外交研究を支えることとなる。したがって、陸奥個人の評価や外交手腕の巧拙を問う形で陸奥外交を研究するならば、『蹇蹇録』の陰の主人公が李鴻章であることに留意することが求められよう。日清戦争における陸奥外交にとって障害となっていたのは、陸奥が『蹇蹇録』で強調した欧米列強ではなく、実際には日本に対して列強を動かそうとする清国、とくに李鴻章であったのである。

注

＊1　陸奥宗光著・中塚明校注『新訂蹇蹇録』（岩波書店、一九八三年）を用いた（以降、『蹇蹇録』と略記）。『蹇蹇録』の草稿、英訳草稿を含めた原史料は国立国会図書館憲政資料室所蔵「陸奥宗光関係文書」一五～二一冊にある。中断しているものの「蹇々餘録草稿」の復刻も存在する。檜山幸夫「陸奥宗光著『蹇々餘録草稿』（一）～（四）」（『中京法学』一七巻一・二、二〇巻一・三、一九八二年～一九八六年）。

＊2　通商を基軸とした関係に投資要因のベクトルが働くことで生じた、イギリスを中心とした列強間の関係の変化と日本外交については、拙稿「日清戦争終結に向けた日本外交と国際関係―開戦から「三国干渉」成立に至る日本とイギリス―」（『史学雑誌』一二〇・九、二〇一一年）、「日清戦後の対清日本外交と国際関係―李鴻章の政治的後退と三国干渉の決着―」（『お茶の水史学』五四、二〇一一年）。また、清韓宗属関係と日本のかかわりについては、拙稿「日清開戦前後の日本外交と清韓宗属関係」（岡本隆司編『宗主権の世界史』名古屋大学出版会、二〇一四年）。以降、日清戦争における日本外交についてはこれらを参照。

＊3　中塚明『『蹇蹇録』の世界』（みすず書房、一九九二年）一九五頁を参照。

＊4　信夫清三郎『陸奥外交―日清戦争の外交史的研究―』（叢文閣、一九三五年）。

＊5　深谷博治『日清戦争と陸奥外交―陸奥宗光の蹇蹇録―』（日本放送出版協会、一九四〇年）。このほか「帝国主義外交の芸術」との評価もある。岡崎久彦『陸奥宗光』下（PHP研究所、一九八七年）二八六頁。

＊6　前掲中塚『『蹇蹇録』の世界』二二九～二四〇頁。藤村道生『日清戦争―東アジア近代史の転換点―』（岩波書店、一九七三年）iiiも陸奥外交に対する同様の国際環境を前提としている。

＊7　「要スルニ遼東還付ノ已ムヲ得サルヲ弁疏スルヲ以テ全篇ノ骨子ト為スカ如シ」（無号外史〈渡辺修二郎〉『外交始末蹇蹇録』東洋堂支店、一八九九年、一九三頁）。萩原延寿「陸奥宗光紀行」（萩原延寿編『日本の名著三五　陸奥宗光』所収、中央公論社、一九七三年）五〇頁。

＊8　藤村道生「日清戦争」（『岩波講座　日本歴史一六　近代三』岩波書店、一九七六年）より「四　むすびにかえて―『蹇蹇録』の成立」（のち同『日清戦争前後のアジア政策』岩波書店、一九九五年所収）、酒田正敏「『蹇蹇録』考」（『日本歴史』四四六、一九八五年）、前掲中塚『『蹇蹇録』の世界』などを参照。英文ではMutsu Munemitsu, *KENKENROKU: A Diplomatic Record of the Sino-Japanese War, 1894-95*, edited and translated with Historical Notes by Gordon Mark Berger（University of Tokyo Press, 1982）を挙げられる。ゴードン氏は、後述する「外務省第二次刊本」を底本とした、前掲萩原編『日本の名著三五　陸奥宗光』所収の『蹇蹇録』を英訳した。

＊9　たとえば、檜山幸夫「日清戦争における外交政策」（東アジア近代史学会編『日清戦争と東アジア世界の変容』下、ゆまに書房、一九九七年）三九頁、大澤博明「日清開戦論」（同）九～一〇頁、高橋秀直『日清戦争への道』（東京創元社、一九九五年）三二〇頁などを参照。

＊10　列強との関係を中心に取り上げられていた傾向とは異なり、清韓宗属関係について記述したものとしても取り上げられている。岡本隆司『属国と自主のあいだ』（名古屋大学出版会、二〇〇四年）より「緒論」。

＊11　前掲中塚『『蹇蹇録』の世界』七頁。

＊12　前掲酒田「『蹇蹇録』考」五六～五七頁を参照。

＊13　「陸奥宗光関係文書」三四冊や外務省編『日本外交文書明治年間追補』一（日本国際連合協会、一九六三年）所収。

＊14　以上、外務省百年史編纂委員会編『外務省の百年』上（原書房、一九六九年）三五〇頁、前掲深谷『日清戦争と陸奥外交』五九～六二頁、前掲中塚『『蹇蹇録』の世界』一九～二二頁、前掲酒田「『蹇蹇録』考」六二頁を参照。

＊15　前掲中塚『『蹇蹇録』の世界』一九～五〇頁、前掲酒田「『蹇蹇録』考」五七頁を参照。ただし、「外務省第一次刊本」から「外務省第二次刊本」の間が短いため、後者の印刷終了日について中塚氏は疑問を呈されている。

＊16　『蹇蹇録』八頁。

＊17　前掲酒田「『蹇蹇録』考」五六～六二頁を参照。酒田氏の分析で陸奥が政策決定過程や自己やほかの政治家の政策主張などに関する記述の削除やあいまい化に意を用いたことが明らかになった。同、六七頁を参照。

＊18　明治二八年八月三〇日付林董宛陸奥宗光書翰（吉村道男監修『日本外交史人物叢書　二七　図録日本外交大観』ゆまに書房、二〇〇二年復刻、原本一九三六年刊行、一三七頁）。

＊19　『蹇蹇録』一二一頁。

＊20　明治二九年三月六日付陸奥宗光宛加藤高明書翰（「陸奥宗光関係文書」二四冊六八―一三）。

＊21　前掲藤村「日清戦争」三八～三九頁、前掲酒田「『蹇蹇録』考」五六～六二頁などを参照。

＊22　『蹇蹇録』三六四頁。

＊23　酒田正敏『近代日本における対外硬運動の研究』（東京大学出版会、一九七八年）八〇～八四頁を参照。

＊24　同「日清戦後外交政策の拘束要因」（近代日本研究会編『年報・近代日本研究二―近代日本とアジア―』山川出版社、一九八〇年）。

＊25　戦時中から戦後にかけて井上馨が行った甲午改革に距離を置こうとする陸奥の見解については、『蹇蹇録』六二、一六三頁。講和

条件に対する国内の様々な見解や個人名を批判的に挙げている点については、前掲中塚『『蹇蹇録』の世界』八三～八七、一八四頁を参照。とくに遼東半島返還を表明した後、駐独公使青木周蔵は三国干渉に対する陸奥の対処を外交政略の誤りであると批評しており（前掲『外務省の百年』上、三三五～三五〇頁、前掲酒田「『蹇蹇録』考」六一頁を参照）、その反駁も存在する（『蹇蹇録』三五三頁）。逆に、宣戦布告前に漢城で王宮占拠を断行してその後更迭された大島圭介を擁護する記述や、駐露公使西徳二郎の外交手腕に対する高評価、また、削除されるものの朝鮮公使館に勤務していた杉村濬に関する評価も存在した。『蹇蹇録』四三、一六三、三四七、三七六頁。

＊26　陸奥宗光『伯爵陸奥宗光遺稿』（岩波書店、一九二九年）。

＊27　前掲『外務省の百年』上、三五六頁（稲生典太郎「『蹇蹇録』の初版本について」〈稲生典太郎『日本外交思想史論考　第二』小峯書店、一九六七年より転載〉）、前掲中塚『『蹇蹇録』の世界』二八、五一～五四頁を参照。

＊28　前掲中塚『『蹇蹇録』の世界』一七二～一九三頁、前掲酒田「『蹇蹇録』考」五六～六二頁などを参照。ただし、この『蹇蹇録』を配布したことによる当時の国内政治への具体的影響は不明である。

＊29　佐々木隆「陸奥宗光と『世界之日本』」（『メディア史研究』七、一九九八年）四二頁、前掲酒田「『蹇蹇録』考」六〇頁を参照。『世界之日本』は一八九六年七月二五日、半月刊誌として開拓社から創刊された。外務省の後援雑誌・系列誌の形をとりつつも、陸奥派の機関誌との位置づけを有した。ちなみにこの『世界之日本』という名称は西園寺公望がつけたものであるが、日清戦後の日本の立場を表現しようとする意識が、名前に込められている（西園寺公望述『西園寺公望自伝』大日本雄弁会講談社、一九四九年、一五二頁）。

＊30　第一次松方内閣期の陸奥派の機関紙『寸鉄』の創刊、日清戦後の自由党の機関紙『自由』への関与などがある（前掲佐々木「陸奥宗光と『世界之日本』」四〇頁を参照）。『蹇蹇録』には、イギリスやロシアの諸新聞や雑誌などが挙げられており、陸奥が国内だけでなく海外メディアの動向も意識していたことを理解できる。実際に陸奥が行った外国新聞操縦については、大谷正『近代日本の対外宣伝』（研文出版、一九九四年）第二部を参照のこと。

＊31　川島真『中国近代外交の形成』（名古屋大学出版会、二〇〇四年）第Ⅰ部、第一章を参照。直隷総督は北洋大臣としての職権により、直隷以外に山東・奉天両省の沿海要地を管轄し、その下に北洋陸海軍を備える。田保橋潔『日清戦役外交史の研究』（東洋文庫、一九五一年初版、一九六五年再版、成稿は一九四四年）二九三頁を参照。

＊32　外務省編『日本外交文書』二七巻二（日本国際連合協会、一九五三年）、五一八、五二五（以降、『日本外交文書』は『外文』と

略記し、巻数と文書番号を付す)。清国側の出兵通知は李鴻章の権限に基づくもので、総理衙門の指揮に従ったものではなかった。前掲田保橋『日清戦役外交史の研究』三六五頁を参照。

*33 『蹇蹇録』三七頁。傍点は引用者。

*34 『蹇蹇録』一〇六頁。

*35 『蹇蹇録』三八三頁。

*36 明治二七年六月一四日付「朝鮮における清国軍及び日本軍の撤兵に関する天津発電報」(檜山幸夫編『伊藤博文文書七巻　秘書類纂朝鮮交渉　七』ゆまに書房、二〇〇七年、三四三頁)。

*37 『蹇蹇録』五七頁。

*38 『蹇蹇録』九〇頁。

*39 『外文』二七巻二、五七八。

*40 『蹇蹇録』五七頁。

*41 当時、北京にいた駐清臨時代理公使小村寿太郎も、本当の交渉は天津の李鴻章の指示や訓令のもとで駐日汪公使と日本政府の間で行われていると感じていたようである。FO405/60, No.312, Mr. O'Conor to the earl of Kimberley, June 23, 1894. Great Britain, Foreign Office, Confidential Papers, printed for the use of the Foreign Office, China. FO405は、東洋文庫所蔵のものを利用。

*42 『蹇蹇録』一〇二～一一四頁。

*43 『外文』二七巻二、五九一、五九二、五九三。

*44 『外文』二七巻二、六〇四。原文は“Question of suzerainty”。『蹇蹇録』五五頁にも「属邦論」の記述があり、これは「陸奥宗光関係文書」二〇冊六六―八所収の英訳草稿(日付・執筆者ともに不明)四九頁において“her so-called suzerainty”と記されている。当時、“suzerainty”は必ずしも「宗主権」と訳されていたわけではなかった。前掲拙稿「日清開戦前後の日本外交と清韓宗属関係」を参照。

*45 『蹇蹇録』五五頁。

*46 『蹇蹇録』六六頁。

*47 『蹇蹇録』二〇三頁。

*48 明治二七年一一月二七日付陸奥宗光宛黒田清隆書翰(伊藤博文関係文書研究会編『伊藤博文関係文書』四、塙書房、一九七六年、

四一二頁)。

＊49 前掲拙稿「日清戦争終結に向けた日本外交と国際関係」七頁、同「日清戦後の対清日本外交と国際関係」五三頁を参照。デトリングのほかにも、李鴻章の養子である李経方のスイス人顧問も、李鴻章または李経方が派出した使節として日本は謝絶した。明治二七年一〇月一五日付伊藤博文宛陸奥宗光書翰(伊藤博文関係文書研究会編『伊藤博文関係文書』七、塙書房、一九七九年、三〇四〜三〇五頁)。明治二七年一〇月一五日付黒田清隆宛陸奥宗光書翰(国立国会図書館憲政資料室所蔵「黒田清隆関係文書」リール三、六九—一)。

＊50 伊藤と李鴻章の個人的関係については中国側史料を含めた形で具体的研究が必要になると思われるが、当該期の日本側史料として天津の荒川巳次書翰がよく物語っていることを挙げておく(伊藤博文関係文書研究会編『伊藤博文関係文書』一、塙書房、一九七三年、一〇三〜一〇七頁)。また、日清戦争前の防穀令事件も伊藤が李鴻章に調停を依頼することで処理が図られた(『外文』二六巻、一六〇)。

＊51 前掲高橋『日清戦争への道』二五二〜二五七、三四五〜三四九頁を参照。

＊52 『外文』二八巻二、一一〇一、一一〇八。

＊53 『蹇蹇録』二四五頁。

＊54 『蹇蹇録』二九三、二九五頁。

＊55 なお、一八九五年一一月に浮上した伊藤の欧行問題でも、陸奥は、権限が明確でないまま伊藤が出使者として任命されることについて不満であった。前掲酒田「日清戦後外交政策の拘束要因」一四頁を参照。

＊56 前掲拙稿「日清戦後の対清日本外交と国際関係」五三頁を参照。

＊57 前掲深谷『日清戦争と陸奥外交』二二三〜二三七頁、前掲檜山「日清戦争における外交政策」を参照。

＊58 前掲高橋『日清戦争への道』第Ⅱ篇第二章付論「『陸奥外交』の実像」を参照。

＊59 千葉功『旧外交の形成』(勁草書房、二〇〇八年)第Ⅰ部を参照。

＊60 佐々木揚「日清戦争後の清国の対露政策—一八九六年の露清同盟条約の成立をめぐって—」(『東洋学報』五九巻一・二、一九七七年)六八頁を参照。

＊61 明治中期から大正初期にかけての日本人の東アジア政策論は、たいてい「欧米協調論」と呼ばれる「脱亜論」型か、「アジア連帯論」や「日清協調論」と呼ばれる「アジア主義」型となる。両者は東アジアの現状維持の時にも、また、東アジアへの日本の進出の時

にも、正当化の論理として使われた（坂野潤治『明治・思想の実像』創文社、一九七七年、序章を参照）。この区分に沿うと、『蹇蹇録』は「脱亜論」型の記述スタイルである。
＊62 『蹇蹇録』五九頁。
＊63 日清戦争の対外宣伝については前掲大谷『近代日本の対外宣伝』第二部を参照。
＊64 『蹇蹇録』二五一頁。「万国公法」「国際公法」といったキーワードは、『蹇蹇録』で二三回使われているとされる。原田敬一『日清戦争』（吉川弘文館、二〇〇八年）二頁を参照。
＊65 『蹇蹇録』四八～四九、七二、七七～七八、二〇一～二〇二頁。
＊66 『蹇蹇録』一七八頁。
＊67 『蹇蹇録』一三〇～一三二頁。
＊68 『蹇蹇録』四八頁。
＊69 『蹇蹇録』六三頁。
＊70 『蹇蹇録』九八頁。
＊71 『蹇蹇録』八五頁。
＊72 『蹇蹇録』二一五頁。
＊73 修辞上の考慮に基づいて、推敲過程で数か所削除されたことが明らかになっている。前掲酒田「『蹇蹇録』考」六九頁を参照。
＊74 『蹇蹇録』七三頁。同様の説明は後半部分においても「当時余は既定の廟議に従いなるべくだけ事局を日清両国の外に逸出せしめざるの主義を持し、露国公使に対しても、勉めて他日の質言となる如き言語を避けたり」とある。『蹇蹇録』三三七頁。
＊75 前掲拙稿「日清戦争終結に向けた日本外交と国際関係」一二～一三頁を参照。
＊76 『蹇蹇録』二五二～二五三頁。
＊77 『外文』二八巻一、五五一。
＊78 『蹇蹇録』二六六頁。
＊79 『蹇蹇録』二六七頁。
＊80 前掲拙稿「日清戦争終結に向けた日本外交と国際関係」一三～一四頁を参照。
＊81 同右、二〇～二四頁を参照。

＊82 『蹇蹇録』三四九頁。同様の表現は、三五四、三五七頁にもある。
＊83 明治二八年六月一日付駐清林公使宛陸奥外相訓令（中島雄「日清交際史提要」〈前掲『日本外交文書明治年間追補』一所収〉五八八頁）。
＊84 明治二八年四月二七日付伊藤博文宛金子堅太郎書翰（前掲『伊藤博文関係文書』四、六二一～六二三頁）。
＊85 『外文』二八巻二、八一七。
＊86 『蹇蹇録』三六九頁。
＊87 この条約については、干渉の側面だけでなく、下関条約作成の参考例になったのではないかとして以前から注目されてきた。堀口修「日清講和条約案の起草過程について（二）」（『政治経済史学』二三一、一九八五年）六三頁、註九、一二。「陸奥宗光関係文書」には償金の種類が区別して記載された先例として関連史料が収められている。「魯土戦争ノ結果トシテ土地譲与ノ件」（「陸奥宗光関係文書」三一冊八〇—三）。
＊88 『蹇蹇録』二二頁。
＊89 「陸奥宗光関係文書」二〇、二一冊。このほか、陸奥の死後一九〇一年ロンドンで、渡辺修二郎による英訳出版の動きがあり外務省によって阻止された点は見落とせない。前掲『外務省の百年』上、三五九～三六三頁（前掲稲生「『蹇蹇録』の初版本について」）を参照。

四　一九〇〇年パリ万国博覧会と日本
――対等化する日仏関係――

矢野裕香

1　パリ万国博覧会への視点

本章の目的は、一九〇〇（明治三三）年パリ万国博覧会での日本政府の参加過程に着目することにより、万国博覧会における日本のプレゼンスの変化を明らかにし、世紀転換期における日仏関係の変遷を考察することである。

日本は一八六七（慶応三）年のパリ万国博覧会に初めて出品をして以来、[*1] 一九〇〇年のパリ万国博覧会までの三三年間に一〇回の万国博覧会に参加している。[*2] 近代化を目指す日本にとって万国博覧会は、国威発揚、貿易拡大、技術伝習のための絶好の機会であった。[*3] その万国博覧会参加のなかで、日本の姿勢に明らかな変化が見られたのが、一九〇〇年のパリ万国博覧会である。

一八六七年のパリ万国博覧会をきっかけとして起こった日本ブームはフランスを中心に大きな盛り上がりを見せ、一九〇〇年のパリ万国博覧会では日本美術の影響が指摘されているアール・ヌーボー Art Nouveau が全盛期を迎えた。また、岡倉天心が茶道を、鈴木大拙が禅を紹介したことなどにより、欧米の一部の人々の間では、西洋の物質中心主義に対する批判から東洋の精神性に傾倒していく動きが見られた。[*4]このことは、工芸、浮世絵などの目に見える日本文化から茶道や禅など目に見えない精神文化に対する関心への移り変わりと言える。

だが、一九〇〇年パリ万国博覧会への日本の参加にはそれ以前の博覧会とは異なった特徴がみられるように思われる。先行研究を見ると、この万国博覧会に対する視点がフランス側と日本側で異なっていることがわかる。たとえば吉田典子氏は、フランス側の視点として、フランスや西洋諸国の時代背景に照らし合わせ、一九〇〇年パリ万国博覧会をアール・ヌーボーの全盛期、大衆の娯楽に対する嗜好の変化、広告優位の時代の始まりの象徴として位置づけている。[*5]一方で参加国の日本側の視点からでは、出品物の評価に関する研究を始めとして、パリ万国博覧会での興行が大成功したという川上音二郎一座[*6]や、臨時博覧会事務官長の林忠正の功績を明らかにするものも目立っている。[*7]日本の位置づけが視点により、異なっているのである。

万国博覧会については、これまでにさまざまな観点からの研究がある。欧米の研究では、帝国主義の時代における博覧会のイデオロギー性を明らかにしようとする研究、カルチュラル・スタディーズ Cultural Studies やポストコロニアル Post Colonial 研究からの影響を受けて、博覧会を植民地表象や帝国主義国家の世界観の展示として捉える研究などが見られる。一方日本では、近代化を目指す日本の産業技術の発展に対する影響を論ずる研究[*8]や、列強国の一員としての対外宣伝の方法に関する研究など[*9]があり、日本に対する万国博覧会の影響関係や影響の大きさが注目されている。

だが、万国博覧会における日本と海外との関係を明らかにする研究では、文化交流の視点からのアプローチが多くとられ、国際関係史や外交史からの対外関係の分析はあまり進められていない。[*10]また、博覧会開催前の政府の動向や交渉といった参加過程には主眼が据えられていない。本稿では、日本が万国博覧会に参加する目的のうち、特に国威発揚という日本の対外姿勢と密接に結び付く点に着目し、万国博覧会における参加姿勢や取り組みから見える日本の意図や対外姿勢を、文化交流史と外交史の双方の背景を踏まえながら考察したい。

伊藤真美子氏は、万国博覧会の際に政府が中心となって作成した日本紹介本に見られる日本史の記述に焦点を当て、一八七三（明治六）年のウィーン万国博覧会から一九〇〇年のパリ万国博覧会までの日本の対外宣伝について考察している。[*11] 伊藤氏は博覧会報告書のみならず公文書も一部引用しながら参加過程についても細かく記述しており、それらを基に日本が海外に対してどのような日本を提示したのかという日本側の姿勢を分析している。

だが、参加に当たっては当然主催国との交渉が存在し、日本側の姿勢だけでは参加のプロセスを総合的に解明することはできない。本稿は、万国博覧会に参加する日本の姿勢とそれを受け止めたフランス側の姿勢を考察し、両国が万国博覧会を通じて、如何なる日仏関係を構築するに至ったかを明らかにしたい。

2　万国博覧会に対する日本の意識

(1)　臨時博覧会事務局の設置

フランスで一九〇〇（明治三三）年の万国博覧会についての大統領告示が出されたのは、一八九二（明治二五）年七月一二日のことである。このことは同月に官報により日本にも開催の外報が発表された。翌年に組織編制が決定され、アルフレッド・ピカール Alfréd Picard が博覧会総裁となり、一八九五年に各国に招請状が送付された。[*12]

日本が正式に参加を決定したのは一八九六年二月である。[*13] 同年に農商務大臣官房博覧会掛長鈴木馬左也、同会計課長葦原清風、同秘書課長早川鉄治、特許局長柳谷謙太郎に取調員を命じて、官制の起草及び経費予算取調に従事させた後、五月九日に臨時博覧会事務局官制を発布した。初代総裁に榎本武揚、副総裁に九鬼隆一、事務官長に金子堅太郎が任命された。

九鬼は日本の万国博覧会参加事業に携わってきた中心人物の一人で、パリ万国博覧会において彼は一八九六年五月九日から一八九八年二月二八日まで副総裁に就任し、博覧会の準備に尽力した。彼を中心として一八九七年に事務局による出品の選定活動が本格化した。同年六月三〇日の博覧会事務局第一号の訓令により万国博覧会への出品選定の委員が定められ、翌月二三日には「十二部公設建物及住宅ノ装飾竝家具と十五部雑品ノ工業の出品製作審査及監督委員」が決められた。この二つの部門には日本の美術工芸品の殆どが含まれていた。

出品者側の取り組みも一八九七年から徐々に見られるようになる。同年一〇月に渋沢栄一が発起総代人となり巴里博覧会出品組合を設立する。この組合は全国の富豪家からの出資により設立され、博覧会への美術工芸品出品に係る活動を補助する役割を担っていた。委員長には渋沢栄一、名誉顧問は林忠正、名誉幹事は益田克徳が就任した。

また一八九八年一月にはこの出品組合とは別に、前田正名が発起人となり出品連合協会が設立認可された。博覧会報告書によると、出品連合協会は出品規則の第一四条に則って出品物の取扱委託に応じる団体で、政府からは一〇万円の補助を受けた。この出品連合協会は「全国を統一する機関を生み本邦出品事業に秩序ある一新機関の創始」であった。それまでは同種の物産の協会が乱立されていたが、このときから出品物一種類につき一つの協会が設立され、秩序立てられた出品物の整理がされるようになった。[*14] これまでの万国博覧会では日本は官主導で準備を進めてきたが、一九〇〇年パリ万国博覧会ではこうした民間側の取り組みが目立つようになったのは特徴的なことであった。

(2) 林忠正の登用

民間との関わりにおいてこのパリ万国博覧会の準備で最も画期的な出来事が、林忠正の事務官長就任であった。[*15] 林は、ジャポニスムの全盛期とも言える一八八〇年代を中心に、フランスにてゴンクール Edmond de Goncourt やビング Samuel Bing（本名 Siegfried Bing）[*16]を始めとした日本美術蒐集家や、ドガ Hilaire Germain Edgar de Gas[*17]、モネ Claude Monet[*18]、ホイッスラー James Abbott McNeill Whistler[*19]などの画家たちと交流を深めたほか、交友関係にあったゴンクールやルイ・ゴンス Rouis Gonse[*20]の著作執筆に助言を与えるのみならず、イギリス、ドイツ、オランダ、ベルギーの美術館の日本美術コレクションの整理に尽力していた。さらに一八九六年には自身が中心となって「日本美術友の会」を結成し、毎月の例会で日本美術の解説をフランス人に向けて熱心に行なっていた。一八七〇年代では日本政府はまだジャポニザンたちの知的好奇心を満たすほどの情報提供をしておらず、美術商である林忠正が、そうした日本政府の不足していた役割を担っていたのであった。

林は一八九八年三月に、約一年間不在であった事務官長の任に就いた。[*21]その後一九〇〇年四月の開催まで彼はフランス側と陳列場所や出品手続き等に関して様々な交渉を行なった。一九〇〇年のパリ万国博覧会の運営に主導的な立場にいた林は、万国博覧会の参加に対して如何なる思いを抱いていたのか。林忠正の未完の草稿と言われている意見書を紹介しよう。木々康子氏は、この意見は元々一八九七年夏に林忠正が伊藤博文、西園寺公望、有栖川宮威仁親王らと会談したときに自らも経験した博覧会での苦い経験や今後の構想を語ったもので、後に曾禰公使に提出したものとしている。[*22]

我ガ政府ニ於テモ仏国ノ招聘ヲ承諾セラルルハ必定ナルベシ、既ニ此ヲ承諾セラルル上ハ、我ガ政府ニ於テ我国位相当ノ計画ヲ為サルルハ言ヲ俟タズ、而シテ其ノ計画ニ先ダチ、今日ノ我ガ日本帝国ハ文明世界ニ於テ如何ナル地位ヲ占メ居ルカ、又進ンデ如何ナル地位ニ達スベキカニ着眼セラルベキハ又言ヲ俟タズ、蓋シ今日ノ日本帝国ハ最早シカゴ博覧会時代ノ日本帝国ニ非ルナル、東洋ニ誇傲セル老清（老イタル清国）ヲ征懲シテ、西洋ニ跋扈セル覇強ヲ狼狽セシメタルノ日本帝国ナリ、此ノ日本帝国ガ全世界ノ大倉ニ出デテ、旭旗ヲ層耀セシムルノ機会タレバ、苟モ躊躇退縮以テ諸植民地又ハ未開国ト同視セラルルガ如キ計画アラザルベキハ、又信ジテ疑ハザル所ナリ。然レドモ私カニ既往ヲ顧レバ、或ハ経費ヲ節シ、或ハ人物ヲ吝ミ、思ヲ半バニスルモノナキニ非ズ。其ノ成績果シテ如何ゾヤ、故ニ杞憂スルモノノ言ニ曰ク、若シ今回ニシテ国光ヲ翳スルガ如キ成績アランニハ、曾テ国誉ノ為メニ奮死セル兵士ノ魂魄ヲシテ、地下ニ震泣セシムルニ至ラント。[*23]

一八九七年夏の対談から一八九八年三月の事務館長就任の間にこの草稿が書かれたとすると、前回の一八九三年シカゴ万国博覧会から四年を経た間に日本の立場が大きく変わったことが理解される。林は日本が、植民地や未開国と同様の視線で見られることを忌避し、日清戦争と条約改正により、列強に伍すに至った日本を世界にアピールすることを強く望んでいることが窺える。林は特に外国から日本がどのように見られるのかという世論を特に気にしており、海外から見て恥のないような運営体制を敷くことを強調していたのである。

3　参加要請に「応じる」日本から要請を「出す」日本へ

一九〇〇年（明治三三年）のパリ万国博覧会に対する日本の強い意気込みは、フランスとの交渉や対応にどのような形で反映されているのだろうか。日本がこのパリ万国博覧会への参加に際し、特に尽力した点に着目して日仏関係を考察したい。

(1)　興行に関する日本側の許可の必要性

本項の主題となる日本物産の販売や興行物についての管理は、参加過程において最も早くフランスへ要求した事項である。日本が参加を決定した年である一八九六年一一月に、当時の総裁である榎本武揚が外務大臣大隈重信へ宛てて次のように提案している。

如此大博覧会開設ニ際シテハ、外国人ニシテ該会ヲ利用シ我物産ノ陳列又ハ我物産ノ販売若クハ本邦ノ風俗ニ関スル見世物興行等ヲ企図スル者アルモ、従来本邦ノ参同セシ外国博覧会ニ徴スルニ、之カ開設ヲ奇貨トシ本邦ノ事情実態ヲモ知悉セス、粗雑卑野ナル我物産ヲ会場ニ陳列シ、或ハ売店ニ排列シ本邦ノ風俗ナリトシテ見世物興行ヲ為スカ如キモノアルモ、我物産トシ我風俗トシテ一ノ見ルニ足ルヘキモノナク、且事実ニ反スル事項ヲ吹聴公示スルカ如シ、遂ニハ我物産ノ品価ヲ墜落セシメ我帝国ノ体面ヲ毀傷スルノ弊害アルノミナラズ、直接ニハ本邦ノ出品者ニ損害ヲ蒙ラシメ間接ニハ将来ノ貿易上ニ沮喪ヲ与フルノ處アルヲ以テ毎ニ遺憾トスル所ナリ、今回参同ニ関シテハ、前陳ノ如ク官民挙テ大ニ出品スルノ企図計画ナレハ、前以テ以上ノ弊害憂慮ヲ排除シ置カサルヘカラス、

として、

第一　日本人ノ外日本ノ物産ヲ陳列スル事ヲ許サス、

第二　日本人ノ外日本品ノ売店及日本風ノ飲食店ヲ設置スル事ヲ許サス、

第三　諸外国ノ陳列館及其売店ニ於テ日本品ヲ陳列シ或ハ販売スル事ヲ許サス、

第四　日本人ノ外日本ノ風俗ニ関スル見世物諸興行ヲ許サス、

第五　日本人ト雖モ者ノ在外者ノ出品其他ノ願ハ該会事務局ニ於テ直様之レヲ受理セス必ス本邦事務局ニ移牒シテ其許否ニ一任スルコト、

と提案した。[*24]

これを受け取った大隈はその後、この日本物産の販売や興行物の取締りについて加藤恒忠書記官へ伝え、さらに加藤は翌年三月にフランス事務官長のピカールに伝えている。[*25] 博覧会報告書にもこの「日本的興行物の取締」[*26]の記述が掲載されている。それによると、「日本品ヲ展列スルモノ」、「日本品ヲ販売シ又ハ日本ノ売店、珈琲店、料理店、茶

店」、「日本部以外ニ於テ日本ノ物産ヲ出品シ又ハ販売スルモノ」、「音楽、踏舞、劇場等日本ノ観セ物ヲ興行スルモノ」、「仏国又ハ外国ノ出品人ニ雇ハレタル日本人ニシテ日本ノ服装ヲ着ケシムルモノ」の計五つの事柄は事前に日本の博覧会事務局の許可を必要とする旨をフランスに対して訓令したとある。[*27]

外国人による日本物産販売や興行物に対する取り締まりについて、日本は開催国にこれまでに何度か申し入れをしてきていた。[*28] たとえば一八九三年に開催されたシカゴ万国博覧会のときには、一八九一年七月二七日に青木周蔵から陸奥宗光へ日本的な興業などに対する取締りについて文書を送っている。それには一九〇〇年の場合と同様、「日本物産の販売」「日本飲食店の設置」「日本館外での日本物産の陳列・販売」「日本の風俗に関する見世物諸興行」には日本の許可を必要とすることを、アメリカの博覧会事務局に伝達することを訓令している。[*29] しかしアメリカの博覧会総裁からは、興行物に関する日本事務局の許可の制度について了承の回答は得られなかったようで、シカゴ万国博覧会での日本興行は結局日本側の許可を得ないまま執り行われてしまったと、一九〇〇年臨時博覧会事務報告書に報告されている。[*30]

(2) 林忠正とアルフレッド・ピカールとの交渉

日本物産の販売や日本風の興行物の管理に関する交渉はフランス側から中々確答が得られず難航した。[*31] フランスのチロル男爵が計画していた日本街の建設は、日本側の事務局に許可が申請されていたが、[*32] 日本の興行を計画していたもののうち特に日本が問題視したものが、フランス郵船会社「メッサジュリー・マリチーム Méssagerie Maritime」が企画する「世界一週館」で行われる日本芸妓の歌舞であった。[*33] メッサジュリー・マリチームが日本の博覧会事務局への申請を出していなかったことに関して、林事務官長はピカールと交渉を重ね、一八九八年八月三〇日、林はピカールに次の書簡を送った。[*34]

私が正確に状況を把握するために、パノラマ（世界一週館のこと）での日本興行に関する部分を私に伝達し、パノラマの責任者が日本的な装飾の原案をどのようにするのか、また特に芸妓や演奏者をどのように観衆に披露するのかを私に知らせるようお願いします。

日本政府が事前にあなたがたとの合意を以て準備をしたいと思っているのはまさにこの点であることを閣下に申し上げます。

私の前任者たちがこのパノラマの案を快諾し、少しの異議も唱えなかったとあなた方は仰います。私の同僚たちと同じように勿論私もこの案は大変光栄だと存じます。私はあなた方の権利の範囲内にあることに介入するつもりは毛頭ございません。寧ろ我々二国の名誉となるような企画者の方々の仕事に対して、私がその一助になれることは非常に嬉しいことなのです。

林はフランス側に、世界一週館における日本の出し物についての概要を日本の事務局に知らせることを強く要求した。フランス側の史料にはこの林の主張に対する回答が見当たらなかったが、報告書によるとフランスからは、「世界一週館以外の日本興行に関しては日本の事務局による管理をしてもかまわない。しかし総則第百三条[35]に則り商工郵便大臣へ申請し許可された特別の博覧会、つまり世界一周館に関する諸特許は外国事務局の干渉を受ける必要はなく、また今回の興行では日本の美風を公衆に見せフランスの事務員により充分監督を行わせるため心配には及ばない」という内容の回答を得た。それに対し世界一周館における芸妓の歌舞については、林は一歩も譲らず、再度協議を行うことを求めた。最終的には、これ以上の強硬な交渉は両国の交誼を阻害しかねないとしてこの案件は放棄されたが、後日フランス郵船会社の理事が日本の事務局を訪問して「総テ設計方案ハ勿論芸妓雇入、取扱等ニ付我事務局ニ於テ意見アルトキハ何時ニテモ之ニ従ヒ改良スヘキコト」を約束し[36]、パノラマの下絵などは全て林事務官長の検閲を受けた。実質的に日本の主張が容れられたのである。

4　美術工芸品に対する方針

正確な日本理解を求める取り組みは、美術工芸品の出品においても見られた。美術工芸品は初の万国博覧会への参加以来、海外で人気の高い分野であった。そのため博覧会関係者のなかで、美術工芸品について日本が如何なる取り組みをするべきかという問題はしばしば指摘されたのである。

まず一九〇〇（明治三三）年以前における、美術工芸品の出品に対する日本の方針の変遷をまとめておきたい。

⑴　西洋の嗜好に合わせた美術工芸品への危惧

一八七八年パリ万国博覧会においては、美術工芸品をどのようなデザインにするかという問題が重視されていた。これは、日本の殖産興業政策として推進された対欧米貿易品の市場拡大と大きな関わりがある。一八六七（慶応三）年のパリ万国博覧会において日本の工芸品が海外で人気を呼んだことから、海外の需要が見込める分野だと認識した日本は、[*37]将来の貿易品として欧米輸出向けの日本美術工芸品を積極的に製造するようになった。この美術工芸品の奨励振興は明治時代初頭の美術政策の特徴の一つであり、[*38]一八七〇年代の工芸品は、明治政府の「温地図録」の図案指導により絵画的装飾の要素が強く、西洋人の嗜好を強く意識したものが多かった。[*39]そうして大量に生産された輸出向け工芸品はジャポニスムの恩恵により飛ぶように売れたため、商業的には成功を収めた。

しかしフランスの一部の人々はこのような工芸品における粗末な品質や日本的な意匠の喪失を嘆いていた。[*40]報告書に記載された陶磁器部門の出品についての反省を見たい。

本会ニテ我陶磁器ノ評判甚タ宜シト雖モ、欧州ノ製ニ模造シ彩色等瑣末ノ事ニ流レテ大ニ日本ノ本色ヲ失ヘルモノアリト論セシ人少ナカラス、「セーブル」陶器製造所長某ノ説ニ、今度日本出品ノ陶器ヲ見ルニ大ニ欧州ノ製ニ模造スルノ弊ヲ悟リタルモノアルカ如シ、然レトモ未タ全ク脱シ尽クサス、斯クテハ到底進歩ヲ期シ難シ、実ニ日本ノ為メ憂慮ニ堪エス云々、此言誠ニ然リトス、全体模造ノ事タル甚タ拙キモノニテ、本会各国部中ノ陶磁器ヲ見ルニ器物ノ恰好書彩ノ模様等我カ製品ニ擬セシモノ頗ル多シ、有名ナル「セーブル」ノ製品中ニモ往々模造ノ品アリ、斯ク模造ノ多キハ是レ迄ニたと無キコト、聞ケリ、左スレハ欧州人ノ嗜好漸次我カ製品ニ傾キタルヲ知ル可シ、今其模造セシ品ヲ見ルニ模造者其人ニテハ十分ニ模造シ得タリト思ヒ誇リ顔ナル様子ナレトモ、近ク寄リテ熟視スルトキハ甚タ不都合ノ事多クシテ何共評シ難ク、其人ニ対シ甚タ挨拶ニ苦シム程ナリ、猶我カ模造品ヲ見テ兎ヤ角ト評スルノ人アルト同一理ナルカユへ、彼我ノ雙方共模造ノ事ハ成丈ケ廃止シテ、各我カ長スル所ニノミ専ハラ力ヲ尽クシ益其美ヲ成スヤウ勉ム可キナリ、去リ乍ラ欧州ノ人カ我製品ニ模造スルト我国人ニテ欧製ニ模スルトハ事情ニ於テ大ナル相違ノアルコトナリ、全体我国ノ製品ニハ一種固有ノ風采ヲ具ヘテ其趣名状ス可カラサルモノアリトハ欧米ニテ一般ノ定論タリ、且ツ美術家ノ評ニ古昔希臘羅馬ノ美術ハ現今独リ極東ノ日本国ニ在留セリト迄ニ称讃スル事ユへ、漸次模造ノ多キハ自然ノ勢ナリト雖モ、我国人カ模造スルノ趣意情実ニ於テハ決シテ是ノ如キノ訳アルニ非サルナレハ、製造ニ従事スルノ人ハ深ク其理ヲ考ヘテ製造ニ注意シ、我国ノ技工ヲシテ地ニ墜チサルヤウ勉ム可キナリ[*41]

この記述より、日本の美術工芸品が欧州の模倣に走っていることが憂慮されていることが読み取れる。では日本側は、彼らのような外国人からの批判的視線や指摘についてどのような意識を持っていたのか。

史料によれば、セーブル陶磁器製造所長からの指摘は「誠ニ然リトス」として、日本側も欧州の模倣の傾向について認識していた。この万国博覧会で西洋人が逆に日本的意匠を模倣していること、その背景には日本の「製品ニハ一種固有ノ風采ヲ具ヘテ其趣名状ス可カラサルモノアリ」という欧州における日本に対する評価や「古昔希臘羅馬ノ美術ハ現今独リ極東ノ日本国ニ在留セリ」という称賛があることを受けて、今後の製造には注意を払うべきだと反省を述べている。欧米からの日本美術に対する高い評価を知って、日本も模倣の傾向に危機感を抱くようになったことが窺えよう。

では、このような危惧の芽生えは次の一八八九年パリ万国博覧会においてどのような意識へと引き継がれていったのか。

(2) 日本的意匠の重要性の強調

政府による欧米向け輸出品としての美術工芸品の奨励振興は、一部の人々から危惧されていたものの商業的に成功した。そのため、西洋の模倣の傾向に対する危惧意識はあったが、すぐにそうした傾向が解消されたわけではなかった。このことは、一八八九年のパリ万国博覧会事務官長であった柳谷謙太郎による意見書からも窺える。今回のパリ万国博覧会での反省を踏まえ、彼は今後の海外博覧会参加について、純然たる日本風の陳列館建設、同種類の出品数増加、出品選定の必要性、半官半民負担による飾箱製作、将来貿易のため農産物陳列法の改善、民間の積極的参入の必要性などを訴えている。次はそれらの反省点のうちの美術工芸品の出品に関する意見である。

今回我出品の陶銅器漆器等は多くは洋臭を帯びて我固有の韻致に乏しとなし、欧米の美術愛玩家は頻りに之を痛歎せり、此事たるも独り今回に始まるにあらず、既に前回の事務官も其報告書に丁寧反覆之を痛論し、世間の有志家も亦非常に憂慮する所なりと雖も、当業者にして資本に薄ければ唯利是れ逐ふに至るも勢の免かれざる所、学識に乏しければ模擬是れ勉むるの弊を生ずるも亦自然の勢なり、今回の博覧会は首に貿易品と新発明品とを競ぶるものなれば洋臭の批評も故なきに非らずと雖も、然れども假令貿易品たるにもせよ我国品の諸国に賞せられ其販路を広むる所以のものは、其固有愛すべきの韻致は即我物品名誉の本源と云ふべきなり、然るに此名誉の本源を捨て、顧みず、徒に洋風を模擬するときは、独り其技術の遂に彼に企及すること能はざるのみならず、併て我国固有の韻致ある美術品を失ふに至るべし、蓋し此美術心なるものは我固有の性質に因ると雖も、亦数百年来涵養の致す所にあらざるはなし、故に若し一旦之を喪はゞ、其恢復の困難と共に我美術工業上非常の衰頽を招くに至らん、此故に当業者は当に猛省すべき所のものは、貿易品と美術品を区別し、其美術品は我固有独特の技術を以て其衝に立つことを勉むるにあり[*42]

今回も美術工芸品における西洋の模倣が見られ、前回に引き続きそういった工芸品が出品されてしまうのは、欧米における日本的意匠が評価されている実情を知らない出品者が、欧米風のものが売れると考え利益を優先してこのような品を出してしまうためだと指摘している。しかしここで柳谷は、今まで政府の推奨する欧米輸出向け工芸品が海外で売れる理由は、欧米に合わせていることよりも、「名誉の本源」たる日本らしさのほうにあると主張し、美術工芸品における日本的意匠の重要性を強く意識していることがわかる。一八八九年パリ万国博覧会への参加を経て、先に見た危惧の芽生えからこのような日本的意匠を重視するようになった背景には、美術工芸品に対する外国人の鑑識が高くなったことがあると推察される。

一八七〇年代は、欧米向けの輸出品として大量生産された質の悪い工芸品であっても売れていた。しかしこうした美術工芸品は次第に飽きられ始めたことが、一八八九年の報告書に記載されている[*43]。こうした状況に直面し日本はより質の向上を図らなければならない段階を迎え、自国の特徴に磨きをかけようとし、柳谷の主張するような日本的意匠の重要性に対する意識に至ったのであろう。

それでは一九〇〇年のパリ万国博覧会へ参加するにあたり、日本は美術工芸品の出品準備をどのように進めたのであろうか。

(3) 貿易品と捉える金子堅太郎の方針

初代事務官長に就任した金子堅太郎は、この万国博覧会を貿易拡大の機会と強くとらえていた。彼は、美術工芸品は、欧米で売れるもの、欧米の嗜好に合致するものを製作する必要があると考えており、欧米の生活スタイルに適した工芸品を求めていた。

美術工芸品は、美術の如く必ずしも日本固有のものに局促さらざるも可なり、故に外国の美術又は意匠を我国工芸品に応用して、新機軸を出す事尤も妙なるが如し、依て我国に在て其妙技として賞すべき物品も、西洋人の需要に適せざるものは出品の効なし、故に美術工芸品は世界共通の用途に適合することを目的とし、外国の需要品に日本の美術的意匠を加へさるものを最も可なりとす[*44]

金子は他の機会において、美術に関しては大いに日本的意匠を発揮すべきと述べており、美術工芸品と美術が果たす役割に区別を設けていたことがわかる。美術工芸品は海外の需要を満たす貿易品であるため、海外で売れるものを研究したうえで製作することを促したのである。この方針は彼の就任中の一八九六年一二月二六日に制定された出品規則に反映された。彼は参同方針の最後にも万国博覧会における貿易の拡大について言及している。

夫れ巴里大博覧会に対しては、我戦勝国生産力の実力を表願して、以て将来貿易の進張に裨益するの好機会たるのみならず、之によりて又我国将来の博覧会に典型を与ふること此ノ如く大なり、官民ともに兄大に発奮興起して、以て此の好機会を利用せずして可ならんや[*45]

日清戦争勝利後初めての万国博覧会に対して、日本は生産力を世界に示し、貿易の機会をさらに拡大することが重要だと金子は考えており、文化的水準が高いこと示す役割は「美術」が担い、一方で美術工芸品は現代の生産力の一つで貿易を促す役割として捉えていた。

(4) 国威発揚の役割の重視

しかし一八九七年四月一〇日に金子が事務官長から退くと、副総裁の九鬼隆一は金子の考える美術工芸品収集の方針と多少異なる出品奨励を実施した。九鬼は日本の得意分野である美術工芸品の出品に就いて参同方針中次のように述べている。

本邦特得ノ長技タル美術品、美術工芸品ヲ以テ本邦ノ平和的軍隊ノ中堅トシ、其二ニ述フルカ如ク大ニ科学的諸機械工具ノ整備ヲ期スルニ依リ、其着手ノ方法トシテ左ノ計画ヲ立テタリ

一、事務局出品中美術品、美術工芸品及諸機械工具ニ関スルモノハ一面ニ於テハ懸賞ノ方法ヲ以テ此等ノ図案ヲ募集セリ、而シテ応募者ヨリ該図案提出ノ上ハ各専門ノ学士ヲシテ調査セシメ及第セシ図案ニ基キ当業者ヲシテ製作セシムルコト、シ、一面ニ於テハ本年ヨリ明治三十三年ニ至ル間全国各地ノ展覧会共進会等ノ出品中優劣ナルモノヲ買上若クハ補助ヲシテ出品セシムルコト

二、既ニ述フル如ク、万国博覧会ハ官民協同ノ事業ニ属スルニ依リ事務局ノ出品ハ豪壮雄大ナランコトヲ期スルト同時ニ、民間ノ出品モ亦優秀ナラシムルコトヲ要スルニ依リ貴紳、富豪家、妙技者等ヲシテ高雅秀麗ノ出品ヲ促スヲ以テ肝要トス、故ニ先ツ以テ帝室技芸員ヲシテ国光ヲ発揮スルニ足ルヘキ物品ヲ製作セシメ、之カ費用ハ帝室ニ出願シ御内帑ノ内ヲ発シテ御補助セラレンコトヲ出願スル見込ナリ、蓋シ帝室ハ技芸ノ淵源ニシテ臣民ノ昊天ナリ、之カ出願ハ敢テ失当ナリト認メス又之ニ亜キ貴紳、富豪家、妙技者等ヲ勧誘シテ秀抜ノ出品ヲ為サシメンコトヲ欲シ、既ニ之カ着手ヲ為シタリ[*46]

九鬼は、美術も美術工芸品も「平和的軍隊の中堅」つまり文化の力を世界に示す要だと認識している。金子と比較すると、九鬼は貿易品としての工芸品の役割の他に、文化の力により「国光を発揮する」役割も重視しており、そのため、この万国博覧会に際しては全国から図案を募集し、また富豪家や優秀な技術者に製作を促そうとした。九鬼は

この方針をすぐに実行し、前者の図案募集は一八九七年七月に出品製作審査及監督委員を決定し、翌月の三一日に一三点を選出し賞金を付与した。後者の「貴紳、富豪家、妙技者」の内「貴紳、富豪家」への呼びかけは一八九七年六月二日付の島津公爵宛ての書簡から始まった。

御承知ノ如ク彼ノ戦勝以来本邦ノ名誉ハ世界各国ニ喧伝セラル、ト同時ニ商工業上ノ実力モ亦寧ロ列国ノ間ニ過分ニ重セラル、ニ至リ申候折柄、殊ニ欧州文明ノ中心トモ申スヘキ巴里府ニ開設セラル、博覧会ニ出品シ、以テ本邦商工上ノ名誉ヲ博シ販路ヲ拡張シ併セテ国光ヲ発揚スル等、右参同ノ旨趣ヲ十分ニ貫徹致候事ハ誠ニ困難ノ事柄ニ候得ハ当局ニ於テモ種々考案中ニ有之候、尤モ其方法ハ固ヨリ種々百端ニ可有候得共従来ノ実たとニ稽へ候得共本邦特得ノ長技タル美術品美術工芸品ノ精華ヲ此列国ノ競争場裏ニ発揮スルハ最良策ノ一タリト相考へ申候、左レハ今回第一ニ注意スヘキハ宜シク朝野一致シ以テ可成丈ケ佳良ノ物品ヲ製造出陳スルニ可有之歟ト存シ目下夫々奨励勧誘ノ手続中ニ御坐候、然ルニ承リ候得ハ貴地方ハ夙ニ陶磁器製造ノ業盛ニシテ、其製品タル洵ニ高趣精製ノ聞ヘアルノミナラス殊ニ近来閣下ノ奨励監督ノ下ニ一新焼窯ヲ開カレ、愈々俊技精巧ニ赴キ候由小官ノ常ニ歎賞致シ居ル所、就テハ今回ノ大博覧会ニ対シテハ更ニ一層ノ御尽力ヲ以テ可成的精華優秀ノ品々御出品相成候様致度、若シ幸ニシテ御同意被下多数ノ良品御出品相成候ニ於テハ、海内ノ紳士富豪技術者等モ之レヲ聞キ自ラ奮起スルニ至ルヘク、洵ニ国光宣揚ノ一端ト存候条、何卒国家ノ為メ右御賛助御尽力相成候様致度此段希望候也[*47]

同年七月三〇日にはこれとほぼ同内容の書簡を鍋島侯爵に送り[*48]、八月九日には全国の華族に宛てて当時の総裁大隈重信の名で出品の勧誘奨励を行なったのである[*49]。優秀な技芸者そして帝室技芸員にも製作が命じられ、その作品が授賞式で優秀な成績を収めたことはこれまでの研究でも明らかにされている[*50]。こうした全国的な呼びかけは従来の万国博覧会では為されていなかった。

日本的意匠の強い工芸品の出品により国光を示すという意識は、美術工芸品の出品に一層の力を注ぐ取り組みに繋がっていったのである。

5　日本古美術展覧会の開催とHistoire de l'Art du Japonの編纂

(1)　古術展覧会の開催経緯

日本古美術展覧会は、一九〇〇（明治三三）年パリ万国博覧会の参加過程のうち比較的早い段階から企画され、博覧会事務局と中心として着々と進められた。

元々この展覧会はフランスから有栖川宮威仁親王に提案された企画であった。一八九七年六月に有栖川宮はイギリスのヴィクトリア女王の即位六〇周年記念の式典に参列、その帰途フランスへ立ち寄り、一八九三年のルーブル美術館における日本美術部門の誕生から四年を経て、外務大臣アノトーと共にルーブルの「日本美術展覧所」を訪問した。その際、アノトーが提案した企画が日本古美術展覧会であった。『有栖川宮威仁親王日記』には次のように記されている。

十七日、仏国外務大臣を招きて午餐を饗す。談、偶ま日本美術の事に及ぶや、同大臣は、近く巴里に万国博覧会を開くを機として、日本古美術展覧所に新設せむとするが故に、御援助を乞ふ旨を述べしに、親王、これを快諾せらる。又ルーブル美術館に日本美術展覧所を創立せるが故に、一覧あらむことを請ひしかば、宴終るや、親王は、直に往いて同館に臨ませらる。陳列品は、未だ具備せざれども、陶器・蒔絵・彫刻・掛物・小柄・鍔等、観るべきもの少なからず。[*51]

有栖川宮はこの提案を快諾した。二ヵ月後の八月、大隈重信外務大臣は栗野慎一郎公使宛にフランス側より「再三懇望」された古代美術品の出品奨励を次のように命じた。

先般有栖川宮殿下貴地御滞在中仏国外務卿アノトー氏へ御面会ノ節、同卿ハ我美術品ノ精巧卓絶ニシテ恰モ欧州ニ於ケル仏国ノ如ク、本邦ハ実ニ東洋ノ美術国ナリト称賛シ、来ル三十三年仏国ニ開設ノ万国博覧会ニハ参考品トシテ我古代ノ美術品ヲ可成多数出陳相成度旨再三懇望被致之趣ヲ以テ、此程同殿下ヨリ本大臣へ御談話ノ次第相之候、就テハ本大臣於テ其一助へ協議ヲ置キ、右種類ノ出品ニ対シ充分ノ奨励ヲ加へ可成多数出陳候程精々尽力可致候条、同卿へ御面晤之一序ヲ以テ右之趣可然御伝達相成度此段申進候[*52]

翌月にフランスの事務局からこの展覧会開催の了承が得られ、同年一二月に古美術出品の方針が決定し蒐集活動が始まった。最終的に、帝室博物館をはじめ全国の社寺や華族から、絵画一六四点、木彫品二五点、金属彫刻物一六三点、蒔絵品一三〇点、陶磁器二七三点、衣装古裂帖三六点が収集され、出品された。[*53]

(2) 設置場所に対する日本の主張

これらの宝物は法隆寺金堂をモデルとした日本館に陳列された。日本館の建設は古美術展覧会の提案後に企画されたものであったため、日本庭園に予定されていた敷地を転用することになった。一八九八年の五月から六月の国会第一二議会で建設費用の承認を経て建設が正式決定した。トロカデロ庭園内に建設された日本館の設計は事務官長の林忠正が中心となり基本的な構想が練られ、それを基にフランス人技師により構造設計が進められた。

だが、日本は当初日本館がトロカデロの庭園に建設されることに強く反対した。なぜなら従来トロカデロはその大半が殖民部の展示域で、列国の特別館はみなケー・ドルセー Quai d'Orsay 街に建築されていたためである。日本は列国の特別館が並ぶアンヴァリッド Invalides からセーヌ川左岸までの万国街に日本館を設置することをフランスに求め、再三にわたって交渉を繰り広げた。[*54] 林の参同方針において主張されていた「未開国と一緒にされるべきではない」という意識は展示場所を巡る段階から現れていたのである。
しかし、トロカデロの他に日本の使用できる場所がなかったこととこれ以上交渉を続ければトロカデロの敷地をも失う可能性があったため、止む無くトロカデロでの建設を承諾し、一八九九年四月にようやく日本館の建築する敷地が確定された。同年五月一一日、林は日本館及び売店、喫茶店、酒舗の設計案を提出した。法隆寺金堂をモデルにした日本館設計は林により構想された。モデルに法隆寺を採用した背景には、法隆寺の豊富な資料が残っていたことが専門家ではない林にとって有効な参考材料となったこと、またこれまで海外に知られていない日本の古代美術品を見せるために歴史的古さを強調するデザインの方が適していたことが指摘されている。[*55]

(3) 日本古代美術が示した未開国と異なる証

完成した日本館は当初の予定よりも狭かったため、会期中は安全面を考えて全古美術品を陳列することはせず、数回に分けて陳列し披露することとなったが、さらに会場内の混雑を避けるために事務局は縦覧券を持った者だけを入場させる処置をとった。そのため来場者は比較的少数となったが事務局としてこれは本意であったという。[*56]
だが、海外初出品の美術品の展示は、大きな反響を呼んだ。この古美術展の発案者である外務大臣アノトーは実際にこれを展覧し、その感想をフランスの新聞紙上で次のように語っている。

日本帝国ノ古来間断ナク永続シ来リタルハ其ノ活力ノ強盛ニシテ、其ノ組織ノ優秀ナルヲ証明スルモノタルハ勿論、其ノ最モ高等ナル文明ニ達スヘキ能力アルハ苟クモ目ヲ具フル者ノ均シク是認スル所ナリ
日本カ今般パリ博覧会ニ於テ世界ノ視聴ヲ驚カサント欲シタルハ疑フヘクモアラス、其ノ出品者ハ千八百人以上ニ昇リ博覧会中各部門、各工芸ニ於テ何レモ其ノ盛大ナル進歩ノ実績ヲ発揮セサルハナシ、然トモ吾人ヲ以テ遠慮ナク我意見ヲ吐カシメハ、吾人ハ将ニ曰ハントス、日本ノ日本タル所以ヲ悟ラシメ、顕著ヲシテ深長ナル感覚

ヲ生セシムルモノハ、其ノ各部門ノ出品ニアラスシテ、「トロカデロ」ニ在ル所ノ日本古代美術館ナリト吾人ハ切ニ世人ノ日本古代美術館ヲ往訪センコトヲ勧告ス、同館ハ日本カ今ヲ距ルコト一千年以前即チ欧州歴史ニ於テハ殆ト原始ノ時代ニ於テ、其ノ既ニ独力ヲ以テ成就シタル美術上ノ力量ヲ深ク観客ニ感セシムヘシ、夫ノ高尚ナル趣味ヲ以テ陳列シタル飾箱ニ注目セヨ、夫ノ思念ニ沈ミ、膝上ニ手ヲ束ヌル神仙及ヒ英雄ノ肖像ノ前ニ歩ヲ止メヨ、夫ノ筐箱、扇子、宝箱、漆器及ヒ鉄細工物ヲ傾視セヨ。夫ノ武器、甲冑、刀剣ヲ観察セヨ、夫ノ極メテ数少ナキ掛物及ヒ縫箔ノ精巧ナルニ注目セヨ、夫ノ銅器及ヒ象牙細工物類を愛玩セヨ、然ル後目ヲ閉チテ瞑想シ、此ノ如キ精巧ナル美術品ヲ製作セル年代ヲ欧州美術史上ノ年代ト比較シ、日本美術ノ由緒最モ古キヲ悟リ、且其ノ古今ヲ通シテ清昔アリ、活力アリ、節度アリ、其ノ意匠ハ新機軸ニ富ミ、其ノ製作ノ縦横闊達ナルヲ鑑賞セヨ。吾人ハ固ク信ス。凡ソ日本古代美術館ヲ往キ見タランニハ、欧州ノ新文明ハ日本ニ新活力ヲ与ヘタルニ相違ナキモ、欧州ハ決シテ日本ヲ始メテ文明ニ導キタリト云フカ如キ慢心ヲ有スルヲ得サルコトヲ悟ランコトヲ。[*57]

日本はトロカデロ庭園という殖民部のエリアに日本館を建てることを危惧していたが、少なくともアノトーはこの古代美術展覧会を通して日本のことを、欧州により導かれた未開国とは位置づけていない。したがって美術を用いて列強国の一員としての日本の国光を対外に示すという日本の目標は一応の達成を見たと言えるだろう。

(4) Histoire de l'Art du Japon の刊行に込められた西洋に対する主張

展覧会開催とともに、日本は体系的な日本美術史である「Histoire de l'Art du Japon」を編纂した。これは一九〇〇年のパリ万国博覧会のために刊行された、古代から江戸時代までの日本美術を外国人に向けて解説した紹介本である。一九〇一年には日本語訳の『稿本日本帝国美術略史』も刊行された。

同書の刊行計画の背景にはフランスにおける日本美術理解の深化があった。一八八〇年代には日本美術に関する出版物が刊行されるようになっていた。

ゴンスは一八八三年に『日本の芸術 L'Art Japonais』を出版し、絵画、建築、青銅、象牙、木彫、漆器、金属作品、武器、刺繡、布、版画、陶器などの多様な分野に亘る作品を、日本の風土、民族、政治史にまで及ぶ広い観点から総合的にまとめた。[*58] また彼は同年四月にパリのジョルジュ・プティ Georges Petit 画廊にて「日本美術回顧展」を開催し、九世紀末から一九世紀初頭までの絵画、漆器、陶器、金属作品が系統的に陳列した。日本美術に関する体系的な展覧会がフランスで開催されたことは画期的なことであった。

また一方で一八八八年にビングは雑誌『芸術の日本 Le Japon Artistique』をゴンスとともに約三年間刊行し、日本の美術工芸品のみならず日本の風俗や気質に至るまで広く日本文化について紹介した。執筆者には創刊者であるビング、ゴンスに加えて、ゴンクール、デュレ、[*59] ビュルティ[*60]などのジャポニザンやその他日本美術の愛好家や研究者が名を連ねた。ビングの刊行の動機は、欧米輸出向けの粗悪な日本の工芸品と、ジャポニザンたちの求めるような精巧な美術品が混同され、フランスでいい加減な日本美術観が形成されてしまうことを恐れていたと考えられている。[*61] 英語とドイツ語にも訳されていたこの雑誌は欧州における日本美術の紹介に貢献したと言えるだろう。

『芸術の日本』創刊号に掲載されたビングの論説によれば、当時のフランスではまだ日本美術が何たるかを知る者は非常に少なく、ルーブル美術館 Musée de Louvre でもガラクタのやまに埋もれているような状態であったという。[*62] 一般の人々はまだ日本美術のことをジャポニザンたちの考えるような一つの「美術」として認識していなかった。しかしながらルーブル美術館の美術工芸部門学芸員補佐であったガストン・ミジョン Gaston Migeon の尽力によりジャポニザンたちからルーブル美術館への日本美術品の寄贈が進み、[*63] ついに一八九三年に日本美術部門が同美術館に設置されたのであった。ジャポニザンたちの一八八〇年代における取り組みは、フランスが日本美術を「美術」として体系的な一つの分野として考えるに至る理解を促進したと考えられる。

こうした状況を背景に、日本美術史編纂は一八九一年頃から準備され、岡倉覚三と福地復一が一八九七年四月七日に「日本帝国美術略史編纂事務」として任命された。これは、同年六月に提案された古美術展覧会よりも先に計画されたものであり、日本は一九〇〇年パリ万国博覧会で体系的な日本美術史の解説本を刊行し、海外の人々に知ってもらう意図を持っていた。このことは、事務官長の金子堅太郎が日本美術の紹介の必要性について言及している次の記述からもわかる。

巴里は欧州美術の淵源なり、我国また久しく美術の精巧を以て知らる、今其巴里の大博覧会に我美術品を出品す。殊に慎重の注意を要するものあり、

而して欧州人士の所謂美術なる意義の中には、純正美術と装飾的美術又ハ美術的工芸品との区別を設け、従来日本絵画の如きは純正美術を以て遇せざれども乃ち美術館中には陳列せしめざりき、今回は果して之を美術館中に入るゝや否、若しも前たとによりて之を拒むが如きことあらバ、我は大に日本美術の原理と沿革とを説明し、假令泰西人の所謂美術とは多少異なりと雖も、我日本の美術品ハ東洋固有の美術として鑑賞すべき理由存することを述べ、以て彼国人士をして之を認諾せしむることに力を尽さゞる可らず、

抑も泰西の美術は遠く淵源を希臘羅馬の古昔の発し、歴代名士の輩出して漸く其神髄を発揮し、延て今日の整美の致すに至りしもの、彼等泰西人士の之を嘆賞して措かざる者抑も故あり、然れども我国の美術もまた其の淵源を印度に発し、支那朝鮮を経て我国に伝わり、奈良平安の朝より鎌倉、足利、豊臣、徳川の各時代を経て、源流遠く由来久しく、其間歴世名工銘匠を輩出し以て方今に至りしもの、假令西洋の美術とその源流同じからざるも其の意匠技倆の貴ぶへき、彼れに対し遜色あるを見ず、或ハ寧ろ彼れに凌駕するもの多し、故に我美術家に命して詳かに我美術の原理及歴史等を編述し又は之を説明せしめ以て、我国美術の神髄をして欧州美術家の社会に知

覚せしむること目下緊急の要務なり、此の如く仏国の美術家をして精密の鑑査を施さしめバ、万一不幸にして今回美術館に出陳することを得ず落第すると雖も亦大に本邦美術の特性を欧州人士の視聴に達するに足るものにして後日の楷梯となることを得んとす[64]、

西洋において純正美術（純粋美術）とは絵画、彫刻、建築を指し、装飾的美術（応用美術）とは主に工芸品のことを指し、両者の間には明確な区別が設けられ、純正美術が優等なものであり、装飾的美術は生活の実用品に近いという認識があった。それに対し日本ではこのような区別が存在せず、絵画も工芸品も同じ美術の範疇に入るものとして考えられてきた。この違いにより、日本が西洋における美術品の範疇に入るものと思い製作した美術工芸品は、万国博覧会では美術館または美術の部門の区域に展示されなかった。[65]金子は、こうした日本人の考える美術が西洋から美術としての扱いを受けてこなかった経験を踏まえて、今回は特に日本美術が西洋の基準や性質が異なっていたとしても東洋固有の美を体現するものとして西洋に認められるべきだと述べている。

この主張の根底には列強国の一員としての立場を海外に示す意識が関係していると考えられる。金子は西洋に対して、日本美術に見られる西洋との違いを西洋基準により優劣の「差」に還元させるのではなく、東洋美術という西洋と起源の異なる一つの「種」であることを認識させることを試みようとしたと考えられる。日本政府によるこのHistoire de l'Art du Japonの刊行は、美術の分野から新たな立場の日本を海外に示すための試みとして捉えることができよう。

この事業は予算不足のため一時凍結されたが、古美術展の開催とともに事業が再開され、[66]費用金二万円を投じて千部が発行され、贈呈配布された。六部を天皇、皇太子、有栖川宮威仁親王、閑院宮載甚親王に献上し、約二〇〇部を国内の関係者などに配布している。また二七九部は欧米各国と清の君主に納め、その他学者、美術家、博物館長、学校長などに配布した。

(5) フランスにおける日本美術理解への期待

『日本帝国美術略史』の内容は、第一編では日本の国の始まりから聖武天皇時代まで、第二編では桓武天皇時代から鎌倉幕府時代まで、そして第三編では室町幕府から江戸幕府までの美術について説明されている。各章では時代ごとに節が立てられ美術の特徴や絵画の説明が施され、絵画、彫刻、工芸品、建築の写真が掲載された。Histoire de l'Art du Japon による日本美術の紹介は、西洋とは異なる伝統の理解を求める日本にとって、またとない機会であったことだろう。さらに言えば日本は西洋のなかでも、まずフランスにおいて理解してもらうことを望んでいたと考えられる。なぜならば先の史料のなかで金子が記しているように、「欧州美術の淵源」であるフランスのパリ、そして美術の比重が他の国よりも重いパリ万国博覧会[*67]において日本美術の全体が理解され、認めてもらうことは、その後の西洋社会への影響力が大きいからである。そうした意味でもフランス語による刊行は重要であった。

林忠正は一九〇〇年一二月六日の「日仏協会会報」での講演のときに「この回顧展を補完し、支えるためにこそ、私たちは『日本美術史』を刊行したのです[*68]」と述べている。日本帝国美術略史の編纂は古美術展覧会の開催と共に新たな立場になった日本を海外に宣伝する重要な取り組みであった。古美術展覧会の開催の契機こそフランスであったものの、日本は展覧会に向けて計画していた美術史本を刊行することで、要請に応える以上の取り組みを積極的に行なったと考えられる。

6 「異文化」からの脱却

一九〇〇(明治三三)年のパリ万国博覧会に向けて、日本は列強国の一員としての文化水準を理解させる必要があった。

誤った日本イメージによる見世物興行や粗悪な物産販売に対する規制、美術工芸品の出品、日本古美術展覧会の開催や日本美術を体系的に解説したHistoire de l'Art du Japonの発行など、日本側は積極的に行動し、それが新たな日仏関係を形成するに至ったのである。

ではフランス側にはどのような変化があったと考えられるだろうか。フランスは、一八七八年のパリ万国博覧会においても、日本に古器旧物の出品要請を行っていたが、一九〇〇年における古代美術展覧会の要請はどのような違いがあったのだろうか。

一八七八年のときはまだ日本の美術に対する情報も非常に不足しており、日本を漠然とした東洋の国々の一つとして珍しいものが見たいという単なる異国趣味的な好奇心の延長であったと言える。しかし、その後の、日本美術に関する研究や関心の深化を経て、フランスの日本美術認知度は向上していた。

一八九七年、ルーブル美術館における日本美術部門の誕生から四年を経て、ルーブルの「日本美術展覧所」を訪問した有栖川宮に対して、アノトーが求めた「古美術展覧会」は、以前のように漠然とした東洋の国々の珍しい古器物ではなく、「東洋の美術国」と認知している「日本」の、まだ見ぬ「古代の美術品」という、以前よりも具体的で本質的な関心に基づいて求めたものであった。

一九〇〇年パリ万国博覧会における日本の出品をめぐる様々な交渉や主張は、日本文化を異文化ではない視線で評価することを求めた日本と、西洋美術とは異なる美の存在を認めたフランスの姿勢との出会いのなかで展開されたものであり、日仏関係の変化の背景には、日本側に起きた国際環境の変化のみならず、対日理解の進展というフランス側の変化が存在していたことも見逃すことはできないのである。

注

＊1　ただし一八六二（文久二）年のロンドン万国博覧会でもオールコックの蒐集品として初めて日本の美術品が展示された。本稿では日本の統治機関が参加したことを「初めて」と表現する。
＊2　一八六七年パリ、一八七三年ウィーン、一八七六年フィラデルフィア、一八七八年パリ、一八八〇年メルボルン、一八八八年バルセロナ、一八八九年パリ、一八九三年シカゴ、一八九七年ブリュッセル、一九〇〇年パリの計一〇回。
＊3　田中芳男・平山成信編『澳国博覧会参加同紀要』（森山春雍、一八九七年）三頁。
＊4　清水絵美子『岡倉天心の比較文化史的研究：ボストンでの活動と芸術思想』（思文閣出版、二〇一二年）では、世紀転換期のアメリカにおいて、合理化・産業化・都市化を推進する近代主義の台頭に疑問を抱いた人々が、反近代主義（アンティ・モダニズム）の意識を抱くようになったと述べられている。
＊5　吉田典子「一九〇〇年パリ万国博覧会：政治・文化・表象」（『国際文化学』三、二〇〇〇年、一三〜三三頁）。
＊6　白田由樹「川上音次郎・貞奴が演じた「東洋」」（『人文研究』六四、二〇一三年）九五〜一一四頁、松本孝徳、福永洋介、持田明子「パリ万国博覧会を契機とした日本文化受容：川上音二郎・貞奴を中心に」（『九州産業大学国際文化学部紀要』三七、二〇〇七年）一四五〜一五五頁。
＊7　木々康子『林忠正：浮世絵を越えて日本美術のすべてを』（ミネルヴァ書房、二〇〇九年）、日野永一「日本における応用美術概念の成立過程」（『デザイン学研究』八九、一九九二年）五五〜六二頁。
＊8　吉田光邦編『万国博覧会の研究』（思文閣出版、一九八六年）。
＊9　たとえば吉見俊哉『博覧会の政治学—まなざしの近代—』（中央公論社、一九九二年）による帝国主義の祭典としての博覧会を分析する研究や、伊藤真実子『明治政府と万国博覧会』（吉川弘文館、二〇〇八年）による日本のナショナルアイデンティティ構築の様相について万国博覧会を通して検証する研究などがある。
＊10　たとえば楠元町子氏による「国際関係史から見た万国博覧会：一九〇四年セントルイス万国博覧会を中心に」（『法政論叢』四三（二）、二〇〇七年、二二一〜三八頁）では、アメリカの史料に基づきながら開催国と日本、そしてロシアと中国の四ヶ国の外交戦略を考察したうえで、万国博覧会による国際関係への影響が分析されている。また伊藤真実子「一九〇四年セントルイス万国博覧会と日露戦時外交」（『史学雑誌』第一一二号九編、二〇〇三年、一五四二〜一五六二頁）ではセントルイス万国博覧会における日本の行動の意図を、日露開戦期における日本の対外関係から分析している。

＊11　伊藤真実子『明治政府と万国博覧会』（吉川弘文館、二〇〇八年）六一～九三頁。
＊12　吉田光邦『改訂版　万国博覧会—技術文明史的に—』（日本放送出版協会、一九八五年）九六頁。
＊13　しかし、柳谷謙太郎が一八九三年の三月の段階で既に日本の参加意志を駐日フランス公使アルマンに表明していることがフランス国立公文書館の史料 F12/4251 : Questions générales diverses, FONDS POSTÉRIEURS À 1789, Archives Nationales からわかった。
＊14　永山定富編『海外博覧会本邦参同史料第四輯』（博覧会倶楽部、一九二九年〔一九九七年復刻〕）一一七頁・一三四頁。
＊15　ゴンクール Edmond de Goncourt（一八二二～一八九六）：作家、美術評論家。弟のジュール・ド・ゴンクール Jules de Goncourt（一八三〇～一八七〇）と共同で約三十冊の小説、歴史書などを公刊。一八九一年に『歌麿—青楼の画家、一八世紀の日本美術』を刊行し、その執筆活動を林忠正が手伝ったという。
＊16　Samuel Bing（本名 Siegfried Bing（一八三八～一九〇五）：パリで美術商を営んだドイツ人。一八七〇年代にパリに日本の工芸品を扱う店を開く。一八八五年には日本にも支店を開設。一八八八年より九一年までルイ・ゴンスと共に「芸術の日本」Le Japon Artistique を四〇冊発行し、展覧会も企画した。一八九五年にパリにおいて、「アール・ヌーヴォーの店」Maison de l' Art Nouveau の名で店を開いた。
＊17　ドガ Hilaire Germain Edgar de Gas（一八三四～一九一七）：フランス印象派の画家、彫刻家。一八七四年以降印象派展にたびたび出品し、特に室内風景を多く描いた。
＊18　モネ Claude Monet（一八四〇～一九二六）：フランス印象派の画家。印象派のなかでは最も長生きし、二〇世紀に入っても『睡蓮』の連作をはじめ多数の作品を残した。
＊19　ホイッスラー James Abbott McNeill Whistler（一八三四～一九〇三）：一九世紀後半のアメリカ人の画家、版画家で主にロンドンで活動した。印象派の画家たちと同世代であるが、その色調や画面構成などには浮世絵をはじめとする日本美術の影響が濃く、印象派とも伝統的アカデミズムとも一線を画した独自の絵画世界を展開した。
＊20　ルイ・ゴンス Rouis Gonse（一八四六～一九二一）：日本美術愛好家。一八七八年頃に『ガゼット・デ・ボザール Gazette des Beaux-Arts』誌を発行する会社に入社し、同誌の主筆となる。彼の大著である『日本美術 L'Art Japonais』は、林忠正や若井兼三郎の資料提供や解説の補助を受けながら執筆した。
＊21　一八九七年七月一四日に事務局の官制が改正され副総裁事務官長の資格に「学識経験有ル者」が追加されるようになった（改正

の建議は五月二〇日に大隈から出されていた)。
＊22　木々康子『林忠正とその時代：世紀末のパリと日本美術』(筑摩書房、一九八七年)二三一頁。
＊23　林忠正「来タル千九百年仏国巴里万国博覧会出品ニ付意見」(木々康子編『林忠正宛書簡・資料集』信山社出版、二〇〇三年、四四一～四四二頁)より一部分抜粋。
＊24　外務省記録「仏蘭西国巴里開設万国博覧会ニ帝国政府参同一件」第三巻(三門―一五類―二項(外国)―七号)。
＊25　F12/4251 : Questions générales diverses, FONDS POSTÉRIEURS À 1789, Archives Nationales.
＊26　臨時博覧会事務局報告書のタイトルをそのまま引用した(農商務省『千九百年巴里万国博覧会臨時博覧会事務局報告』上、一九〇二年、九〇〇頁)。
＊27　同右、九〇一頁。
＊28　一八九三年(明治二六年)シカゴ博覧会の史料から、一八八九年のパリ万国博覧会においても、外国人による日本物産の販売行為などがあったという記述がされている。しかしながら実際の一八八九年の史料には、そのような行為に当たる記述が見当たらなかった。
＊29　「北米合衆国市俄古府開設万国博覧会(一名閣龍世界博覧会)へ帝国政府参同一件　第一巻」(三門―一五類―二項(外国)―一四号)。
＊30　農商務省『千九百年巴里万国博覧会臨時博覧会事務局報告』上(一九〇二年)九〇〇頁。
＊31　農商務省『千九百年巴里万国博覧会臨時博覧会事務局報告』上(一九〇二年)九〇一頁。
＊32　『大隈重信関係文書』明治二十四～三十一年写、早稲田大学古典籍データベースにて閲覧、請求番号：ネ 01 03995「千九百年巴里大博覧会関係書類写　斎藤書記手控」。
＊33　吉田光邦『改訂版　万国博覧会―技術文明史的に―』日本放送出版協会、一九八五年、一〇九頁に鳥森の芸妓についての記述がある。芸妓の渡仏は一八六七年以来二回目であった。
＊34　F12/4251 : Questions générales diverses, FONDS POSTÉRIEURS À 1789, Archives Nationales.
＊35　総則第百三条：商工郵便電信大臣ハ総裁ノ申請に依リ別に入場料ヲ徴収スル特別展覧会ノ開設ヲ許容シ飲食店、観セ物、其他博覧会ニ相当の賦金ヲ徴収シテ本会ノ収入トナスヘシ。
＊36　農商務省『千九百年巴里万国博覧会臨時博覧会事務局報告』上(一九〇二年)九〇二頁。
＊37　フェノロサも日本工芸品や独特なデザインを活かした美術が欧米への輸出貿易に極めて有効だと主張している(『大日本美術新

報』二五号、二九号、四四号、四五号（一八八二年～一八八七年））。

＊38 樋口いずみ「一八七八年パリ万国博覧会における日本」（『日本女子大学大学院人間社会研究科紀要』別冊一〇号、二〇〇四年）一六三頁。

＊39 温知図録は一八七六年から一八八一年の間に編纂され、万国博覧会や国際見本市などでのマーケットリサーチを基にした図案の図録のことを指す（今井祐子「一八七八年パリ万博と日本陶磁器：日本の茶陶への関心はどのようにして芽生えたか」（『国際文化学』第六号、二〇〇二年、一二頁）。

＊40 フランス側の報告書には「日本の安価な製品作りを促す商業的得強を被ることのないよう強く願う」というコメントが見られ、ビュルティも「日本の陶工たちは彼らの先人たちには及ばない」と当代の工芸品について指摘している（今井「一八七八年パリ万博と日本陶磁器：日本の茶陶への関心はどのようにして芽生えたか」七頁）。

＊41 『仏国巴里府万国大博覧会報告』第二編（一八八〇年）三六～三八頁。

＊42 永山定富編『海外博覧会本邦参同史料第三輯』（博覧会倶楽部、一九二八年（一九九七年復刻））一三一～一四〇頁。

＊43 「概シテ我日本出品部ノ列品ハ全体上ヨリ観客衆庶ノ賞賛スル処ナリ其売捌方モ非常ノ好景気ナリシニモ関ハラス尚悉皆売盡スヿ能ハサリシハ曩キニハ東洋風ノ珍シカリシモ近頃ハ漸次其目ニ押シタルト千八百七十八年ノ時ニ比スレハ観客ノ眼識幾分ノ高キヲ尚ヘシトニ由レルナラン」（農商務省『仏国巴里万国大博覧会報告書』一八九〇年、一〇七～一〇八頁）。

＊44 金子堅太郎「巴里万国大博覧会に対する方針」（臨時博覧会事務局、明治三十年二月出版、近代デジタルライブラリーにて閲覧、請求番号：四〇―四七七）。

＊45 金子堅太郎「巴里万国大博覧会に対する方針」（臨時博覧会事務局、明治三十年二月出版、近代デジタルライブラリーにて閲覧、請求番号：四〇―四七七）。

＊46 九鬼隆一「巴里博覧会参同ニ関スル方針及実況」（大隈重信関係文書 A3671、明治三十三年写、早稲田大学古典籍データベースにて閲覧、請求番号：イ 14 a3671）。

＊47 『大隈重信関係文書』明治明治二十四～三十一年写、早稲田大学古典籍データベースにて閲覧、請求番号：ネ 01 03995「千九百年巴里大博覧会関係書類写　斎藤書記手控」。

＊48 『大隈重信関係文書』明治明治二十四～三十一年写、早稲田大学古典籍データベースにて閲覧、請求番号：ネ 01 03995「千九百年巴里大博覧会関係書類写　斎藤書記手控」。

＊49 『大隈重信関係文書』明治明治二十四～三十一年写、早稲田大学古典籍データベースにて閲覧、請求番号：ネ01 03995「千九百年巴里大博覧会関係書類写　斎藤書記手控」。
＊50 宮内庁三の丸尚蔵館編『帝室技芸員とパリ万博』（三の丸尚蔵館、二〇〇八年）。
＊51 有栖川宮とアノトーとの対談（佐藤元英監修・解説『有栖川宮威仁親王』第七巻、ゆまに書房、二〇一〇年）八～一〇頁。
＊52 外務省記録「仏蘭西国巴里開設万国博覧会ニ帝国政府参同一件」第三巻（三門―一五類―二項〈外国〉―七号）。
＊53 農商務省『千九百年巴里万国博覧会臨時博覧会事務局報告』上（一九〇二年）三九頁。これほどの量の貴重な宝物をフランスへ送り込むことに対して、保険会社は一社で引き受けることは非常に大きなリスクを伴うことであったため、東京海上、日本海陸、帝国海上の三社が分担保険とすることとなった。古美術品の出品目録は同報告書上（一九〇二年、八四〇～八七七頁）に掲載。
＊54 農商務省『千九百年巴里万国博覧会臨時博覧会事務局報告』上（一九〇二年）七六八頁。
＊55 三島雅博「一九〇〇年パリ万国博における日本館の形態について」（『日本建築学会計画系論文報告集』第四五〇号、一九九三年）一三七頁。
＊56 農商務省『千九百年巴里万国博覧会臨時博覧会事務局報告』上（一九〇二年）八七八頁。
＊57 農商務省『千九百年巴里万国博覧会臨時博覧会事務局報告』上（一九〇二年）八七九頁。
＊58 木々康子『林忠正：浮世絵を超えての日本美術のすべてを』（ミネルヴァ書房、二〇〇九年）、七一頁。
＊59 デュレ Théodore Duret（1838～1921）：フランスの美術批評家、ジャーナリスト。挿絵本の蒐集をきっかけとして日本美術に関心を持つようになる。一八九三年に経済的理由から日本美術品を始めとする家財を競売してしまうが、一八九九年に日本版画の挿絵本一三五〇巻をフランス国立図書館の版画室に寄贈した。
＊60 フィリップ・ビュルティ Phippe Burty（一八三〇～一八九〇）：美術評論家、美術蒐集家。一八六七年のパリ万博にて浮世絵画帖を展示。「ジャポニスム」という言葉を用いた第一人者。一八八四年に三回にわたって「陶器」の講義をした。彼の死後の売り立てにより浮世絵が暴騰した。
＊61 大島清次「「芸術の日本」改題」（大島清次、瀬木慎一他監修・翻訳『芸術の日本：LE JAPON ARTISTIQUE』美術公論社、一八八一年所収）五〇六頁。
＊62 S. Bing 'Prgramme' Le Japon Artistique, mai 1888, p.2.
＊63 浮世絵、陶磁器、漆器、能面といった作品がビング、シャルル・ジロー Charles Gillot（一八五三～一九〇三）、ゴンス、レイモ

ン・ケクラン Raymond Koechlin.（一八六〇〜一九三一）、アンリ・ヴェヴェール Henri Vever（一八五四〜一九四二）らによって寄贈された。また、このとき林忠正も刀の鍔の豊富なコレクションを寄贈している。ルーブル美術館への寄贈に関しては、ロール・シュワルツ＝アレナレス「ガストン・ミジョンとルーブル美術館の中の日本：知と技の継承、融合、変革」（『比較日本学教育研究センター研究年報』第五号、二〇〇九年、一五五〜一七〇頁）を参照。

＊64　金子堅太郎「巴里万国大博覧会に対する方針」（臨時博覧会事務局、明治三十年二月出版、近代デジタルライブラリーにて閲覧、請求番号：四〇―四七七）。

＊65　坂本久子「日本の出品にみるフィラデルフィア万国博覧会（一八七六年）とパリ万国博覧会（一八七八年）の関連」（『近畿大学九州短期大学』第三九号、二〇〇九年、五頁）には、フィラデルフィアのときに美術区分として出品した日本の品が美術館に展示されずに本館に展示されたとある。坂本氏はこれは西洋の人々からは美術工芸品の範疇に入るものではなかったと推測している。

＊66　「巴里大博覧会と日本の美術家」（高瀬暢彦編『金子堅太郎著作集』第六集、創文社、二〇〇六年）一五八頁。

＊67　海野弘『万国博覧会の二十世紀』（平凡社、二〇一三年）一一頁。

＊68　「「一九〇〇年万国博覧会における日本」講演原稿（仏文）」（木々康子編『林忠正宛書簡・資料集』前掲）四七〇〜四八五頁。

II　日本外交の展開

五　対清外交と駐清外交官
——在清公使館の設置をめぐって——

于　紅

1　課題の設定

本章の目的は、明治初期における日清関係において、一八七四（明治七）年に設置された在清公使館および駐清外交官がどのような活動を行い、日清外交の展開にどのような役割を果たしたのか、を明らかにすることである。

日清修好条規は、明治四年七月二九日（一八七一年九月一三日）に調印し、一八七三（明治六）年三月九日に批准され、相互に外交使節と領事を駐在させることが決められた。[*1]

在清公使館は柳原前光特命全権公使によって、一八七四年七月三一日北京に設置された。[*2] 一八七四年二月二二日外務省は駐清特命全権公使として柳原前光を派遣して以来、[*3] 同年六月二三日鄭永寧を臨時代理公使に任命し、[*4] そして一八七五（明治八）年一一月一〇日森有礼を特命全権公使に任じることになった。[*5] 一八七六（明治九）年五月九日太政官達四九号「外務省職制章程御達案」では、特命全権公使と代理公使の職務は「各外国ニ駐在シ両国ノ交際事務ヲ担任シ、締約条款ニ従テ好誼ヲ保全スルヲ掌ル」[*6]と明確化された。

使節の駐在と公使館の設置は、近代条約システムの上に成り立つものであり、近代日本外交の出発点とも言うべき重要な意味を持っている。とくに一八七三年以降、日本は、在外外交代表をほぼ一斉に弁理公使から、国家を代表して外交交渉をおこなう権利を有する特命全権公使へと格上げし、対欧米交渉において駐日公使との交渉から本国政府との直接交渉へと軸足を移していった。そうした欧米本国との直接交渉戦略が成功をみたのが、一八七五年の樺太千島交換条約であり、続いて、条約改正交渉開始の直前に行われた日米条約改正交渉であった。その意味で、この時期は日本外交の転換点として理解することができる。[*7]

だが、清への特命全権公使の派遣には、欧米とは異なる点が存在した。第一に、清への公使派遣は一八七四年の柳原が最初であり、弁理公使時代が存在しなかった。第二に、清との外交交渉は一八七三年の副島の渡清、一八七四年の大久保の渡清など、特定の外交課題に関して外務卿や有力政治家が特使として渡清して交渉にあたる、いわば大臣外交が主流であり、外交官が相手国に常駐して外交活動を展開するいわば公使館外交は採られておらず、公使の派遣がどのような外交的意味を有していたのか、曖昧であった。第三に、清が日本に公使を派遣したのは一八七七（明治一〇）年のことであり、日清修好条規締結から六年後のことであり、本章で扱う一八七四年から七六年の時期は、日清間において相互的な公使館外交が成立していない過渡期にあたっていたのである。

では、この時期の対清外交における公使の役割はどのようなものであったのであろうか。また駐清公使の派遣にはどのような外交的意味が付与されていたのであろうか。この時期における在清公使館の活動の実態は未だに明らかにされていない。[*8]

これまで当該期における対清外交について、日清修好条規[*9]や、琉球問題に絡む台湾出兵[*10]などについて研究が進められてきた。しかし対清外交において、公使館がどのような役割を果たしたのかはまだ明らかにされていない。駐清公使に関しても、その外交交渉だけが注目され、そうした外交交渉を可能にした機能については論じられていない。[*11] また、駐清公使としての外交活動において、領事館増設と情報収集など公使館の機能を強化する常駐公使としての側面には焦点が当てられていない。[*12] さらに、柳原と森の帰朝期間で何度も臨時代理公使に任じられた鄭は、初めての常駐公使として公使館の基礎を固め、対清交渉にも携わってきたが、その外交活動に関する研究はほとんど見当たらない。[*13] 対清外交の最前線にいる駐清公使は、どのような使命を与えられ、どのような外交活動を展開したのであろうか。

本章では、清に公使が常駐することによって、外交交渉にどのような変化が現れ、さらに日本の外交戦略にどのような変化が生じたのかを明らかにする。これをもって明治初期日本の対清外交と公使館の関係を解明し、外交転換期における公使館設置と公使常駐の意義と位置づけを追究しようとするものである。

2 在清公使館の設置と柳原前光の公使任命

(1) 在清公使館設置問題の提起

日清修好条規に基づいて最初に在清公館が設置されたのは、北京ではなく、上海であった。公館設置問題については、明治三年一月二四日（一八七〇年二月二四日）、外務権少丞宮本小一郎が「支那通信議案」において、公使の派遣や待遇と費用など西欧に従うべきであるとしながらも、

支那ト条約ヲ取結ヒタル上ハ、北京へ日本公使ヲ置クベシ、是ハ各国公使ト同格ナレハ、相共ニ交際ヲナサネハナラス、其給料其外トモ大抵日本ノ国柄ニ相当スル容体ヲナサネバナラヌナリ、是レハ日本ノ国体ヲ張ル第一ナレトモ、入費ヲ厭フトキハ恥ヲ忍ンテ暫ラク公使ヲ置ス、今日本ニ在ル瑞西丁抹等ノ振合ニ従ヒコンシュル而已

天津上海等ノ二三港へ置べシ、是ハ是非置サルヲ得サルナリ[14]とまずは領事の駐在を提議している。これを受けて、明治三年九月（一八七〇年一〇月）、外務省は「後来彌両国通商条約相整候上は則領事（コンシュルに当たる）の職を置、商人取締等可為致場合をいたし相勤候[15]」、と品川忠道通商権大佑を外務大録に任命し上海に駐在させた。

日本が北京に公使館を開設する機運は未だ醸成されていなかった。明治四年五月一八日（一八七一年七月五日）、大蔵卿伊達宗城は「欽差全権大臣」として清に派遣され、七月二九日（九月一三日）「清国トノ修好条規並ニ通商章程」を締結した[16]。その後、九月二日（一〇月一五日）、伊達は帰国の際に、李鴻章を訪問した。李は、領事官を派遣し横浜に置き在留清人を管理するが、日本は公使を北京に置くかと尋ねた。これに対し、随行の柳原は清と隣接とい え、通商往来する者が今まで上海口のみであるため、品川などをもって管理して足りるが、公使を派遣し北京に置くことはまだ急務ではない、と答えた[17]。すなわち、この段階では、両国ともに経済的な理由が外交的な必要性を上回っていたのである。

以後、明治五年二月一〇日（一八七二年三月一八日）品川忠道を代理領事として在上海領事館が正式に設置され[18]、同年一〇月一五日（一一月一五日）、領事に昇任した品川に対し、上海に本庁を置き鎮江・漢口・九江・寧波四口の事務を兼轄させた[19]。さらに同日、外務省は陸軍少将から領事に転任した井田譲領事に対して福州に、林道三郎副領事に対して香港に、それぞれ領事館を設置することを命令した[20]。そして一八七三年二月二三日、井田を総領事に任じ、上海に在留し、清国在留領事のリーダーとして事務を総轄することを命じたのである[21]。

北京に公使館を設置しないという状況はその後も変わらなかった。日清修好条規の批准書交換のため、一八七三年二月二八日特命全権大使に任じられた副島種臣外務卿に対して[22]、太政官は三月九日、「北京ニ於テ我欽派ノ公使在留ノタメ、便宜ノ地ニ於テ館邸ヲ置ク事ヲ談シ、且其館邸ヲ仮定スル事ヲ得ヘシ」、「便宜ヲ以テ随行官員ノ内ヨリ撰テ、北京在留辨理公使心得ヲ任シ、仮ニ該地ニ在留ヲ命スル権ヲ附ス」[*23]と訓令し、副島に在清公使館の設置と公使の任免権を与えた。しかし、副島は在清公使館の設置を見送り、六月二二日露国特命全権公使ゼネラル・ウランガリーと相談の上、公使の事務を委託したのである。副島は六月二八日清国総理各国事務衙門に宛て、

本大臣使事ヲ畢リ帰国ノ処、未タ我駐京公使ヲ設ケザル間、本国交渉ノ事務ハ、暫ク露国特命全権公使ウランガリー氏ニ代辨ヲ託シ、将来若シ文書ヲ往復スル時ハ、ミナ該公使ヲ経由ス、此段御査照相成度[*24]

との照会を発するとともに、七月一日にウランガリーに対して、当分の間日本公使館の交渉事務代理を正式に依頼し[*25]、承諾された[*26]。副島はこれを各国の駐清公使にも通知し、また総理衙門からも承諾を受けたのである[*27]。

副島のこの行動の背景には、樺太談判および朝鮮交渉問題と連動して親露姿勢を明らかにするという意図があったものと推測されるが、同時に、日本政府としては、この時期日清間において、公使館設置と公使派遣の外交的必要性があることを認めていなかったことの表れであった、と言うことができよう。

(2) 柳原前光特命全権公使の派遣と台湾出兵

公使館の開設と公使の派遣に踏み切るきっかけとなったのは、台湾出兵である。

台湾出兵に関しては、大久保利通と大隈重信両参議は、一八七四年一月二六日三条実美太政大臣から台湾と朝鮮の調査を命じられ、柳原や鄭、李仙得などの外務省のメンバーを集め、議論を重ねた上[*28]、二月六日、「台湾蕃地処分要略」を提出した。ここでは、台湾生蕃の居住地を「無主ノ地」と見なすべきことで、琉球民殺害の報復措置として台湾出兵の正当性を強調するとともに、第二条において「北京ニ公使ヲ派シ公使館ヲ備ヘ交際ヲ辨知セシムヘシ」と派遣する公使の任務を明確にしたのである[*29]。

これを受けて、一八七三年一一月二四日に駐清特命全権公使に任命されていた山田顕義陸軍少将が、赴任前の

一八七四年二月九日駐清公使の職を免ぜられ[*30]、岩倉具視右大臣は柳原前光を駐清公使に任じ、鄭永寧を差し添えさせることを大久保に指示した[*31]。前年における柳原の清での交渉経験が評価されたのであろう。二月一二日柳原は代理公使に任じられ、さらに二二日特命全権公使に任命された[*32]。外務省は三月八日、鄭永寧を外務一等書記官に、橋口宗儀を外務一等書記生に任じ、在清公使館在勤を命じた[*33]。また四月八日、加藤秀一、高尾恭治を外務二等書記生として在清公使館在勤を命じた[*34]。これによって、在清公使館の体制は一応整えられた。三月一八日、寺島宗則外務卿より三条に対し、「柳原全権公使出発前携帯品買上代相渡方之儀[*35]」を上申し、柳原が携帯する公用書類や国旗のほか、出発前に買上げるものに必要な金五百円を大蔵省に支払うよう要請し、在清公使館の開館準備は着実に進められた。その後六月二二日、柳原は北京公使館予備金を速やかに上海領事館宛に送るよう上海から要請した。これを受け、八月一四日、三条は大蔵省に対し洋銀一万弗渡す指令を出した[*36]。

一八七四年四月四日、柳原は清国駐劄全権公使として差遣の国書を渡された。国書では、「貴國ニ往来スル已ニ四載ヲ経テ能ク両國ノ好ミヲ賛ス」、「忠実篤厚黽勉事ニ従フ朕其能ク職ニ堪ルヲ知ル[*37]」と、柳原を評価している。

同日、台湾蕃地事務局は設置され[*38]、陸軍中将西郷従道が台湾蕃地事務都督に任じられた[*39]。西郷への特諭において、「若シ支那政府ヨリ異議ヲ起ス事アレハ、之ニ関係セス、我北京在留ノ公使ヨリ応接ニ及フヘキ旨ヲ以テ答ヘキ事[*40]」と、外交における柳原の主導権が確認されている。四月八日、三条は柳原に対して、「其尋常当務ハ我派遣スル理事官ノ責任ニ帰ストイヘトモ事、若シ至重ニ渉ラハ、公使ノ職ニ据リ須ク関切辨論シテ、始終両国ノ和好ヲ保護スヘキ事」と公使の責任を明確にする内勅を下付する一方、「若シ事情ノ意表ニ出テ至重ニ渉ラハ、政府ノ指令ヲ請ヒ進止遵行スヘシ[*41]」と、公使の交渉権限を制約した。また、寺島は「生蕃事務支那各港領事担当条件[*42]」を清国在勤領事に伝え、台湾出兵に備え、事務の処理や情報管理と収集などの面で、柳原駐清公使のもとで各領事館の協力体制を速やかに整えるよう指示したのである。

しかし、国内における台湾事件をめぐる議論のため、柳原の出発は引き伸ばされ、五月一九日に横浜を出発し、二八日上海に到着した。[*43] すでに西郷は、五月二二日に台湾西南部の生蕃地社寮に上陸し、短期間に台湾蕃地を平定していた。[*44] 台湾出兵の交渉については、柳原が到着する前に、品川上海領事が清側と交渉を始めていたが、六月七日柳原は清国欽差邦辨福建布政使潘霨と上海で会談した。[*45]

清側は柳原との交渉を進める一方、西郷との談判も同時に行った。七月一日、潘は柳原に宛てた書翰では、西郷が柳原と潘会談の内容を承知した上、賠償金による撤兵の可能性を表明したという情報を柳原に伝えた。[*46] これを受け、七月一五日柳原は潘に対し書翰を送り、潘との会談内容を本国に伝えることだけを承諾したが、清側が西郷に対して、あたかも柳原が台湾撤兵に同意したかのように伝えたことに対し強く非難した。また撤兵の条件としての賠償金などについて、西郷よりの情報と食い違っている所が多く、到底受け入れ難い意思を表明し抗議した。[*47]

柳原の交渉は成功とは言い難かった。その理由として、対清交渉が西郷との二つの外交ルートで同時に進められたため、相互に情報をうまく交換できず、また交渉権だけを持っている柳原が西郷への指揮権を持たないことも、交渉失敗の一因であると考えられるが、最も重要な原因は柳原が駐清公使として、清に認められていないことであった。

(3) 柳原前光の国書捧呈と在清公使館の設置

日清修好条規によると、駐在公使は皇帝に謁見し国書捧呈の儀式を済まさなければならない。これによって初めて公使としての身分を駐在国に認められる。しかし、柳原の待遇について、総理衙門は一八七四年六月一三日（同治一三年四月二九日）一九二号李鴻章宛ての公信では、交渉の便宜を図るために暫く日本欽差として認めるが、「如仍矯強、即可不以礼相待」[*48]（もし強硬な姿勢を示すなら、礼儀を以て接する必要なし）とし、また天津で面会する際に、柳原の主張に論駁し責任を追及するなど、状況に応じて対応するよう指示した。七月二二日（同治一三年六月初九日）

付の返信において李は、沈秉成上海道台から送られて来た日本政府の六月二三日付の上諭から柳原が謁見を終えて即時帰朝することが判明したことと、清に武力を用いる意図があると推測したことから、「不必如前年格外優待、亦不必絶人太甚、致令播弄滋衅[*49]」（前年如く格別に優待する必要がなく、亦固く拒絶し、挑発の口実を与える必要もない）と改めて建議した。このため、柳原は台湾出兵の交渉において、清側から公使としての交渉権を認められなかったのである。

上海における交渉が難航するなか、国書捧呈のため、柳原は鄭を同伴し上海から天津を経由して北京へ向かった[*50]。七月二四日（同治一三年六月一一日）、柳原は天津で李鴻章と面会したが、李は、

執定此事不先辦明白、別件交際事宜皆不能辦、隠指請覲一節而言[*51]（このことを先に解決しなければ、別件の交際事宜をすべて辨理できないと堅持し、暗に謁見の一節を指して言った）

と、台湾問題の解決を謁見の先決条件とすると明言し、北京へ行かないように柳原を説得した。しかし柳原が聞き入れなかったため、李は、

雖万国公法無阻止国使進京之例、然如此行径応視各使稍有差別（万国公法によって使節の北京進入を阻止できず、日本の行動に鑑み、他国の公使と差別して対応すべく）

として、自らの回訪を止め孫士達に代行させた[*52]。

柳原特命全権公使は一八七四年七月三一日北京に到着した。北京城内の南部なる東交民巷の外洋辦館といえる外国向けの旅館を租借して、公使館にあてた[*53]。

柳原の主な使命は、清皇帝に対し国書を捧呈し、駐清公使としての身分を認めさせ、北京に公使館を設置することである。八月三日、柳原は恭親王奕訢宛に照会文を送り、国書捧呈のための謁見を申し入れた[*54]。しかしなかなか応じられないため、八月一八日恭親王に対し、比国公使の謁見を許可したことを取り上げ、速やかに清皇帝に謁見できる

よう催促した。[*55] これに対し、八月二〇日（同治一三年七月初九日）、恭親王は柳原に対し、征蕃問題解決後において謁見の手続きを取るべきことを伝えた。[*56] 清側に、台湾事件を理由に謁見を遅らせようとする意図があることは明らかであった。柳原は、駐清公使の身分を清側に認められないまま、台湾出兵の交渉を続けざるをえなかったのである。

生蕃が清の属地に居住する以上、台湾出兵は清の領土に対する武力行使になるということは、恭親王と李鴻章を含めて清側の共通認識であり、柳原の公使承認に対する強硬姿勢は、台湾出兵に踏み切った日本への外交的抗議として解釈することができる。さらに、日清交渉に関して、清側は日清両国間の往来照会および信函の内容を各国公使へ知照する措置をとった。[*57] 一方、柳原は各国の駐清公使と連絡を取り協力を求めようとしたが、ウェード英公使をはじめとする各国公使は、台湾における生蕃の地域が清に属しているという共通見解を有していたため、成果を上げられなかった。

行き詰まった交渉を打開するために、八月二日、日本は大久保利通を全権辨理大臣として清に派遣することを決定した。その委任権限については、柳原の代わりに交渉の権利を与えるほか、全権として大久保に「和戦ヲ決スルノ権」まで付与したのである。[*58] 一方、清側は大久保利通が尋常な駐京使臣ではないと見なして極めて重視し、「相機酌辦」（状況に応じ弁理する）という対応策をとった。[*59] ウェード英公使も八月一三日に、在北京日本公使仮館を訪ね柳原と対談し、柳原公使に委任された趣旨を伺った上、日清交渉の斡旋に協力することを表明した。[*60] その結果、ウェードの斡旋のもとで一八七四年一〇月三一日、日清両国は「日清両国間互換条款」[*61] に調印した。これにより、清は日本の台湾出兵を「保民義挙」と認め、賠償金を支払うことに同意し、日本が台湾から撤兵することに応じた。

柳原駐清公使の国書捧呈は一八七四年一一月二九日、ようやく実現された。外国使節の清国皇帝謁見の儀式をめぐり、昨年副島は清側を説得し、はじめて対等な西洋式の謁見を実現させた。すなわち、従来の跪拝礼の代わりに、三揖してから国書を捧呈し頌詞を述べた後、再び三揖して退出したのである。[*62] 一二月二七日外務省は柳原よりの公信抜書をもとに、「特命全権公使柳原前光支那帝ニ謁見スル旨ヲ報ス」と上申し、謁見の経過について次のように報告した。

下官儀先月二十九日午前十時過、帝宮中紫光閣ニ於テ清帝ニ謁見致シ、国書遞呈仕候、清帝勅語下官頌詞……下官観見ノ後、米国駐清新任全権公使引続キ謁見イタシ候、午後清帝ヨリ勅饌ヲ賜ヒ、総理衙門ニテ饗應有之、右ハ昨年副島大使ノ例ニテ、余国公使ヘハ此儀不挙行候礼式全ク昨年ノ例通ニ候ヘトモ、副島氏ハ国書ヲ遞シ然ル後頌詞ヲ陳シ、下官ハ是ヲ前後ニ改メ候、右ハ駐清欧米列公使ノ先例ニ遵照候儀ニ候[*63]

柳原がその公使身分として清に承認されたのは、この国書捧呈の時である。

柳原は謁帝礼畢と台湾処分の事宜奏稟するため、一時帰京を命じられた。国書捧呈の儀式を終えた柳原は、翌日北京を去り帰国の途についた。すでに六月二三日柳原が帰朝する場合、一等書記官鄭永寧を臨時代理公使に任命するという通達が下りた[*64]。この人事は、柳原が渡清途中の五月二四日三条らに宛てた書翰において、「尤モ下官入清後、都合ヨク相運ヒ、復命帰朝候節ハ、尚其節可相伺候ヘトモ、鄭ヲ臨時代理公使ト致シ、事務引渡シ[*65]」と進言した経緯があるある。

柳原はようやくその使命を果たしたのである。

3　鄭永寧臨時代理公使の活動

鄭永寧は一八七四年一一月三〇日柳原特命全権公使が帰朝してから、一八七六年一月四日森が特命全権公使として渡清するまで、約一年以上臨時代理公使として北京に駐在した。何故代理公使だったのであろうか。

柳原は帰朝してから、翌年の七月に元老院議官に転任したが、駐清公使として解任されたのは、一一月に森が駐清公使に任命した時であった。すなわち、柳原の帰朝から森の赴任まで日本の公使は清に常駐していなかった。

だが、特命全権公使が常駐していなかったとはいえ、日本の外交官が駐在するためには、在外公館の建設は不可欠であった。そのため、鄭は寺島に対し、租借した外洋辦館の代わりに公使館の購入を勧めることを具申した。鄭の具申に基づき、一八七五年四月五日外務省は、二万弗以内で北京に公使館を購入させるようと上申し、許可された。購入の理由としては、外洋辦館が公使館に適しないだけでなく、台湾出兵の影響で家主が日本人を嫌悪し家賃を高くつり上げ、将来のことを考え、四年で合計一万六千圓の家賃を払うより、買い上げることが国益になるということである。[*66] したがって、鄭は城内東四牌楼通り六条胡同の北側で、以前盛京将軍某氏の邸宅を購入して在北京日本公使館となし、七月二五日に清に通知を発した。[*67]

さて、鄭は臨時代理公使として北京に常駐することにより、どのような役割を果たしたのであろうか。この点について、外交的に大きな意味を持ったのは以下の二点である。

第一は、琉球使臣の北京来訪情報の収集と報告である。

一八七五年三月二一日、鄭はイギリス公使館附書記官メヨルから、琉球使臣が入京するとの風聞を聞き、調べたところ先の三月一五日に琉球使臣合計一八人が来京し、現在城内四訳館に宿泊しているとの情報を得た。[*68]

三月二八日、鄭は寺島宛てに「琉球貢使ノ入清ニ就キ清国政府トノ交渉ニ関スル文書」を送付し、政府からの指令が来るまで、「自ら職分を量り清政府へ先及談判候」と報告した。[*69] これに先立ち、三月二二日、鄭は在北京琉球藩使臣に対し、使臣の入清報告のため在清北京公使館に出頭するよう通達を発した。しかし翌日、琉球使臣宿所警備の清国官吏より、内務府と礼部の指令により使臣の他国との接触が許されないため、琉球使臣への書翰が手渡せないという連絡があった。[*70]

そこで、三月二五日、鄭は総理衙門に書翰を送り、琉球使臣の入清に関し取り調べることで使臣の一員を日本公使館に出頭するように斡旋することを依頼した[*71]。これに対し、総理衙門は、琉球が清に藩服して二〇〇年を経ったが、琉球使臣の朝貢は慣例に従って受け入れており、そのほかの点について清は干渉しないと回答した[*72]。一方、鄭は三月二八日琉球使臣に対する処置に関し、本国政府に報告の必要があるため、過日面談の詳細をまとめ、総理衙門に確認を求めた[*73]。

これを受け、総理衙門は再度鄭宛てに書翰を送り、琉球はこれまで日本に属するか否かに関して、清は関心を示さないが、ただ今回朝貢使の来朝が成典に基づき礼部に管理されるもので、本衙門は干渉できない[*74]、と事実上鄭の要求を拒否した。

鄭は総理衙門と交渉すると同時に、駐清各国公使に積極に働きかけた。三月三一日、琉球問題をめぐる日清交渉に関し、在北京外国使臣の会議を開くよう、ウェードに打診したが、断られている[*75]。

鄭の北京での外交活動について、寺島は「談判の儀暫時御見合可然旨」と指示し、四月二八日付の電報で、次のように鄭に伝えている。

勿論我許可を得候事には無之候へ共、彼方にては数百年来慣行の旧例を脩候迄にて特別の訳にも無之趣、強て譴責方も無之事に可有之候間、其表取扱振も右に准し候筋故百事先御見逃し被置候様致度、内務省於て近々説諭および不遠御所分可相成事に候間、其上は改て申進候義可有之候、猶此段申進候也[*76]

しかし大久保内務卿は鄭の報告を重視した。琉球使臣の北京滞在は日本の琉球処分上、不都合であるとして、五月八日、三条に対して「琉球藩処分方之儀伺[*77]」を建言した。その結果、五月九日三条より内務省に対し、清への朝貢使と慶賀使の派遣を停止、福州における琉球館の廃止、清よりの冊封を廃止、琉球と清との関係を外務省から引き受けるとの指令が発せられたのである[*78]。

大久保の建言による対琉球政策は、琉球を内国化することで冊封体制下の清琉宗属関係を断つことが最大の目的であると考えられる。この点から言えば、琉球使臣問題で清との交渉を重ねることは清の宗主権を確認することになり、日本の内国化の方針に逆行することになる。そのため五月二〇日、寺島は鄭に対し、琉球藩に関しては内務省処分決定まで清政府との交渉を差し控えるべき旨を指令した。[*79] 五月二九日、三条より琉球藩への達書では、琉球藩より清への使節派遣並びに清よりの冊封は自今廃止すべきことが明確化された。[*80]

鄭から伝えられた琉球藩使節の北京到着及び総理衙門応接の経緯という情報が、大久保の建言にもつながるものとして、琉球の内国化政策を加速化させるきっかけとなったのである。

第二は、朝鮮問題に関する清・列国との情報交換である。

一八七五年九月二〇日に勃発した江華島事件の経緯について、一〇月三日と一七日の二回で、寺島外務卿は鄭を含め各国駐劄日本公使に伝えた。[*81] しかし鄭は寺島の了解を得ずに一〇月一二日江華島事件を総理衙門に通告した。[*82] 鄭の行動に対して寺島は、一一月一五日、江華島事件を清に通達するに当たっては清と朝鮮との関係に鑑み、今後一層慎重を期する必要があると訓令した。寺島は朝鮮と清の関係について、「未た確乎清国の藩属たる処を認得不致儀」であるため、江華島事件が清に関係ないものと見なすべく、問い合わせがなければこちらより通告する必要がないと述べ、また今後総理衙門に通知する場合、本省に問い合わせた上行うよう命じた。[*83] 実はこの時点で、朝鮮問題の交渉のために、森はすでに駐清特命全権公使に任じられたのである。

また鄭は、江華島事件について清国駐劄各国公使と意見交換を行った。その結果について鄭は次のように報告している。

各公使之口気は、彼既に砲を開き罪を得たれは、貴国政府は即ち之を問ふの名有り、誠に能一挙以て開通之功を収めは、欧米之船将来朝鮮に到るも其賜を受る多々と申し、蓋し従来駐京各国公使は、清政府より説韓開国候様諷勧候得共、未た聴入さるを以て今此啓衅有るを聞き、此罪を問ひ国を開くは、正に日本之義務に当れり抔と、大に我を唆動するの意相見へ候[*84]

鄭は、各国公使から朝鮮への日本の態度に対する列国の賛同を得たと報告したのである。

以上のように、鄭は北京に常駐することを利用して情報収集に取り組み、外務省に伝達するという臨時代理公使としての役割を果たした。また鄭は清との交渉を行いながら、在清各国公使との交流も進めた。

しかし、対清外交が江華島事件によって重要さを増すなか、臨時代理公使の身分でもう対応できなくなった。江華島事件をめぐる対清交渉を進めるために、新たな駐清全権公使を派遣することが急務となってきたのである。

4 森有礼公使の常駐と対清外交の新展開

(1) 森有礼特命全権公使の任命

森有礼は一八七五年一一月一〇日、特命全権公使として清国駐在に命じられた。初代の駐米公使を経験した外務大丞森有礼は、駐清公使として有力視されていた。

森の清国派遣の最大の目的は、朝鮮問題に関する対清交渉の推進であった。一八七五年一〇月五日、木戸孝允は建議書を提出し、清韓宗属関係を利用して清に朝鮮の江華島事件の責任をとらせることとし、認めない場合日本ははじめて直接に朝鮮に問責する正当性を持つと主張していた。[*85]

しかし森は、赴任前の段階で、外務省法律顧問アメリカ人ペシャイン・スミスと協力して、江華島事件をめぐる日韓問題に関する研究報告をまとめていた。[*86] そして「外国交際ヲ正スノ議」、「情実法ヲ非トスル説」(加え「情実法ヲ非トスル説ノ続キ」) という二つの外交建言書を提出し、条理によって談判を行うべき「条理外交」の理論を主張し

た。[*87]一一月七日、三条は森を自宅に招待し、

清国は朝鮮の隣国にして交際亦熟せり、故に公使を北京に出し、事起の日、清国をして之を援くること能はざらしめ、又日清両国の交誼を全くするの事に任ぜしめんとす、今其人を選ぶに足下に若くはなし、因て先づ之を内諭す、若し見る所あらば之を陳述せよ[*88]

と、朝鮮問題への清の介入を阻止するとともに清との友好関係を維持するとの、対清交渉の方針を説明した。

森は一四日、対清交渉意見書を正院に提出し、「朝鮮ヲ一ノ独立国ト視認メ」つつ、朝鮮に「沿海測量ト開港」を認めさせるためには、江華島事件の「公正ノ条理」的な解決が得策であると建議し[*89]、さらに一八日には対清交渉意見再論を提出した。[*90]二〇日寺島は森に対し、「今特命全権辨理大臣ヲ発遣シ、一面ハ江華島ノ事ヲ問ヒ、被ル所ノ暴害ノ補償ヲ求メ、一面ハ益懇親ヲ表シ、彼ノ要領ヲ得言好ニ帰シ、以テ三百年ノ旧交ヲ続カシメント欲ス、要スルニ妥便結局ヲ主トス、敢テ多事ヲ好マス[*91]」と訓令した。しかしこれは森の対清交渉意見と相違しており、森の説明を受けて、政府は訓令の中の「被ル所ノ暴害ノ補償ヲ求メ」という一条を削除したのである。[*92]森の意見が外交交渉の基本に据えられたことからは、実力派公使として森が任命されたことを窺うことができよう。

(2) 公館機能の強化

一八七六年一月四日、森は北京に到着した。[*93]使清船艦の費用は朝鮮問題に関連することから、海軍省によって支出された。[*94]

森はまず公使館の在勤官員の確保に着手した。当時北京公使館には、一等書記官鄭永寧、三等書記官頴川重寛、副領事池田寛治、一等書記生高尾恭治、法制局御用係竹添進一、書記一等見習津田静一、書記二等見習鄭永昌と松延玹などが配属されていた。[*95]前年の一一月二九日、外務省は森の駐清全権公使の任命に併せ、在清公使館附書記生見習五

名の増員を決定していた。[*96] 森は一月一三日、寺島に打電し、五名のうち二名がすでに北京に駐在していることで、残り三名の派遣を要請した。[*97] また法制局御用係竹添進一を新たに二等書記生にさせ、朝鮮事件談判のため往復公務が多忙した際、人数が少ないと支障が出る恐れがあるものとして、在勤官吏の人数が多少多かったが当分そのままにする、と建議した。[*98] これを受け、外務省は文部省漢語学生三名を北京公使館附書記三等見習として清へ派遣した。[*99]

さらに、森は対清交渉が増加するなか、中国語の養成が公使館の外交力向上につながると考え、一月八日総理衙門に対し、雇い教師の派遣を求め、承諾された。[*100] その後、恭親王や軍機大臣兵部尚書沈桂芬らとの面会時に、同文館で漢語学生を勉学させるよう打診したがこれは断られている。[*101]

また一月一三日、森は鄭永寧書記官の待遇について寺島に意見書を送った。一八七四年一一月鄭が臨時代理公使拝命後も依然として書記官の手当に留められていたのである。そのため欧州などの遣外臨時代理公使を参考に、一五ヵ月間の代理手当を速やかに支給されるよう上申したのである。[*102]

さらに、森は一八七五年一二月一五日寺島に対し、陸軍大佐福原和勝の帰国について具申した。[*103] 福原は一八七四年大久保が渡清した際に随行を命じられ、[*104] 翌年の二月二五日初代の在清公使館付武官に任じられていた。[*105] しかし森は、「其実今般我政府ニ於而両国間懇親無二を主要トセラレ候御趣意ニも有之候折柄ニ而、軍官を故なく駐京セシムル事、清国政府之嫌疑ハ勿論李鴻章ニ於而此義最も疑猜は最茂有之哉趣承り」[*106] と、清に無用の疑いを抱かせる懸念として、福原の帰国を求めた。その結果、一八七六年三月、森の主張通り福原は帰朝を命ぜられた。[*107]

森が特に力を入れたのは領事館の増設である。一八七五年一二月一五日、芝罘に到着した森は寺島に対し、芝罘での代理領事の任命について打診した。また、朝鮮との開戦を想定して、英商ジョージ・エフ・マクレンを緊急時の六ヵ月限りで芝罘領事代に任命する権限を池田寛治副領事に委任し、追加承認を求めた。[*108] これは森本人が直接英商マクレンと会い考察してきた結果であった。森の建議は政府に認められ、一八七六年一月一二日、清国芝罘港へ臨時領事代理を置くことが決定された。[109]

次いで一月二〇日、森は朝鮮有事の際に備え、天津、芝罘、牛荘に領事を在勤させ、清をして中立を守らせる工作に着手する必要があると寺島に再提案した。領事の常駐は清に中立を守らせるだけでなく、日本戦艦兵士などを接待することにも必須である。朝鮮問題の緊張に鑑み、牛荘領事を米国領事に兼任させるべきと進言した。[110] 三月四日、外務省は森の建議に基づき、牛荘が朝鮮国接近の場所にあり領事を置くべきであるとして、池田兼轄の解任とフランシス・ピ・ナイト米領事の兼任を至急指令するよう上申した。その結果、外務省の上申通り通達が下りた。[111]

実際に在天津領事館はこれより半年前に設置されている。これは外務省が北京公使館の開設に伴い、在清領事館を強化する重要な一環であると考えられる。一八七五年五月五日、寺島は三条に対して、天津は「支那北京上海往復ノ間必天津ヲ経由」し、北京の咽喉とも言える要地なので、領事館の建設がぜひとも必要であることを強調し、至急決定を求めた。[112] 八月一七日外務省は天津領事館を設置することを通達され、池田寛治が天津領事館副領事として派遣され、芝罘と牛荘を兼轄することとなった。[113] しかし、森は芝罘と牛荘の重要性を認識し、遠隔地のため池田天津副領事の兼轄は困難であるとして、一八七六年五月一七日、芝罘に英商マクレン、牛荘にナイト米領事を領事代に任命し、池田の同所兼轄を免じた。[114]

ただし、牛荘の米国領事ナイトの日本副領事兼任については、森は一八七六年四月一二日、品川から日清修好条規第一六条により異議を生じる可能性があると進言を受けたため、総理衙門より異論を持ちかけられる際の応答要項を寺島に求め、[115] 外務省から指令が来るまで、総理衙門へ照会を発しないとした。[116] 寺島は、五月二三日ナイトは商業経営に従事しており、「副領事奉職ノ儀ハ我国清国ト締盟之条約面ニモ相悖」という理由でその委任を取り消した。[117]

また一八七六年二月九日、太政官達で品川忠道は上海総領事に昇任された。[118] これによって、在清公使館をはじめ清における公使館・領事館の体制が一層整備されたのである。

(3) 朝鮮問題をめぐる外交交渉の多元化

森の対清外交の第一歩は、清のアグレマンを受けることであった。

一八七六年一月六日、森は鄭を同行して総理衙門を訪問し、一八七五年一一月一八日付の国書を恭親王に手渡し、柳原の解任と森本人の就任を伝えた上、皇帝に謁見し国書の正本を進呈する意思を表明した。[*119] これに対し、恭親王は国書副本の趣旨を上奏することで、公使を公認して待遇の礼を尽くすべしと答えたが、謁見については、皇帝が幼いため列国ともこれをやめると説明した。[*120] 国書捧呈は実現しなかったが、森の特命全権公使としての身分は清側に認められた。その背景には、森の公使として渡清の目的を駐清米副領事から伝えられたこと[*121]や、属国としての朝鮮と、属地と言える台湾の生蕃問題に対する清の立場が明らかに違ったことによるものと考えられる。

森公使の着任は、対清交渉がスムーズに進展するきっかけとなった。森の清国常駐によって、長期にわたる交渉をはじめ、清の政府要人との交流が可能となった。森の戦略は、外交交渉の多元化を図りそれを利用して、外交問題の解決を図ろうとするものである。すなわち、総理衙門との公式交渉を主な外交手段としつつ、清国要人との非公式交渉を並行して行い、さらに李鴻章と面会して難局を打開するものであった。また、各国公使との連携を強化することにより、交渉を日本に有利に導く意図があった。

総理衙門との交渉

まず総理衙門との交渉について見ていきたい。

江華島事件をめぐる日清公式交渉は一月一〇日総理衙門で開始した。日本側は森のほか、鄭が出席し、清側は沈桂芬、毛昶煕吏部尚書、周家楣総辨などが臨んだ。[*122] 一月二〇日、森は交渉経過を寺島に報告した。それによれば、この談判において、清側が「朝鮮ノ地ハ清国ノ所領ニ非ス、故ニ彼国ノ内政ニ干預スル事能ハス、亦其外交ノ事ニ至テモ、彼ノ自主スルニ任スト明ニ言ヲ発」したことから、森は「其ノ所謂属国ノ実更ニ見ル可キ者無シ」と言えるとし、その上万国公法に基づき、内政外交の権利を持つ国を独立国として認めるべきことで、今後日朝間に係わる事件については、「清国政府ヲシテ片言モ容ル、事能ハサラシムル」と主張し、これをもって「両国所属邦土不相侵越」との清側の異議を取り消すことができると記している。[*123]

一月一八日（光緒元年一二月二二日）、恭親王は照会で朝鮮が清の属国であるため、日清修好条規の「所属邦土不相侵越」を遵守するように日本側に求めた。[*124] これを受け、一月一九日、森から恭親王への照会では、「若シ自ラ其責ニ任スル能ハスト謂ハ、属国ト云フト雖トモ、徒ニ空名耳ミナレハ、則我国自ラ其理ヲ伸ヘサルヲ得ス、条規ニ於テ何ノ関係スル事有ラン哉[*125]」と反論した。日清双方とも一歩も譲らず、交渉は行き詰まった。

この状況を打開したのが後述するように李鴻章と森との会談であり、李の建議は総理衙門の対朝鮮政策に決定的な影響を与えた。交渉ルートの多元化が奏功した好例である。二月一二日（光緒二年正月一八日）総理衙門より森へ送った照会文では、朝鮮は清の属国であるため、

紓其難解其紛期其安全、中国之於朝鮮自任之事也[*126]（難を紓らぎ紛争を解決し、その安全を期することは、中国が朝鮮において自任の事と為す）

と伝えられた。恭親王は二月二四日（光緒二年正月三〇日）「総理各国事務衙門奏與日本使臣往来照会等件擬咨送禮部轉行朝鮮摺[*127]」を上奏し、認められた。礼部は日本の節略書を朝鮮に示し自ら解決することを求めたとはいえ、結局朝鮮に圧力をかけたことになったのである。

総理衙門などの要人との非公式交渉

森は、総理衙門などの政府要人との交流を利用して、非公式交渉も頻繁に行った。

一八七六年一月一一日、森は鄭書記官を総署へ遣わし、周家楣に朝鮮への使節派遣を打診した。その目的は清の使節により朝鮮側に日本の辨理大臣を歓待させて日朝交渉を前進させることであった。[*128] 同日、大学士宝鋆、成林、夏家鎬三名が公使館を来訪した機会を利用して、森は清側に対し、朝鮮に至るべき総理衙門の護照を発給できないかと打診した。公使館として朝鮮に派遣されている黒田清隆特命全権辨理大臣などの日本の使節と連携を図ろうと考えていたため、それを実現するために必要な護照を清から確保しようとしたのである。また、保定まで李鴻章へ挨拶に行くことへの同意も求めた。[*129]

一三日、総理衙門から書翰による回答が送られてきたが、朝鮮に至る護照についてはまだ発給したことがないという理由で拒否され、李鴻章との面会も謝意を伝えるとの回答があった。[*130] 同日に、森は再度書翰を総理衙門に送り、李鴻章への面会と朝鮮に至る護照の発給を求めた結果、[*131] 李との面会だけが実現したのである。

その後、二月七日鄭は総署において周家楣と面談し、日本の節略書がすでに朝鮮国王に伝達されたという情報を入手した。[*132] 二月一七日森は寺島に対し、清より朝鮮への通告が日本にとって実利を得るものであると報告した。[*133]

このような非公式交渉は、清の内情を掌握し重要な情報を得たものであるとして、朝鮮問題の解決において重要な役割を果したものと考えられる。

李鴻章との交渉

森は李鴻章と面会し、行き詰まった交渉の打開を図ろうと試みた。そのきっかけは、李が一八七六年一月九日（光緒元年一二月一三日）総理衙門に対し、森の訪問に、「自応以礼接見、断無拒絶之理」[*134]（礼儀を以て接見すべきで、断じて拒絶する理由はなし）と上奏したことであった。

森は李と面識はなかったが、総理衙門を経て何度も李に面会を要請した。その理由は、陸路で北京到着までに李の世話を受けたことに感謝の意を表したいことと、伊達と大久保から李への伝言を預かっていることが挙げられているが、特に「山斗ヲ仰クノ思ヒ渇スル如クナル」[*135]という森の思いが李に届いたと言えるであろう。

会談は李の私邸がある保定で行われた。一月二〇日、李は保定から使者を派遣し、森を公使館まで迎えに来た。[*136]森は保定まで向かい、一月二四日と二五日の二回にわたって李鴻章と会談した。両者がプライベートな関係にあることを演出した会談であったことは容易に推察される。

一月二四日、李は晩餐会を兼ねて、森と午後三時から夜一〇時まで会談を行った。[*137]李は日本船が公法上禁止されている三英里以内の所に進入したうえ朝鮮の城地を攻略したこと、今また使節を派遣する紛議を引き起こしたことなど、日本側の行動を強く非難した。日本の朝鮮侵略を警戒する李に対し、森は日本が朝鮮に求めることはただ二点であること、すなわち「其一朝鮮ヨリ我国威相当ノ礼ヲ尽サン事ヲ要シ、其二朝鮮海ニテ我船人救護ノタメ必須ノ方法ヲ尽サン事ヲ要ス」と述べた。[*138]

会談が大きな成果を挙げたことは周知のとおりである。李は「朝鮮ノ事ニ就テハ、拙者急ニ一書ヲ総理衙門ニ致サン、嚮キニ我政府貴翰ニ答フル書中ニ条約中和親ノ条款、即チ双方互ニ領地ヲ侵ス事ヲ禁スル条款ヲ援引セシハ、我政府ニ於テ少シク軽忽ノ事ナリキ[*139]」と、森の主張を認めた。李は奏折において、友好裡に会談した、と記し、一八七六年一月二六日（光緒二年正月初一日）付で、再度総理衙門宛てに書翰を送った。すなわち、

或将奏請禮部轉行朝鮮一節作為収場、以示格外和好籍答来意、而略緩其逞強黷武之心、更於大局有益[*140]（或いは礼部に奏請して朝鮮に伝達させることを終結と見なし、これを以て好意を示し森来訪の趣旨に応えることになり、さらに武力を振るう日本の強硬姿勢を緩和することが大局的に有益である）

という見解を示したのであった。李はすでに一月一九日（光緒元年一二月二三日）同趣旨の建議書を上奏していたが、[*141]森との会談で改めてその方針を確認したのである。その後、李は自ら森を答礼訪問し、両者の個人的に親密な関係が確認された。李との会談は成功裡に終わったのである。[*142]

各国公使との連携

森は、北京に常駐することによって、各国駐清公使との交渉の機会を設けることができた。赴任前に森が提出した対清外交意見再論では、駐清公使として「英魯等ノ公使ニ説キ、我政府ニ左祖セシメ、清国ヲ援クルコト無ラシムヲ得ベシ」[*143]と、欧米各国の駐清公使を働きかけようとしていたのである。ただ、この点については、実際にはあまり機能したとは言い難かった。

北京に到着した翌日の一月五日、森はウェード英公使を訪問した。黒田辨理大臣を朝鮮に派遣する目的（江華島開港、朝鮮沿海測量、国書を受け取るという三つの要件）を示し、清が和親開国に応じるよう朝鮮を説得することに、英公使の協力を求めた。しかしウェードは清からの相談を待つとして、事実上日本からの要請を拒否した。[*144]一一日、駐日歴が長いブッフ露公使が来訪し、森と意見交換をしたが、[*145]露公使も消極的であった。

しかし、森は各国公使との交流を続けていた。三月九日、ウェードは在清日本公使館を来訪し、森が不在であったため後ほど書を寄せて、日朝の談判が平和的に解決したことを知らせた。同日、来訪した仏公使館の書記官から、日朝交渉が平和裡にまとまったとの電報を受けたことが告げられた。[*146]

三日後、森は上海からの公信を受け取り、外務省より日朝条規の締結が正式に伝えられた。森は直ちに総署へ書啓を発し、朝鮮問題の平和裡の解決を告知した。[*147]同日、森はイギリス公使館を訪ね、日朝交渉についてどうして速やかに達成できたか理解できない、とウェードに心境を語ったという。[*148]三月一三日、森は公使館への情報伝達が遅く、詳細内容が把握できないことに苛立ち、外務省に苦言を呈した。朝鮮問題解決の電報を一二日受け取ったが、その内容は九日にすでに英仏公使館に知らされたものであったのである。他国公使から条約内容に関する問い合わせに、承知しないとしか答えられないことは、公使として「実に体裁を失候事」であり、至急に詳細を送るように求めた。[*149] 一五日森は、ロシア・ドイツ両公使館を訪問し、朝鮮問題の解決を伝えたのである。[*150]

(4) 外交情報の収集と本省への伝達

在清公使館の重要な任務としては、清の情報を収集し、外務省へ伝達することである。

森は対清交渉に備え、情報収集を進めた。一八七五年一二月二四日『上海申報』は、「東洋公使抵華」という記事を掲載した。その内容は、

高麗王業経遣使来華、請中国調兵駐高、以為抵禦日師之計、是則日公使之来、殆即為此事歟[*151]（高麗の王が清に使節を派遣し、中国に高麗での駐兵を要請することで、日本の派兵に対抗しようとする。即ち日本の公使来訪もこの為であろう）

というものであり、赴清途中の芝罘で森が入手した、朝鮮が清に派兵を求めるという風説と一致している。森は申報の抄録を寺島に送ると同時に、現地で得た情報に基づき、一月一〇日総理衙門との会談でこの真相を確かめたが、沈桂芬はこの事実がないと明言した。[*152]

次いで一八七六年一月一七日、森は北京奏報[*153]の中から、台湾府による台湾出兵後の生蕃地域における施政措置という上諭文を寺島に送付した。上諭文では、前台湾欽差大臣沈葆楨などが上奏した四つの施政措置、すなわち、台湾蕃地に台北府及び庁県の統治を建立すること、南北路の知官を移すこと、並びに台湾兵営の制度を酌改すること、地方官吏の選抜を駐台巡撫の管理下に収めること、などが記載されている。この奏請は軍機大臣へ下命し、吏部兵部など

の長官との商議を経て批准され、施政の具体案として示されている。[*154] さらに二月一七日、森は北京奏報の中から、清国浙江省へ漂着した琉球民を福州府が救助し撫恤したことを知った。これは閩浙総督李鶴年らからの奏折に記されていた情報である。森はこの日本語訳を添え、寺島に「嗣後如此漂民船ハ該地我領事官ニ而取引致辨理候様、御処置相成度存候[*155]」と具申した。これに対し、寺島は漂流民の処置について、現段階において清国在留領事に伝達することは難しく、「御処分之場合に可立至、尚委細内務省へ御掛合ニ被及置候[*156]」と訓令した。

また森は、一月二〇日寺島に対し、不平等条約を念頭に日朝間の領事派遣について具申した。森は朝鮮が独立国であることを強調しながらも、「我派出ノ使節ニ善ク此ノ意ヲ領会セシメ、日本朝鮮対等ノ条約即チ互相京地ニ交際官ヲ駐劄セシムル約ノ類ハ一切掲ル事ナク、唯領事官ヲ京地及ヒ諸開港場ニ置ク等ノ事ノミヲ約スルヲ要トス[*157]」として、日朝対等条約すなわち相互に京地に外交官を駐在することを認めず、ただ京地と開港場に領事を駐在させることを提案した。この建言は後に締結された日朝修好条規に反映されたのである。

森は、一八七六年四月一五日帰朝の許可を得て、四月二〇日清を去り帰朝した。[*158] 四月一八日、森は総理衙門に対し鄭永寧を臨時代理公使にすることを通知した。[*159] 一一月一三日、森は在北京日本公使館に戻り駐清公使としての職務に復帰した。[*160] その後一時帰朝したこともあるが、一八七九（明治一二）年三月八日宍戸璣は駐清特命全権公使に任じられるまで、駐清公使として北京に駐在し続けたのである。[*161]

他方、清は一八七七年一〇月一九日、在清日本公使館に何如璋を駐日公使に任じることを通知した。[*162] 東京に着任する何公使は、一二月二八日国書捧呈のため天皇に謁見した。[*163] 赴任当初、何は芝山内の月界院を租借し、その後麹町区永田町二丁目の一邸を在東京清国公使館とした。[*164] これによって、初めて日清間の相互に公使を交換することになり、日清修好条規に規定されている公使館の設置と公使派遣は、ようやく実現されたのである。

5　大臣外交から公使館外交へ

日清修好条規のもとでの在清公使館の設置は、日本外交に手法の多様化をもたらした。公使館の設置によって、日本の外交スタイルは、従来の対清外交における大臣の派遣という手法から、公使の常駐という万国公法に依拠する外交スタイルへと変化した。

ただしこの機能は、日本外交における対清外交の位置づけによって大きく左右された。副島が日清修好条規の批准書を交換した一八七三年六月の時点で、外務省は清に公使館を設置し公使を派遣する必要はないと認識していた。しかし、一八七四年の台湾出兵を境に、日本の対清外交は大きな転換を迫られた。激変する東アジアの国際関係の中で、対清外交がより重要になってきたことは勿論、従来の重大事項を協議するための大臣派遣外交がもう対応できなくなり、より複雑な事態に備え、万国公法に基づく公使館の設置と公使の常駐が求められてきたのである。柳原の公使派遣と在清公使館の設置は、「大久保外交」を展開する上で重要な一環と見なされ、これまで政治的にあまり重要視されてこなかった対清外交を修正し、転換を図ったものとして位置付けるべきと考えられる。その後有事に対応できる在清公使館・領事館体制は、森が在清公使館の増員や在清各地領事館の増設を推し進めることによって確立されたのである。

在清公使館の開館にしたがい、基礎を固める柳原、過渡期に位置する鄭、そして森の常駐によって、公使館の機能をさらに強化し、在清公使館と領事館の体制が完成する段階に入ったと言えよう。森は公使館の管理面での規範化を図り、公使館官員の人員養成に力を入れると同時に、人事任免に関して建言し認められた。さらに各地領事館領事との連携を強化し、緊急案件に対応できる体制が整った。日本の外交戦略が駐清公使の情報と上申を通じて形成されたことも見落とすことができない。

また、公使館を置き公使を常駐させることによって、各国の駐清公使も公使館を訪問することを可能にし、公使との交流を深めた。森はウェード英公使をはじめ各国公使との交流を保っており、始終、自ら建議した外交意見再論に基づき、日本の立場を説明し、対清外交の連携を働きかけたのである。

清に公使が常駐することにより、公使は任地で把握した情報を通じて対清政策の決定に影響を与える一方、日本の外交戦略が駐清公使を通して展開させていく可能性が開けた。激変する東アジアの国際関係のもとで、転換期における日本の対清外交は、従来の大臣外交から、万国公法による公使館外交へと軸を移すこととなったのであり、その重要な意義は見落としてはならない。

注

＊1 外務省編纂『日本外交文書』第四巻（巌南堂、一九三八年）、一五三文書、二〇三〜二一〇頁。外務省編纂『日本外交文書』第六巻（巌南堂、一九三九年）、九九文書、二二四頁。

＊2 第二冊第八編「彼我公使館ノ設立」（『日清交際史提要』、外務省記録一―一―二、外務省外交史料館）一五三頁、一五五頁。

＊3 前掲「彼我公使館ノ設立」一五三頁、一五五頁。

＊4 JACAR（アジア歴史資料センター）Ref.A01000006200、太政類典・第二編・明治四年〜明治一〇年・第八四巻・外国交際二七・公使領事差遣二（国立公文書館）。

＊5 外務省外交史料館日本外交史辞典編纂委員会『日本外交史辞典』付録（山川出版社、一九九二年）七五頁。

＊6 「外務省職制章程御達案」（公文録・明治九年・第二三四巻・明治八年一一月〜九年五月・改正職制章程二、国立公文書館）。

＊7 小風秀雅「法権と外交条約の相互関係―不平等条約体制下における日露間の領事裁判権問題と樺太千島交換条約の締結―」（貴志俊彦編『近代アジアの自画像と他者―地域社会と「外国人」問題―』御茶の水書房、二〇一一年）を参照。

＊8 関連する先行研究としては、角山栄編『日本領事報告の研究』（同文舘出版株式会社、一九八六年）、曹大臣『近代日本在華領事

制度―以華中地区為中心』（社会科学文献出版社、二〇〇九年）など数少ないものである。

*9 日清修好条規については、田保橋潔「日支新関係の成立―幕末維新期に於ける（一）（二）」（『史学雑誌』四四編二号三号、一九三三年）、王璽『李鴻章與中日訂約（一八七一）』（中央研究院近代史研究所、一九八一年）、藤村道生「日清修好条規の成立―日清同格の達成―」（藤村道生『日清戦争前後のアジア政策』岩波書店、一九九五年）、伊藤一彦「近代における東アジア3国関係の再構築―日清修好条規締結交渉を中心に―」（『宇都宮大学国際学部研究論集』創刊号、一九九六年三月）、森田吉彦「幕末維新期の対清政策と日清修好条規―日本・中華帝国・西洋国際社会の三角関係と東アジア秩序の二重性、一八六二～一八七一年―」（『国際政治』一三九号、二〇〇四年一一月）、同「日清関係の転換と日清修好条規」（岡本隆司・川島真編『中国近代外交の胎動』東京大学出版会、二〇〇九年）など多数。

*10 台湾出兵については、許世楷「台湾事件（一八七一―一八七四年）」（『国際政治』六四―二、一九六五年）、安岡昭男「台湾出兵―征蕃と対清開戦準備―」（『軍事史学』第一〇巻一、二合併号、一九七四年六月）、栗原純「台湾事件（一八七一―一八七四年）―琉球政策の転換としての台湾出兵―」（『史学雑誌』八七―九、一九七八年九月）、家近良樹「『台湾出兵』方針の転換と長州派の反対運動」（『史学雑誌』九二―一一、一九八三年一一月）、毛利敏彦『台湾出兵』（中央公論社、一九九六年）、同「台湾出兵の歴史的意味」（毛利敏彦『明治維新政治外交史研究』吉川弘文館、二〇〇二年）など。

*11 柳原前光については、長井純市「日清修好条規締結交渉と柳原前光」（『日本歴史』四七五号、一九八七年一二月）、同「柳原前光と明治国家形成」（福地惇・佐々木隆編『明治日本の政治家群像』吉川弘文館、一九九四年）、野口真広「明治七年台湾出兵の出兵名義について―柳原前光全権公使の交渉を中心にして―」（『ソシオサイエンス』VOL11、二〇〇五年三月）、李啓彰「日清修好条規成立過程の再検討―明治五年柳原前光の清国派遣問題を中心に―」（『史学雑誌』一一五―七、二〇〇六年）など。森有礼については、田保橋潔『近代日鮮関係の研究・上』（朝鮮総督府中枢院、一九四〇年三月、文化資料調査会復刻、一九六三年）、彭沢周『明治初期日韓清関係の研究』（塙書房、一九六九年）、犬塚孝明『森有礼』（吉川弘文館、一九八六年）、安岡昭男「外交家としての森有礼」（安岡昭男『明治前期大陸政策史の研究』法政大学出版局、一九九八年）、長谷川精一「森有礼の外交論」（長谷川精一『森有礼における国民的主体の創出』思文閣、二〇〇七年）など。

*12 前注の森についての先行研究を参照。

*13 唐通事の研究としては、許海華「幕末の唐通事から明治時代の外交官へ―鄭永寧をめぐって―」（松浦章編『東アジアにおける文化情報の発信と受容』雄松堂出版、二〇一〇年）が挙げられている。

＊14　外務省編纂『日本外交文書』第三巻（巌南堂、一九三八年）、一〇八文書、一八三頁。
＊15　前掲『日本外交文書』第三巻、一三五文書、二二五頁。
＊16　前掲『日本外交文書』第四巻、一五〇文書、一八〇～一八一頁。一五三文書、二〇三～二二一頁。
＊17　前掲『日本外交文書』第四巻、一五四文書、二三四頁。
＊18　外務省編纂『日本外交文書』第五巻（巌南堂、一九三八年）、一〇四文書、二四四頁。
＊19　JACAR（アジア歴史資料センター）Ref.A01000001200、太政類典・第二編・明治四年～明治一〇年・第八五巻・外国交際二八・公使領事差遣三（国立公文書館）。
＊20　同前。
＊21　内閣記録局編『法規分類大全』第一編二四外交門三（内閣記録局、一八九〇年）四〇九頁。
＊22　前掲『日本外交文書』第六巻、七四文書、一二一頁。
＊23　前掲『日本外交文書』第六巻、七七文書、一二三頁。
＊24　前掲「彼我公使館ノ設立」一五二頁。
＊25　前掲『日本外交文書』第六巻、七文書、四～五頁。
＊26　前掲『日本外交文書』第六巻、八文書、五頁。
＊27　前掲「彼我公使館ノ設立」一五三頁。
＊28　『大久保利通日記』下巻（日本史籍協会、一九二七年）二三三～二三六頁。
＊29　外務省編纂『日本外交文書』第七巻（巌南堂、一九三九年）、一文書、一～二頁。
＊30　JACAR（アジア歴史資料センター）Ref.A01000005100、太政類典・第二編・明治四年～明治一〇年・第八四巻・外国交際二七・公使領事差遣二（国立公文書館）。前掲「彼我公使館ノ設立」一五三頁、一五五頁。
＊31　『大久保利通文書』第五（日本史籍協会、一九二九年）三四七～三四八頁。
＊32　前掲「彼我公使館ノ設立」一五三頁、一五五頁。
＊33　JACAR（アジア歴史資料センター）Ref.A01000005400、太政類典・第二編・明治四年～明治一〇年・第八四巻・外国交際二七・公使領事差遣二（国立公文書館）。
＊34　JACAR（アジア歴史資料センター）Ref.A01000006300、太政類典・第二編・明治四年～明治一〇年・第八四巻・外国交際二七・

公使領事差遣二（国立公文書館）。

*35 ACAR（アジア歴史資料センター）Ref.A01100050900、公文録・明治七年・第二二巻・明治七年三月・外務省伺（国立公文書館）。

*36 JACAR（アジア歴史資料センター）Ref.A01000043900、太政類典・第二編・明治四年～明治一〇年・第二九五巻・理財一五・官省院使経費金二（国立公文書館）。

*37 前掲『日本外交文書』第七巻、六文書、一六～一七頁。

*38 前掲『日本外交文書』第七巻、七文書、一七～一八頁。

*39 前掲『日本外交文書』第七巻、九文書、一八～一九頁。

*40 前掲『日本外交文書』第七巻、一〇文書、一九頁。

*41 前掲『日本外交文書』第七巻、一三文書、二一～二二頁。

*42 前掲『日本外交文書』第七巻、二四文書、三五～三七頁。

*43 前掲「彼我公使館ノ設立」一五三頁。

*44 「処蕃趣旨書」（明治文化研究会『明治文化全集』第一一巻、外交篇、日本評論社、一九六八年）一五六頁。

*45 前掲『日本外交文書』第七巻、七〇文書、一〇四～一〇七頁、七四文書、一一二～一一三頁。

*46 前掲『日本外交文書』第七巻、八七文書、一四四～一四七頁。

*47 前掲『日本外交文書』第七巻、九六文書、一五七～一五九頁。

*48 「論接待東使柳原」、『李文忠公譯署函稿』二〇巻、巻二（李鴻章撰、呉汝綸輯『李文忠公全集』、金陵刊、一九〇八年）。

*49 同前。

*50 『籌辦夷務始末』同治巻九六（〔清〕文慶・賈楨・宝鋆等纂輯「籌辦夷務始末二六〇巻」『続修四庫全書』上海古籍出版社）二一七頁。

*51 「述柳原辨難」「與東使柳原前光鄭永寧問答節略」、前掲『李文忠公譯署函稿』二〇巻、巻二。

*52 「論柳原入京」、前掲『李文忠公譯署函稿』二〇巻、巻二。

*53 前掲「彼我公使館ノ設立」一五三頁。

*54 前掲『日本外交文書』第七巻、一〇七文書、一七四～一七五頁。

*55 前掲『日本外交文書』第七巻、一二一文書、一九三～一九四頁。

*56 前掲『日本外交文書』第七巻、一二四文書、一九六～一九七頁。

＊57　前掲『日本外交文書』第七巻、一一五文書、一八七頁。
＊58　前掲『日本外交文書』第七巻、一〇四文書、一七一～一七二頁。
＊59　前掲『籌辦夷務始末』同治巻九六、三一頁。前掲『籌辦夷務始末』同治巻九七、六五頁。
＊60　前掲『日本外交文書』第七巻、一一六文書、一八七～一八八頁。
＊61　前掲『日本外交文書』第七巻、一八六文書、三一六～三一七頁。
＊62　「副島大使適清概略」（明治文化研究会『明治文化全集』第一一巻、外交篇、日本評論社、一九六八年）七二～七四頁。
＊63　JACAR（アジア歴史資料センター）Ref.A01000001000、太政類典・第二編・明治四年～明治一〇年・第八五巻・外国交際二八・公使領事差遣三（国立公文書館）。
＊64　JACAR（アジア歴史資料センター）Ref.A01000006200、太政類典・第二編・明治四年～明治一〇年・第八四巻・外国交際二七・公使領事差遣二（国立公文書館）。
＊65　JACAR（アジア歴史資料センター）Ref.A03031125800、単行書・処蕃提要・第三巻（国立公文書館）。
＊66　JACAR（アジア歴史資料センター）Ref.A01000044000、太政類典・第二編・明治四年～明治一〇年・第二九五巻・理財一五・官省院使経費金二（国立公文書館）。
＊67　前掲「彼我公使館ノ設立」一五四頁。
＊68　外務省編纂『日本外交文書』第八巻（巌南堂、一九四〇年）、一三五文書、二九八頁。
＊69　前掲『日本外交文書』第八巻、一三四文書、二九六頁。
＊70　前掲『日本外交文書』第八巻、一三五文書、三〇三頁。
＊71　前掲『日本外交文書』第八巻、一三五文書、三〇四～三〇五頁。
＊72　前掲『日本外交文書』第八巻、一三五文書、三〇五頁。
＊73　前掲『日本外交文書』第八巻、一三五文書、三〇五～三〇六頁。
＊74　前掲『日本外交文書』第八巻、一三五文書、三〇八頁。
＊75　前掲『日本外交文書』第八巻、一三五文書、三〇六～三〇八頁。
＊76　前掲『日本外交文書』第八巻、一三六文書、三〇九頁。
＊77　前掲『日本外交文書』第八巻、一三八文書、三一三頁。

＊78　前掲『日本外交文書』第八巻、一三八文書、三一九頁。
＊79　前掲『日本外交文書』第八巻、一三八文書、三一二頁。
＊80　前掲『日本外交文書』第八巻、一四一文書、三三五〜三三六頁。
＊81　前掲『日本外交文書』第八巻、五二文書、一二一〜一二三頁、五七文書、一二九〜一三三頁。
＊82　前掲『日本外交文書』第八巻、五九文書、一三七頁。
＊83　前掲『日本外交文書』第八巻、六〇文書、一三七〜一三八頁。
＊84　前掲『日本外交文書』第八巻、五九文書、一三七頁。
＊85　前掲『日本外交文書』第八巻、五四文書、一二四〜一二五頁。
＊86　前掲『近代日鮮関係の研究・上』五一五〜五一六頁。
＊87　大久保利謙監修『新修森有礼全集』第一巻（文泉堂書店、一九九七年）一六一〜一六八頁。
＊88　前掲『近代日鮮関係の研究・上』五一六頁。
＊89　「森公使の対清交渉意見（明治八年一一月一四日）」、前掲『新修森有礼全集』第一巻、一七三〜一七四頁。
＊90　「森公使の対清交渉意見再論（明治八年一一月一八日）、前掲『新修森有礼全集』第一巻、一七五頁。
＊91　前掲『日本外交文書』第八巻、六一文書、一三九頁。
＊92　前掲『近代日鮮関係の研究・上』五一九〜五二〇頁。
＊93　JACAR（アジア歴史資料センター）Ref.A01100136000、公文録・明治九年・第一六巻・明治九年一月・外務省伺（一）（国立公文書館）。
＊94　JACAR（アジア歴史資料センター）Ref.A01100151600、公文録・明治九年・第一七七巻・明治九年九月・大蔵省伺（二）（国立公文書館）。
＊95　「使清日記」（『新修森有礼全集』第一巻、文泉堂書店、一九九七年）二〇〇〜二〇一頁。
＊96　JACAR（アジア歴史資料センター）Ref.A01000005900、太政類典・第二編・明治四年〜明治一〇年・第八四巻・外国交際二七・公使領事差遣二（国立公文書館）。
＊97　前掲「使清日記」二〇八〜二〇九頁。
＊98　前掲「使清日記」二一〇頁。

＊99　前掲「使清日記」三一五頁。
＊100　前掲「使清日記」二〇八～二〇九頁。
＊101　同文館は一八六二（同治元）年、恭親王奕訢、李鴻章と曽国藩の上奏によって北京に設立され、総理衙門に附属した外国語学校である。同文館は外国語ができる人材を育成することを目的とする洋務学堂であると同時に、翻訳出版の事業も展開されていた。一八六九年からアメリカ宣教師マーティン（丁韙良）が総教習に就任し、そのもとで教育課程が整った。一九〇二年北京大学の前身、京師大学堂に併合された。
＊102　前掲「使清日記」三一八～三一九頁。
＊103　前掲「使清日記」二一一頁。
＊104　JACAR（アジア歴史資料センター）Ref.A03030955000、単行書・処蕃類纂・雑件（国立公文書館）。
＊105　JACAR（アジア歴史資料センター）Ref.A01000006400、太政類典・第二編・明治四年～明治一〇年・第八四巻・外国交際二七・公使領事差遣二（国立公文書館）。
＊106　前掲「使清日記」一九一頁。
＊107　前掲「使清日記」二八〇頁。
＊108　JACAR（アジア歴史資料センター）Ref.A01100135800、公文録・明治九年・第一六巻・明治九年一月・外務省伺（一）（国立公文書館）。
＊109　同前。
＊110　外務省編纂『日本外交文書』第九巻（巌南堂、一九四〇年）、四三文書、一六七～一六八頁。
＊111　前掲『法規分類大全』第一編二四外交門三、四二〇頁。
＊112　前掲『法規分類大全』第一編二四外交門三、四一八～四一九頁。
＊113　前掲『法規分類大全』第一編二四外交門三、四一八頁。
＊114　前掲『法規分類大全』第一編二四外交門三、四二〇～四二一頁。
＊115　前掲「使清日記」三一一頁。
＊116　前掲「使清日記」三一二頁。
＊117　前掲『法規分類大全』第一編二四外交門三、四二〇頁。

＊118 JACAR（アジア歴史資料センター）Ref.A07090011000、単行書・官符原案・原本・第一一（国立公文書館）。

＊119 前掲「使清日記」二〇七頁。JACAR（アジア歴史資料センター）Ref. A01000006600、太政類典・第二編・明治四年〜明治一〇年・第八四巻・外国交際二七・公使領事差遣二（国立公文書館）。

＊120 前掲「使清日記」二〇七〜二〇八頁。

＊121 「彙覆三事」、前掲『李文忠公譯署函稿』二〇巻、巻四。

＊122 前掲『日本外交文書』第九巻、三九文書、一四二〜一六二頁。

＊123 前掲『日本外交文書』第九巻、四一文書、一六三〜一六四頁。

＊124 前掲『日本外交文書』第九巻、四二文書、附属書一、一六六〜一六七頁。

＊125 前掲『日本外交文書』第九巻、四二文書、附属書二、一六七頁。

＊126 前掲『日本外交文書』第九巻、四七文書、一八四頁。

＊127 「総理各国事務衙門奏與日本使臣往来照会等件擬咨送禮部轉行朝鮮摺」巻一（二）（北平故宮博物院編『清光緒朝中日交渉史料』巻一、文海出版社、一九六三年）三〜四頁。

＊128 前掲『日本外交文書』第九巻、三八文書、一四一頁。

＊129 前掲『日本外交文書』第九巻、三八文書、一四一〜一四二頁。

＊130 前掲「使清日記」二〇四頁。

＊131 前掲「使清日記」二〇四〜二〇六頁。

＊132 前掲『日本外交文書』第九巻、四六文書、一八〇〜一八一頁。

＊133 前掲『日本外交文書』第九巻、四七文書、一八三頁。

＊134 「論日本派使入朝鮮」、前掲『李文忠公譯署函稿』二〇巻、巻四。

＊135 前掲「使清日記」二〇四〜二〇六頁。

＊136 「述迎候森使」、前掲『李文忠公譯署函稿』二〇巻、巻四。

＊137 「述森使議朝鮮事」、前掲『李文忠公譯署函稿』二〇巻、巻四。

＊138 前掲『日本外交文書』第九巻、四五文書、一六九〜一八〇頁。

＊139 前掲『日本外交文書』第九巻、四五文書、一七六頁。

＊140 「述森使議朝鮮事」、前掲『李文忠公譯署函稿』二〇巻、巻四。
＊141 「論日本派使入朝鮮」、前掲『李文忠公譯署函稿』二〇巻、巻四。
＊142 「述森使議朝鮮事」、前掲『李文忠公譯署函稿』二〇巻、巻四。
＊143 「森公使の対清交渉意見再論（明治八年一一月一八日）、前掲『新修森有礼全集』第一巻、一七五頁。
＊144 前掲『日本外交文書』第九巻、三七文書、一四〇〜一四一頁。
＊145 前掲『日本外交文書』第九巻、四〇文書、一六二頁。
＊146 前掲「使清日記」二八六〜二八七頁。
＊147 前掲「使清日記」二八七〜二八八頁。
＊148 前掲、犬塚孝明『森有礼』一九七頁。
＊149 前掲「使清日記」二八九頁。
＊150 前掲「使清日記」二八八頁。
＊151 前掲『日本外交文書』第九巻、三八文書、一四二頁。
＊152 前掲『日本外交文書』第九巻、三八文書、一四二頁。三九文書、一四六頁。
＊153 北京奏報とは、清朝民間報房は印刷し発行されたもので、皇帝の諭旨、大臣の奏折などを掲載されている。掲載内容については、主に北京東華門に清朝廷が設置した抄写房で毎日発表されるものを、報房に派遣された人が書き写したものである。
＊154 前掲「使清日記」二一八〜二一九頁。
＊155 前掲「使清日記」二七五〜二七八頁。
＊156 前掲「使清日記」三一五頁。
＊157 前掲『日本外交文書』第九巻、四一文書、一六四頁。
＊158 前掲「使清日記」三一五頁。
＊159 前掲「使清日記」三二〇頁。
＊160 前掲「彼我公使館ノ設立」一五六頁。
＊161 前掲『日本外交史辞典』付録、七五頁。前掲「彼我公使館ノ設立」一五六頁。
＊162 前掲「彼我公使館ノ設立」一五九頁。

＊163 前掲『法規分類大全』第一編二四外交門三、一六七〜一六八頁。
＊164 前掲「彼我公使館ノ設立」一五七頁。

六　西徳二郎と近代日本——外交を中心に——

千葉　功

1　はじめに——駐露公使になるまで——

西徳二郎（一八四七—一九一二年）は現在では忘れられた存在である。覚えられているとしても、せいぜい西・ローゼン協定の締結者としてか、「バロン西」西竹一の父親としてぐらいであろう。しかし、現在忘れられていることと、同時代的に重要性がないこととは、もちろんイコールではない。

西の死去（一九一二年）に際し、「多年蘊蓄の露国通」（小牧昌業）、「一生を通じて外交一点張の人」「頗る露西亜通」（牧野伸顕）、「黒田清隆伯には、能く用ゐられた」（林董）、「当代無比の露国通」（石井菊次郎）などと評された。[*1]西は一八四〇年代後半に雄藩のうち薩摩藩で生まれ、明治初期にヨーロッパへ留学、以後長期間在留することで近代的知識を獲得し、それと藩閥的後ろ盾を背景として日清戦後に大臣を務めた。その意味で、著者がかつて研究した桂太郎と似た軌跡をたどった人物である。

そのような西であるが、桂と違って従来ほとんど研究されて来なかったのは、一九〇〇年に西の政治的庇護者である黒田清隆が死去したこともあって政治的に失速した（駐華公使を終えて帰国した一九〇一年以降は、同年末に枢密顧問官という閑職に任命されるにとどまった）ことにより重要性が閑却されがちであるうえ、西関係の一次史料の残存状況が事故や戦災等もあって悪いことも関係しているように思われる。

西関係の一次史料としては、西宛ての書翰八三点と書類一一点の計九四点が、「西徳二郎関係文書」として国立国会図書館憲政資料室に所蔵されている。点数は少ないながら、内容的には重要な史料群である。それにもかかわらず、従来この史料群はほとんど利用されて来なかった。唯一、「西徳二郎関係文書」を本格的に用いた先行研究は、佐々木隆「黒田清隆の対外認識――西外相期を中心に――」に尽きると思われる。[*2] ただし、佐々木論文は、「西徳二郎関係文書」のうち黒田の西宛て書翰を使用して、黒田を中心に西・榎本武揚からなるロシア通の黒田系・黒田派の対外認識を、主に西外相期を中心に分析したものであるので、本章の問題関心と完全に重なるものではない。

ちなみに、西には『男爵西徳二郎伝』という伝記があるが、伝記内で使用されている一次史料はごくわずかであり、伝記を利用するメリットはあまりないといえよう。

よって、本章では「西徳二郎関係文書」を活用し、さらに他の関係文書内にある西関係の史料をも参照することによって、一次史料から西の歩みを最大限に復元してみたい。西は、日本がペリー来航によって西洋国際社会に編入された幕末に生を享け、明治時代を生きた人物である（西の死は明治天皇の死去の直前である）。西の歩みを見ることは、同時代の日本人がグローバリズムという趨勢に対して見せた反応の一つを教えてくれるであろう。

西徳二郎は、弘化四（一八四七）年七月二五日、薩摩国鹿児島城下の新屋敷町に、父西藤左衛門と母加納ヒロの間の二男として生まれた。西が数えで七〜八歳のときペリーやプチャーチンの来航があったので、ある日隣家の子供が遊びに来て「只今、アメリカ、イギリス、ヲロシヤ抔ト云フ外国人カ江戸ニ来リ、軍サカ始マルソウナ。此外国ハ何レモ日本ヨリモ大キク、殊ニヲロシヤハ最モ大国ニテ、之レヲ馬ニ例フレハ、ヲロシヤハ体ニテ日本ハ目ナリ。此数大国ヲ引受ケテ軍サヲ為ネバナラヌ。負レハ国ハ奪ハレテ仕舞フ」と言われたうえで、外国兵の錦絵を見せられた西は、「余之ヲ聞キテ残念ニ思ヒ、非常ノ感ヲ起シテ、其夜ハ長ク眠ルコトモ出来サリシ」という。[*3]

郷中教育を受けた後、一三歳からは造士館へ通うなど、他の薩摩少年と同じく伝統的な教育を受けた西も、文久二（一八六二）年の生麦事件で西洋調練が本格化すると、成田正之という砲術家のもとへ通って砲術と操兵術を修得することになる。

翌文久三年の薩英戦争では、西も大門口砲台で奮戦する。戦闘開始初日（七月二日）の夜、西は砲台内で「吾斯ル砲力強弱ノ懸隔アリテハ砲戦ハ無益ナリ、今ヨリ有ル丈ケノ和船ヲ連結シテ火攻メニ掛ルヘシ」と主張するなど、血気にはやるなかに冷静な一面もあった。結局イギリス艦隊は引き上げて、戦闘は終わった。谷山街道の海岸に、水腫れのため目も当てられないほどのイギリス人の死体が四〜五体打ち上がったのを見た西は、さすがにゾットしたという。

薩英戦争の結果、藩内一般の思想もやや変化して、武器は精英の銃砲でなければ戦闘に間に合わないし、攘夷は全国一致の協力がなければ不可能との感覚が生じて、英語学習や新器械製造が流行したという。その結果、薩摩藩はイギリスへ留学生を派遣することになる。西も彼ら留学生を見送る道すがら議論したが、「余ハ前途猶遠シ。既ニ報国ノ時期眼前ニ迫リ居ルコトユヘ、相応臣子ノ分ヲ尽シ、然ル後外国行モ遅シトセサル意見ヲ持シテ相分レタリ」。

その後、慶応二（一八六七）年末に一橋慶喜が将軍に就任した後、倒幕の勢いが増し、政体の変革が免れない勢いになると、西は「余モ報効ヲ図ルノ時至レリト為シ」、「令義解」や「職原鈔」などを調べて、「時勢ノ趨ク所ニ従テ、将軍制度ヲ廃シ、天子親政ノ下ニ統一ヲ計ルヘシ」といった趣旨の意見書「復古論」を起草した。しかし、先輩らからは書生論ないし一決戦後の考案であると冷評されたため、西も筆を投じて上京することに決した。

この後、西は戊辰戦争のうち北越戦争に従軍する。戦後、鹿児島に凱旋した西は、明治二（一八六九）年二月に薩摩藩内の陸軍改革が行われた際に造士館へ戻り、さらに四月には藩政府から東京への遊学の許可を得て、東京に着くやただちに外国語を修めるため開成学校（のち大学南校）へ入った。

その頃、日本の暗黙の勢力範囲であった樺太（サハリン島）南部にもロシア人勢力が浸透、紛争が発生するようになった。明治二年六月、ロシア兵が日本側の本拠地クシュンコタン（楠渓）と丘一つ隔てたハッコトマリ（函泊）を占領、兵営や陣地を構築し始めた。このように、樺太問題で物情騒然とし、世上「北門鎖鑰論」が唱えられるなか、西は対露問題の解決は親しくロシアに赴いて、同国の事情を研究した後に行わなければならないと考え、「入露説」という文章を黒田清隆（明治三年五月、開拓次官に就任）経由で参議大久保利通に提出した。大久保は西の志を壮として、明治三年六月四日、外務省属小野寺魯一とともに西をロシアへ派遣する命令を下した。大久保は樺太出張を命じられた黒田の送別宴に西も同時に招待し[*4]、また西にせがまれて揮毫と餞別の短刀一振を贈っている[*5]。

七月付で外務省から西へ出された辞令[*6]では、官禄はオリエンタルバンクのサンクト・ペテルブルグ支店を経由して送られることになっていた。一二月にロシアに到着した西は、サンクト・ペテルブルグ大学法政科に入学した。

岩倉遣欧米使節団の副使としてパリ滞在中の大久保は、一八七三年一月、ロシア留学中の西へ書翰[*7]を送って、ロシアの政体規則（特に内務・大蔵の事務章程）や地方官規則の取調べと翻訳を依頼している。なぜなら、英米仏は日本よりも「開化登ること数層にして及はさること万々なり」と考える大久保は、特にプロイセンやロシアに注目するからである。ちなみに、大久保は、パリ・コミューン鎮圧直後大統領に就任したアドルフ・ティエール（Louis

Adolphe Thiers）を「断然不撓圧政いたし居、さすか豪傑と相見得」と高く評価している。このロシア政体取調は、大久保が急遽留守政府から帰国を命じられてもくれぐれも気張るよう、大久保は西に念を押している。[8]

この西のロシア政体取調書は、大久保に続いて帰国した木戸孝允に託され、大久保は無事受け取っている。この後、朝鮮問題、すなわち征韓論が樺太問題と絡み合いつつ生じるが、大久保は後者を先決として征韓論を退けた。征韓論政変直後の一二月九日、大久保は同年二月七日に新設されていた在露公使館に赴任する花房義質（代理公使）に西への書翰[9]を託した。同書翰で大久保は、樺太問題について「判然たる処分無御坐候而は、中々全国人心折合付兼候場合に御坐候」として、ロシア事情の探索を西にしつこく求めている。

『西伝』は、樺太放棄という日本政府の方針に対して、「西氏は反対の意見を有し、屢々献言する所あつたが、既に廟議にて決したる以上は、已むを得ざれば、成るべく我に有利なるべく、榎本〔武揚駐露公使〕の談判を援助し、露国官憲の間に運動した」[10]というが、この樺太放棄に反対するための献言が「愚案」[11]と推測される。

「愚案」は、日本の樺太南北半割論に対して、ロシアが樺太全島の領有権を主張して応じないことへの再反駁の論法を、何重にもわたって展開している。西は黒田の主張するような樺太放棄論が最も拙策であるのは、樺太南部に日本の「支配之印シ、又は其実」があるからだとする。ただし、ロシアが樺太全得論を、日本が樺太半割論を唱えるのであれば交渉の難航が予想され、あとは仲裁裁判への付託か「力決」しかない。いずれにせよ、諸賢〔日本政府の高官のことか〕の意見が樺太放棄論にあるのであれば、その代償として「此島〔樺太〕ニ応ずる丈ケ之地面を高麗彊ひ之内地え就き、海に沿て画取之論」を西は提唱する。樺太放棄の代償を朝鮮に求める発想は、樺太放棄の代償として日本の征韓時のロシアの中立保証を求めた副島種臣（前外務卿）の考えと通底する発想であろう。

西は、サンクト・ペテルブルグ大学卒業後、短期間新聞社に勤めたあとの一八七六年三月、在仏公使館二等書記生に任じられた。ロシアはフランスの影響が強いので、西も六年間のロシア滞在中ロシア語だけでなく、フランス語も勉強していた。それでも西は、いま二年の修業を経れば一通りのことはできるとの覚悟で、さらに語学の勉強に励んでいる。[*12]

フランスで一等書記生に進級したあと、一八七八年二月に在露公使館二等書記官に転じて、ふたたびサンクト・ペテルブルグに戻った。母に会いたくて帰郷の念の強かった西も、同年六月に母が死去し、サンクト・ペテルブルグの「ヂプロマチー連中」との交際も深まるにつれて、今しばらくは留まりたい気分になっていた。[*13]

この時期に作成したと推測されるのが「国制」[*14]である。これは、ロシアの各政治機関それぞれの歴史的沿革にさかのぼりつつ、業務内容等を詳述したものである。例えば、ピョートル一世が設置し、通常は「元老院」と訳されるセナートを西は「大理官」と訳すが、なぜなら「魯国ノ「セナート」ハ、議長行政ヲ半バシ、更ニ裁判ノ事ヲ司トル。故ニ欧州列国ノ「セナート」ト同日ニ語ルヲ得ズ。乃チ大理官《セナート》ト訳セリ」という。

西は一八八〇年に帰朝を許されるが、その帰朝ルートとして中央アジア・シベリア・モンゴルを横断することを企てた。その理由として『西伝』は「斯うした外交問題の研究題材としては、頗る興味ある地方であり、而も間接には、我が日本の国際関係にも、多少の影響がないではないので、該地方の踏査視察は、外交官として最も必要の事と考へ」[*15]たからと推測するが、その推測は妥当なものであろう。西は同年の夏にサンクト・ペテルブルグを出発、翌一八八一年四月に東京へ到着した。

西は帰朝後の一八八一年六月、太政官権大書記官兼参謀本部御用掛となった。山県有朋（参謀本部長）の命令で、日本人としては最初の中央アジア探検に関する報告書を作成した。ただし、紀行文の体裁では「紀事頗ル駁雑ニ渉リ、之ヲ読ンテ其要領ヲ得難キヲ覚」ったため、地誌の体裁に改めたという。[*16] この報告書はのち、一八八六年に陸軍省から『中亜細亜紀事』と題して出版された。

西は、タルバガタイ条約などロシアと清の国境を取り決めた条約に関する情報を在清日本公使館へ問い合わせるなど、原稿提出のぎりぎりまで情報精度の向上に努めた。ちなみに、ロシアと清の国境問題はきわめてナイーブな問題であり、在露公使館の山本清堅が北京滞在中、精密な地図の借覧を在清ロシア公使館へ申し込んだところ、ロシア公使館は「清露疆界は模糊にいたし置く方露国の政略なりとの趣」を返答して拒絶したという。[*17]

『中亜細亜紀事』は単なる地誌ではなく、ピョートル一世以来のロシアの中央アジアへの侵略の歴史（「ロシヤ南侵略記」）や、中央アジアにおける英露関係・清露関係を詳述するなど、中央アジアの総合情報書とでもいうべき性格のものであった。西自身、三島通庸に献本する際、地理情報のところは別に面白いこともないが、「ロシヤ南侵略記」や英露・清露関係は参考になると述べている。[*18] ちなみに西は、同郷で宮内官僚たる吉井友実（宮内次官）を通じて、明治天皇への献上をも図った。[*19]

一八八二年六月、西は、ロシアのアレクサンドル三世の戴冠式に参列する有栖川宮熾仁親王への随行を命じられ、横浜を出発した。有栖川宮一行がフランス滞在中の八月二三日、憲法調査のためドイツ滞在中の伊藤博文（参議）は、使いとして西園寺公望（参事院議官補）を派遣して、西のロシアへの先発を有栖川宮に言上し、許可が得られた。伊藤が西の先発を主張したのは、一ヵ月前の七月二三日に朝鮮で勃発した壬午軍乱につき、「魯国政府に於て彼之地方〔朝鮮〕に致施行候戦略予備、其動静如何を為可令探索」であった。[*20]

2　駐露公使時代

(1) 教育・服制意見と憲法中止論

一八八七年一月、西は駐露公使（駐スウェーデン・ノルウェー公使兼任）に任命された。以後、一八九六年八月まで、一〇年近く駐露公使を務めることになる。このように一〇年近くも一国に公使として滞在し続けることは、西を措いて例を見ない。

西は、一八八九年二月一〇日付で黒田清隆首相に書翰を送り[*21]、その中で教育と服制について持論を展開している。西は、普通専門諸学科の教育はさておき、家庭教育までヨーロッパにならうことを憂えている。そのため、儒教道徳を基本として、敬神の念を強め、教育方針を定めることを、政府が断行するよう求める。また、服制に関しても、万事洋風を模倣するのではなく、「我国民が借金して洋服を作り著《き》るよりは、木綿の和服を著《き》て貯金をなし、自己を富まし、国力を強める」よう、政府において適当な施策を行うことを希望する。

ちなみに、この持論を詳述して黒田へ提出したものが、「教育幷服制ノ草案[*22]」であろう。基本的には前述の書翰と同説であるが、背景にある彼の発想がよくわかる。

西いわく、欧米では「人間ノ倫理ハ宗旨ニテ固ク之ヲ維持シ」ているが、日本でこれに当たるのは儒教ないし神仏教である。道徳は孔子の教えによって定まり、それが修身の法になっているからこそ、三千万余の人民で相互に「交際生活ノ道」がつくのである。世人は、方今儒教の維持はとても難しいので、キリスト教ないし仏教で代替すべきだというが、キリスト教では数派のうちどれを選ぶかは難問であり、さらにキリスト教は外形の盛大を要するので不経済である。一方、仏教は慈善一方で「国務ノ意思」がないため、仏教を奉じる人民には一定不抜の気象に乏しく、儒教と相待たなければ「国教」となりがたい。つまり、「何ノ教ヲ以テ国教ノ基本トスヘキヤ、トノ理窟論ナル処、其実ハ今日トテモ我邦ニ於テハ、儒教カ教本トナリテ仏教之ヲ助ケテ家庭ノ教育モ既ニ行ハレ居ルコトニシテ、畢竟其本ヲ固メテ之ヲ破ラントスル波濤ノ害ヲ避クル堅壁築キノ話ニ帰スル」という。

具体策としては、「主上ノ御独裁ヲ以テ文部大臣ニ家庭ノ教育ヲ是迄通リニ固ムヘシトノ御趣意ヲ諭サレ、其方法ヲ講スル様命」じるといった、(家庭教育に限定されてはいるが)後の教育勅語に通じるような方法を可としつつ、より簡便な方法として特別教育取調委員(枢密顧問官・元老院議員などから三〇名ばかり選任)による家庭教育の討議を勧める。なぜ西が家庭教育の基本を儒教教育の線で固めることを主張するかというと、「国民ノ気運上ヨリ之ヲ見レハ、此一事或ハ国会施設ノ論ヨリモ重カルヘシ」と考えるからである。

続いて西は、国民の気象を決めるのは「心術ノ教育」のみならず「外形ノ風習」もそうだとして、服制についての持論を展開する。

先ず西には、「一身ノ装飾儀式ヨリ凡テ外国風ニ溺レ、自己ノ風トテハ自負スル者モ貴フ者モナクナル時ハ、自然志操モ之ニ化シテ、我ハ我ナリ、彼ハ彼ナリトノ国民必要ノ独立気象ハ消滅スルニ至ラン」という大前提がある。さらに、女性の服が欧州の流行を追い求めるようになれば、自然に余計なものを買わねばならず、日本のように「貧乏所帯」の堪えうるところではない。そしてこの流行を一日も早く止めることこそが国家の利益になるが、流行は役人社会と上流社会に限定されるので、「男女ノ大小礼服ノ制」を立てればよい。具体例として西は、男性文官ならびに一般人民(海陸軍人は現行の軍服でよいと西はいう)の礼服ならば狩衣・小袴、漆塗の長履、日本刀の組み合わせを、女性ならば小礼服として紋付衣物を、大礼服として静御前の昔に帰って美麗を求めたものを、それぞれ挙げている。もちろん、衣服の制と同時に、礼式等も元に戻すべきだとしている(例えば、西洋にあわせて喪服葬式を白から黒へ変えてしまったことを、西は批判している)。

最後に西は前述の主張を、教育については「家庭ノ教育ヲ儒教ニ定メ、従前ノ通リ神仏教ヲ抱括シテ我全国中正直ノ人間ヲ養育シ、以テ後来一家一郷一国ノ幸福トナル基礎ヲ固ムルコト」と、服制については「服制ヲ定メ、礼式事ヲ旧ニ復シ、我国風ヲ一致シ、人民ヲシテ自ラ信シ自ラ貴フ所アラシメ、兼テ輸入物ヲ防クコト」と、それぞれまとめている。

また西は一八八九年一〇月一九日、前年のロシア皇帝アレクサンドル三世の鉄道列車事故に関する「露帝鉄道遭難略記」[*23]を、黒田清隆首相に送っている(ただし、この文章が到着する頃には黒田内閣は総辞職していたはずである)。これは、ノーウォエ・ウレーミヤの報道を翻訳したうえで、「右ロシヤ帝ノ全家共ニ危急ノ難ヲ免ラ〔ママ〕レシ報達スルヤ、国民一同ノ歓ヒ窮リナク、各地寺院ニ於テハ祝賀ノ祈禱ヲ行ヒ、又帝ノ到ラセラル、処群集奉迎シテ万歳ヲ叫ハサルハナク、観者ヲシテ国民ノ其帝ヲ親愛スルノ深キ実ニ此ノ如キヤト感服セシメタリ」と、ロシア皇帝が国民に親愛されていることを強調している。

一八九一年、来日した皇太子ニコライを警護の巡査（津田三蔵）が切りかかるという大津事件が突発、この日露関係の危機的状況を脱するため、西は奔走する。大津事件後、西は榎本武揚新外相への書翰[24]において、津田の判決について「右犯罪人は、行政処分を以て、発狂者となし、何も問はずして、幽閉し置かるゝか、又は裁判に付して、死刑に落さるゝ事とのみ考へ居り候処、予想外の処分になり候は、驚き入り候」として、いかにも「我国当世流行の……憲法主義風」では隣邦政略に信を失うとの本心をもらしている[25]。

ちなみに、西は同書翰において、国政の根治のためには、「諸先生等大奮発をなし、一致の人だけ相集りて議院を取り休め」、保安・集会・新聞紙諸条例を強化するか、それとも「政党中の一派に悉皆渡さるるか」の、二者択一しかないという。もちろん、後者は前者を正当化するための極端な選択肢であって、藩閥政治家にとっては選択肢たりえず、西が前者を主張しているのは明白である。後述する西の憲法中止論が既に窺えるのである。

西が一時帰朝中の一八九二年三月、『東京朝日新聞』は政府部内、特に薩派中に憲法中止論を唱えるものがおり、その人物として西を挙げた[26]。この報道はたちまち他の新聞にも波及し、『東京日日新聞』は熱海温泉で湯治中の西に書翰を出して確かめたところ、西は自分が憲法中止建白書をその筋へ提出したことはないと明確に否定した[27]。

しかしながら、このような否定ぐらいでは、噂を打ち消すことはできない。『団団珍聞』四月二日号は「雲か烟か[28]」と題して、次のような風刺記事を載せている。風刺画の方に描かれている人魂には、「ケンパウ中止説の人魂」と書かれている。

図　薩派の憲法中止論への風刺（『団団珍聞』1892年4月2日号）

○雲か烟か
何処からこんな怪物が飛出して来たか、訳が分らぬ。押へりやァ立派な話しの種ト、手を分け草を分けて穿鑿しても、西の方へ行ァ此地ぢやァ無いト云ひ、樺の生へてる山の方へ行きやァこゝでも無し。未タに薩パリ取り止めか附かぬが、斯うして見れバ、ホンの一時の人魂かして有たか。

ただし、この記事で薩派の憲法中止論の出所とされている西と樺山資紀のうち、西の憲法中止論はその詳細な内容が現在確認できる。火のないところに煙は立たないのである。

西は、一八九一年末、一時帰朝の即日から黒田清隆・松方正義などへ述べた意見をまとめ、翌年一月に記し、四・五月までに伊藤博文・井上馨[*29]・山県有朋・山田顕義・土方久元・西郷従道・大山巌・榎本武揚の諸氏へ示した。「国会説及口述意見」[*30]がそれである。

「国会説」では、国会の日本に対する適否について二説を挙げている。しかし、分量からいって、第一説（国会肯定説）よりも第二説に圧倒的なウェイトがあるのは明白である。よって、以下、第二説について述べる。

そもそも国会の主意は、「国主ノ権」を限定して国民みずからこれを握ることにあるが、日本のように君臣の名分にもとづいて国を建てたところでは、その主意は適さない。また、日本国民が歴史上自治に長じた形跡はない。すなわち、「国基上、歴史上、国民ノ生活及性質上、代議政体ノ根サス地ナシ」。以上の考察は「自ラ国会ノ不適当ヲ弁シ、且我邦ハ到底国民ノ性質、思想及生活ノ度ニ応シテ、自己東洋風ノ厳然タル独裁帝国タラサルヘカラサルヲ示」しているので、「伏テ願クハ、国会ヲ止メ親ラ全ク国権ヲ執リ、睿明ヲ以テ元勲ヲ撰ヒ、与《とも》ニ廟謨ヲ定メ玉ヘ」と上奏して、聖断を仰ぐことこそ「日本男児ノ本色」である。

この「国会説」に添付の「口述意見」は、問答体となっている。「国家幸福ノ基ハ富強ニ在ルヘキハ勿論ノ処、我邦現今ノ形勢ヲ以テ国会ノ意見ニ任セ、国政ヲ執行シテ其意達スヘキヤ否」という問いに対して、答えは二つある。「答第一」の内容は以下の通りである。来る総選挙で政府の意見に賛同するような新人議員が過半を占めることは難しく、万一実現したとしても、政党の競争が進むのは確実である。よって、憲法の基礎はおのずから動かざるをえず、「国民自ラ国会ヲ構フヘシ、国会自ラ政府ヲ組織スヘシトノ議」が第一に発し、集会や新聞・言論の自由が導くところ、ついに「臣子ノ言フヘカラサル共和国主義ノ政党」を養成するに至るであろう。

つぎに、「答第二」の内容は以下の通りである。明治新政府は欧米諸国と同等の位置に立とうとの志が切なるあまり、欧米を模倣した改革に汲々として、「旧来国民心思ノ依ル所、教化習俗皆動キ、心中自ラ信スル所ノ者ハ殆ント之ヲ失フニ至レリ」。青年などは往々理学的な空想か物質一方に走り、民間には一種軽薄の気風が生じ、不平の徒はこれに乗じて故意に政府へ抵抗的な政党熱を醸成した。祖先の遺風伝授が最も重いことを鑑みて、目的相応の改革を行うにも、これを傷つけない範囲にとどめるべきであった。結局、「国風」に立ち帰って第二の維新改革を行うにしかずとして、①明治の一元勲に委任して、独裁主義をもって新たに同心団結の内閣を組織させること、②保安条例ないし戒厳令を布き、府県会規則・集会条例・新聞紙条例等を引き締めて「人民ヲシテ復タ国政ニ喙ヲ容ル、ヲ得サラシムルコト」、③「国会ヲ廃スルコト」の三策を提言している。

③の国会廃止説の根拠として西は、国会の制は日本の「立国ノ基」や「我経国ノ用」に適さないし、そもそもヨーロッパ諸国でもイギリス以外の国の老練な政治家たちの中には、国会が国の「厄介物」たるを知りながらどうしようもないと嘆いたりする者がいる。日本は幸い、未だその嘆きを発する事実なく、また政府自らが国会を設けたことをもって、「今其国ニ不利ナルヲ見ハ、自ラ之ヲ罷ムルノ責任アルハ論ヲ俟タス」という。

問題は、欽定憲法を撤回することが可能か否かということにあった。「憲法ハ　陛下ノ祖宗ニ誓フテ発布セラレシ者ナリ。然ルニ、今之ヲ動カサレテ可ナルヤ」という問いに対して、「答一」は、「有益ヲ信シテ親ラ誓ハセラレ、有害ヲ見テ親ラ解カル、何ノ不可アランヤ」というものであった。また、「答二」は、もしも憲法の字句を重視するのであれば、憲法中、主権の制限および国会に関する諸条項の効力を停止し、その他は「国ノ大法」として存続させても可であろう、というものであった。

このような憲法中止論は、長い間の海外勤務のため日本国内の情勢をまったく顧慮せず、それも赴任先が専制君主制のロシアであった西らしい論法である。

西は、ロシアへの帰任後も憲法中止論を主張し続ける。すなわち、一八九三年一月一九日付で西は伊藤博文首相へ書翰[*31]を送るが、その中で西は、日本における現今の成形は保つに難しく、「其状体はアブソリート、マナルキー〈絶対君主制〉に移る階段たらさるを得さる思に帰し候」という。結局、西は「既に蕩平の今日に至り衆議を以て国事を決するは、猶地主財産家が地所も持たない貧乏人と経済を議すると同し」と述べるように、議会政治そのものに否定的だったのである。

(2) 日清戦後シュミレーション——日露同盟か、日英同盟か——

陸奥宗光外相は、一八九三年九月二九日付で西に書翰を送り、[*32] 歴代の外務卿・外務大臣が失敗してきた条約改正交渉に自らが乗り出す決意を披歴している。

先ず陸奥は、「此元老内閣継続之間に於て此一大至難の事業を完結するにあらされは、永く国家之不面目を後世に貽すの恐ありて、元老諸君が国家に対する責任を全くする所以にあらす」として、条約改正断行に適合的な元勲総出内閣たる第二次伊藤博文内閣の間に、条約改正を断行してしまおうと決心した。

次に、歴代外務卿・外相による条約改正交渉が失敗した原因のほとんどは「内に在て外に在らさる」と陸奥は見ていた。そのため、内閣は次の二点を決議したという。

第一に、條約改正之問題は内閣の決意堅固なるを要するに付、條約草案は先つ内閣之同意を経たる上聖裁を仰き置き、談判上の行懸りに依り草案中変更ある度毎に同上の手続を以て聖裁を仰く事。(中略)

第二には、條約改正之主義は千八百八十三年井上伯の艸案之系統を全く一変して、完然たる対等主義に基くものを決定せり。如此すれは、勿論外に向ての談判には多少之困難を増加するは申迄も無之候へ共、談判半途にして内国の議論の為めに破裂するの患を避くべし。

第一の点は、井上馨ないし大隈重信の条約改正交渉において、政府部内に反対者が現れたことが致命傷となったことをふまえてのものであろう。煩瑣だとしても、その都度内閣の同意と天皇の裁可を得ておく方が安全である。また、第二の点もまた、井上・大隈の条約改正交渉において、治外法権撤廃の代償として外国人判事の任用など非対等な内容を含んでいたことが条約改正反対の重要な根拠となったことをふまえたのであろう。陸奥は、条約改正に対する国内の反対を封じ込めることを最優先したのであった。

そして、陸奥は、青木周蔵外相時代以来「懸案之姿」となっているイギリスやドイツの意向を、青木（駐独兼駐英公使）に探らせたところ、今のところイギリス政府の意向は好都合であった。このように、英独の意向を探り得た以上、早晩、ロシアと談判の緒につくことが予想されるが、その際は大隈外相時にいったん調印済みの条約案を対等なものに変える困難が予想された。いずれにせよ、陸奥は西に、日露間でも条約改正交渉に入ることをあらかじめ報知しつつ、徹底した秘密主義の堅持（西に関しては、ロシア政府や他国外交官はもちろん、在露公使館の属僚にも漏洩しないこと）を求めている。

調印済みの条約案を対等なものに変えることの困難さは、西も重々承知していた。西は一八九四年二月一八日付で陸奥に私信を返すが[*33]、その中で西は「既定條約の変更談を初むるには、拙官より今度は仮令兵力を用ゆるに至るとも之を実施すへしと迄云ひ込むを要するならん」と心配していたという。また、従来の条約改正交渉の行掛り上、陸奥の言う通りイギリスを優先するのも当然であった。いずれにせよ、「我政府に於て弥々外人排斥説の鎮圧と暴徒取締方を厳重に行はせられて、其実立」ったならば、イギリス公使も日本内地に懸念ないのを認め、青木公使の交渉も埒があくだろうと、西は期待していた。

陸奥による条約改正交渉は、朝鮮半島をめぐる日清対立—日清戦争への過程と並行して進められた。一八九四年七月、日本はイギリスとの条約改正に成功（日英通商航海条約の締結）するとともに、清との開戦にふみきった。日清戦争への過程において、ロシアはイギリスとともに調停という形で介入するが、それは七月二五日に戦争が始まっても変わらなかった。

西がロンドンへ送った電報（「朝鮮境界ニ変更ヲ誘起セサル間ハ、露政府中立之位置ヲ維持スベシ」）に対して、青木周蔵は九月二四日付で西へ書翰を送り[*34]、「右半嶋国〔朝鮮〕を挙て我利益線之内に包入」する将来計画を実行するためにも、ロシアの「最終挙動」を確認しようとした。すなわち、日本が朝鮮国境を変更した場合、ロシア政府は武力干渉（armed intervention）を企図するのか。また、ロシア政府の希望は元山港の占領にあるのか、など。さらに、列強間で交渉の動きがあることを、青木は察知していた。

そして、ロシアを中心とした列強による干渉が現実化したものが、翌一八九五年の三国干渉である。四月二三日、ロシア・ドイツ・フランスの駐日公使は、遼東半島の返還を日本へ申し入れた。最終的には五月五日、日本は金州庁を含む遼東半島の全面返還を三国公使に通告した。

決着後の五月一五日付で、陸奥外相は西の尽力に対する感謝の私信[*35]を送っている。西や、西から報告を受けていた陸奥にとって三国干渉は青天の霹靂ではなかったが、講和会議において遼東半島割譲要求まで行かなければ軍心・人心ともに満足しないので、事ここに至ったのだという。もちろん、実際に三国から勧告がなされると、一ヵ年戦った後の日本軍にさらに強国を敵とする余力がないのは自明の理であり、三国の勧告を受諾することに廟議は一決した。その際、陸奥が特に苦心したのは次の点にあったという。

但小生が此際頗る注意いたし候義は、三国干渉と清国交渉とを成るべく別物にし、三国には屈従するも清国には一歩も仮借せす、予定之通り批准交換せしめむとするにあり。又内閣中にも此件を欧洲強国之列国会議に附しては如何との説も有之候へ共、小生は他日他の事件は兎も角も、此事件は日露と日清と各単《〔マヽ〕》特之働きに止め、時局を速に収め更に後図を計るべしとの鄙見、閣議に採用せられ候義に候。

三国干渉から日清交渉を切り離すことによって、下関条約によって日本が獲得した権利のうち、遼東半島割譲以外の項目にも事態が波及するのを防止しようとしたのである。

この三国干渉は、条約改正交渉と連動する点でも問題であった。青木周蔵は六月一〇日付で西に書翰[*36]を送り、次の点に懸念を示している。青木いわく、「三新同盟国」、すなわちロシア・ドイツ・フランスは条約改正に関して事を優柔不断に付しただけでなく、三国干渉では日本政府を脅迫したが、日独あるいは日露間の条約改正が整わないかぎり、オーストリア・ベルギー・スイスとの条約改正も整わない。三国干渉によって、青木がドイツと、西がロシアと十数年来培養してきた友好情義は一時水泡に帰しただけでなく、将来いかなる出来事が起こるか予測不明という点で懸念されるものだという。しかし、とにかくロシア政府との条約改正に成功することを、青木は期待するのであった。

ロシアとの条約改正交渉は「最後不快の出来事ありし」が、西は逆にその機会に乗じて、六月八日、日露通商航海条約の調印に成功した。そのことを西は六月一一日付で陸奥外相への私信[*37]で報じるとともに、ロシアが清の下関条約賠償金支払いのためパリにおける公債募集を斡旋しているとの風評を知らせているが、「金には故郷なけれは何処より出て丶我手に入るも差支なし」と考える西は特段の警戒心を抱いていない。また、「当国に於て我が国の朝鮮に勢威を布及するを欲せさるは、自ら懼る丶所あるに由れり」と見る西は、ロシアが目下の朝鮮の状態を長く傍観するとも思えず、ロバノフ外相と意見交換をしてみたいと考えるが、そのためにもできるだけ早く日本の対朝鮮政策を確定するよう陸奥に求めたのであった。

続いて西は、六月三〇日（七月一日追書）付の陸奥宛て私信[*38]において、対朝鮮政策における「進取」と「退守」の利害得失を述べるが、先ず前提として、次の三つの事情を指摘する。①「露国は朝鮮の我日本の保護国となることに不承知のこと」。②「露国の企望は大にして元山港申請けに止らす、故に容易に朝鮮分割論に乗らさるへく〔ママ〕こと」。③「露国は眼前の小利を追はさるを主とし、其計画たるや朝鮮は其独立と完全とを保たしめ、目下先つ、ウラヂワストーク、へ根拠の位地を固め、シベリヤ鉄道成るに応して徐々自己の勢威を満州及朝鮮に布及し、機会に乗して清国より満州東北の土地を獲、ステレーチンスク〔ママ〕辺より一條の鉄道を直径ウラヂワストーク、に布き、到底朝鮮は自己の保護国と為して日本の勢威を此方面の大陸より駆逐するに在」ること。③の前提として、約一〇年後にはシベリア鉄道がアムール川上流のスレテンスクまで全通するとの見通しを述べている。

そのうえで西は日本の朝鮮政策における「進取」と「退守」の利害得失を考える。西いわく、「進取」に決すればロシアとの衝突は免れず、たとえいったん勝つとしても「国力を無窮の兵備に傾けて不断敵対の位地に立つ」ことになるので、むしろ「退守」に決して「朝鮮及満州は之を投け、意を南方に注き、平和経済的の進取政略に従事」する方が得策とも考えられるが、実際には行われ難いであろう。なぜなら、折角日清戦争で朝鮮を清から離れさせたにもかかわらず、「之を露国に与へる」結果となり、国民感情がそれを許さないからである。よって、「進取」に決する以上、朝鮮の独立に密接に関わる遼東半島も放棄すべきではなくなり、そのための備えをしなければいけない。具体的には、シベリア鉄道がイルクーツクに達するまでの三年間に、①甲鉄艦五〜六隻の建造、②内地諸海峡や長崎・佐世保・対馬の防備強化、③京釜鉄道の敷設着手を行うことである。

陸奥は、六月一一日付の西書翰に対して、七月三〇日付で返信を送っている。[*39] 下関条約の賠償金支払いに苦しむ清のために、ロシア政府が一六〇〇万ポンドの公債を世話した件につき、青木駐独公使から苦言が呈されたが、陸奥は「金には国境なし」という西の意見に賛同しており、賠償金がすみやかに日本へ支払われる方を優先した。なぜなら、そもそも陸奥は、清朝政府が現在の安定性（stability）をもって賠償金支払年限まで存続すること自体に懐疑的だったからである。よって、清が賠償金を三年以内に払えば全ての利息を課さないといった規定を下関条約に含めたのもこの主意によると陸奥はいう。

また、六月一一日付私信で西が求めた日本の対朝鮮政策の確定に関しては、それが困難であることを弁明している。陸奥いわく、昨年来の日本外交は、朝鮮問題を主題、清・ロシア・イギリスとの関係を客題としてきた。そのため、日本政府が朝鮮問題に関して与えた言質に自縛されている感がある。例えば、日清開戦の原因とも言うべき朝鮮内政改革を日本が引き受けるということと、ロシア政府に対して日本は朝鮮の独立を名実ともに侵害しないという保証を与えたこととは、実際上両立しえない。また、未決問題たる朝鮮問題は、当初の日清間の問題から、今日は日露間の問題へと変化している。よって、日本の対朝鮮政策に関しては、今一度篤と廟議を尽す必要があると陸奥はいう。

しかしながら、その間に、朝鮮半島における日本の影響力は一〇月八日の閔妃殺害事件で大きく後退、日本政府は二五日、朝鮮への無干渉方針を各国政府に通告するよう各在外使臣に訓令を送った。そのように状況が一変した後の一一月三〇日付で、陸奥はふたたび西へ私信を送り[*40]、日露同盟説に関して意見を求めている。

陸奥いわく、日清戦争の戦勝により日本国民は自負高慢の心と、逆に自国の力量認識に伴う対外恐怖心とが生じた結果、ますます外交の重要性が認識されるようになった。よって、いずれかの強国と連合同盟せざるべからずとの説が往々聞かれ、新聞では日英同盟論や日露連衡論を唱える者も少なくない。しかし、外国の形勢に通じている人からすれば、イギリスがたとえ同盟に応じるにしても「干戈を以て助け合」うほどの決心はないとすると、あまり好ましくないながらロシアと同盟するほかないとの説もある。陸奥自身は「日本は昨年以来の形勢にて著く注目を惹くに至り、最早是迄の通り孑々孤立の地位を保ち能はさるべしとは思ひ候得共、左りとて即今日本人が浮誇空望を抱き居る程に列強の尊重を受け居るとも思はれず、今暫く遵養自晦、先つ以て自己の勢力を養成すること第一義と相考」える。また、ロシアとの同盟といっても、目的や利害が一致しない「唯々一片儀式様の同盟」では何の効能もないのみならず、ロシアが応じるはずもないであろう。

陸奥は、たとえある強国と同盟するにしても、「独立自衛、何れの国にも倚頼せずとするも、孰れにても日本一己に独立し得べき丈けの強力」を有することが必要と考えていた。ただし、国力相当の軍備拡張は時間をかければできるし、一方で、強国との同盟説が早晩政府部内で問題化する可能性がある。よって、強国との同盟説が他日実地問題となることをふまえて、あらかじめ同盟説の利害を攻究しておく必要がある。陸奥は西へ、日露同盟を締結するとしてその際のロシアの意向を尋ねるが、具体的には主に次の二点に関してである。

第一、若し日本が露国と同盟を要するとすれば、露国は如何なる条件を以てすれば我と同盟することを肯すべきや。

第二、果して日露の同盟を必要とするも、我より今日の儘にて直に其相談に及侯〔候〕方可然哉。若くは今数年も経て日本の勢力か稍々露西亜の眼中に於ても重視せる（ママ）ゝの時機相待ち候方可然哉。

病中の陸奥は通常他人に代筆させることも多いが、この書翰は陸奥自身が医者の禁を犯してしたためたほど、陸奥にとって重要性の高いものであった。

この陸奥の書翰に対して、西は一八九六年一月一五日付で詳細な返信[*41]を送っている。先ず西は、前提としてロシアの東西における形勢を述べる。露仏同盟は近来ますます固く、三国同盟を凌駕する勢いである。しかし、ロバノフ外相が老齢（七二歳）であり、またイギリス・ドイツはロシアの勢力が清や日本に波及するのを欲しないうえ、ロシアは日本の与みし難いことをよく知っているので、日本との実際の衝突は避ける意図がある。よって、ロシアは「清国、朝鮮をして其儘に全存せしめ、早くシベリヤ鉄道を終へ、清国、朝鮮、日本との交通の路を疏し、商売の気脈を連ねて是迄政治上経済上死し居たるシベリヤを活動せしめ、由て全露相動くを得るの計画に外ならさるか如し」と西は見る。

次に、日露同盟にロシアが応じる条件は、現在であれば「我より往先き朝鮮を露の保護下に置くを承諾するを以て唯一の条件とする」のであり、日本としてはすぐに日露同盟の交渉に及ぶよりも、数年を経て日本の勢力がロシアから重視される時機を待つ方が可とした。なぜなら、ロシア政府内における「日本贔屓」派（ミハイル親王、海陸軍将校、シシキン外務次官など）と「不贔屓」派（正確には対日警戒派、ロバノフ外相、カプニスト・アジア局長、ウィッテ蔵相など）のうち、前者の説がますます伸張するだろうし、また後者の対日不信感（閔妃殺害事件や日本の議院政体などに対して）が解けるにも時機を待つ方がよいからである。よって、西は、陸奥の「今暫く堅忍自晦、以て自己の勢力を養成し、強国よりも重視せらるゝに至るを以て第一とする」考えに賛成であった。

また、西は、強いてロシアと同盟するために朝鮮を放棄するならば同盟の目的が分からなくなり、また中国分割を処理するためにロシアと同盟するのも事遠くして事情不分明なので、「同盟談には何の同盟の目的なければ話しにもならぬ」という陸奥の意見に同意する。いずれにせよ、現行の日本の対朝鮮方針（朝鮮諸改革勧告の最小限化、朝鮮における日本人「無頼の徒党」の取り締まりなど）であれば、ロシアも急に勢力をもって朝鮮を威服させる企図はないだろうと、西は判断していた。

西は一月一五日付私信の補足として、一月二三日付私信[*42]を送る。それは、ロシアが遼東半島の一港湾の貸与を執拗に企図していることを指摘したうえで、日本はこれを到底防ぎえないか、逆に国防上憂えるに足らないかのいずれかでなければ、日英同盟を試みる必要性を指摘する。日英同盟はロシアに遼東半島を獲得させない目的もあり、時期的にも好機である。そして、もしもイギリスが日英同盟に応じるならばロシアの遼東半島獲得を阻止でき、イギリスが応じないにしても将来の日本の方略を一定化することができる。いずれにせよ、シベリア鉄道がアムール川（黒龍江）上流のスレテンスクまで達する一八九八年中には必要な海軍拡張を達成する希望を強調している。

この西の、日露同盟論ならぬ日英同盟論に対する陸奥の反応は、残念ながらよくわからない。西の陸奥宛て私信二通（一月一五日付と一月二三日付）のうち、前者未着（おそらく郵船の都合による遅延と陸奥は推測する）のまま後者のみを見て出した西宛ての三月一一日付返信[*43]では、確かに「日英同盟論に付高見の趣、逐一了承。乍例感服の外無之、大に参考の材料を得申候」と述べるが、前者抜きの後者だけを見ても西の主張の核心は伝わらないであろう。そして、前者が陸奥の手元に届いた後に陸奥が西へ返したものと推測される三月一七日付の私信[*44]が、現在のところ見つからないため、陸奥の反応は詳細にはわからないが、大枠で西と方向性を同じくしていたと推測される。

(3) 山県・ロバノフ協定と西談話

陸奥外相と西の間で日露同盟ないし日英同盟に関するシュミレーションをしていたのと同時期の一八九六年二月

一一日、朝鮮半島では国王高宗《コジョン》がロシア公使館に逃げ込み（俄館播遷）、日清戦争中に日本が擁立した金弘集政権が瓦解する事件が起きていた。

また、五月にはロシア皇帝ニコライ二世の戴冠式が予定されていた。西は参列者として、一八九一年のニコライ来日の際の接待役でニコライと面識のある有栖川宮威仁親王が適任と考えていたが[*45]、意外にも伏見宮貞愛親王のほか、さらに山県有朋も派遣されることとなった。

もともと陸奥外相は皇族の派遣以外はわざわざ大使を特派する必要を認めず、もし政治上の用務があるのであれば西公使をして当たらせれば十分という説であった。しかし、内閣において大使派遣の必要が唱えられ、伊藤首相自ら派遣大使を切望したが、陸奥は首相が出かけるのは目下の内外事情が許さないという意見で、代わりに山県へロシア行を勧めた。山県は一応辞退したが、黒田などの説得で山県も承諾したという[*46]。山県が派遣されたのは、「朝鮮に対する日露の関係は日夕に切迫し、今は最早何とか協議を遂げされば将来の衝突を免れさる」状況下、戴冠式参列の名目で「国家の元勲」を派遣して、ロシアと協議させる必要があるからであった[*47]。

ただし、山県大使はよいとして、皇族と大使を同時に派遣すること自体は前例になく、西は外交交際における自分の威儀を傷つけるものとして、陸奥へ苦情を強く申し立てている。もちろん、朝鮮問題に関する日露交渉の必要性は西も認識しており、日本にはロシアと決戦する力がない以上、できるかぎりの方略に出るのは当然だとしていたが、交渉テクニック上「引足計り踏て弱きを示すも不得策なり。止らんと欲する所には止まり、遂に止まるを得さる場合に至て引く事といたし度」と西は考えていた[*48]。

このように、ロシア本国ないし現地漢城で、朝鮮問題をめぐって日露間で交渉が進められるなか、日本にとっては予想外の提議をイギリスから受けることになる。それは、アーネスト・サトウ（駐日イギリス公使）が五月一日付公文で、ベルギーをモデルとした朝鮮中立化を提議してきたことである。五月四日にサトウが陸奥と会談した際、陸奥は「ベルギーは秩序を保つことが可能だが、朝鮮はそれができないという違いがある」と消極的だったというが、日清戦争をはさんだ今となっては、日本政府にとって朝鮮中立化はあまり興味を引くものではなくなっていたのであろう。

またサトウは同じ会談の席上、新聞で報じられていた朝鮮問題に関する日露交渉が朝鮮中立化問題の協議を困難にさせるのではないかと指摘した。陸奥が答えるには、日露間で将来に関して一定の約束をするといった事柄が進行しているわけではない。ただ日本政府において目下捨置き難い事柄（高宗の王宮への還御、朝鮮の平和回復までの日本守備兵の駐在など）については、確かに小村寿太郎（駐朝日本公使）とウェーバー（駐朝ロシア公使）の間で交渉中だが、朝鮮の独立を侵害しない主義をもとに日露交渉を行っているので、「若し此主義に反対せざる限りは、日本は如何なる相談を他国より受くるも何等の顧慮を要せざることなりと信ず」ると、陸奥は弁明した。もちろん、朝鮮中立化につき日本が率先して行動を起こすことに、陸奥は消極的であった。[*50]

戴冠式参列のためロシアへ到着した山県は、朝鮮問題をめぐって、ロバノフ外相らと会談を進めた。その際、西も会談に臨んでおり、実質的には山県と西の共同全権であった。

のち西が駐露公使から帰朝の途中、ウィーン病院に入院中の七月八日付で西園寺公望（臨時外相）宛てに送った復命書[*51]によると、第一回目（五月二四日）の山県・ロバノフ会談の際、山県が提示した六ヵ条のうちの第五条に「両国より出兵を要する場合には、彼地を南北に分画する事」があったという。これに対し、第二回目会談（六月四日）でロバノフが提示した案では南北の字句が削除されていた。西はなぜ南北の語句を削除したのかと尋ねたところ、逆にロバノフはどこで南北を区分するつもりかと尋ね返した。それへの西の返答は「大同江附近」であった。結局、この条項は秘密条項第一条にまわされ、それも具体的に南北の境界線を定めることなく、出兵した両国軍隊の間に緩衝地帯を設定することとされた。この応酬から得られた西の意見は、次のようなものである。

〔ロシアは〕現今の状態にて、日本と共に朝鮮を南北に分割するの意なし、然れども状態一変するに至ては（例

へば朝鮮の独立維持すべからざる事と、日本強くなり之に抗するは不利なりと認むる時）之を辞せざるべき事

そして、西が強調する対露策は、一方で日露間の衝突を避けるため駐朝日本公使にその趣旨を徹底させるとともに、他方で露仏連合艦隊を挫くに足る海軍拡張を急ぐことにあった。これら対露策は、のち西が黒田清隆に語った談話の内容と一致する。

また、公文ではないながら、山県が記録して西が校閲した日露協商交渉の顚末書[*52]によると、ロシア側は、朝鮮へのロシア士官派遣を日本が公認する条項を追加することを熱望した。もちろん、日本側はこれに反対したため、日露間で応酬があった。その結果、六月八日の山県・ロバノフ会談の際、山県は次のような日露両国士官による教育案を提示、ロバノフの同意を得られた。

露国士官ハ朝鮮ノ近衛兵ヲ訓練シ、我カ士官ハ他ノ兵士ヲ訓練スヘシ。但シ右両兵士ノ人員等ハ、別ニ協議ヲ以テ定ムヘシ。

ただし、協定書中に明記するのは妥当でないとのロバノフの意見により、後日、両国政府代表者の商議を要する事項として、協定書中からは削除することとなった。

五月二八日、山県・ロバノフ協定が調印された。これは、現地朝鮮で締結された小村・ウェーバー協定（五月一四日調印）とあわせて、閔妃殺害事件（乙未事件）・俄館播遷後の状況を処理するものであった。

年を取ってロシアの冬に堪えられなくなっていた西は、戴冠式ないし山県・ロバノフ交渉が済んだあと、南方で転地療養したうえで帰朝することとなった。[*53]

帰朝後の一一月一二日、西が黒田清隆に対し四時間かけて談話を行った際の筆記[*54]が残されている。これは三国干渉前後の形情から始まり、露仏同盟・三国同盟やバルカン問題など、ヨーロッパ情勢に対して西の深い洞察が示されたものとなっている。

また、枢密顧問官に就任した直後の一八九七年四月二九日にも黒田に対し、二時間二〇分かけてロシアの外交問題に関する談話を行っている。[*55] 前年の談話筆記がロシアを中心とするヨーロッパ情勢の説明の度合いが高いのに比べて、今度の談話筆記では今後の日露関係についての対策にまで、より踏み込んだ内容のものとなっている。

西は、ロシアにとってもともと日本は、海を隔てた、かつ商売上・国際上これといった関係のない国なので、友邦視してきた。近年では大津事件や日本外交官によるロシアを敵対視した言論、日清戦争や三国干渉によって交情は変化したが、それらも既に落着して交情も復旧したので、日露関係は「向後朝鮮問題サヘ折合ツカバ、別ニ衝突ノ憂モ無ルベシ」。また、ロシアは常に遠大の企望あるため目前の小利益に汲々としないので、「清国ナリ朝鮮ナリ日本ナリ、自ラ紛擾ヲ醸スニ非ザレバ、露ハ事ヲ好マズ、東洋ハ永ク平和ヲ保ツヲ得ベシ」という。一方で、平和を保つ要術は露仏同盟の海軍力を挫くだけの海軍力を整備することにある。なぜなら、ロシアをして朝鮮問題において日本の希望に折合わせるには日本を重要視させることが必要だが、それには陸軍よりも海軍を整備する方が有効だからである。

ちなみに西は、中国情勢判断も展開する。中国の将来についての二説、すなわち①中国は到底瓦解を免れ難く、永くその独立を保持することはできない、②中国は意外に強固な基礎を有し、独立を保持する力があるため、たとえ政府が変更しても国は永遠に維持することができる、のうち、西は現時点で②に与し、「容易ニ滅亡セザルベシト信」じるという。

3　外相時代

西は、第二次松方正義内閣の一八九七（明治三〇）年一一月六日、外相に就任した。これは松方内閣と進歩党の提携が断絶し、進歩党の大隈重信外相が退任するのに代わってのことで、松方に西を推薦したのが西の外交論を高く評価する黒田清隆であった。しかし、西からすれば「〔松方首相の〕其目的を明め得すして意思始より辞退の一方に傾」いていたが、黒田の強い説得に動かされ、数日間迷ったうえで外相就任を受諾したのであった。[*56]

西の外相就任に対し、高平小五郎（駐伊公使）は祝意を表する書翰を送った。[*57]なぜなら、ヨーロッパ各国では「実地的経験者」をもって外交を処理させる時代に、日本のみ「変則流之外交」で各国に対峙しようとする気味があることを遺憾に思っていたからである。

さて、西が外相に就任して一番真っ先に直面したのが、ドイツによる膠州湾占領事件であった。一一月一日にドイツ人宣教師が殺害されたことを口実に、ドイツ軍は一四日に膠州湾を占領、青島砲台を占拠した。このような困難な環境下、西は「出来得る限りやつて見る」[*58]覚悟であった。

文部次官から外務参事官へ転じたばかりの都筑馨六は、西の命令で膠州湾事件の電報を読んだうえ、次のような意見を西へ提出している。[*59]都筑は、ドイツ政府の行為を真正面から否認して抗議するのは得策ではなく、なるべく「我も亦た独国の手本に習ふ処あるべき旨を暗に裏に示すの抗議」をするのを上策とした。また、都筑は、日本政府が清朝政府に援助を請わせ、日本が独清両国間に立って尽力することを、利あって損なしとして西外相へ勧めていた。

また、小田切万寿之助（上海総領事代理）など出先使臣からの電報といった外交文書の提供を西から受けていた[*60]黒田清隆（内閣班列）は、慎重な外交を西に求めていた。

実際、ドイツのみならず、ロシア・フランス・イギリスなど列強による中国分割の動きは、押しとどめることのできない状況にあった。一二月九日、清朝政府がドイツの膠州湾占領に関するロシアの援助提案を拒否したことから、一四日、ニコライ二世はロシア艦隊に旅順行を指令、翌一五日にロシア艦隊が旅順港に入った。また、これとは別に、ロシアは一六日、中国への借款供与の条件として、満蒙の鉄道建設・工業の独占権付与、黄海沿岸の一港租借などの要求を提示した。

年が変わって一八九八年一月、松方正義に代わって第三次内閣を組織した伊藤は外相に西の留任か、西園寺公望の新任を考えていたが、西の外交政策に一定の評価を与えていたためか、結局西の留任に決した。[*61] 西は第三次伊藤内閣いっぱいの同年六月三〇日まで外相を務めることになる。

当時、清は第三回対日賠償金と威海衛駐留軍経費の支払い問題を抱えており、この問題が解決されるまでは威海衛は日本軍の保障占領が継続することになっていた。財源のめどが立たない清朝政府は一六〇〇万ポンドの外債を募集することとなり、イギリスに交渉したが、イギリス側は一二〇〇万ポンド分しか応じなかったうえ、一月八日には、代償として、ビルマ・揚子江間の鉄道建設、揚子江沿岸地域の不割譲、イギリス人による関税管理などを要求した。また、イギリス側から日本側へこの問題での協力を期待する旨の発言があったため、残りの四〇〇万ポンド分は最終的に日本が引き受けることとなった。[*62]

このように中国分割と外債問題が交錯する状況下で、おそらく筆跡から見て矢野文雄（龍渓）駐華公使が作成したと推測される「清国ニ関スル卑見考案」[*63]によると、列強による中国分割（「瓜分《ワケドリ》」）が不可避ならば日本もこれに参加する地歩を握っておく必要があり、また中国分割の前にある「列国連合監督ノ時代」の端緒が清の財政問題に発することを考慮に入れると、日本も連合監督の仲間入りをするには、清と財政上の関係がなければならない。よって、清が膠州湾事件落着後に必要な償金と、下関条約で日本に支払うべき賠償金の残額とをあわせた一億五〜六〇〇〇万円確保のため、塩税・釐金税を担保とした外債を清朝政府に発行させ、その保証者に日本政府がなるべきだと西外相へ具申した。

結局、三月一日イギリスの香港上海銀行ならびにドイツのアジア銀行と清朝政府との間で第二次共同借款契約が成立、一六〇〇万ポンドが中国に供与されることとなった。

一方、西外相は二月一八日、駐仏・伊・英・独・露公使に宛てて公信を送っていた。[*64] これは、世にいう「清国分割論」が現実化しかねないなか、日本外交は慎重を要し、特別にある国と密接な関係を作ることにより他国から嫌疑を抱かれるのは不得策な一方、かといって孤立の地位もはなはだ不利益である。よって、各国とも不断に親睦を深めることで、他日どのような事態になっても日本の進退去就を自由にさせる、というものであった。実際、中国分割の危機は着々と進行し、三月三日にはロシアが清朝政府に旅順・大連の租借を要求するとともに、六日には清・ドイツ間で膠州湾租借条約が調印された。

他方で、ロシアは満州問題に関心を集中させていたため、韓国問題では日本に歩み寄る姿勢を見せ、一月七日、ムラヴィエフ外相は林董（駐露公使）に、韓国における日露両国の将来の紛糾を避けるための協定締結を申入れていた。[65] さらに、三月一二日、韓国政府はロシア人訓練士官・財務顧問の引き上げを希望し、一七日にロシア側がそれに応じる事態となった。この速報に、西の政治的庇護者である黒田は喜ぶとともに、伊藤首相と十分協議して「首相と同一轍する」よう、くれぐれも求めている。[66] ロシアがロシア人訓練士官・財務顧問の朝鮮からの引き上げに同意した理由として、桂太郎陸相は山県宛て書翰[67]において、ロシアが満州に手を張る以上、満州と韓国の双手に花は難しいのと、大連・旅順に根拠を置くときは強いて韓国は意中にないからであると分析している。

そのような状況下の三月一九日、西外相はロシア公使に、日露協商の内容として満韓交換を提議した。その理由は、三月二一日付の林董（駐露公使）宛て電報第三一号[68]とほぼ同時に、西が林へ送った公信の草稿と思われる史料[69]に窺われる。それによれば、清国の事態が変化していなかったら「我ニ於テハ露ト朝鮮ニ相互平等ノ勢威ヲ保ツ」ことで満足すべきだったが、今やロシアは「満州初其港湾」（旅順港を指すと思われる）を獲得した以上日本も黙過できず、また朝鮮（韓国）において日露が平等の位置を保つと誤解が生じかねない。ロシアは満州地方でその望みを達する以上、朝鮮においては利益がなくなるので、一意満州経営に従事して可である。かたや、日本の「朝鮮ニ於ケル商売上歴史上、国民的感情ノ関係」は他国とは比べ物にならない。よって、満州はロシアの経営に委ねる一方、朝鮮（韓国）

は日本の勢威に付すことによって、日露親睦への障害物を排除することを希望するという内容であった。ただし、この満韓交換論を実際にロシアへ認めさせる公算に関して、西は伊藤首相ほど楽観的ではなかったようである。[*70]

　このように、ロシアの旅順・大連租借を承認する代償として、韓国が日本の勢力範囲であることをロシアに認めさせようとする「満韓交換」的発想の他に、日本も対抗して中国分割の趨勢に加わるべきだという意見もある。その典型が現地中国の矢野公使であり、彼は台湾の対岸福建地方は他国に譲与しないといった声明を出すよう清朝政府に要求することで、他日「我カ利益ヲ彼ノ地方ニ殖ユルノ基」を作る希望であった。ただし、矢野直属の部下である林権助（在中公使館一等書記官[*71]）は、みだりに成算なくして南方に手を出し、もしも清朝政府の拒絶とイギリスの疑いを招くならば、かえって日本の面目を損なうとして、矢野の意見に真っ向から反対し、むしろ「満韓交換」を切望した。[*72]

　矢野は、日本も対抗して中国分割の趨勢に加わるという方策を、自身で実行に移そうとする。四月七・一〇日付で西外相・伊藤首相宛に送付した意見書[*73]の中で矢野は、まず彼個人の資格で李鴻章・翁同龢・張之洞の三人に対し、日清間の調和破裂を予防するには「事の生せさるに先ち、何等歟一箇の利益を此際に速に日本に与て人心を宥むるに若《し》くは莫し、卿等は之を望まさる乎、若し之を望まは卿等の与へんと欲するは何物なる乎」と申し入れることを西へ具申する。その際、うまく行かなかった場合には、示威運動（矢野は台湾対岸の一湾を占領することが得策とする）に移ることが含意されている。

　三月二七日に清朝政府は、ロシアへ旅順・大連租借権（二五年間）と東清鉄道南部支線の敷設権を許与した。また、翌々日の二九日に、ローゼン（駐日ロシア公使）が西へ日露協商のロシア側草案を提出した。[*74]それに対する西の意見書の草稿[*75]が残されている。それによると、西は「日露ノ朝鮮ニ於ケル協商ハ目下権利問題ナルモ、到底実力問題ニ推移セサル《〔ママ〕》を得ス」という。そしていよいよロシアと朝鮮（韓国）を争うことに決せば、朝鮮問題は後回しにして、まず旅順・大連に関する抗議を提出すると同時に、海軍の運動をはじめるべきだとした。もちろん、露独仏の三国と対するにしても、決戦する覚悟が必要である。しかし、日本は到底威力をもって朝鮮を争うことができず、日本の朝鮮における利益は通商・工業上のものに限定するとしたら、今回の日露協商は朝鮮関係のみにとどめ、ロシア提案の第一・二条には同意する一方、第三条中から商業および工業の文字を削って、左の一条を加えるべきだとした。

商売及工業ノ事ニ至テハ、日本ノ朝鮮ニ於ケル利益実際重大ナルニ基キ、日本ハ其特利ヲ有スヘシ。

ロシアも日本の朝鮮における商業上の利益が大きいことは認めているので、この修正は難しくないだろうと西はいう。

結局、四月二五日に西・ローゼン協定が調印された。山県閥の間では、西・ローゼン協定が前年の山県・ロバノフ協定の趣旨と合致するものだとの認識を有していた。山県閥の一員である桂陸相も、現在の日本の位置では強いて面目を失うほどのことではなく、まず好都合と捉えた[*76]。また、西の政治的庇護者である黒田も、日露協商たる西・ローゼン協定が整って東洋第一次の風波は鎮定に帰すとして評価したが、近いうちに第二次の風波が日本に直接襲来することは必然とも考えていた[*77]。

中国・朝鮮をめぐって激動する国際情勢に翻弄される一方、国内では伊藤内閣が地租増徴を決断しつつ、民党との提携は拒絶したため、民党との間で対立気分が高まっていた。自由党・進歩党が合同して結党式（六月二二日）を挙行する直前の六月二〇日付で、黒田は西に書翰を出して[*78]、超然内閣と政党内閣の利害得失に関し、ヨーロッパ各国における歴史や、風土・人情・宗旨・人種の違いによる適否を問い合わせている。ヨーロッパ情勢に詳しく、またかつて一八九二年に黒田らへ憲法中止論を提出した西から回答があったとすれば、憲法の一部停止さえ念頭に置いていた黒田を安堵させる内容のものであったと思われる。黒田は、伊藤が政党結成を打ち出し、その是非が藩閥政治家の中で激論となった有名な六月二四日の元老会議以来憂慮を深めており、西へも歎息の意を漏らしている[*79]。

第三次伊藤内閣は大隈重信・板垣退助に内閣を譲って、総辞職した。自由党内では外相候補として伊東巳代治の名が挙がったようだが[*80]、結局は大隈首相の兼任に落ち着いた。いずれにせよ、最初の政党内閣である隈板内閣に西が留任する余地はなかったであろう。

4　おわりに代えて――その後の西徳二郎――

第一次大隈内閣（隈板内閣）が瓦解した後の第二次山県有朋内閣では、外相に青木周蔵が就任した。黒田は青木が「露国大忌嫌之其一人」で、大津事件のようにロシアの感情を害することへの憂慮を西へ伝えている。[*81]この憂慮は西も共有するものであったと推測される。

翌一八九九（明治三二）年一〇月一一日、西は三田の黒田邸で二時間にわたって談話を行った。[*82]西は、一八九七年四月二九日の談話と同様、中国将来に関する二説では、依然として今後五～六年のうちに清朝が瓦解するとか、大混乱を来すとかいったことはないという説を持していた。ただし、一〇～一五年後に関してはわからないが、ロシア政府（皇帝）の思想が「過激派」と「温和派」の中道、すなわち①ロシアは欧亜にまたがるので両州諸国の和親保持と各国民の安寧維持がロシア皇帝の任務である、②遼東半島占領・スラブ民族の播殖・鉄道開通によって「西伯利亜ノ出口ヲ開ク」ことを是認する、といった思想であることから、中国における内乱外患の際は中国内地において「露帝ハ清帝ヲ挾テ号令スルナラン」と予想している。すなわち、中国内地では北京ないし奉天を都とし、ロシアの保護のもとに清帝が統治する「支那帝国」（もしくは「共和国」）が成立し、中国沿岸地方は独・仏・英などが分割するものと西は想定していた。

そのような状況下において、西が最善と考える日本の対処方針は、「日本ハ既ニ釘ヲ打チタル福建一省ノ権利ヲ確守シ、其他ニ手ヲ出ササルヲ可トス」というものであった。福建省以外に手を出せば、「支那ニ干渉シタル揚句ニ、与ヘラルル物ハ自ラ取リ得ヘキ所ヨリ多ラスシテ、支那人ニ一世不和ノ怨恨ヲ抱カシムルハ、策ノ得タル者ニ非ルナリ」

という。日本は台湾統治が完成した後は、フィリピンやボルネオなど南方へ植民地を拡張するのを可とするのである。また、東洋問題の破裂は中国よりも朝鮮（韓国）の方でより早く生じると西は見ていた。満州鉄道（東清鉄道）が完成して、満州経営が進展すれば、朝鮮内の「露国党」が勢力を得て、「王ヲ挾テ露ニ保護ヲ請求スル」可能性があるからである。ロシアがこれを引き受けることは日本に宣戦布告するのと同じことなのですぐにはないにしても、ロシアの勢力が満州・遼東半島に行きわたればロシアは日本との戦いを恐れないであろう。

日露戦争となった場合[*83]、英独は自国の利害に関係ない朝鮮問題には直接干渉しないので、日本はロシアに対し単独で当たることになる。日本が勝った場合、朝鮮が日本の保護に帰し、樺太を回復するぐらいで、朝鮮保護の困難・費用を考えると格別の利益もない。ただし、国際政治的には形勢が一変し、日本の東方における位置はイギリスのヨーロッパにおけるそれに匹敵するものとなる。日本が勝利する条件は海戦によってロシア海軍を覆滅することであり、対露戦勝利後は衝突の種子が残るにしても、「露ト協商シ、汝ハ満洲ヲ徇《したが》ヘ北部ヲ経略セヨ、我ハ異議ヲ挾マサルヘク、共ニ手ヲ携ヘテ東方問題ヲ決セントノ協議」が整うであろう。もちろん、海戦で日本海軍が大打撃を被れば万事休すである。以上の言説から、佐々木隆氏が指摘[*84]するように、西が五年後に勃発する日露戦争の結果を的確に予測していたことがわかる。

日本が南方へ力を及ぼすべきか否かは黒田と意見を異にしたが、日本がロシアと朝鮮を争ううえでの善後策を黒田から問われた西は、「海軍力ヲ露ト比較シテ弱カラスト思ハバ、朝鮮問題ニハ一歩モ譲ラサル決心ヲ示スコト必要ナリト思フ」と答えている。

この談話筆記直後の一八九九年一一月二六日、西は駐華公使に就任する。『西伝』によると、西は、自分が外相だったとき青木に駐華公使の就任を求めたが応じなかったことを思い出して謝絶したが、黒田からの強い説得を受けて応諾したという。『西伝』の根拠となる史料は現在の所見当たらないが、前後関係からいってありそうな話である。西は山県首相らと打合せのうえ、[*85]北京へ赴任した。

駐華公使として西が直面したのが、義和団事件であった。一八九九年末から一九〇〇年にかけて、山東省で弾圧された義和団は直隷省に移動した。イギリス艦隊司令長官シーモア中将の指揮下に海兵二〇〇〇人余の列国連合軍（列国第二次出兵）が北京に向け天津を出発（六月一〇日）した直後の六月一五日、「陸上部隊先任将校之任務」についていた島村速雄（須磨艦長）は西へ書翰[*86]を送り、笠置と須磨の陸戦隊の様子など列国連合軍の苦境を伝えている。

同日の六月一五日、第二次山県内閣は中国への陸軍派遣を閣議決定した。また、二〇日には義和団が北京の各国公使館を包囲した。日本軍を主力とした約二万人の連合国軍は七月一四日天津を攻略、八月一四日に北京総攻撃を開始して、義和団によって包囲されていた列国公使館を解放した。八月二二日、西は伊藤へ書翰[*87]を送り、「幸に生存して貴音に接する」ことができたことを喜ぶとともに、義和団事件に便乗して列国に宣戦布告をした清朝政府側から誰も交渉に出てこないことに閉口している。西は李鴻章が出てこないとまとまらないと見ていたのである。

また、西は九月二八日に山県首相へ書翰[*88]を送り、後始末は各国共同でつける方向へと進行しているが、ロシアとドイツの両国が共同の名の下で自国の目的にのみ進む傾向があるため、事情が一変しかねないことを警戒している。

その後、北京駐在の各国公使と清朝政府との講和条件を協議決定し、一九〇一年に後任の公使として小村寿太郎が到着すると、西は帰朝した。同年一一月に西は枢密顧問官に就任して、死去まで続いた。

西が駐華公使の後、閑職についたのは、義和団事件の際の情勢判断ミス（義和団の波及度合いの軽視）のためとも言われる。確かに、西は多年中国問題に関心があったとしても、それはロシアの中国進出の観点からであって、また西は中国どころか、ロシアとフランス（ただし、ごく短期間である）以外の国に駐在した経験もなかった。よって、この説もありえないことはないだろうが、実際には、西の（特にロシアに関する）外交論・外交情報を高く評価し、西の抜擢を強く主張し続けた黒田の死（一九〇〇年八月）の方が理由として大きかったと思われる。日露戦争へ向けての対露外交を担ったのは、桂首相や小村外相などであって、ロシア通の西ではなかったのである。

注

＊1　坂本辰之助『男爵西徳二郎伝』（非売品、一九三三年、〈復刻〉ゆまに書房、二〇〇二年、以下『西伝』と略記）三〇三～三一四頁。

＊2　近代日本研究会編『年報近代日本研究一七　政府と民間―対外政策の創出』（山川出版社、一九九五年）所収。以下、「佐々木論文」と略記。

＊3　以下、戊辰戦争までは「西徳二郎回顧録」（「島津家文書」島津家本―さⅡ―七―六九、東京大学史料編纂所所蔵）を参照。『西伝』もこの回顧録を使用している（五～三七頁）。

＊4　明治三年七月二一日付西徳二郎宛大久保利通書翰、日本史籍協会編『大久保利通文書』（東京大学出版会、一九八三年、以下『大久保文書』と略記）三巻、五三一頁。『西伝』四五頁。

＊5　明治三年七月二三日付西徳二郎宛大久保利通書翰、『大久保文書』三巻、五三九頁。『西伝』四六～四七頁。

＊6　「辞令」、「西徳二郎関係文書」（国立国会図書館憲政資料室所蔵、以下「西文書」と略記）（書簡の部）三〇―一。

＊7　一八七三年一月二七日付西徳二郎宛大久保利通書翰、『大久保文書』四巻、四八三～四八六頁。『西伝』五九～六一頁。

＊8　一八七三年三月二七日付西徳二郎宛大久保利通書翰、『大久保文書』四巻、五〇〇～五〇一頁。『西伝』六二～六三頁。

＊9　一八七三年一二月九日付西徳二郎宛大久保利通書翰、『大久保文書』五巻、二一六～二一八頁。『西伝』六五～六七頁。

＊10　『西伝』六九頁。

＊11　「西文書」（書類の部）五。

＊12　一八七六年七月五日付花房義質宛西徳二郎書翰、「花房義質関係文書」（首都大学東京図書情報センター所蔵、以下「花房文書」と略記）二〇〇―一。

＊13　一八七九年一月二五日付榎本武揚宛西徳二郎書翰、「榎本武揚関係文書」（国立国会図書館憲政資料室所蔵）五一。

＊14　「西文書」（書類の部）一。

＊15　『西伝』八一頁。

＊16　西徳二郎『中亜細亜紀事』上下（陸軍文庫、一八八六年）二～三頁。『中亜細亜紀事』は、『異域叢書』（青史社、一九八七年）や

『明治シルクロード探検紀行文集成』三・四巻（ゆまに書房、一九八八年）として翻刻された。また、『中亜細亜紀事』上の全部と、下の一部は、金子民雄訳『海外渡航記叢書三　シルクロード紀行Ⅰ』（雄松堂出版、一九九〇年）として現代語訳が出版された。金子民雄氏は、西の中央アジア・イリ紀行を『中央アジアに入った日本人』（新人物往来社、一九七三年）で扱っている。

＊17　一八八六年四月五日付西徳二郎宛中島雄書翰、「西文書」（書簡の部）二九―四。

＊18　一八八六年一〇月一九日付三島通庸宛西徳二郎書翰、「三島通庸関係文書」（国立国会図書館憲政資料室所蔵）二三二一。西は松方正義への献本の際も同様のことを述べている（一八八六年一〇月一二日付松方正義宛西徳二郎書翰、「松方正義関係文書（寄託分）」二〇二―一、国立国会図書館憲政資料室所蔵）。

＊19　一八八六年一〇月一一日付吉井友実宛西徳二郎書翰、「山口コレクション」（神奈川県立公文書館所蔵）。

＊20　一八八二年九月一日付西徳二郎宛伊藤博文書翰、「西文書」（書簡の部）一―一。

＊21　一八八九年二月一〇日付黒田清隆宛西徳二郎書翰、『西伝』一二二～一二八頁。

＊22　西徳二郎「教育弁服制ノ草案」、「黒田清隆関係文書」（黎明館所蔵、以下「黒田文書」と略記）八七―七。

＊23　「西文書」（書類の部）三。

＊24　年月日不明榎本武揚宛西徳二郎書翰、『西伝』一四六～一四八頁。

＊25　榎本も西も黒田派の一員（すなわち、黒田清隆を介して関係がある）といってよい仲であり、また個人的にも榎本の駐露公使時代が西の留学時代と重なっており、両者は密接な関係にあった。

＊26　『東京日日新聞』一八九二年三月二二日、新聞集成明治編年史編纂会編『新聞集成明治編年史』八巻（財政経済学会、一九三四年）二二六頁。

＊27　『東京日日新聞』一八九二年三月二七日、同右二二八頁。

＊28　『団団珍聞』一八九二年四月二日号。湯本豪一編『図説明治人物事典　政治家・軍人・言論人』（日外アソシエーツ株式会社、二〇〇〇年）四四六頁。

＊29　「東西行違ひ」のあった井上馨には、五月六日付の書翰で意見書を送付のうえ、面会を求めている（一八九二年五月六日付井上馨宛西徳二郎書翰、「井上馨関係文書」一三三、国立国会図書館憲政資料室所蔵）。

＊30　「国会説及口述意見」、「西文書」（書類の部）二。

＊31　一八九三年一月一九日付伊藤博文宛西徳二郎書翰、伊藤博文関係文書研究会編『伊藤博文関係文書』全九巻（塙書房、一九七三

〜八一年、以下、『伊藤文書』と略記）六巻三三一〜三三二頁。
＊32　一八九三年九月二九日付西徳二郎宛陸奥宗光書翰、「西文書」（書簡の部）七―二。
＊33　一八九四年二月一八日付陸奥宗光宛西徳二郎書翰、「陸奥宗光関係文書」（国立国会図書館憲政資料室所蔵、以下「陸奥文書」と略記）九八―一五。
＊34　一八九四年九月二四日付西徳二郎宛青木周蔵書翰、「西文書」（書簡の部）八。
＊35　一八九五年五月一五日付西徳二郎宛陸奥宗光書翰、「西文書」（書簡の部）七―一。
＊36　一八九五年六月一〇日付西徳二郎宛青木周蔵書翰、「西伊三次所蔵文書」（宮内庁宮内公文書館所蔵、以下「西文書（伊）」と略記）。
＊37　一八九五年六月一一日付陸奥宗光宛西徳二郎書翰、「陸奥文書」九八―一六。
＊38　一八九五年六月三〇日（七月一日追書）付陸奥宗光宛西徳二郎書翰、「陸奥文書」九八―一七。
＊39　一八九五年七月三〇日付西徳二郎宛陸奥宗光書翰、「西文書（伊）」。「陸奥文書」九八―二三。
＊40　一八九五年一一月三〇日付西徳二郎宛陸奥宗光書翰、「西文書（伊）」。「陸奥文書」九八―二三。
＊41　一八九六年一月一五日付陸奥宗光宛西徳二郎書翰、「陸奥文書」九八―二六・二七。
＊42　一八九六年一月二三日付陸奥宗光宛西徳二郎書翰、「陸奥文書」九八―二八。「黒田文書」八九―二〇。「都筑馨六関係文書」（国立国会図書館憲政資料室所蔵）二八五―九。「憲政史編纂会収集文書」七〇九―一三（国立国会図書館憲政資料室所蔵）。
＊43　一八九六年三月一一日付西徳二郎宛陸奥宗光書翰、「陸奥文書」九八―二三。
＊44　一八九六年五月三日付陸奥宗光宛西徳二郎書翰、「陸奥文書」九八―三〇。
＊45　一八九五年七月一一日付陸奥宗光宛西徳二郎書翰、「陸奥文書」九八―一八。
＊46　一八九六年三月四日付西徳二郎宛黒田清隆書翰、「陸奥文書」六八―一二。「西文書（伊）」。信夫淳平『外交側面史談』（聚芳閣、一九二七年）一九三〜二〇〇頁。『西伝』二〇〇〜二〇二頁。
＊47　一八九六年三月一四日付西徳二郎宛陸奥宗光書翰、「西文書」（書簡の部）七―三。「西文書（伊）」。「陸奥文書」九八―二三。
＊48　一八九五年七月一一日付陸奥宗光宛西徳二郎書翰、「陸奥文書」九八―二九。
＊49　「サトウ日記」一八九六年五月四日条、E・サトウ著／長岡祥三・福永郁雄訳『アーネスト・サトウ公使日記』Ⅰ巻（新人物往来社、一九八九年）一三五頁。
＊50　年月日不明・差出人不明書翰（一八九五年五月付西徳二郎宛陸奥宗光書翰と推定）、「西文書」（書簡の部）二九―一二―三。

＊51 『西伝』一八九〜二〇〇頁。
＊52 「山県有朋意見書」、「西文書」（書類の部）四。『山県有朋意見書』二四〇〜二四六頁。
＊53 一八九五年五月一〇日付陸奥宗光宛西徳二郎書翰、「陸奥文書」九八―三一。
＊54 「西公使談話ノ概要」、「黒田文書」八五―一一。
＊55 「西枢密顧問官談話ノ概要」、「黒田文書」八五―一〇。
＊56 一八九七年一一月七日付黒田清隆宛西徳二郎書翰、「黒田文書」五七―一。佐々木論文三六〜三七頁。
＊57 一八九七年一一月一六日付西徳二郎宛高平小五郎書翰、「西文書」（書簡の部）一七。
＊58 一八九七年一一月二八日付山県有朋宛平田東助書翰、尚友倶楽部山県有朋関係文書編纂委員会編『山県有朋関係文書』全三巻（山川出版社、二〇〇四〜二〇〇七年、以下、『山県文書』と略記）三巻、一〇六〜一〇七頁。
＊59 一八九七年一一月二七日付西徳二郎宛都筑馨六書翰、「西文書」（書簡の部）二二。
＊60 一八九七年一二月二日付黒田清隆宛西徳二郎書翰、「西文書」（書簡の部）二―一。佐々木論文四二頁。
＊61 「徳大寺実則日記」一八九七年一二月三一日条。佐々木論文四五〜四六頁。
＊62 佐々木論文五一頁。
＊63 「西文書」（書類の部）三。
＊64 外務省編『日本外交文書』（日本国際連合協会、一九五四年、以下『外文』と略記）三一巻一冊三六〇〜三六二頁。この公信の草稿が「西文書」（書類の部）三にある。
＊65 一八九七年一〇月、朝鮮国王高宗は皇帝に即位し、国号を大韓帝国に改めた。以下、「大韓帝国」の略称として「韓国」を用いる。
＊66 一八九八年三月一七日付西徳二郎宛黒田清隆書翰、「西文書」（書簡の部）二―五。
＊67 一八九八年三月二五日付山県有朋宛桂太郎書翰、千葉功編『桂太郎発書翰集』（東京大学出版会、二〇一一年、以下『桂書翰』と略記）三七四頁。
＊68 『外文』三一巻一冊一五八〜一五九頁。
＊69 「西文書」（書類の部）三。
＊70 一八九八年三月二二日付西徳二郎宛黒田清隆書翰、「西文書」（書簡の部）二―六。佐々木論文五〇頁。
＊71 矢野は外交官としての専門的な技量（語学力）がないのにもかかわらず書記官の同席を嫌がり、自分では合従・連衡策を唱えた

蘇秦・張儀気取りで、独力かつ秘密主義的に総理衙門や北京の他国公使と交渉を進めるとして、林は矢野に対する強い軽蔑心と反発心を抱いており、西宛ての私信で矢野の更迭を求めている（一八九八年二月二七日・三月二六日付西徳二郎宛林権助書翰、「西文書」（書簡の部）一六—一・二）。

＊72 一八九八年三月二六日付西徳二郎宛林権助書翰、「西文書」（書簡の部）一六—二。

＊73 一八九八年四月七・一〇日付西徳二郎宛矢野文雄書翰、「西文書」（書簡の部）二九—六—一・二。

＊74 『外文』三一巻一冊一六三～一六四頁。

＊75 「西文書」（書類の部）三。

＊76 一八九八年四月二七日付山県有朋宛桂太郎書翰、『桂書翰』三七五～三七六頁。

＊77 一八九八年四月一六日付山県有朋宛芳川顕正書翰、『山県文書』三巻三三二～三三五頁。

＊78 一八九八年六月二〇日付西徳二郎宛黒田清隆書翰、「西文書」（書簡の部）二一—九。

＊79 一八九八年六月二六日付西徳二郎宛黒田清隆書翰、「西文書」（書簡の部）二一—一〇。

＊80 一八九八年六月二九日付山県有朋宛朝日奈知泉書翰、『山県文書』一巻三六～三七頁。

＊81 一八九九年八月一九日付西徳二郎宛黒田清隆書翰、「西文書」（書簡の部）二一—一八。

＊82 「三田黒田伯爵邸ニ於ケル西男爵談話ノ筆記」、「黒田文書」九四—八。

＊83 この段落の個所は、CD-ROM版の『黒田清隆関係文書』（北泉社、二〇〇二年）では裏写りや細字等のため判読不能である。原史料（黎明館所蔵）で確認しなければならないが、それまでは佐々木論文五九頁に依拠することにしたい。

＊84 佐々木論文五九頁。

＊85 一八九九年一一月一・一〇日西徳二郎宛山県有朋書翰、「西文書」（書簡の部）三—二・三。

＊86 一九〇〇年六月一五日付西徳二郎宛島村速雄書翰、「西文書」（書簡の部）二〇。

＊87 一九〇〇年八月二三日付伊藤博文宛西徳二郎書翰、『伊藤文書』六巻三三二頁。

＊88 一九〇〇年九月二八日付山県有朋宛西徳二郎書翰、『山県文書』三巻三五～三六頁。

七　著作権をめぐる国際基準の形成と日本
――ベルヌ条約と著作権法の改正――

加藤厚子

1　国内法の改正と国際基準の変更

本章の課題は、二〇世紀における新しいメディアの登場による著作権概念の変化と国際的な著作権保護法制の整備に、日本がどのように対応したのかを明らかにしようとするものである。

一八八六（明治一九）年九月、第三回ベルヌ条約創設本会議において「文学的及美術的著作物保護万国同盟」（Union international pour la protection des œuvres littéraires et artistiques）の創設が決議され、「文学的及美術的著作物保護万国同盟創設ニ関スル条約」（Convention internationale pour la protection des œuvres littéraires et artistiques 以下、ベルヌ条約と略記する）が制定された。これにより、加盟国においては各国国内法で規定されていた著作権が国際的に保護され、加盟国の国民である著作者には内国民待遇が適用されることになった。ベルヌ条約は国により異なる著作権概念を整合した加盟国間の共通認識として制定されたが、各国は著作権関連法規の制定を通じ、メディアの技術革新とそれに伴うベルヌ条約改正という大勢変化と、国内市場という限定的な情勢変化の両方に対応しなければならなくなった。

日本では、一八九四（明治二七）年に調印された日英通商航海条約の附属議定書第三により、領事裁判権の廃止に先立ち日本政府は工業所有権及び版権保護に関する列国同盟条約に加盟することを約すると規定され、条約実施は調印から五年後とされた。そして、版権保護に関する列国同盟条約＝ベルヌ条約の加盟前に、国際的な著作権保護を想定した新法律の制定が必要となった。ベルヌ条約パリ追加規定第三条では、本国法に定める方式の履行が、同盟国に属する著作者の著作権保護の条件となっていた[*1]。内地雑居が実現した以上、発生した著作権問題に対し、内国民待遇による対処を円滑に進める必要があったのである。そこで著作権法（明治三二〔一八九九〕年三月四日公布法律第三九号）が制定され[*2]、同年四月一八日、日本はベルヌ条約及びパリ追加規定に加入し、国際基準を遵守する立場となった。

ベルヌ条約に対しては、翻訳権を争点とした反対論が言論界を中心に展開されたことがよく知られている[*3]。これは日本は欧米からの知識吸収と諸分野の発展のために、広範囲かつ大量の翻訳書を必要としており、ベルヌ条約に参加すると著作者に拘束されない自由な翻訳が不可能になるため、ベルヌ条約には参加すべきではない（または脱退すべきである）というものであった。

一方で、一九〇〇—一九二〇年代は、音声メディア・映像メディアの技術革新が起こり、急速に普及した時期であった。言語や文化に起因する障壁が相対的に低いレコードや映画が普及し、広域で受信可能な放送が各国で実用化されると、これらの新しいメディアを念頭においた著作権概念の再検討が重要な課題となったのである。また、レコードや映画は複製芸術である特性から、世界規模で流通する商品として広域市場を形成し、そこに各国の市場は組み込まれていった。楽曲を演奏・歌唱し、それを記録したレコードを販売すると同時にラジオで放送する、という音声情報表出手段の複合化は、音声情報をめぐる諸権利を複雑にし、映画化という表現様式は、原作と映画作品との間に著作権問題を惹起した。各種ウインドウでのコンテンツ展開により派生する権利を誰に紐付けるか、国内外のどの基準に拠りそれを決定するのかという、著作権をめぐる現代の議論はここに胚胎していたのである。

また、音声メディア・映像メディアの急激な発達は、国際基準であるベルヌ条約と各国国内法との整合性が、対象物によって異なるという結果をもたらした。映画は新聞・出版と比べ、発明から産業化に至る期間が短く、市場の拡大や、撮影・編集などの技術革新、作品内容の多様化も急速であった。映画が発明されたのは一八九五（明治二八）年であるが、一八九〇年代後半には日本を含む各国で有料興行が開始されており、日本では一九〇三（明治三六）年に映画の定期興行を専門に行う常設館が浅草に出現し、一九一〇年代には都市部に映画常設館街が形成され始めていた。ベルヌ条約と各国国内法は、新しいメディア＝映画の発達と同時進行で、著作権概念のなかに映画を位置づけ修正を加えていかなければならなかったのである。ベルヌ条約に映画に関する規定が追加されたのは一九〇八（明治四一）年ベルリン改正条約制定会議及び改正条約（以下、ベルリン改正と略記する）時であり、著作権法では一九一〇（明治四三）年の改正時に活動写真、すなわち映画に関する規定が追加された。[*4] しかし後述のように、著作権法の規定はベルリン改正の規定とは同質ではなく、両者における映画に関する規定に類似性がみられるようになるのは、一九二八（昭和三）年ベルヌ条約ローマ改正条約制定会議及び改正条約（以下、ローマ改正と略記する）と、一九三一（昭和六）年著作権法改正においてであった。

溝渕久美子はベルリン改正とローマ改正の条文を比較し、ベルヌ条約における映画の概念と、映画という表現行為に付随する著作権概念の変化をふまえ、各国の立法担当者が想定した映画＝著作権法によって保護されるものと、実際に映画産業が製作する映画との間に認識のずれがあることを指摘した。[*5] また溝渕は、一九一〇年当時の映画作品において、舞台劇を映画化した「演劇物《しばゐもの》」が重要な位置を占めていたことから、一九一〇年著作権法改正をめぐる議論で、当時の映画は小説や演劇を複製するメディアとして扱われ、保護すべきメディアとして認識されていなかったとする。[*6] 酒井麻千子は著作権法の保護対象となる条件として「独創性」に着目して写真と映画とを比較し、ベルヌ条約と著作権法それぞれの映画に対する概念の差異を抽出した。酒井は差異が発生した理由として映画が企業により製作され、写真は基本的には個人製作であることを指摘している。[*7]

先行研究は、ベルリン改正・ローマ改正前後に焦点を絞ることで映画に関する著作権概念の変化を析出しているが、本章では、著作権法改正過程を軸として、映画に関する改正点を中心に、一九三〇年代までの著作権法各改正の意義を連続的に考察する。[*8] 国際基準の改正を、国内情勢や技術革新とならぶ一要因としてとらえ、国内法の制定・拡充過程における国際基準の位置づけとその変化を考察する一助としたい。

2　制定時における著作権法の特徴

制定時の著作権法には、条約改正という外的要因により制定が不可避とされ、国際基準であるベルヌ条約の存在を大前提に著作権という概念が新設され、現行法であった版権法（一八九三〔明治二六〕年公布）・脚本楽譜条例（一八八七〔明治二〇〕年公布）・写真版権条例（同前）を新しい概念の下に回収したという三点の特徴がある。このような特徴は条約改正期に制定・改正された法規に共通しており、著作権法の場合も、日本のマス・メディア産業の発達に伴う現行法の不具合解消という内的要因よりも、条約改正という外的要因による制定であることが、法案審議過程で明言されている。

版権法・脚本楽譜条例・写真版権条例の保護範囲は日本人著作者の文書・図画・楽譜・脚本・写真であったが、一八九九（明治三二）年一月一九日から貴族院で審議された著作権法案では、ベルヌ条約に基づき外国人著作者も対象となり、保護範囲は次のように拡大された。

第一条　文書演述図画彫刻模型写真其ノ他文学科学若ハ美術ノ範囲ニ属スル著作物ノ著作者ハ其ノ著作物ヲ複製スルノ権利ヲ専有ス

文学科学ノ著作物ノ著作権ハ翻訳権ヲ包含シ演劇脚本、浄瑠璃脚本、能楽脚本及楽譜ノ著作権ハ興行権ヲ包含ス[*9]

政府委員水野錬太郎は著作権法案について、版権法に比べ保護範囲は拡大したが「事柄ノ大体ハ現行法ト余計ハ違ハヌノデゴザイマス」と述べ、加藤弘之は次のように質問した。

サウスルト即チ今日ノ版権法ハ別ニ事柄ニ於テハ不足ナコトガ或ハ不都合ナコト、云フヤウナモノハ凡ソナイト云フ御考デアルノデスカ

これに対し政府委員の水野錬太郎は、「同盟ニ這入リマセヌナラバ余計ニ不都合ハナカラウト思ヒマス」と答えた。[*10]さらに、久保田譲は、現在の日本は知識や学術技芸を西洋諸国より輸入する「翻訳時代」にあるため、ベルヌ同盟に加盟すれば翻訳が制限され困難になる、それにも関わらず加盟するというのは、「我邦ノ文運ヲ進メル上ニ大ナル利益」があると考えてのことかと質問した。水野はこれに対し次のように答えている。

今日這入ルカ這入ラナイカト云フコトハモウ既ニ過去ッタ問題デ苟モ改正条約ヲ実施シヤウトスルナラバドウシテモ日本ノ義務トシテ這入ラネバナラヌノデアリマス、従ッテ今日デハモウ利益デアッテモ利益デナクッテモ這入ラネバナラヌコトニナッテ居ルノデ此事ノ利益デアルカ利益デナイカト云フ御問ニ対シマシテハドッチデアルカト云フコトハチョット明言スルコトハムヅカシカラウト思フノデゴザイマス[*11]

これらの水野の答弁からは、条約改正が制定の主要因であり、現行法の問題点解消は従属的要因であるという法案作成者の認識がうかがえる。

著作権法では、現行法の限定的な保護概念に代替する、ベルヌ条約に準拠した新しい広範な保護概念、すなわち彫

刻・模型などを加えた著作権保護範囲の拡大、外国人著作者の権利保護などが設定された。その一方で条文は、既存法規のなかから該当事項を切り出し組み合わせ、ベルヌ条約の構成に当てはめる形で構成された。[*12]水野は著作権法案条文の語句選定についての質問に対し、「日本ノ法律ヲ解釈スルニ条約ト同ジ意味ヲ以テ解釈スルカ或ハ条約ト竝ベテ日本ノ法律ハ日本ノ法律デ解釈スルノガ宜イカト云フコトニ帰スルダラウト思ヒマス」と答えているが、[*13]著作権法の場合、準拠すべき国際基準であるベルヌ条約も歴史が浅く、著作権に関する学説や加盟国の共通認識となるべき著作権概念もまた流動的であったため、ベルヌ条約と著作権法とは齟齬をきたしやすい不安定な状況にあったという特徴がある。

その典型が前掲の著作権法第一条による保護範囲の提示であった。著作権法制定当時、ベルヌ条約では写真は著作物として規定されていなかったが、著作権法では写真は第一条に含まれていた。これは著作権法が写真版権条例を回収したためであるが、このベルヌ条約と著作権法における写真の初期設定の差異が、後の著作権法における写真と映画それぞれの位置づけを複雑化したのである。

3　ベルリン改正と一九一〇年著作権法改正における相違

一九〇八年ベルリン改正において、ベルヌ条約に初めて映画に関する規定が第一四条として設けられた。主な内容は次の通りである。

第一四条　文学的学術的若ハ美術的著作物ノ著作者ハ活動写真ニ依ル複製及興行ヲ許可スルノ特権ヲ有ス
活動写真的製作物ハ著作者ガ登場若ハ現出セラレタル事件ノ組合セニ依リ其ノ製作物ニ人的且原始的ノ性質ヲ与ヘタル場合ニ於テハ之ヲ文学的若ハ美術的著作物ト看做ス

文学的学術的若ハ美術的著作物ノ活動写真ニ依ル複製ハ原著作物ト同一ニ保護セラルヘキモノトス但シ原著作者ノ権利ヲ害スルコトヲ得ス[*14]

第一四条第一項は映画を規定しながらも、映画化された著作物およびその著者の権利や立場を保護するという記述であり、原作の存在を想定した表記を採っている。第二項では保護されるべき著作物としての条件を提示している。「原始的ノ性質」は原文では「Caractère original」であり、これは後に一九三一（昭和六）年著作権法改正で「独創性」と訳出され導入された用語である。[*15] 第三項では映画と同時に、映画化された著作物の著者の権利保護が規定されている。溝渕は第二項について「ある題材が製作者の手による演出やイベントの構成によって加工された映画テクスト」こそがベルヌ条約立法者にとっての映画であったとした上で、第一項・第三項の表記から、映画は特定題材を製作者が加工した「翻案」のための装置として想定されていたと指摘している。[*16] 第二項は保護範囲たる映画を限定的にとらえるもので、記録映画のように事象を写し取ったものは、保護範囲から外れると解釈することができる。実際には記録映画にも製作者の演出意図が反映され、編集による意味づけがなされるのであるが、ベルリン改正時には劇映画以外の映画ジャンルが明確に意識されていなかったと推測される。

ベルリン改正に伴い、著作権法も改正作業に入り、一九一〇（明治四三）年一月、政府は著作権法中改正法律案を提出し、映画に関する条項として「第三二条ノ二　活動写真術ニ依リ他人ノ著作物ヲ複製シ又ハ興行スル者ハ偽作者ト看做ス」が設けられた。水野は第三二条ノ二の設置理由を次のように説明している。

例ヘバ紅葉山人ノ「金色夜叉」デアルトカ、或ハ「肉弾」トカ云フ書物ヲ、ソレヲ活動写真デ以テ写シテ―其状況ヲ写シテサウシテ活動写真ヲ興行スル、是ハ著者ニ取ッテハ随分迷惑デアル（中略）丁度他人ノ書物ヲ盗ンデ作ッタト同ジヤウナ取扱ヲスルト云フコトニナッタ、是ハ欧羅巴諸国ニ於テハ固ヨリ、日本ニ於テモ日本現時ノ必要ニ迫ラレタノデアリマス、条約ノ結果竝ニ我国ノ現状ニ照シテ必要アリトシテ此条ヲ加ヘルコトニシタノデ

アリマス[*17]

一九一〇年の著作権法改正には二点の特徴がみられる。

第一は、第三二条の二が著作権法「第一章　著作者の権利」ではなく「第二章　偽作」に置かれていることである。第一条の保護範囲には映画が追加されなかったが、ベルリン改正を批准し、国内法である著作権法で条約の施行を留保していない以上、映画に著作権が存することは自明であるとされた。また、第三二条ノ二を置くことにより、「映画に著作権があるからこそ、著作者の許可なく著作物を映画化することは偽作に該当する」と解釈可能であるとされたのである。[*18] 著作権法はベルヌ条約第一四条第二項に相当する保護対象たる映画の規定を欠いていたが、間接的な論法により映画における著作権の存在を示す形を採ったのである。

第二は、映画を「著作物ヲ複製興行スル」ものととらえていることである。水野の用いる「複製」は、「翻刻」「翻案」を包含する上位概念であり、水野は「翻刻」とは文書図画をそのままに模写印刷するものと説明している。「翻案」は元の著作物を異なる形態で模製することであり、小説の演劇化・映画化はこれに該当する。水野は「複製」について、「同一ノ形体ヲ以テスルト別種ノ形体ヲ以テスルト将タ又其ノ方法ノ如何ナルトヲ問ハサルナリ」としている。[*19] 映画は著作物を「複製」するための技術であるとみなされ、映画の無断使用や不正コピーの問題に関しては言及されず、映画そのものが保護を受けるメディアであるとする認識は希薄であった。[*20]

映画を「著作物を複製する技術」とみなす認識は、ベルヌ条約第一四条と著作権法第三二条ノ二に共通している。しかし、前者には第二項で保護対象たる映画の規定が置かれたのに対し、後者にはその規定がない。また著作権法では、間接的な論法で著作権の存在を示すにとどまり、映画の著作権に興行権が含有されるか否かは法文上に明記されていない。映画は第一条の保護範囲に含まれていないが、第一条が著作権法の保護範囲の「一例」を示す例示主義であるととるならば、第一条は広く一般著作物を保護すると解釈でき、映画もまたその一つとして保護範囲に含めることが可能である。そして映画は映写機にかけスクリーンに投影して初めてその性質＝画像が動くという性質を発揮できるのであるから、映画の著作権には興行権が包含されると解釈することができるというわけである。[*21]

一九一〇年著作権法改正における映画の規定は、映画を著作物の複製技術とみなす認識は共通するものの、条文に映画の著作物たる条件を規定したベルヌ条約ベルリン改正とは異質のものであった。一九一〇年改正における映画の規定は極めて間接的であり解釈論に依存していたといえるであろう。そしてその解釈論の根拠のひとつとされたのが、国際基準であるベルヌ条約であった。映画に関しては、「ベルヌ条約に加盟しており著作権法で条約に対する留保を規定していないのであるから、条約の著作権認識に従う」という、国際基準を国内法に援用する様式が、著作権法に装備されたのである。

一方、写真の保護に関してはベルリン改正で第三条が規定された。

第三条　本条約ハ写真及之ト類似ノ方法ヲ以テ作リタル著作物ニ適用ス締盟国ハ之ヲ保護スヘキ義務ヲ有ス[*22]

写真の保護についてはは各加盟国でかなり状況が異なるため、第三条は各加盟国が写真著作物の保護の義務を負うことを明確化するにとどまり、保護期間など保護の具体的内容は各国国内法に任されることとなった。[*23] 写真に関しては国内法が直接の規定を有していたわけであるが、写真と映画という近似した光学メディアが、国際基準・国内法それぞれで異なる処遇を受けることとなったのである。

4　一九二〇年代における著作権・興行権問題の顕在化

(1)　一九二〇年著作権法改正における音楽的著作物の保護

著作権法は一九二〇（大正九）年にも改正されているが、これは日本国内で発生したレコードの権利問題に起因する改正であった。映画に関してはベルヌ条約ベルリン改正・一九一〇年著作権法改正で規定が設けられたが、同様に比較的歴史の浅いメディアであるレコードは状況が異なっていた。ベルリン改正では第一三条で音楽的著作物の著作者の権利保護が規定されたが、一九一〇年著作権法改正では対応する改正が行われなかったのである。

一九〇七（明治四〇）年のレコード国内製造開始以降、国内のレコード市場は急成長を遂げ、現在の海賊版に相当する「複写盤」が横行するようになった。また歌手や浪花節・義太夫などの演者に人気が集まり、歌手や演者とレコード会社との契約をめぐるトラブルが発生したが、なかでも桃中軒雲右衛門事件は、著作権法における楽曲と演者、レコード盤の位置づけに対する法規的判断を示す結果となった。桃中軒雲右衛門は当時人気を集めた浪曲師で、ドイツのライロフォン社と専属契約していたが、一九一二（大正元）年に三光堂が発売したレコードの複製版が、三光堂からの販売開始直後に東京音譜製造商会から販売されたため、ライロフォン社の代表者リチャード・ワダマンが告訴したのである。[*24]

裁判の論点は、浪曲が著作権法に定める著作物に該当するか否か、浪曲が著作物でないとすれば、浪曲を記録したレコードを無許諾で複製した場合著作権侵害になるか否かの二点にあり、第一審（東京地裁大正元年一一月一一日）・第二審（東京控訴院大正二年一二月九日）は、雲右衛門の吹き込んだ浪花節を音楽的著作物と認め、これを機械的に複製することは著作権侵害であるとしたが、大審院では一九一四年七月四日「原院公私訴ノ判決ハ之レヲ破毀ス」とした。雲右衛門の浪花節は著作物ではないとし、これを記録したレコードを複製しても著作権侵害には当たらないと判断したのである。このため複写盤が増加し、レコード会社はレコードの製造方法を工夫し工業所有権による保護を図るなど対応を迫られたが、雑誌『蓄音機世界』を主宰する横田昇一が鳩山一郎に働きかけ、鳩山は一九二〇年七月、衆議院に著作権法中改正法律案を提出した。内容は第二二条ノ二として「音楽的著作物ヲ機械的ニ複製スルノ用ニ供スル機器ニ自己又ハ他人ノ著作物ヲ写調シタル者ハ著作者ト看做シ本法ノ保護ヲ享有ス但シ原著作者ノ権利ハ之カ為ニ妨ケラル、コトナシ」を追加するというものであったが[*25]、この条項は採用されず、次のように修正され法案は可決された。

第一条中写真ノ次ニ「演奏歌唱」ヲ加フ

第三二条ノ三　音ヲ器械的ニ複製スルノ用ニ供スル機器ニ他人ノ著作物ヲ写調スル者ハ偽作者ト看做ス

一九二〇年改正は国内レコード市場における製造・販売競争の激化を背景に、桃中軒雲右衛門事件に対する大審院判決を契機とした複写盤の横行を「違法化」するための改正であったといえる。レコードの場合、現実に保護しなければならない対象はコンテンツ＝演奏歌唱（実演）と、記録媒体＝レコード盤の二つがあった。ベルヌ条約第一三条は音楽的著作物の著作者、例えば作曲家が、音楽的著作物の写調と複製について許可する特権を有すると規定しているが、日本では複写盤の横行を防ぐため、写調を行った者、すなわち歌手や演者など実演者を著作者と規定する必要があった。そのため法案段階では、ベルヌ条約第一三条を留保するために、前述の第二二条ノ二が提案されたが、これは修正で削除され、代わりに第一条への追加と第三二条ノ三の設置が決定された[*26]。第三二条ノ三は映画を規定した前項と同じ様式であるが、当時のベルヌ条約は実演の保護を規定していなかった[*27]。演奏歌唱（実演）を著作物とするか否かが、著作権法によるレコード盤の保護を規定するために、第一条への追加で演奏歌唱を著作物に包含する方法が採用されたのである[*28]。すなわち、国際基準の国内法への援用が困難であり、国際基準の改正を待たず国内レコード市場の問題をすみやかに解決するために、より直接的な規定を必要としたと解釈できるのである。

(2) 興行権問題と法規による対処

一九二〇年代はレコードや映画への社会的需要が高まると同時に、著作権をめぐる問題が多発し、法規による対応が必要とされた時期でもあったが、映画の場合は不正コピーや正規輸入とは別ルートで輸入されたフィルムを使った上映が問題となり、興行権が議論の争点となった。一九二〇（大正九）年にはアメリカのメトロ社から輸入された「紅燈祭」（The Red Lantern）が、正規輸入とは別に輸入された中古品が「赤燈籠」の作品名で宣伝されたため、正規輸入者が興行所有権確認をめぐる訴訟を起こしたが、判例がないために示談が勧告され、両者同時封切となったという。[*29] 一九二五年には東京地方裁判所が「モンナ・ヴァンナ」の日本における独占興行権に関し、映画興行権の独立を認めない判決を下した。原告はドイツで映画「モンナ・ヴァンナ」事件に関し、映画興行権の譲渡を受けていたが、被告は同じ作品を上海から輸入し興行を計画、新聞広告を掲載したため、原告が興行権の確認を求めた。東京地裁は興行権確認の前提として、著作権法第一条には映画は含まれていないが、「舞台に上演すると均しく其の背景演技法等に独創の考案を用ひ」ており、「製作者の独創の精神的所産たる性質を有する」ものであるから、映画は著作権法の保護対象の著作物に該当するとした。そして著作権を認める以上、興行権も存在するが、映画の興行権は著作権から派生する機能であるとして、興行権単体での譲渡は認められないという解釈を示した。映画の著作権者甲が乙に作品Aの興行権を譲渡した場合、乙は合法的に興行を行うことができるが、「我国法律上何等の規定なきを以て何人にも対抗し得べき絶対権を取得するに由なし」であるため、同一地域で同じ作品Aの興行を行う丙がいても、乙は興行権者として丙に対し興行禁止を請求することができるか疑わしいというものである。[*30] 当時はこのような事例が多発しており、映画興行を行う事業者からは、著作権法の不備を訴える声が上がっていたという。[*31]

そこで、一九二五年に制定された活動写真「フイルム」検閲規則（内務省令第一〇号）では、映画検閲を応用して興行権を「証明」する条項が設置された。活動写真「フイルム」検閲規則は、それまで上映場所を所轄する警察で行われていた映画検閲を全国統一検閲としたもので、内務省警保局警務課による検閲で許可を得てフィルムに検印を受ければ、全国で上映を実施することが可能となった。第二条は検閲申請手続を規定した条項であるが、第四項として「検閲官庁必要アリト認ムルトキハ申請ニ係ル「フイルム」ノ興行権ヲ証スル書類ノ提出ヲ命スルコトヲ得」が示された。前述の例でいうならば、甲が作品Aの興行権を申告した後に、丁の名義で作品Aの検閲が申請された場合、内務省は丁に対し興行権の証明書類の提出を命じ、提出不可能であれば丁の申請は却下されることになり、もし甲と丁との間に係争が発生した場合は、甲からも権利証明書類を提出させ、甲・丁が共に承服するのを待ち、検閲または却下の処分を行うというものである。この条項の設置の背景には、全国統一検閲の実施に際し、映画興行事業者が「何とか便宜の方法を以て不正品の先廻り興行其の他の権利侵害を防止して貰ひたいとの熱烈な希望申出」をしたことがあり[*32]、施行後は「偽作「フイルム」の横行ははたと止んで、営業者は一般に此の規定の有難味を感じて」いたというが[*33]、当時検閲担当の事務官であった柳井義男は、この興行権確認はあくまで検閲からの派生行為であり、興行権トラブルの可能性を察知することは「取締上便宜であるから事実行為として認めてゐるに過ぎない」として、著作権法を改正し映画の著作権・興行権を法文上に明記すべきであると主張している[*34]。

一九二〇年代は、国内におけるレコード産業・映画産業の発達に伴い著作権問題が発生し、裁判を通じて、レコード・映画に対する社会認識や商取引の実態と、司法判断が乖離していることが明らかになった時期であった。著作権法は一九一〇年改正のままでは問題を解消できずさらなる改正が加えられ、それでもカバーできない不備は、別の法規が著作権法の「パッチ」として機能した。このようなレコードと映画をめぐる動向については、国際基準との補整が進められていた著作権法が、国内市場の動向に合わせて修正を迫られた過程であると評することができるであろう。

5　ローマ改正における概念の変化と一九三一年改正

(1)　ローマ改正における保護範囲の拡大

一九二八(昭和三)年、ベルヌ条約ローマ改正条約制定会議が開催され、ローマ改正条約が制定された。ベルリン改正時に次回の改正会議は一〇年以内に開催することが決定されたが、第一次世界大戦の影響で開催できず、一九二八年の開催となったが、この間にメディア関連の技術は飛躍的に発展し、コンテンツ市場は戦争からの回復を経てより多様化していた。そのためローマ改正では特に重要な案件として人格権・ラジオ放送・活動写真術及び写真術・音楽著作物の機械的複製の四件について特別委員会が組織され、会議は約一ヵ月間の長期にわたり開催された。特に問題となったのは各国で急激に普及し始めたラジオ放送であったが、放送の普及程度や著作権関連法規の整備状況は国によってかなり異なっていたため、具体的条件の規定は国内法に譲るとして、放送権の基礎的な規定として第一一条ノ二が設置された。

第一一条ノ二　（一）文学的及美術的著作物ノ著作者ハ其ノ著作物ヲ無線放送ニ依リテ公衆ニ伝フルコトヲ許諾スルノ特権ヲ享有ス

（二）前項ニ掲グル権利ヲ行使スルノ条件ハ同盟国ノ国内法ノ規定スル所ニ依ル但シ右条件ハ之ヲ規定セル国ニ於テノミ効力ヲ有スヘシ右条件ハ如何ナル場合ニ於テモ著作者ノ人格権ヲモ又協議調ハザル場合ニ於テ権限アル機関ノ定ムル公正ナル補償ヲ受クル著作者ノ権利ヲモ害スルコトヲ得ザルベシ[*35]

日本の場合、ベルヌ条約に先行して一九二〇年改正で演奏歌唱（実演）を著作物としており、次回の著作権改正で放送権を盛り込むこととなったが、これと相まって後の著作権法改正に大きな影響を及ぼしたのが、演奏権留保の放棄であった。ローマ改正では留保なき統一的権利を目指すとして、会議開催国であるイタリアが率先して自国の行ってきた留保を破棄し、各国にも留保の放棄を勧めた。日本は会議冒頭の代表演説で、第八条の翻訳権留保の絶対維持を表明すると同時に、ベルリン改正第一一条の演奏権留保放棄を示唆した。[*36]ベルリン改正第一一条の内容は次の通りである。

第一一条　本条約ノ規定ハ公ニシタルモノト否トヲ問ハス演劇脚本若ハ楽譜入演劇脚本ノ興行及音楽的著作物ノ

演奏ニ之ヲ適用ス

演劇脚本若ハ楽譜入演劇脚本ノ著作者ハ原著作物ニ関スル其ノ権利ノ存続スル期間内ハ其ノ翻訳ノ許可ナキ興行ニ対シテ保護セラルルモノトス

本条ノ保護ヲ享有セムカ為ニハ著作者ハ著作物発行ノ際其ノ興行又ハ演奏ヲ禁止スルコトヲ明示スルヲ要セス[*37]

日本は一九三一年の著作権法改正とともに第一一条の留保を放棄するが、明治期以来、ベルヌ条約に「拘束」されない「自由」な翻訳を確保するために維持されてきた第八条留保とは対照的に、第一一条留保に関しては議論されてこなかったといわれる。[*38]しかし、第一一条留保放棄により、日本国内で音楽的著作物の権利ビジネスが展開され、著作権法はさらなる改正を迫られることになる。

ローマ改正はまた、「トーキーの著作権は一体どこにあるのかというような難しい問題」が検討された「著作権の一つのエポックメーキングなもの」であり、[*39]映画の概念について大幅な見直しが行われた。最大の論点となったのは、条約で保護すべき映画の範囲であった。映画を規定する第一四条に関して、イタリア代表は映画をその内容から劇とそれ以外の二種類に分け、前者の保護は文学や美術などと同等とし、後者は写真と同等とする改正案を提示した。つまり文化映画や記録映画などは劇映画に比べ保護期間が短くなるわけである。これに対しフランス代表は区分の設置に反対して一律に保護する改正案を提示し、さらに保護範囲となる映画を定義する第一四条第二項の削除、第二条に映画を追加することを主張した。条約で保護すべき著作物を列挙した第二条に映画を追加すれば、第一四条第二項による定義は不必要だというわけである。[*40]

最終的に、第一四条はイタリア代表の意見を容れて次のように改正された。

（一）文学的学術的若ハ美術的著作物ノ著作者ハ活動写真ニ依ル複製翻案及公演ヲ許可スルノ特権ヲ有ス

（二）活動写真的製作物ハ著作者ガ其ノ製作物ニ原始的ノ性質ヲ与ヘタル場合ニ於テハ之ヲ文学的若ハ美術的著

作物ト看做ス若シ此ノ性質ヲ欠クトキハ活動写真的製作物ハ写真的著作物ノ保護ヲ共有ス

（三）活動写真的著作物ハ原著作物ト同一ニ保護セラルベキモノトス但シ複製若ハ翻案セラレタル著作者ノ権利ヲ害スルコトヲ得ズ

（四）前三項ノ規定ハ其ノ他活動写真術ト類似ノ方法ヲ以テ作リタル複製物若ハ製作物ニ適用ス[*41]

構成はベルリン改正と同一であるが、第二項にあった保護すべき映画の条件、「著作者ガ登場若ハ現出セラレタル事件ノ組合セニ依リ其ノ製作物ニ人的且原始的ノ性質ヲ与ヘタル場合」が削除された。これは他の著作物と比して加重な条件となっていた「人的」を削除して、他の著作物同様に「原始的ノ性質」＝独創性があればよいとしたものである。そして「原始的性質」の有無で映画を区分し、「原始的性質」を有するものは映画として保護し、「原始的性質」を欠くもの、すなわち風景や情景を記録した写実映画やニュース映画などは写真として保護すると規定された。[*42]

ローマ改正では第二条の保護すべき著作物の列挙に映画を追加しなかったものの、第一四条で「原始的性質」の有無に条件を収斂させることで、ベルリン改正による限定を解除し、実質的に「保護範囲」を映画全体に拡大したということができる。[*43] ただし、映画のうち写実映画やニュース映画は写真と同様に保護されることになったため、映画の種別により「保護内容」に差異が発生することになった。そして第三項で、映画は原作たる他の著作物と同様に、著作権を有することが確認されたのである。これは映画が他の著作物から独立した性質を有し、その作品が多様化していることが法理上でも認識され、現状に対応する形で改正が試みられたということができる。

(2) 一九三一年著作権法改正における特徴と問題点

一九三一年に実施された著作権法改正（以下、一九三一年改正と略記する）は、ローマ改正と一九二五（大正一四）年に開始されたラジオ放送に対応するため実施され、第二二条ノ五が新設された。これは著作者の放送権を認め、著作者と放送事業者が著作物の放送について協議し、これが成立しない時は、命令により金銭を支払うことでその著作物を放送することができるという強制許諾の規定であった。[*44]

映画関連では第二二条ノ二・三・四の新設と、一九一〇年改正で設置された第三二条ノ二の削除により、映画に関する規定において、外形上、国際基準であるベルヌ条約と国内法である著作権法は近似することになった。新設された条項は以下の通りである。

第二二条ノ二　文芸、学術又ハ美術ノ範囲ニ属スル著作物ノ著作権ハ其ノ著作物ヲ活動写真術又ハ之ト類似ノ方法ニ依リ複製（脚色シテ映画ト為ス場合ヲ含ム）シ興行スルノ権利ヲ包含ス

第二二条ノ三　活動写真術又ハ之ト類似ノ方法ニ依リ製作シタル著作物ノ著作者ハ文芸、学術又ハ美術ノ範囲ニ属スル著作物ノ著作者トシテ本法ノ保護ヲ享有ス其ノ保護ノ期間ニ付テハ独創性ヲ有スルモノニ在リテハ第三条乃至第六条及第九条ノ規定ヲ適用シ之ヲ欠くモノニ在リテハ第二三条ノ規定ヲ適用ス

第二二条ノ四　他人ノ著作物ヲ活動写真又ハ之ト類似ノ方法ニ依リ複製（脚色シテ映画ト為ス場合ヲ含ム）シタル者ハ著作者ト看做シ本法ノ保護ヲ享有ス但シ原著作者ノ権利ハ之ガ為ニ妨ゲラルルコトナシ[*45]

映画に関する一九三一年改正の特徴は四点挙げられる。

第一は、第一条に映画を追加せず、別条項＝第二二条ノ三を新設して映画が著作物であることを明示した点である。前述のように著作権法の保護範囲は第一条に例示されており、一九二〇年改正では演奏歌唱（実演）が追加された。内務省警保局図書課事務官として立案を担当した小林尋次によれば、第一条に映画を追加しなかった理由は二つあり、一つは第二で挙げるように映画には二種類があることを第一条内で示そうとすると法文の体裁が複雑化するためであり、もう一つは第一条で写真と映画を併記すると、第四で挙げる写真の位置づけへの疑義が表面化し法案成立の妨げになる恐れがあったためであった。[*46]

さらに第二二条ノ二では映画化権を規定しているが、これは一九一〇年改正で設置された第三二条ノ二に代替するものであった。前述の通り第三二条ノ二は偽作の面から映画化権を規定したもので、これを「表裏転換して」「著作権の機能として表から書変えたもの」が第二二条ノ二である。[*47] また第三二条ノ二は第一条の代わりに、間接的な論法で映画が著作物であることを示す機能も有していたが、第二二条ノ三が、映画が著作物であることを明示したために、第三二条ノ二は役目を終え削除されたということができる。第一条に追加せず別条により著作物を規定するのは異例であったが、国際基準の導入と、今まで構築されてきた法規構造の維持を両立させるための策であったといえるであろう。

第二は、条項にベルヌ条約の概念が移植されている点である。第二二条ノ三の後半では独創性の有無で映画を区分しているが、これはローマ改正第一四条第二項に対応した概念であり、ローマ改正の日本語訳では「原始的性質」と訳された「Carctère original」を「独創性」と訳出し、著作権法史上初めて導入したものである。またベルヌ条約第一四条第三項は、映画化した作品を原著作物と同様に保護すべきものとすると同時に、対象となった原著作物の著作者の権利を侵害することはできないと規定した条項で、ローマ改正では実体的改正はされなかったが、この規定は著作権法に第二二条ノ四として導入された。前半部分について、ベルヌ条約が著作物を主語としているのに対し、著作権法は著作者を主語とする違いはあるが、映画とその著作者、原作となった原著作物とその著作者との権利関係について規定したのは、著作権法ではやはり初めてであった。

第三は、原著作物の映画化の様々なパターンを想定した点である。従来、著作権法は映画を他の著作物の複製技術とみなしてきたが、原著作物との比較において、全くのコピーからオリジナルに近いものまで、「複製」の度合いに幅があることは法文上に反映されてこなかった。原著作物のある映画の著作者は第二二条ノ四により、全くのオリジナル作品ではなくても著作権法の保護を受けられる。[*48] いっぽうで原著作物がありながら「全く趣を異にした独創的著作物となる場合」も少なくないが、この場合は第二二条ノ四の後半にある原著作者の権利侵害に相当せず、第二二条ノ三により映画著作者は原著作者の権利を取得することになる。当然、原著作物を複製した作品が第二二条ノ三と四のどちらに該当するのかを機械的に峻別することは不可能であり、「映画全体として表現している精神的創作の内容が原作の創作内容とは別箇の新規なるものか否か」で判断すべきであるが[*49]、三と四の二項を置いたことは、作品内容の多様化という現状に、法規を対応させたものであると評することができるであろう。

第四は、国際基準であるベルヌ条約を移植したために、法理や条文表記に無理を生じた点である。最大の問題は、独創性を区分として導入したために、著作物であるはずの写真の位置づけに疑義が発生した点であった。小林の説によれば、著作権法の保護範囲たる著作物とは、精神的作品であり、独創性があり、かつまた文芸学術及び芸術（音楽を含む）の範囲に属するものである（すなわち労働の所産である製品や他人の作品の借用、事務的文書、実用的手工品などは該当しない）。そして、著作権保護の対象たるためには「個性ないし人格性」がある作品でなければならないが、「個性ないし人格性」があることは「独立の新著作物」と認められるものである、ということができ、「独創性」の存否もまた「独立の新著作物と認められるかどうか」で判断することができる。「独創性」という用語は一九三一年改正で導入された用語であるが、この論理でいえば、著作権法の保護範囲にある著作物の要件には独創性の有無が含まれることになる[*50]。

写真は著作権法制定時より著作権法の保護範囲に含まれており、独創性のある著作物ということができる。映画は第二二条ノ三により、独創性のあるものは原則として著作者の死後三〇年保護され、独創性のないものは写真と同様に著作者の死後一〇年保護されることとなった。しかしこの論理では、独創性があるはずの写真と「独創性のない映画」が同じ扱いを受けることになってしまい、写真における独創性の存否が疑われてしまうのである[*51]。

また、第二二条ノ四には「複製（脚色シテ映画ト為ス場合ヲ含ム）シタル者ハ」というかっこ書きがあるが、これは改正案審議中に追加されたものであった。著作権法では「複製」という用語を広義にとらえ、ここに翻刻や翻案を含めていたが、ベルヌ条約ではローマ改正で第一四条第三項が「複製又ハ翻案」と改正されたため、著作権法の表記に「翻案」に該当する字句がないという意見が出たのである。第二二条ノ四に追加すれば第一条にある「複製」の定義に疑義が生じるため、立案者である小林は追加に反対したが、結局第二二条ノ四のみに追加することで決定したという。[*52]

一九二〇年改正は国内問題の解消を主眼としており、ベルヌ条約が実演の保護を規定していなかったために援用することができず、国内法の構造に従った改正、すなわち第一条への追加が行われた。それに対し一九三一年改正では、それまで援用にとどまっていたベルヌ条約の概念を、ローマ改正を機として移植したことで、国際基準と国内法の差異は小さくなり、映画に関しては現状と法理との乖離が少なくなった。しかしその余波で、写真に関しては著作物であることに法理上の疑義が生じた。写真も映画同様に単なる記録から芸術表現へと多様化していたが、現状と法理との乖離が大きいことが浮き彫りになったのである。映画についていうならば、国際基準の導入と国内法の構造維持を比したときに、前者を優先させたのが、一九三一年改正であるということができるであろう。

6　一九三四年改正による保護政策の展開

一九三一（昭和六）年七月一八日、外務省告示第六〇号により演奏権留保の廃棄宣言が出され、翌月一日、著作権法中改正法律（法律第六四号）が施行された。これにより外国の音楽著作権、すなわち出版・レコードに関わる複製権、演奏についての演奏権、放送権が日本でも保護されることになった。そして当時「プラーゲ旋風」と呼ばれた外国人による著作権管理ビジネスへの対抗措置と、出版権設置を主目的として、前回改正からわずか三年後の一九三四年に著作権法が改正されたのである。
一九三一年八月、当時東京の府立高校で教師をしていたドイツ人・プラーゲ（Heinrich Max Wilhelm Plage）は、外国人の著作権に関する仲介業務を開始した。プラーゲは、音楽著作権のうち機械的複製権の管理と録音権を管理する団体の結集を目的として設立されたBIEM（Bureau Internationale de l'Edition Mécanique）と、イギリス・ドイツ・フランス・イタリア・オーストリアの音楽著作権団体Cartel des Sociétés D'Auteurs de Perceptions non Thératrales から日本における権利管理業務を委任され、[*53]外国人が著作権を有する音楽著作物について、それをラジオ放送や演奏会で使用する日本の諸団体に高額な著作権使用料を請求したのである。[*54]
プラーゲの行為は合法であったが、諸団体の負担意識は強く、また著作権に対する意識が希薄で知識も普及していない当時、プラーゲの行為は「プラーゲ旋風」と呼ばれ批判された。[*55]特に放送開始から日が浅く大量に音楽著作物を必要とするラジオ放送への影響は大きく、日本放送協会は使用料の金額をめぐりプラーゲや同時に契約した大日本作曲家協会・日本作歌者協会と対立し、特定の楽曲を放送できない期間が発生した。[*56]
一九三四年二月から著作権法改正作業は開始され、五月二日に著作権法中改正法律（法律第四八号）が公布されたが（翌年七月一五日施行）、この改正は一九七一（昭和四六）年の抜本改正まで、著作権法史上最大の改正と呼ばれた（以下、一九三四年改正と略記する）。この改正はプラーゲ旋風の防止と出版権制定という二つの目的から実施されたが、どちらの目的も、一九三一年改正が国際基準の導入を優先した改正であったことを背景に、そこで発生した国内問題を解消しようとするものであった。
著作権ビジネス対策として新設されたのが、第三〇条第一項第八号と、第二七条に付属する二項目である。
第三〇条第一項第八　音ヲ機械的ニ複製スルノ用ニ供スル機器ニ著作物ノ適法ニ写調セラレタルモノヲ興行又ハ放送ノ用ニ供スルコト

第三〇条は「既ニ発行シタル著作物ヲ左ノ方法ニ依リ複製スルハ偽作ト看做サス」という偽作の除外規定であり、放送の場合、生演奏による演奏には著作権（演奏権）の処理が必要であるが、適法に著作権（複製権）処理されたレコードによる演奏の場合には処理不要であり、著作権侵害にならないというものである。これにより、ラジオ放送でレコードを流す場合、出典を明示すれば著作者の許諾なしに放送することが可能になった。[*57] また第二七条には次の二項目が追加された。

著作権者ノ居所不明ナル場合其ノ他命令ノ定ムル事由ニ因リ著作権者ト協議スルコト能ハザルトキハ命令ノ定ムル所ニ依リ主務大臣ノ定ムル相当ノ償金ヲ供託シテ其ノ著作物ヲ発行又ハ興行スルコトヲ得

前項ノ償金ノ額ニ付異議アル者ハ民事裁判所ニ出訴スルコトヲ得

第二七条は著作権者不明の著作物で未だ発行されていないものは命令で発行できるとしたもので、二項目の追加により一定条件下で強制利用が可能となったのである。立案者である小林尋次は後年、第三〇条への追加を「法文簡素に過ぎた立案」であり、従来の条約が簡素な文章で書かれていることに影響されたほか、「当時の時代情勢として余りにもプラーゲという外国著作権者の権利攻勢が強かったことに起因して、ついその様にしたもの」であると述べているが、[*58] 第三〇条・第二七条への追加は現状対処の性格が強い。

また出版権の設定は、出版界の意向を反映したものであった。昭和初年の円本ブームで出版界は活況を呈していたが、著作権法では著作者保護が規定されている一方、出版者に対する保護は規定されていなかった。円本ブームに伴う需要増加で、著作者は出版契約を結んだ出版者に無断で、他の出版者と契約することがあったため、出版者は著作権法における保護の不備を訴え続け、一九二七年、一九三一年、一九三三年と出版権法案が提出されたが、いずれも審議未了となっている。一九三一年改正時には、著作権法における出版権設置の強い要望が出されたが、著作者からの反発が強く、「一応将来の著作権法の根本改正の機会に譲ることとして妥協して貰って、昭和六年の一部改正は、単にローマ条約に照応した部分だけに限ること」とされたため、出版権設定は一九三四年改正に盛りこまれ、出版権が第二章として追加されるという、大規模な改正が実施されたのである。[*59]

一九三四年改正は章を新設したため立法技術的には大規模な改正となったが、国際基準の導入による法概念の変更は少なく、日本国内で発生した問題に合わせて、国際基準を移植した一九三一年改正を修正したものであるといえるであろう。一九三一年改正当時の演奏権留保放棄と第二二条ノ五制定は、国際基準と国内法の接続を達成し、それまで実働していなかった著作権管理が、日本と外国との双方向で起動する可能性を拓いた。ここで展開されたのがプラーゲによる著作権管理ビジネスであり、外形的には国際基準と国内法との接続を具現化したものであったが、著作権意識の格差と日本の実演における商慣習との乖離から、プラーゲの手法は批判を受けることになったのである。

一九三五年秋頃からは、作家を中心にベルヌ条約脱退論が提唱されるようになっていたが、[*60]一九三七年末、プラーゲは大日本音楽作家出版者協会を設立し、日本人著作者に対して加入と著作権の委託を求めた。[*61]一九三八年一月末、プラーゲの動向に危機感を持った内務省、大日本作曲家協会・現代日本作曲家連盟、東京音楽協会、日本演奏家連盟が会合を開催し、仲介団体設立の基本方針が決定された。[*62]そして制定されたのが「著作権ニ関スル仲介業務ニ関スル法律」（法律第六七号、一九三九年四月五日公布、同年一二月一五日施行）であった。「著作権ニ関スル仲介業務ニ関スル法律」は著作権に関する仲介業務を業として開始するときは主務大臣の許可を必要とするものであり、大日本音楽著作権協会と大日本文芸著作権保護同盟が営業許可を得たが、プラーゲの申請は却下された。これは許可制を用いた政府による著作権管理団体の集約管理であり、一九三一年改正で形成された国際基準と著作権法との接続を中間団体により抑制する構想であったといえるであろう。

7　著作権法改正における国際基準の位置づけ

本章は一八九九（明治三二）年以降の、ベルヌ条約改正過程と著作権法改正過程とを並行して検討し、映画を対象分野として、著作権法各改正におけるベルヌ条約の位置づけをふまえ、各改正の特徴を抽出した。最後に、著作権法改正における国際基準の位置づけについて考察し、今後の課題を示すこととしたい。

前提となるのは、著作権学説の蓄積が少なくベルヌ条約も歴史が浅いという、国際基準が流動的な状況のなか、条約改正という外的要因と時限の下で、著作権法が制定され、既存の法規が回収されたという点である。新規概念を一から法文化する立法とは異なり、著作権法は、著作権という新規概念の下に既存法規の先例を配列するという方法が採られた。内地雑居が存在し、社会における文化交流が深まるなか、外国人との間で著作権をめぐる問題が発生する可能性は非常に高い状態にあったが、既存法規は日本人著作者の権利保護と国内市場を想定して制定されていた。

制定から一九三四年までの著作権法改正の過程を、映像メディア・音声メディアについて連続的にとらえた場合、「ベルヌ条約に伴い著作権法が改正されると、著作権をめぐる国内問題が発生し、問題解消を主眼とした改正が実施される」という特徴的なパターンを見出すことができる。さらに、各段階の特徴は次のようにまとめることができる。

ベルヌ条約改正に伴う改正（一九一〇年改正・一九三一年改正）では、ベルヌ条約の概念の導入が図られた。これは国際基準の国内法への導入であるが、一九一〇年改正ではベルリン改正＝国際基準を国内法に援用するという間接的な導入が行われた。一九三一年改正はローマ改正を直接反映した改正が優先的に実施され、映画に関しては国際基準と国内法との差異が小さくなった。

著作権をめぐる国内問題に関しても共通性がみられる。一九一〇年改正と一九二〇年改正の間には桃中軒雲右衛門事件が発生し、一九三一年改正と一九三四年改正の間にはプラーゲ旋風が起きているが、どちらも著作権が海外と双方向交流するなかで発生した事件であるといえる。桃中軒雲右衛門事件の核になったのは、複写盤製造・流通という国内限定の問題であった。しかし、雲右衛門が専属契約していたのはドイツのライロフォン社であった。当時は海外のレコード会社が多数のレーベルを世界各地で展開し、地元の人気コンテンツをホールドするという動きが盛んであり、雲右衛門の音源が商業的に海外流通したわけではないが、著作権問題を発生する可能性がある、越境的な著作権管理が現実のものとなっていたのである。プラーゲ旋風の場合、海外の音楽著作物の利用は以前から行われていたが、一九三一年改正をきっかけに、日本と外国の間で双方向の著作権管理業務が可能になったがために、発生した事件であるということができる。

国内問題解消を主眼とした改正（一九二〇年改正・一九三四年改正）は、眼前の問題を解消するためのいわば対処療法としての改正であった。そして著作権法以外の法規、活動写真「フイルム」検閲規則や「著作権ニ関スル仲介業務ニ関スル法律」によって、著作権法の補完が行われた。

著作権法改正のパターンは二回繰り返されたことになるが、両者には相違点がある。「一九〇八年ベルリン改正→一九一〇年改正→一九二〇年改正」という一回目のパターンでは、ベルヌ条約と著作権法との法文上の乖離があるために、著作権法の構造に問題が発生することはなく、一九二〇年改正は国内法の慣例に沿った立法技術を用い、問題の解消を図ることができたと考えられる。しかし「一九二八年ローマ改正→一九三一年改正→一九三四年改正」という二回目のパターンでは、一九三一年改正で国際基準の移植を優先したために、写真の位置づけをめぐり法構造に歪みが生じた。そして移植による国際基準と国内法の接続は、著作権の双方向交流を可能にすると同時に、著作権管理業務が国内参入する基盤を整備することになった。プラーゲによる著作権管理業務は合法であったが、日本のコンテンツ契約の慣例とそぐわなかったために「問題化」し、国内のコンテンツ市場における「問題」解消のために、一九三四年改正と「著作権ニ関スル仲介業務ニ関スル法律」による補完が行われたととらえることができる。

本章は映画を中心に音声メディア・映像メディアをめぐる、著作権法改正の過程を検討したが、今後の研究では二つの課題が存在すると考えられる。

一つは同時代の市場状況との対照である。映画の場合、一九〇〇―三〇年代は、国産映画は国内市場でほぼ全てが消費されており、在外邦人向けの輸出を除き、海外市場をほとんど持たなかった。そのため双方向市場は成立していなかったといえるが、閉鎖的状況で急成長を遂げた映画市場をどのように認識していたかは、立法に大きな影響を及ぼしていたと考えられる。同様に翻訳、音楽、演劇、写真などについても、同時代の市場の状況との比較が重要になるであろう。もう一つは、著作権法を総体としてとらえ、その法的特徴の変遷を明確化することである。従来著作権法研究は、出版物を中心に、一つの分野に絞り込んで行われてきた。著作権法はメディアの発達・衰退とともに、基本概念を含めた頻繁な再検討を必要とする多面性を有した法律であり、様々な課題を抱えながら拡張を続けている法律である。二〇一四（平成二六）年現在、環太平洋戦略的経済連携協定（Trans-Pacific Strategic Economic Partnership Agreement）における著作権関連協議の不調にみられるように、国際基準と、著作権法や国内市場の状況との不適合が問題になっているが、このような問題は国際基準と著作権法の改正経緯にその萌芽が見受けられるのである。今後は国際基準の多様化とメディアの変化をふまえ、複数分野の検討から著作権法の多面性を明確化し、著作権法の全体像を考察することが必要であると考えられる。

注

＊1　一八九六（明治二九）年五月四日、パリでベルヌ条約の修正追加規定及び解釈宣言書への署名が行われた。

＊2　通常、現行著作権法（法律第四八号、一九七〇年五月六日公布）と区別するため旧著作権法と表記されるが、本章では著作権法と表記する。
＊3　著作権法百年史編集委員会編『著作権法百年史』（著作権情報センター、二〇〇〇年）九四―一〇八頁。
＊4　映画という用語が一般化するのは一九二〇年代半ばであるが、本章では煩雑を避けるため映画という呼称に統一する。
＊5　溝渕久美子「「翻案」メディアとしての「活動写真」―戦前日本の映画著作権法に関する予備的考察・初期ベルヌ条約を中心に―」（『表現と創造』五号、名古屋大学大学院人間情報学研究所、二〇〇四年）。
＊6　溝渕久美子「日本における初期の映画著作権法に関する考察―「演劇物」との関係を中心に―」（『表現と創造』六号、名古屋大学大学院人間情報学研究所、二〇〇五年）。
＊7　酒井麻千子「旧日本著作権法における映画と写真の位置づけ―旧法第二二条の三における「独創性」概念に関連して―」（『情報学研究』東京大学大学院情報学環紀要、八三号、二〇一二年）。
＊8　一九四五（昭和二〇）年までに、旧著作権法は一九一〇（明治四三）年、一九二〇（大正九）年、一九三一（昭和六）年、一九三四年、一九四一年に改正されている。一九四一年改正は「委員会等ノ整理ニ関スル法律」（法律第三五号）により著作権審査委員会の審査内容を変更したものであるため、本章では一九四五年までの実質的な最後の改正である一九三四年改正までを扱う。
＊9　内務省『著作権法理由書』（内務省　一九〇四年）五頁。最終的に第一条は次のように修正された。
第一条　文書演述図画彫刻模型写真其ノ他文芸学術若ハ美術ノ範囲ニ属スル著作者ハ其ノ著作物ヲ複製スルノ権利ヲ専有ス
文芸学術ノ著作物ノ著作権ハ翻訳権ヲ包含シ各種ノ脚本及楽譜ノ著作権ハ興行権ヲ包含ス
＊10　前掲『著作権法理由書』九頁。
＊11　同前。
＊12　例えば、ベルヌ条約では脚本・楽譜に対し興行・演奏の字句を対応させているが、著作権法では両者に対し興行の字句を対応させている（第一条）。これは日本では、興行税徴収・警察取締の体系下において、演劇興行と演奏会が同種として扱われているという慣例を踏襲しているためであるという（前掲『著作権法理由書』一一頁、政府委員森田茂吉の答弁による）。また第二三条では写真の保護期間を一〇年としているが、版権法制定当時の立法主意は分からないが、版権法を踏襲して一〇年に規定したと説明されている（前掲『著作権法理由書』二五頁、水野の答弁による）。
＊13　前掲『著作権法理由書』一四頁。

＊14　日本語訳文は柳井義男『活動写真の保護と取締』（有斐閣、一九二九年、三五頁）による。
＊15　小林尋次『再刊　現行著作権法の立法理由と解釈─著作権法全文改正の資料として─』（第一書房、二〇一〇年）六八─六九頁。小林は一九三一（昭和六）年・一九三四（昭和九）年著作権法改正の担当者である。
＊16　前掲「「翻案」メディアとしての「活動写真」─戦前日本の映画著作権法に関する予備的考察・初期ベルヌ条約を中心に─」。
＊17　「著作権法中改正法律案委員会議録（速記）第二回　明治四三年二月一四日」『第二六回帝国議会衆議院議事速記録』四頁。
＊18　前掲『活動写真の保護と取締』五四─五八頁。
＊19　前掲『著作権法百年史』一三四頁。
＊20　前掲「日本における初期の映画著作権法に関する考察─「演劇物」との関係を中心に─」。
＊21　前掲『活動写真の保護と取締』五七頁。
＊22　同前、九二五頁。
＊23　前掲「旧日本著作権法における映画と写真の位置づけ─旧法第二二条の三における「独創性」概念に関連して─」。
＊24　事件・裁判の概要は大谷卓史「桃中軒雲右衛門事件」（『情報管理』第五六巻八号、二〇一三年）、能見善久「桃中軒雲右衛門事件と明治・大正の不法行為理論」（『学習院大学法学会雑誌』第四四巻第二号、二〇〇九年）、前掲『著作権法百年史』一七三─一八三頁による。本章では Richard Werdermann の日本語表記は当時の裁判資料・報道の表記に基づきリチャード・ワダマンとする。
＊25　「第二十　著作権法中改正法律案（鳩山一郎君提出）第一議会」『官報号外　大正九年七月十五日衆議院議事速記録第十一号』二〇六頁。
＊26　衆議院著作権法中改正特別委員会では、改正案が提出された第二二条は拡大解釈が可能であり改正の必要はないとされ、他の条項に追加する手法が採用された。
＊27　実演に関する規定は一九二八（昭和三）年ローマ改正会議及び改正条約から検討が開始された。
＊28　現行法では演奏歌唱は実演とみなされ著作権隣接権として扱われている。
＊29　田中純一郎『日本映画発達史Ⅰ』（中央公論社　一九七五年）三三二頁。
＊30　「東京地方裁判所判決中間判決　映画興行権の独立を認めざる判例」（大正一四年（ワ）第九〇四号興行権確認並損害賠償請求事件）市川彩『日本映画法規類聚』（銀座書房　一九二八年）一〇二～一〇五頁。
＊31　前掲『活動写真の保護と取締』四四七～四五〇頁。

＊32　同前、四四一頁。
＊33　同前、四四九頁。
＊34　同前、四四六～四五〇頁。
＊35　JACAR（アジア歴史資料センター）Ref.A03021829200「御署名原本・昭和六年・条約第四号・文学的及美術的著作物保護ニ関スルベルヌ条約（国立公文書館）」。
＊36　赤木朝治・松田道一『文学的及美術的著作物保護条約改訂羅馬会議報告書』（内務省警保局、一九二八年）三九～四二頁。
＊37　市川彩『日本映画法規類聚』（銀座書房　一九二八年）一二頁。
＊38　前掲『著作権法百年史』二二九頁。
＊39　「土屋正三氏談話第二回速記録（昭和四二年一二月一九日実施）」国会図書館憲政資料室所蔵『内政史研究会旧蔵資料』三八、一三～一四頁。土屋は当時内務省警保局図書課課長であり、ローマ改正条約会議に出席していた内務省復興局部長の赤木朝治から請訓を受け、関係省庁との協議結果を赤木に訓電していた。
＊40　前掲『活動写真の保護と取締』二七二～二九〇頁。
＊41　同前、九三二頁。
＊42　前掲『再刊　現行著作権法の立法理由と解釈―著作権法全文改正の資料として』五三頁。
＊43　前掲「「翻案」メディアとしての「活動写真」―戦前日本の映画著作権法に関する予備的考察・初期ベルヌ条約を中心に―」。
＊44　原文は次の通りである。「無線電話ニ依ル放送」とはラジオ放送を指す。
第二二条ノ五　文芸、学術又ハ美術ノ範囲ニ属スル著作物ノ著作権ハ其ノ著作物ノ無線電話ニ依ル放送ヲ許諾スルノ権利ヲ包含ス
無線電信法及之ニ基キ発スル命令ニ依リ主務大臣ノ許可ヲ受ケタル放送無線電話施設者ハ既ニ発行シ又ハ興行シタル他人ノ著作物ヲ放送セントスルトキハ著作権者ト協議ヲ為スコトヲ要ス協議調ハザルトキハ命令ノ定ムル所ニ依リ主務大臣ノ定ムル相当ノ償金ヲ支払ヒ其ノ著作物ヲ放送スルコトヲ得
前項ノ償金ノ額ニ付異議アル者ハ民事裁判所ニ出訴スルコトヲ得
＊45　JACAR（アジア歴史資料センター）Ref.A03021797300「御署名原本・昭和六年・法律第六四号・著作権法中改正（勅令第二百二号参看）（国立公文書館）」。

＊46　前掲『再刊　現行著作権法の立法理由と解釈―著作権法全文改正の資料として―』五一頁。
＊47　同前、五三頁。
＊48　立案者である小林尋次は著作者というものは自然人であるととらえており、映画作品の著作権は自然人である映画監督が原始取得するが、映画監督は映画会社の被雇用者乃至専属契約下にあるので、契約に基づき作品完成と同時に著作権は法人たる映画会社に移ると説明している（前掲『再刊　現行著作権法の立法理由と解釈―著作権法全文改正の資料として―』八七～八九頁）。
＊49　同前、五二頁。
＊50　同前、二五～二九頁。
＊51　同前、四六～四八頁、前掲「旧日本著作権法における映画と写真の位置づけ―旧法第二二条の三における「独創性」概念に関連して―」。
＊52　前掲『再刊　現行著作権法の立法理由と解釈―著作権法全文改正の資料として―』八六～八七頁。
＊53　前者は一九三一（昭和六）年に、後者は翌年に権利管理業務を委託した。
＊54　プラーゲについては前掲『著作権法百年史』二二八～二三四頁、大家重夫『著作権を確立した人々―福澤諭吉先生、水野錬太郎博士、プラーゲ博士…―』（成文堂　二〇〇三年）一八四～二〇六頁を参照。
＊55　プラーゲは音楽界開催の情報を得ると内容証明郵便を送付して演奏予定の曲目を通知するよう要求し、使用料を支払わなければ、演奏を禁止すると通告した。応答しなかった演奏会に対しては、演奏前に楽譜を差し押さえたり、損害賠償を請求したりした。また、週に二、三度、野戦将校用の望遠鏡を持って劇場や演奏会場を訪れ、アンコールでどのような曲を実演するか監視し、後で使用料を請求したという（前掲『著作権を確立した人々―福澤諭吉先生、水野錬太郎博士、プラーゲ博士…―』一八六～一八七頁）。また、プラーゲによる請求の根拠が明確ではなく、使用料をまけることもあったため、不信をかったという指摘もある（大家重夫「プラーゲ旋風―一九三〇年代、日本の著作権事情」『知的財産法研究』一三八号、二〇〇八年）。
＊56　一九三三（昭和八）年六月一六日から七月末まで、日本放送協会は公式の儀式を除き、大日本作曲家協会会員の著作物を放送できなくなった。また同年八月一日から翌年七月一一日までは外国曲が放送されなかった（前掲『著作権法百年史』二三〇～二三一頁）。
＊57　第三〇条第一項第八号は戦後も存続し、一九六〇（昭和三五）年九月にスイスで開催された作詞家作曲家協会国際連合（Confédération Internationale des Sociétes d'Auteurs et Compositeurs）総会において非難されたため、一九七一（昭和四六）年

に実施された著作権法の抜本改正の理由のひとつとなった（前掲「プラーゲ旋風―一九三〇年代、日本の著作権事情」）。

＊58　前掲『再刊　現行著作権法の立法理由と解釈―著作権法全文改正の資料として―』一五七頁。

＊59　同前、五～六頁、前掲『著作権法百年史』二三六～二三七頁。

＊60　前掲『著作権法百年史』二三八頁。

＊61　参加した山田耕筰はドイツから七〇〇円の送金を受けたという（前掲『著作権法百年史』二三八頁）。

＊62　前掲『著作権法百年史』二三八頁。

八　国際連盟と日本

――「聯盟中心主義外交」と通商衡平化問題――

和田華子

1　「国際協調主義外交」の展開

パリ講和会議でウッドロー・ウイルソン（Woodrow Wilson）が提唱した「世界平和のための計画」は、秘密外交の廃止、民族自決、経済障壁の撤廃、そして国際連盟の創設等、従来の外交形式を否定し、いわゆる「新外交」を提案するものであり、国際社会に与えたインパクトは多大なものであった。

また、第一次世界大戦後の新たな国際社会の構築は、日本外交においても一大転換期となった。パリ講和会議の首席全権であった西園寺公望は、帰国後に提出した上奏文において次のように述べている。

今次ノ会議ノ結果ハ国際政局ニ於ケル帝国ノ地位ニ影響セル所至大ニシテ、帝国ハ世界五強ノ班ニ列シテ茲ニ欧州政治ニ関与スル端ヲ開キ、又国際連盟ニ於ケル重要ノ地歩ヲ占メテ、将来洽ク東西各般ノ案件ニ参画スルノ権利ヲ獲タリ[*1]

こうして日本外交には、日本が関与する地域や課題の地球規模化という「グローバル化」と、国際連盟による諸問題の多国間処理という「国際化」への一大転換が生じた。同時に日本には、従来の日本ないし東アジア地域に限定された外交課題と国益を考慮すればよいという外交から、国際連盟等の多国間協調システムにより解決が模索された国際社会全体の安定に関わる国際的課題と国益を比較・考慮する外交への転換が求められたのである。よって日本は、この転換に即した新たな外交フレームの形成をせまられたのであった。[*2]

本章の目的は、この第一次世界大戦後に形成された日本の新たな外交フレームと、その外交フレームに即した日本外交の実態を解明しようとすることにある。

この検証にあたり、本章では国際連盟と日本の関係に着目する。近年、国際連盟と日本の関係については研究が進展しつつあるものの、ヴェルサイユ体制と日本外交に関する研究は、ワシントン体制と日本外交に関する研究と比較し、蓄積が少ないといわざるを得ない。[*3]その理由として、日本とヴェルサイユ体制ないし国際連盟との関係は、パリ講和会議における日本の外交態度に対する「サイレント・パートナー」や消極性をともなう「大勢順応主義」という評価に代表されるように、[*4]ワシントン体制と比較し極めて希薄なものであるとされたことが推察される。それにより一九二〇年代の日本と国際連盟の関係がほとんど検証されないなか、一九一〇年代と一九三〇年代の日本と国際連盟の関係により、一九二〇年代の日本と国際連盟の関係が評価される、という状況が発生しているのである。

また従来、日本と国際連盟の関係が論じられる際には、国際連盟における個別的事件ないし案件における日本の行動や、[*5]国際連盟の本部があったジュネーヴで日本が展開したジュネーヴ外交の検証[*6]から評価がなされてきた傾向にあるように思われる。

しかし、第一次世界大戦後に形成された日本の新たな外交フレームを、国際連盟と日本の関係から考察する上では、従来の国際連盟と日本に関する研究の成果をふまえつつ、新たに次の視角による国際連盟外交における外交理念や政策の実態の検証が必要であると筆者は考える。それは、日本の重要外交課題の解決と国際連盟体制の関係である。戦間期、「グローバル化」及び「国際化」により生じた日本の重要外交課題を解決する上では、国際連盟体制への対応や考慮が必要とされた。なぜならば、従来、当事国間のみで処理されていた政治・経済・文化・社会問題の解決が、国際連盟による機関主義化及び国際標準化に変化したためである。

そこで本章では、通商衡平化問題をケーススタディとしてとりあげ、日本の重要外交課題の解決と国際連盟体制の関係について、主に外務省の動向から検証することにより、第一次世界大戦後に日本が形成したいわゆる「国際協調主義外交」ないし「聯盟中心主義外交」[*7]の実態を明らかにする。具体的には、日本が経済的平等を主張した通商衡平化問題の展開過程について、日本が国際連盟を軸とした国際体制下で展開した多角的な外交活動を分析することで明らかにする。これにより、戦間期の日本外交史研究に新たな視座を提示したい。

通商衡平化とは、自由通商を阻害する要因を除去し通商条件の平等を進めようとする原則で、ウィルソンによる「一四か条」中に関税障壁撤廃とともに提示され、国際連盟規約第二三条(E)にも「交通及通過ノ自由並一切ノ連盟国ノ通商ニ対スル衡平ナル待遇ヲ確保スル為方法ヲ講ズベシ」と規定された。国内市場や植民地市場における外国資本の活動を制限する保護貿易の排除を目指す通商衡平化は、パリ講和会議以前より日本の国是であり、保護主義的な主張及び政策としばしば衝突した。[*8] 例えばパリ講和会議には近藤廉平をはじめとする実業界選出の随員も参加したが、彼らは七条にわたる経済活動に関連する希望条項をまとめ、パリ講和会議全権団に提出した。この「希望七箇条」で随員たちは、南アフリカや仏印における日本人の居住・営業及び関税等に対する差別待遇を例に挙げ、それらの撤廃を要望した。さらに、連盟国による沿岸貿易の開放や、運河及び海峡の通航における差別撤廃を求めた。[*9]

このように戦間期の日本は通商衡平化の実現を目指していた。そして、日本は「国際協調主義外交」という手法により主張を展開し、その主張を認めさせていったのである。

2　国際連盟総会における通商衡平化問題

国際連盟には連盟加盟国の代表者により組織された総会と、参加国が限定された理事会が設置された。総会と理事会は「全く同等な権限を有する相互に独立した二個の会議体」であったが、総会は「国際平和樹立を目的とする遠大な事業及び間接ながら世界の平和に役立つ人類幸福助長の問題」を扱い、理事会は「緊急解決を必要とする問題特に主として国際紛争の平和的解決」を扱うと分界が定められていた。[*10] 通商衡平化問題は、国際連盟総会に関連する問題であった。日本は総会において、機会あるごとに通商衡平化実現に関する審議の推進につとめた。加盟国の代表が一同に会する総会の場で、通商衡平化問題を提議することは、各国にその重要性をアピールすることにつながったと考えられる。

(1)　第一回国際連盟総会

第一回国際連盟総会は、一九二〇（大正九）年一一月一五日に開会した。総会に先立ち、一一月九日の閣議で日本代表に対する訓令が決定された。通商衡平化問題については、イタリアが提出を予定している、原料品の独占及び一般トラストから生じる独占の弊害を防止し、連盟国間に通商上の衡平を確保するための措置に関し指示がなされた。日本もイタリアと協力し、その目的を達成するよう努力することとされたのである。また、沿岸貿易の相互開放問題等についても、出来る限り日本の主張を貫徹するよう指示された。[*11]

イタリアの提案は、財政経済問題を扱う第二委員会において討議されたが、カナダ・インド等英国植民地から猛烈な反対が示され、議論が紛糾した。そのためか、日本が通商衡平化問題を提議した形跡は見当たらなかった。[*12] 総会の雰囲気に鑑み、日本代表は積極的に問題提起を行わなかったと思われる。

(2) 第二回国際連盟総会

日本の問題提起は、一九二一年九月五日に開会した第二回国際連盟総会において行われた。九月一九日以降三回にわたり、第二委員会で財政経済問題の審議が行われた。議長より総会決議案が披露された際、日本委員の安達峰一郎（在ベルギー公使）は、通商衡平待遇に関する点が不充分であると主張し、国際連盟規約を十分考究の上、遅くとも次回総会までに一般案を提出するよう提案した。この提案に対しては賛否両論が噴出し、結局、イタリア・日本・ブラジル・フランス・セルビアの各国委員が、委員会による最終報告案及び決議案を作成することに決定した。

五ヵ国の委員の協議を経て理事会が修正した財政経済仮委員会報告は、二六日に総会で可決された。この報告は一〇項目に及ぶものであったが、第三項目に通商衡平待遇の意義及び範囲に関する研究を理事会から財政経済仮委員会に要請することが掲げられた[*13]。安達は通商衡平化問題の存在と、それに関する研究の開始を報告に明示することに成功したのである。そして安達の提案が報告に記載されたことを根拠として、日本は後述する第四回財政経済仮委員会会議において、通商衡平化問題に関する小委員会設置を提議し、実現にこぎつけるのである。

(3) 第三回国際連盟総会

一九二二年九月四日より開催された第三回国際連盟総会においても、安達や松田道一（国際連盟帝国事務局公使）等日本代表団による通商衡平化の実現に向けた取り組みが実行された。それは第二委員会提出の総会決議案の審議の場であった。

第二委員会は財政経済仮委員会に関し、通商衡平待遇問題及び不正競争問題に関する決議案と、財政経済仮委員会の勧告（とくに商事仲裁条項及び関税不変に関する勧告）に関し連盟加盟国政府の注意を喚起するという決議案を可決した。前者の内容は、①通商衡平待遇問題及び不正競争に関する現存する国際協定の改訂と、税関制度手続きに関する専門家会議の開催、②外国人もしくは外国企業の企業営業に関し、財政経済仮委員会より価値のある勧告の提出を期待する、③通商衡平待遇の原則が最も一般的かつ最も速やかに適用されるようこの問題の研究を拡張、継続することを希望する、というものであった。

通商衡平化問題に関する決議案の策定は、日本代表が推進したものであった。日本は通商衡平化問題に関する財政経済仮委員会の報告は、最恵国待遇及び外国人企業の営業等、日本が最も重要とみていた部分に関して、具体的な決定が不十分であるととらえた。そのため、第二委員会において、財政経済仮委員会が国際連盟規約第二三条に従い、通商待遇に関する諸問題をなるべく速やかに取扱い、その報告を提出すべきであるという旨の追加決議案を提出する準備を進めた。幸いにも安達と懇意にしていたオランダ委員が通商衡平化問題の報告者となっていたため、この委員を説得するとともに、財政経済仮委員会議長やフランス委員の了解を得て、決議案に通商衡平化問題に関する事項を追加に成功したのである。[*14]

3　国際連盟経済委員会における論議

国際連盟において経済関連の活動の中心となったのが、経済委員会と財政委員会であった。両委員会は、国際連盟発足後、暫定的に財政経済仮委員会として設置された。[*15] 経済委員会は国際経済問題の審議・研究とともに解決案の施行及び立案を行った。[*16] ゆえに、経済委員会は国際連盟において国際経済問題の解決にむけた活動の素地を策定する場であったと位置付けられよう。パリ講和会議日本全権団は帰国後、フランスが経済委員会を国際連盟において有力な機関とすることを企図しているとし、日本から経済委員会には「新鋭ノ人物入ルルノ覚悟」で人選に当たることを提言した。[*17]この提言に応じるように、日本は経済委員会が暫定機関とされていた時代から、委員会で積極的かつ能動的な活動を展開した。

(1) 第四回会議（一九二二年）における川島の主張

経済委員会は様々な国際経済問題の解決に取り組んだが、その一つが通商衡平化問題であった。第四回会議（一九二二年三月二〇日より開催）では、外務省の川島信太郎により通商衡平化問題に関する提議がなされた。川島は一九〇七（明治四〇）年に東京高等商業学校を卒業後、同年に外務省に入省し、中国及びアメリカでの勤務を経た後、一九一九（大正八）年七月より条約局第一課長や通商局第二課長を歴任、一九二二年に通商局総務課長に就任した。この経歴からもわかるように、川島は通商外交の専門家として知られていたという。[*18]

会議で川島は通商衡平化について、国際連盟規約第二三条及びヴェルサイユ平和条約で同条約調印後五ヵ年以内に一般条約を締結すべきと規定していることに言及した。そして、すでに調印から三年が経過しているため、速やかにこの問題を研究するとともに、一般条約締結の基準となる方針を決定し、各国に勧告する必要があると主張した。さらに財政経済仮委員会で、本件の範疇に入る諸件について表を作成し、逐次討議を行うという提案を行った。[*19]

この提案は、前述した第二回国際連盟総会における安達の提案を実行に移すものであった。川島の提案に対しては議論は紛糾したが、結局、日本・イギリス・フランス・チェコの四委員による小委員会を設置し、国際連盟理事会に対する報告案を起草することが決定した。報告案には、経済委員会が通商衡平化問題について学術研究ではなく実際的効果をあげるための研究を行うこと、通商衡平化問題に関する特別委員会を設置すること、研究内容の取捨は特別委員会の自由であるが、不正競争防止・外国人及び外国企業に対する取扱い・税関等の手続きによる輸出入制限問題を含むこと、特別委員会による通商衡平化問題の研究においては連盟加盟国と非加盟国との間に何ら区別を設けないこと等の方針が掲げられた。なお、特別委員会は、日本・イギリス・フランス・チェコ・ベルギー・ブラジルの各国委員によって構成されることとなった。[*20]

(2) 経済委員会に対する日本の評価と期待

経済委員会に対する日本の評価は、一九二三年九月に開催された、第四回国際連盟総会に出席する日本代表への内田康哉外相の訓令に見ることができる。

訓令で内田外相は、財政経済仮委員会の常設機関化を総会で提議するよう日本代表に指示し、その理由を次のように説明した。内田は財政経済仮委員会による経済復興への貢献については、広く連盟加盟国に承知されていると指摘した。また、通商衡平化問題に対する功績についても、すでに税関手続会議案・不正競争防止に関する会議案・商事契約中に挿入される仲裁事項議定書案・外国人及び外国企業の待遇に関する勧告案の作成を終了し、近く最終的決定を見ようとしている等、著しいものがあると評価した。

その一方で「寧ロ重大ナル問題ニ関シテハ未タ一指モ之ニ触レ居ラザルノ状態」にあるとし、その例として、国際二重課税・外国人の居住及び企業・外国船舶の待遇・鉄道運賃・沿岸貿易等の諸問題をあげた。そしてこれらは国際連盟規約第二三条(E)の規定、通商衡平待遇に属する事項であり、まさに経済回復ないし国際貿易促進の見地から、今後、研究及び解決を必要とする事項であるとした。よって、これらの問題の永続的な研究を遂げる必要性から、財政経済仮委員会の常設機関化が妥当であると説明したのである。[*21]

この訓令から日本が経済委員会に対し、次のような評価と期待を有していたことがわかる。第一に、日本は経済委員会が暫定委員会として発足して以来、すでに多大な功績をあげていると評価していた。特に、日本の重要外交課題であった通商衡平化の実現に対する経済委員会の貢献を、日本は高く評価していた。第二に、経済委員会の通商衡平化問題への貢献を高く評価する一方、通商衡平化問題を解決するための重要事項は、未だに討議されていないと考えていた。だが、これらの解決についても、日本は経済委員会に期待をかけていたのである。

なお、経済委員会の常設機関化は、第四回国際連盟総会に先立ち開催された理事会において決議がなされた。総会で日本代表は、財政経済仮委員会の業績を賞揚するとともに、理事会の決議を推賞し、経済委員会の常設機関化への支持を表明したのであった。[*22]

このように日本は経済委員会に対し通商衡平化問題を解決する手段として高い期待を寄せていた。ゆえに、日本による経済委員会創設時からの委員の派遣や、委員会の常設機関化の企図は、通商衡平化の実現に向けた日本の外交戦略として位置づけることもできよう。

4　各種経済会議への積極的関与

国際連盟では経済問題の解決のため、たびたび国際会議を開催した。国際連盟が主催する会議外交においても経済問題の解決が模索されたのである。こうした会議は、国際連盟総会や国際連盟協会連合会総会とは異なり、具体的な解決案として条約や議定書が策定及び調印されるという特徴があった。また、国際連盟の非加盟国となっていたアメリカも参加することもあった。これらの会議に日本も積極的に参加した。

(1)　ブリュッセル国際財政会議と貿易制限問題

国際経済会議の嚆矢というべき会議は、一九二〇（大正九）年九月に開催されたブリュッセル国際財政会議であった。同年三月下旬には、日本に対し非公式にこの国際財政会議への招請がなされた。これに対し四月九日の閣議では、会議に参加した結果、フランス・イタリア・その他ヨーロッパ諸国に対する救済のため、財政上の各種援助を負うことは、日本の財政経済の現状に鑑み、「甚ダ困難」であるが、負担のない範囲で、会議に参加することは何ら支障はなく、むしろ、「国際間ニ於ケル日本ノ立場上頗ル望マシキ次第」であり、正式な招請にも応じる、と決定した。[*23]

六月三〇日には国際連盟事務総長より日本政府に対し、会議への正式招請がなされた。これを受け日本政府は、森賢吾（大蔵省海外駐箚財務官）・大久保利賢（横浜正金銀行ロンドン支店長）・矢田七太郎（在ロンドン総領事）・後藤嘉一（財務書記）・日置政吉（横浜正金銀行ロンドン支店員）を日本委員として会議に派遣することを決定した。[*24]

九月一五日には、内田外相から森及び大久保に宛てて、貿易制限問題に関して、次のような方針が示された。輸出入の禁止及び制限の撤廃は、第一次世界大戦中より日本が直面していた課題であり、解決が強く求められていた。

我国トシテハ此種国際会議ニ於テ、若シ出来得ベクンバ連盟ノ下ニアル各国ヲシテ公安衛生等不得場合ノ外、其領土内（自治植民地ヲ含ム）ニ於ケル各種原料品及各種製産用機械類ノ輸出入制限又ハ禁止ヲ為サザルコト並右制限禁止ヲ為ス場合ニテモ、連盟国一般ニ均等公平ニ行フベキコトノ原則ヲ確保セシメ置キタキ希望ナルニ付、其御含ヲ以テ、右ノ問題ニ関スル諸外国ノ意向ヲ知ルニ努メラレ、今後適当ノ機会アラバ我ヨリ進ンデ之ヲ提案スルノ素地ヲ作ルニ御尽力アリタシ[*25]

このように内田外相は、今後、国際連盟が開催する経済会議において、輸出入制限及び禁止撤廃の原則の確保を目指す方針を示した。そして、ブリュッセル国際財政会議をその原則確立のための基礎を構築する場と位置づけたのである。

ブリュッセル国際財政会議は、九月二四日に開会した。九月二八日に開かれた会議において森は、財政的困窮状況の救済に関する方策は、生産増加及び消費節減の根本に立脚するものでなければ効果はないと述べた。そして、生産増加の見地から各国が輸出入に関する各種の制限を撤廃し、世界的な貿易の自由を確立することが最も急務であり、特に原料品及び製産用機械類について適用を全うすべきであると主張したのである。[*26]

九月三〇日に開催された会議では、イタリア委員が、将来の社会的及び経済的成功の基礎は「国際通商ノ最大自由ト原料石炭食料ノ pool ニ在リ」と述べ、原料及び食料の輸出に関し差別的価格又は税率を課す不当な傾向を阻止する方策を講究する必要があると主張した。これに対し日本委員も「各国民ノ経済的協調ハ実ニ国際連盟成立ノ基礎」であると述べ、イタリアの意見に言及しつつ、天然資源を最も有益に利用し、最大の生産を得ようとするならば、各国間の貿易の自由を徹底することが要件であると意見を述べた。ゆえに、経済上の人為的障壁を撤廃し、輸入に関する一切の制限は「国民ノ生存国家ノ安全ト背馳セザル限リ」除去する必要があるとし、かつこれは日本が実行している政策に一致するものであると主張したのである。[*27]

会議では、財政・通貨及び為替・国際貿易・「特ニ信用ニ関スル国際的行動」の四つの特別委員会が設置され、各項目の研究を行うとともに、国際連盟総会に提出する建議案が作成された。輸出入の制限及び禁止問題を取り扱ったのは、国際貿易委員会であった。国際貿易委員会は、九月三〇日に第一回委員会を開催し、イギリス・フランス・イタリア・スペイン・ルーマニア・オーストリア・デンマーク・オランダ・アメリカ・ブラジル・インドの委員の他、森を各委員会が提出する決議案の起草委員に選出した。

森は九月一五日の訓令に従い、委員会で各国の意向を探索した結果、通商活動における各種制限の撤廃に最も熱心であるのは、イタリアであるとの結論を出している。決議案の策定過程で、起草委員の意見を総合し決議文を整理したのは、イギリス・フランス・オランダ・オーストリアの委員と森であった。その結果、「各国ハ出来ル丈ノ範囲及時期ニ於テ戦争前ニ行ハレタル通商ノ自由ニ復帰スルコトヲ目的トスベシ、其自由トハ外国貿易ニ対スル人為的ノ制限及価格ノ差別撤廃ヲ含ムモノトス」という決議案が作成され、国際貿易委員会において全会一致で採択された。[*28]また、十月七日にこの決議案は、委員会の決議として全体会議においても可決されたのである。[*29]

このように日本は、ブリュッセル国際財政会議を、輸出入制限及び禁止撤廃の原則を実現するための基礎を構築する場として位置づけ、日本委員に対し、その実現のために尽力するよう指示した。森を中心とする日本委員らは、この指示に従い、会議の場で通商衡平化実現を強く訴えるとともに、輸出入制限及び禁止に関する各国の意向を探った。さらに、穏当な形でありながらも、日本政府の主張である貿易活動における差別待遇の撤廃を目標とすることを、会議の決議に挿入することに成功したのであった。

また、ブリュッセル国際財政会議における日本の行動、すなわち、通商衡平化問題の解決のために国際連盟主催の経済会議に積極的に関与し、通商衡平化の実現を模索するという外交的対応は、一九二〇年代に国際連盟により度々開催された他の経済関係会議においても見られた。この意味で、ブリュッセル国際経済会議は、日本が一九二〇年代に国際連盟による経済会議に関与する上での「素地」を形成した会議であったと言えよう。

(2) 国際交通会議における沿岸貿易問題

一九二一年三月、国際連盟規約第二三条(E)号の交通及び通過の自由について協議を行う、第一回国際交通会議(バルセロナ交通会議)が開催された。この会議で議長をつとめたのは安達峰一郎であり、松田道一らが日本委員として参加した。

会議に先立ち、参加国に提示された議題は、(一)交通総会及び常設交通委員会の組織に関する規則案、(二)自由通過協約案、(三)国際河川協約案及び海岸線を有せざる国家の国旗権に関する協約案、(四)国際鉄道協約案、(五)国際港に関する決議案であった。[*30]

これらの議題には含まれないものの、日本はブリュッセル国際財政会議と同様に、第一回国際交通会議においても、通商衡平化の実現に関わる重要課題の解決の糸口を探ろうとした。それは沿岸貿易問題であった。

同年二月二八日、内田外相は第一回国際交通会議に参加する日本委員に対する訓令において、沿岸貿易の相互解放、船舶トン数の国際的統一を、会議で提案するよう指示した。とくに沿岸貿易の相互開放については、仮にその提案が成立の見込みがない場合にも、「此ノ種会議ニ於テ帝国政府ノ態度ヲ宣明シ置クコト適当且必要」であるため、会議で発表するよう取り計ることを指示し「相互的基礎ニ依リ沿岸貿易ヲ開放スルコト並ニ仮ニ右様条約成立セザル場合ニモ沿岸貿易ニ関シ各国ガ留保シ得ベキ範囲ヲ成ルベク限定スベキ協定ノ成立ニ努ムルコト」との訓令を発している。[*31]

第一回国際交通会議は三月一〇日に開会した。開会後、内田外相は日本委員に向け、再び沿岸貿易開放問題に関し訓令を発令した。内田は今回の会議において沿岸貿易の相互開放に関する条約案の可決が相当困難と承知しつつも、講和会議からの行き掛かり上、イギリス・オランダ・デンマーク・中国・南米諸国等、すでに国内法ないし特別条約により沿岸貿易を開放している国の委員と協力し、一般条約ないし国別条約の型式により、沿岸貿易の相互開放を可能とする趣旨の決議または勧告案の通過に努めるよう指示した。さらに、日本は今回の会議において本件に対する各国の態度を見極めた上で、時機をみて、国別に相互開放の交渉を行う予定であるとしつつも、会議の席上では沿岸貿易の相互開放に対する日本の態度を徹底して示し、それを会議録に記載する等の処置を指示したのである。

訓令を受け、日本委員は国際港に関する勧告案を討議する際、沿岸貿易の開放に関する提案を行った。提案に対しては議論が沸騰し、大多数の委員から反対を受けた。そこで日本委員は、自らの提案を会議録に記載し、各国政府の注意を喚起するに止めることで妥協した。しかしながら松田はこれを「将来此種ノ会議等ニ於ケル帝国主張ヲ貫徹スル場合ノ「ステージ」トシテ相当ノ役ニ立ツ可シ」と報告している。[*32]

一九二三年には、ジュネーヴで第二回国際交通会議が開催された。会議では「鉄道の国際制度に関する条約」及び「海港の国際制度に関する条約及び規定」が署名された。後者は、締結国は自国の海港において他の締結国船舶に対し、港の出入り自由・港税・トン税・港湾設備の使用に関し、内国船待遇と最恵国待遇を保証するものであった。この条約の内容は通商衡平化をめざす日本の主張と合致していたため、日本は条約の批准を行った。この条約の審議の際日本は、沿岸貿易の範囲を規定し、アメリカの主張であった大洋を隔てる貨物旅客の運送を包含するものではないことを明示させることに努めた。しかし、イギリスはそのような規定は自治領の主権を侵害するとし、規定の挿入に反対した。イギリスとの交渉の結果、イギリス政府は外国船舶に対し、沿岸貿易の解釈により、不公平な待遇をなさないという言明を議事録に記載し妥結することになったという。[*33]

このように日本は輸出入禁止制限撤廃問題と同様に、沿岸貿易問題についても、国際連盟主催の国際会議の場での解決を模索したのである。

5　第五回国際連盟協会連合会総会

(1)　日本国際連盟協会の設立

日本が通商衡平化を主張する舞台は国際連盟総会や国際連盟主催の経済関係会議のみではなかった。国際連盟協会連合会総会もその舞台となったのである。

第一次世界大戦中にすでに、欧米各国では国際連盟の設立を期するため、国際連盟協会が設立された。そして大戦末期には、ほぼ全世界的に国際連盟唱道団体が設立された。各国の国際連盟協会は、大戦の終了が近づくと相互に連携し、国際的な運動を起した。その結果、一九一九年一二月に国際連盟協会連合会が設立されたのである。同会の本部はベルギーに置かれ、毎年一回、国際連盟総会直前に国際連盟協会連合会総会を開催し、各国の国際連盟協会の代表により、各種の国際問題について討論し、その結果を国際連盟事務総長に送付するという活動を行った。その他、国際連盟協会連合会として世論の啓発につとめた。[*34]

日本国際連盟協会が設立されたのは一九二〇年四月であり、イギリスやアメリカ等と比較し、時期が遅れての設立であった。しかしながら、国際連盟協会連合会の設立当初から、外務省は国際連盟協会設立の必要性を認識していた。[*35]また外務省条約局は一九二五年に作成した調書中で国際連盟協会連合会総会について次のように評価し、国際社会における国際連盟協会及び連合会総会の重要性を指摘した。

民間事業トハ雖モ、出席者ハ何レモ各国政治家及著名ノ学者ヲ包含シテ、其決議ハ各国ノ世論ニ少カラサル影響ヲ与へ、各国ハ之ヲ政府外交ノ別働隊トシテ援助且利用セリ[*36]

また、松井慶四郎（駐フランス大使）は、日本における国際連盟協会の設置に関し、意見書を提出した。松井の意見書には日付の記載がなく、提出時期は不明だが、おそらく一九一九年十二月に開催された、第三回国際連盟協会連合会総会の後に提出されたものであると思われる。

意見書で松井は、日本においても国際連盟協会の設立が必要であるとした。その理由として各国における国際連盟協会や連合会がそれらの関係者の政治上・社会上の地位に鑑み、今後、各国世論に多大な影響力を有することになるとの予測をあげた。特に国際連盟の成立後には、「其ノ背後ニ立チテ自然之ニ影響ヲ及ホ」すだろうと述べた。ゆえに松井は、各国が国際連盟において問題を提議する際には、それに先立ち国際連盟協会連合会に提議して、一般世論の喚起及び啓発に努める可能性があると予測したのである。よって日本も各国の国際連盟協会の運動と緊密な接触を保つことにより「各国ノ側面的画策ト世界ノ視聴トヲ測知シ」、かつ「日本国民ニ世界平和ノ為ニ貢献セムトスルノ熱心アルコトヲ示スコト機宜ニ適ス」ために国際連盟協会を設立する必要があると進言した。[*37]

以上のような経緯を経て、日本国際連盟協会は設立されたのであるが、国際連盟協会及び国際連盟協会連合会総会についても日本外交において次のように位置付けることができるだろう。当時、連盟加盟国政府間では、国際連盟協会は国際連盟に対する世論の啓発の場であるとされ、その影響力は外交のツールとしても重視されていた。よって松井は、国際連盟協会連合会総会で議案が可決されれば、その議案は国際連盟協会を通じて、広く国際社会に認知されると同時に、国際連盟総会において、可決される可能性も高くなると予測した。この意味で国際連盟協会は、「政府外交ノ別働隊」であり、国際連盟を軸とした国際体制において国益を追求する上で重要な存在であった。そして日本は実際に、国際連盟協会連合会総会で自国の主張を提議し可決に持ち込むことを重視し、総会において積極的な外交活動を展開するのである。[*38]

(2) 第五回国際連盟協会連合会総会（一九二一年）と通商衡平化問題

日本国際連盟協会は、一九二〇年にミラノで開催された第四回国際連盟協会連合会総会より総会に代表者を派遣した。第五回総会は一九二一年にジュネーヴで開催され、パリ講和会議にも随員として参加した岡実が派遣された。総会開会前に日本国際連盟協会は岡に対し、総会で提案すべき項目を指示した。第四項には、「人種的差別待遇ノ撤廃、信仰自由ノ確認、通商貿易ニ対スル機会均等主義ノ確立ニ付キ特ニ一委員会ヲ設ケテ攻究セシムルコト」が掲げられていた。[*39] 岡は、総会の分科会であり少数民族問題と人種問題を扱う第三委員会において、通商衡平化問題に関する次のような提案を提出した。

既往に於ける戦乱の主要因は外国に対し商工業上の機会を均等に許与せざるに在つたことは歴史の示すところである。然しながら此問題はその影響する所極めて広汎で種々の困難な問題を伴ふものであるから、連合会は茲に特別委員会を組織して、

一、世界各邦に亘つて事実の調査を行い、二、之を充分研究し、三、本主義の施行に関し其方途を案出すること

としたい。[*40]

岡の提案に対しては、スイス委員より、政治上の現実問題を討議する第六委員会に回付すべきという動議が出され、提案は第六委員会に回付された。ところが、会期の切迫を理由に提案は議題に上がらず、総会は閉会してしまった。

しかし、一九二一年一〇月にウィーンで開催された国際連盟連合会理事会において、通商衡平化問題は第六回総会の議案として認められることになった。そこで日本国際連盟協会は、第六回総会に向け、提案内容について研究を行い、総会に備えることになった。[*41]

(3) 第六回総会(一九二二年)における日本の提案

一九二二年六月にプラハで開催された第六回国際連盟協会連合会総会において通商衡平化問題は、政治上の現実問題を扱う第五委員会に付議された。この委員会には日本委員として、鳩山秀夫(東京帝国大学教授、法学者)、神川彦松(東京帝国大学教授、国際政治学者)が出席し、次のような提案を行った。

(一) 原料品に対し輸出税を課さざること
(二) 公安、衛生、専売等の理由に依るに非れば輸出税の制限若しくは禁止を為さざること
(三) 通過に関し、課税制限若しくは禁止を為さざること
(四) 沿岸貿易は相互的基礎に依り開放すること
(五) 特別の理由なき限り一般諸外国の通商航海に対し無条件最恵国待遇を付与すること
(六) 特恵関税制度が施行する国に於ては他の国に悪影響を及ばさない様注意すること[*42]

しかし第五委員会は、日本提案は短時間では議了できないと判断し、特別委員会を設置し、討議に必要な材料を準

備してはどうか、という意見で一致した。この意見は総会に議案として提出され、来年度総会に討議を行う準備として、特別委員会の設置が決定された。[*43]

(4) 通商衡平化問題に関する乾案の審議

一九二二年一〇月にブタペストで開催された国際連盟協会連合会理事会で、経済財政特別問題委員会の設置が決定された。委員会では、翌年六月にウィーンで開催が予定されている第七回国際連盟協会連合会総会に提出する、通商衡平化問題に関する準備案の作成が行われることになった。[*44]

委員会に日本代表として派遣されたのが、南カルフォルニア大学教授の乾精末であった。[*45] 乾は通商衡平化問題に関する決議案を作成し、一九二三年三月にバールで開催された国際連盟協会連合会の経済財政特別問題委員会（バール委員会）に提出した。[*46]

乾が提出した決議案は第六回総会に日本代表が提出した提案を基礎として加筆修正を行なったもので、関税問題（決議案一～七）・外国人及び外国商社の待遇問題（決議案八～一一）・沿岸貿易問題（決議案一二）・最恵国待遇問題（決議案一三）等に関する一四の決議案から構成されていた（表1）。その内容は、第六回総会に日本委員が提出した決議案に示された主張にほぼ即したものであった。

乾案は経済財政特別委員会（バール委員会）を通過し、六月二三日にウィーンで開催された国際連盟協会連合会常設経済委員会での協議を経て、同月二五日に総会に先立ちウィーンで開催された第三（経済）委員会で審議された。そして同月二七日に開催された第七回国際連盟協会連合会総会に、第三委員会より決議案が提出された。総会に日本委員として参加していた乾は、決議案中、通商衡平待遇に関する項目の説明者となった。この決議案は財政上の復興に関する項目に多少の修正が加えられた後、満場一致で総会を通過した。[*47] 総会を通過した経済問題に関する決議は表

表1　乾精末が経済財政問題特別委員会（於：バール　1923年3月）に提出した決議案

決議案1	輸出の禁止及制限，殊に原料品及食料品の禁止及び制限は国際貿易の利害を害し，通商自由の原則に反するものと認む
決議案2	輸入を禁止し又は不当なる輸入税を課するは通商の自由及衡平待遇問題の原則に反するものと認む
決議案3	平和条約の条項に従って国際間の貿易を促進せしむる為めには，各国は自国を通過する人及び人物に対し，禁止，抗議又は不必要なる差別待遇をなすべからず
決議案4	如何なる名義又は理由を問はず，関税率，課税方法及び其の実行につき国によって差別的待遇をなすは通商衡平の原則に反するものと認む
決議案5	貨物が一旦輸入せられたる上は，その法律又は行政上何れの方面に於ても輸入貨物と内国貨物との間に差別を説くべきものにあらず
決議案6	国際連盟の連盟国は総ての国に適用せられ得べき関税の統一的形式を簡単に且つ迅速に定むるに一致せんことを勧告す
決議案7	国際貿易の促進に必要なる其他の制度，施設，例へば入港税，船車連絡，倉庫，検疫其他之に類するものの適用は連盟国間に統一的，普遍的なるを要す
決議案8	移民問題は別として，貿易業者及商人の入国許可に対しては，差別的に取扱ふべきものにあらず
決議案9	一般貿易，商業の創始及経営については外国人及外国商社なるの故を以て内国人及内国商社より不利なる条件を課せらるる事なきものと認む
決議案10	外国人と雖も法律上の保護に於て内国人と異りたる待遇を受くべきものにあらず，裁判を求むる権利に就いても亦然り
決議案11	一九二一年華盛頓に於て協定せられたる支那の門戸開放の原則は独り支那にのみ限るべきものにあらず，全世界，殊に委任統治区域に於て門戸開放の実現せらるべきものなり
決議案12	連盟の一国の沿岸貿易は他の総ての連盟国に能ふ限り速に開放さるべきものと認む
決議案13	連盟国は特別の事情存せずる限りは，国際間の貿易，通商，漁業及航海に於て，他の連盟国に対し無制限且つ無条件の最恵国待遇を与ふべし 但し若し特別の理由により例外を設くる必要ある場合には，他の国に悪影響を与へざる様注意するを要す
決議案14	国際連盟は国際労働，交通通過の例に倣ひ，常設国際司法裁判所内又はその監督の下に国際通商衡平待遇につき生ずる事あるべき争議を解決する為めの裁判所を設置すべし

注　「通商衡平待遇問題に関する本邦提案の内容」（JACAR，Ref.B06150912900，『連盟協会 第二巻』（B-2-4-2-60-00-002），外務省外交史料館所蔵）より作成．

2に示した。

　総会決議と乾案を比較すると次の点が指摘できよう。第一に、乾案に示された通商衡平化の実現に関する提言のほとんどが、総会決議に採用されたという点である。乾案の中、日本の主張である、輸出入及び通過の禁止・制限の撤廃、沿岸貿易の開放、最恵国待遇の付与、商業裁判所の設置については、決議に採用されている。また、総会決議のうち「四、門戸開放の原則」では、連盟国がワシントン会議で議定された意味での門戸開放の原則を承認することが求められた。これは広義の意味で乾案第一一が採用されたと言えよう。

　第二に、総会決議の冒頭「一、通商の自由」では、国際連盟に対し、

表2　第7回国際連合協会連合会総会（於：ウィーン　1923年6月）で可決された第三委員会（経済問題）決議

(1. 通商の自由)	総会は茲に国際連盟が単に税関行政上の諸障壁を調査するに止めず，更に世界が自由貿易の施行により享くべき利害を審査し，若し自由貿易は今回直ちに行ふべからずとせば，更に連盟規約第 23 条の精神に則り，各種の条約につきて国際間に実行して有益なる見込みあるものなきやを審査し，若しは，保護貿易が国民間の関係に加ふる障害を除くの方法を探求するに努めんことを望む．
(2. 差別的待遇)	右実行の第一歩として，連合会の各員は無制限且つ無条件を以て最恵国が享受しつつあるものと同一の利益を各国に均霑せしむべし，但し，特別な場合はこの限りにあらず，其の場合とは左のごとし． (甲) 箇々に分立せる多数の経済的単位が少数の大集団に合同する目的として成る一時的協定． (乙) 一国と其の殖民地との間の特恵関税． 此の後者の場合に於いても差別的関税の施行により他国の利益を害せざる事を要す
(3. 商業及び通過に関する制限)	各国は商品の輸出入に禁止及び如何なる種類の制限をも加ふべからず，但し特別の国家的必要ある場合は此の限りにあらず，例へば公安の維持，公衆衛生上の顧慮，国家専売業の保護，為替率暴落の場合に於ける処置，他国よりの競争の如し． 同時に又各国は他国の商品の自国領土内を通過するに何等の制限をも加ふべからず，但し公安を棄るの虞ありと認め，若しくは公衆衛生上顧慮する必要とする場合は此の限りにあらず．
(4.「門戸開放」の原則)	各国際連盟国は華盛頓会議に於て議定せられたる意味に於て「門戸開放」の原則を承認し，自国管轄下の人民が外国に入て特権又は独占権を得んと求むる場合に之を助けて外国政府に何等の圧迫を加へて以て自国人民を援助するが如きこと無きことを相約すべし．
(5. 沿岸航海)	各国際連盟の沿業航海は一切の国際連盟国に解放せらるべし．
(6. 商業裁判所)	国際連盟は各連盟国間に生ずる商業上の紛争，殊に以上に掲げたる諸原則に関する約定の違反事項を裁判するために商事裁判所を創設せんことを希望す． 此の裁判所は「国際労働争議特別裁判所」又は「交通及び通過に関する特別裁判所」の制度に倣って構成するを可とす．
(7. 税関手続)	上文に記載したる諸問題と相比較すれば重要の程度に於て第二位に属することなれども，総会は各国際連盟国が次回の連盟総会に於て税関手続き，規則及び其他の規定に関し各国に通用し得らるる一律且つ簡単なる形式を協定せんことを希望す．
(8. 財政上の復興)	(略)
(9. 外国労働者の雇用)	総会は各国が外国労働者に対しても内国労働者に対する均等の待遇をなさんことを希望す．
(10. 各国協会の協力)	総会は連合会加盟の各協会が経済上の共働関係を今よりも一層親密となし，且永久に此の関係を持続せんことを願うを以て，茲に各国協会は之が為に各自特別機関を設けて経済問題の調査に従事すべきを相約す． 此等の機関は相互の間に屢々報告を交換することを得べく，随て又連合会常設委員会の活動に便宜を与ふると多かるべしと予期す．

注　『国際知識』第3巻第12号（1923年12月）65頁～67頁より作成．
なお，「8. 財政上の復興」に関する決議については，財政問題に関する内容であるため，本表では略した．

自由貿易の利害を審査するとともに、保護貿易による障害を除去する方法を探査することが求められた。自由貿易の推進と保護貿易による障害の除去は、日本の従来の主張に合致したものであった。

以上のように日本は第七回総会において、その決議にかねてからの自国の主張、通商衡平化待遇の実現に関する主張を挿入することに成功した。先述のように、国際連盟協会連合会総会における決議に自国の提案が採用されるか否かは、国際連盟総会で自国の主張を通す上での前哨戦と言えるものであった。この意味において、第七回総会で日本の通商衡平待遇に関する主張が決議に採用されたことは、日本は国際連盟において自国の重要外交課題であった、通商衡平化問題の解決に向け、歩を進めることを意味した言えよう。

6　第四回国際連盟総会（一九二三年）における日本の主張

以上述べたような論議を経て、一九二三年九月三日より開催された第四回国際連盟総会では、日本の通商衡平化の主張が具体的に展開された。

総会の開催にあたり、内田外相は総会に出席する日本代表団に対し八月三〇日付で、総会における財政経済仮問題に関する訓令を発令した。その内容は次のようなものであった。

第一に、財政経済仮委員会を連盟の一常設機関とするよう、総会に提議することであった。第二に、通商衡平化問題に関し、財政経済仮委員会がさらに研究を進めることを総会が決議することであった。第三に、沿岸貿易の範囲について、連盟加盟国各国が攻究の上、国内法によって各国が内国船舶のみに留保可能な沿岸貿易の範囲をなるべく局限し、相互開放主義の採用を進める機運の醸成に尽力することであった。

その背景説明として内田は、通商衡平化問題に属する諸問題については、税関手続会議案・不正競争防止に関する決議案・外国人及外国企業の待遇に関する勧告案等数個の会議案や勧告案が作成されているが、国際二重課税・外国人の居住及び企業・外国船舶の待遇・鉄道運賃・沿岸貿易等の諸問題などの「寧ロ重大ナル問題ニ関シテハ一指モ之ニ触レ居ラザルノ状態」にあることを指摘した。とくに沿岸貿易の相互開放の問題は、海運政策上重要な関係を有しており、前述の第一回国際交通会議（バルセロナ交通会議）でも同様の方針を宣明し、この方針を目的とする一般国際条約の締結に努力しているものの、何ら具体的な成果を得られていないと述べた。[*48] さらに内田は、作成中の「外国人及外国企業ノ待遇ニ関スル勧告案」についても、外国人及び外国企業への待遇と、勧告が適用される国の範囲に関し、修正・追加の努力を求める訓令を発令した。[*49]

内田の訓令を受けた日本委員は、第二委員会において、決議案及び報告が審議された際、通商衡平化に関し報告中に次の希望項目を追加することを提案した。

第一に、外国人及び外国企業の通商上の衡平問題について、経済委員会作成の勧告案では、課税上の外国人の待遇及び外国人企業について規定するにとどめられているが、連盟加盟国において外国人が商工業上自国民と同等の待遇を受けるために、外国人に供与するさらなる一般的便宜について、考慮する必要があると主張した。

第二に、沿岸貿易については、沿岸貿易が地方により本国と人類の公道である大海を隔てている遠隔の領土との航海をも意味することは、国際的な通商衡平待遇における一般的な精神に適応しないと述べ、委員会が現在までに完了している沿岸貿易に関する研究結果に基づき、交通委員会と協力し、審議が継続されることを希望する、と述べた。[*50]

これらの日本の提案については、前者については総会に対する経済委員会の報告中に記載されることとなった。[*51] とはいえ、日本の提案は通商衡平化問題を解決に導く具体的な対策に踏み込んだものではなかった。

だが、日本が総会において通商衡平化問題の考究推進を提案し、日本の主張を経済委員会の報告書に記載させたことは、連盟加盟国に対し通商衡平化問題の重要性を認識させ、日本がその実現に積極的に取り組む意志があることをアピールすることにつながったと言えよう。日本は国際連盟総会においても通商衡平化問題の解決に向けた地道な活動を展開したのである。

7 ジュネーヴ国際経済会議における通商衡平化問題

ブリュッセル国際財政会議や国際交通会議以降も、日本は不正競争防止会議（一九二四年五月）・輸出入制限及び禁止撤廃会議（一九二七年一〇月）等、国際連盟主催の各種経済会議に参加した。[*52] なかでも一九二七年五月に開催されたジュネーヴ国際経済会議は、一九二〇年代の国際連盟による経済問題関連の活動のハイライトというべき会議であった。[*53]

一九二五（大正一四）年に第六回国際連盟総会で、フランス代表により国際経済会議の招集が提案された。この提案は、翌年一二月の国際連盟理事会で承認され実行に移された。会議の目的は、現在の商工業不均衡の経済的原因を研究してその除去につとめること、世界の平和に影響すべき経済上の諸傾向を探査し、「経済的方面ヨリ世界ノ平和ヲ招来セントスル」ことにあるとされた。[*54]

この国際経済会議の開催に際しても、日本は積極的に対応した。その一つが、会議開催に先立ち設置された準備委員会への参加であった。準備委員会には二一ヵ国から三〇名の経済財政関係の識者が集められ、一九二六年四月と一一月に会議を開催し、会議の開催日・各国代表及び参加国の資格、そして議題について検討を行った。第一回準備委員会には、森賢吾及び国際連盟の交通委員会で議長をつとめていた杉村陽太郎（国際連盟帝国事務局次長、一九二六年六月より公使）が参加した。第二回会議には、永井松三（在スウェーデン公使）及び佐藤尚武（在フランス帝国国際連盟事務局長）が参加した。[*55] この会議では表3に示した議題案を作成した。[*56]

国際経済会議はこの議題案に則り展開された。議題中通商衡平化問題と関連がある項目は、主に第二部「第一、商業」に掲げられていた。これはまさに、通商衡平化の実現をめざす日本が、国際連盟総会・国際連盟経済委員会、そして国際連盟による各種経済会議で解決を主張してきた課題であった。つまり、日本にとってジュネーヴ国際経済会議は、日本が通商衡平化実現のため、国際連盟の枠内に設定された様々なチャンネルを駆使して、解決を模索してきた諸々の課題が一括して取り上げられる場であり、課題の解決に向けた絶好の機会だったのである。

外務省内には関係各省の係官から構成された国際経済会議準備書記局が設置され、会議における方針が審議された。準備書記局が決定した方針は総じて貿易制限問題・外国人及び外国企業の待遇問題・沿岸貿易問題を含む運輸制度における差別待遇問題等において、従来の日本の主張を継承するものであり、通商上の差別待遇の撤廃をめざすよう指示がなされた。[*57]

ジュネーヴ国際経済会議には志立鉄次郎（元日本銀行総裁）、上田貞次郎（東京商科大学教授、経済学者）、斯波忠三郎（東京帝国大学教授、工学者）、佐藤尚武らが日本委員として派遣された。開会翌日の五月五日に志立が行った演説は、準備書記局の方針を集約したものであった。志立はまず、国際経済会議の議題は、世界全般に関する問題を含む他、主にヨーロッパに関する問題であるが、日本はこの解決に協力を惜しむことはしないと宣言した。その理由は、ヨーロッパから日本への輸入は日本の総輸入の一七パーセントを占めること、かつ日本は天然資源が貧弱で人口が稠密しており、食料及び原料の輸入を償うため輸入原料を有利な条件で製品とする必要に迫られていることにあるとし、日本は関税障壁の撤廃及び通商の自由の確保を主張せざるを得ないのだと訴えた。さらに、差別的関税及び「人民貨物ノ不公平待遇」は貿易障壁の主要素であると述べた。ゆえに、各種企業の活動を自由にし、天然資源の開発を計画することは各国の任務であり、食料及び原料の公平な分配・交通に関する平等な取り扱い・沿岸貿易の自由の供与・関税障壁の撤廃・通関の安定は、経済障壁撤廃の主要項目として重視すべきである、と訴えたのである。[*58]

会議は商業委員会・工業委員会・農業委員会を設置し、各議題を審議した。各委員会における日本委員の主張は次の通りである。

商業委員会では、関税の引き下げを力説するとともに、その実施方法についても提案を行った。さらに関税に関する最恵国条款の適用についても要求を行い、賛同を得たという。また、ダンピングの取り締まり方法に関する主張も行い、委員会決議案に採用された。

工業委員会では、天然資源の自由解放及び原料品の合理的使用方法に関する提案を行い、後者については、委員会決議案に採択された。加えて、工業品規格の国際的統一についても主張し、これもまた決議に採択された。

農業委員会においては、低度農業教育の普及による生産の増加を主張した。この趣旨については、決議案に加えられることになった。さらに、産業組合の国際協調に関する提議も決議中に採択されることになった。[59]

会議の閉会にあたり、志立は再び、本会議で演説を行った。志立は三週間行われた会議の成果を、人類共同の目標を明らかにし、世界の経済関係が「新紀元」に向かう幾多の重要な決議及び勧告に到達したと述べた。そして、

吾人ノ討議セル問題ノ多数ハ欧州問題ナリト雖モ、之カ結論ハ多ク我等ノ希望及提案ニ合致シ、以テ世界連帯ノ事実ヲ一層明カニセリ[60]

と語り、会議を日本及び世界の双方にとり意義のあるものであったと評価した。しかしながら、人口分配の問題や資本・貨物及び人の移動の自由に関する問題が解決されなければ、我々の最終目的に達したとは言いがたいとし、これらの問題の解決を共存共栄の精神で当たれば、決して困難ではないと訴えた。また、当面の急務として、会議の決議及び勧告の即時具体的な実行と、そのために現存諸機関の利用及び非連盟加盟国の完全なる協力を得ることをあげた。そして、日本委員は会議の諸決議の原則を日本に普及することによる「世論作製ノ運動」に全力を以て参加すると、宣言したのである。[61]

表3　ジュネーヴ国際経済会議議題

第1部 世界経 済情勢	（イ）各国ノ見地ヨリ見タル世界経済主要問題 （ロ）現時ニ於ケル商工業不均等ノ経済的原因探求 （ハ）世界平和ニ影響スヘキ経済上ノ諸傾向
第2部	1. 商業 (1) 通商ノ自由 （イ）輸出入ノ禁止及制限 （ロ）商業ノ制限管理又ハ独占 （ハ）一国領域ニ「セツトル」スルコトヲ許可サレタル外国人及外国会社ノ経済上及課税上ノ待遇 (2) 関税及通商条約 （イ）輸出入税ノ形式，標準及其ノ不安定ヨリ生シ又ハ （ロ）税目ノ排列及分類ヨリ生スル 国際通商上ノ障害 (3) 自国通商航海保証ノ間接手段 （イ）直接又間接ノ補助金 （ロ）「ダンピング」及「ダンピング」防止法制 （ハ）運輸制度上ノ差別待遇 （ニ）輸入セラレタル外国貨物ノ課税上ノ差別待遇 (4) 購買力減退ノ国際通商ニ及ス影響 2. 工業 (1) 重要工業ノ情勢（生産能力，生産高，消費，労力） (2) 現在ニ於ケル工業悲況ノ実情並其ノ工業上，商業上及金融上ノ原因 (3) 右対策 （イ）生産ノ組織化特ニ工業上ノ国際協定（右協定ノ生産消費及労力ノ見地ヨリスル考究之ニ関スル法制並関税問題トノ関係） （ロ）工業生産ニ関スル統計情報ノ迅速ナル蒐集及交換 3. 農業 (1) 生産物ノ生産，消費，「ストック」，価格及取引ノ自由ニ関シ戦前ト比較セル農業ノ現勢 (2) 現在ニ於ケル悲況ノ原因 (3) 国際的対策 （イ）生産者及消費者団体（各種産業組合制度ヲ含ム）ノ発達及国際的協力 （ロ）農業情勢，科学及技術上ノ研究農業金融等ニ関シ必要ナル情報ノ継続的交換 （ハ）農業者購買力ノ増進

注　『日本外交文書』昭和期Ｉ第2部第2巻　昭和2年1月3日在パリ杉村（陽太郎）連盟事務局長発幣原外相宛「ジュネーヴにおける経済会議議題第1部に対する我が方覚書提出方連盟事務総長より要請について」(付記)「昭和2年12月第54回議会調書（抜粋）右会議に至る経緯」，132文書より作成.

以上述べてきたように、日本は一九二〇年代に国際連盟が主催した経済関係会議にも積極的に関与した。そして、会議において、常に通商衡平化の実現を主張し、会議で審議された条約や決議にそれが反映されるよう尽力した。つまり日本は、第一次世界大戦以来の重要外交課題の一つであった、通商衡平化問題を解決するために国際連盟による経済会議を有機的に活用しようとしたのである。

8　世界恐慌以降の経済会議と国際連盟の地位低下

(1)　関税引き上げ休止会議

一九二九（昭和四）年一〇月、ニューヨーク株式市場の大暴落をきっかけに、世界的な大恐慌が発生した。その翌年二月、ジュネーヴにおいて関税引き上げ休止会議が開催された。

ジュネーヴ国際経済会議で関税の引き下げが勧告されたにも関わらず、会議終了後もヨーロッパ諸国では関税の引き上げを行う国が少なくなかった。このような状況に対処するため、とりあえず、二、三年間は関税の引き上げを差し控え、その間に各国間で個々に交渉し、関税の引き下げの可能性を求めようという提案が、一九二九年の第八回国際連盟総会で提案された。この提案は経済委員会に付託され、経済委員会により、効果的な原案の作成・審議を行うための国際会議が召集されたのである。会議の参加国は三〇ヵ国に及んだが、ヨーロッパ諸国以外で全権団を派遣したのは日本の他、ペルー・コロンビアのみであり、アメリカと中国はオヴザーバーを派遣するにとどまった。[*62]

しかし日本は全権団を派遣したにも関わらず、会議で採択された条約及び議定書には調印しなかった。その理由について、幣原喜重郎外相は九月一日付の訓令において、日本の主要輸出国であるアメリカ・中国・インド・オーストリア・カナダが条約及び議定書に加入せず、ますます保護関税を高める傾向にあるのみならず、これらの諸国が条約加入を不可としている状態では、日本の条約加入は「絶対ニ不可能ト云フ外ナシ」と説明した。また、日本が条約に加入すれば、日本への輸入品はこれらの国々との通商条約中の最恵国条款により、この条約の定める関税据置の利益がこれらの国々にのみ均霑されることになり、不均衡になることを理由として挙げた。[*63]

(2) ロンドン国際経済会議

さらに一九三三年六月には、ロンドン国際経済会議が開催された。日本は同年三月に国際連盟の脱退を宣告していたが、ロンドン国際経済会議には参加を表明した。会議の開催に際しては、五月二日の閣議で「此際国際経済会議ニ於イテ通商上各種障害ノ緩和ニ関シ有効ナル措置ノ講ゼラルルニ至ランコトハ帝国政府ノ最モ希望スル所ナリ」とし、国際連盟の枠組の中での通商衡平化問題の解決を求めていた。[*64]

しかし、ロンドン国際経済会議は、ジュネーヴ国際経済会議で到達したような成果は得られずに閉会した。[*65] これは、国際連盟が国際経済問題の解決軸として機能しなくなっていくという国際社会の変化を象徴するものであった。同時に、通商衡平化の進展も困難になっていった。ロンドン国際経済会議の悲観的状況をみた日本代表たちは、今後貿易関係の多い国家と個別的協議による解決に望みを託したいという結論を出したという。[*66] 実際、日本は一九三三年より開始された日印会商を皮切りに、日蘭会商・日豪会商など、主要な貿易摩擦の相手国と個別に交渉を行っていくことになる。

こうして日本が一九二〇年代に国際連盟を舞台として実施した、新たな外交フレーム、「国際連盟を軸とした新たな国際体制の原則への協調」に基づく、通商衡平化実現のための活動は終焉を迎えたのである。

9　「聯盟中心主義外交」による国益追求の実態

以上、戦間期における通商衡平化問題を通して、新たな外交フレームに基づく日本の、主に外務省による外交戦略の展開を検証してきた。

日本は戦間期に、国際連盟経済委員会・総会・各種経済関係会議に積極的に関与し、これらの場で通商衡平化の実現を主張した。また、国際連盟に対する世論の総体として大きな影響力を有していた国際連盟協会連合会総会においても、通商衡平化問題を提起し、その実現を訴えた。日本は国際連盟を軸とした国際体制において通商衡平化を実現するために多角的な活動を展開し、かつそれらを有機的に連関させることを通して、日本の重要外交課題の一つであった通商衡平化問題の解決を図ろうとした。すなわち、日本は自国の重要外交課題を解決するための手段として、国際連盟の存在を重視し、積極的に活用したのである。

日本による国際連盟への「積極性」については二点を挙げることができよう。第一に、日本は国際連盟における経済問題に関する協議でプレゼンスを示そうとしたことである。日本は総会・経済委員会・経済会議・国際連盟協会連合会に意欲的に関与し、常に通商衡平化が実現されることの重要性を主張した。第二に、日本は通商衡平化の重要性を主張する際には、国際連盟の存在意義や、国際連盟規約をその根拠として提示した。日本は新たな協調の枠組みによる原則を根拠とすることにより、問題の解決を図ろうとした。かつ、日本が国際連盟の原則に賛同及び協調していることを、アピールしたのである。

このように、日本は自国の重要外交課題を解決する際に、国際連盟の活動や枠組みとの整合性を考慮かつ重要視するという戦略をとった。以上のような日本の外交は「国際連盟を軸とした新たな国際体制の原則への協調」という外交フレームを基盤として国益を追求するという「聯盟中心主義外交」を体現するものだったと言えよう。

その取り組みは一九二〇年代において、経済仮委員会への通商衡平化問題に関する小委員会の設置や、第七回国際連盟協会総会決議等において、日本による提案が採用ないし反映されており一定の成果を収めた。一九二〇年代において、日本の「聯盟中心主義外交」は、日本の重要外交課題の一つであった通商衡平化問題の解決の上で、有機的に機能していたのである。

しかし、一九二九年の世界大恐慌以降、この日本の外交フレームが通用しない事態が生じるようになる。日本は関税引き上げ休止会議にもアジア・太平洋地域から唯一全権団を派遣し、一九三三年に国際連盟に対し脱退通告を行った後も、ロンドン国際経済会議に参加する等、国際連盟における経済問題の解決に積極性を示した。ところが、徐々にアメリカやオーストラリア等、日本が直面していた貿易摩擦の主要相手国が国際連盟の枠組みに関与しなくなっていった他、ロンドン国際経済会議ではジュネーヴ国際経済会議で示されたような国際協調に到達することができなかった。

一九三〇年代に入り、国際社会が変化を遂げていく中で、第一次世界大戦後の国際秩序再編にともない形成された日本の外交フレームは、外交課題解決のための戦略として機能しなくなっていくのである。

注

＊1　『日本外交文書』大正八年第三冊上巻、八月二十七日西園寺講和全権委員上奏文「巴里講和会議ニ関シ西園寺全権委員復命上奏ノ件」、六三四文書。

＊2　小風秀雅氏は、「外交の枠組」について、「日本外交の原理の問題」すなわち「日本外交の拠ってたつ原理がどこに置かれていたか」と定義している（「華夷秩序と日本外交―琉球・朝鮮をめぐって―」、明治維新史学会編『明治維新とアジア』吉川弘文館、二〇〇一年、四～五頁）。本論文においては、この「外交の枠組」の定義を援用し、「外交フレーム」と呼ぶ。

*3　国際連盟における日本の活動の通史的研究として、海野芳郎『国際連盟と日本』（原書房、一九七二年）及び佐藤尚武監修『日本外交史十四　国際連盟における日本』（鹿島研究所出版会、一九七二年）がある。また、国際連盟と日本の関係の全容を主にジュネーヴ外交の観点から論じた近年の研究として、篠原初枝『国際連盟―世界平和への夢と挫折』（中央公論社、二〇一〇年）、Burkman Thomas W., *Japan and the League of Nations: Empire and World Order, 1914–1938* (Honolulu : Hawaii University Press, 2007) がある。

*4　NHKドキュメント昭和取材班『ドキュメント昭和世界への登場一　ベルサイユの日章旗』（角川書店、一九八六年）、緒方貞子「外交と世論―連盟脱退をめぐる一考察―」（『日本外交史研究　外交と世論』国際政治四一号、一九七〇年）、臼井勝美「ヴェルサイユ＝ワシントン体制と日本の支配層」（『近代日本思想史体系四　近代日本政治思想史Ⅱ』有斐閣、一九七〇年）。

*5　国際連盟の個別事業で展開された日本の外交行動に関する近年の研究については主に次の研究があげられる。委任統治と日本の関係に関する研究として、等松春夫『日本帝国と委任統治―南洋群島をめぐる国際政治　一九一四―一九四七』（名古屋大学出版会、二〇一一年）がある。衛生事業と日本の関係については、安田佳代『国際政治のなかの国際保健事業―国際連盟保健機関から世界保健機関、ユニセフへ―』（ミネルヴァ書房、二〇一四年）、芹澤良子『帝国日本の台湾統治とハンセン病』（平成二三年度お茶の水女子大学提出博士論文、未刊行）八二〜一一二頁）がある。少数民族問題への日本の関与については、篠原初枝「国際連盟外交―ヨーロッパ国際政治と日本」（井上寿一編『日本の外交第一巻　外交史戦前編』、岩波書店、二〇一三年所収）及び、浜口学「国際連盟と上部シレジア定境紛争」（『国学院大学紀要』第三一号、一九九三年）がある。対中技術協力については、後藤春美「国際連盟と日本―満洲事変期の対中技術協力をめぐって―」（細谷雄一編『歴史のなかの日本政治四　グローバル・ガバナンスと日本』中央公論社、二〇一三年所収）がある。

*6　日本によるジュネーヴ外交を包括的に論じた研究として、前掲、篠原『国際連盟―世界平和への夢と挫折』、前掲、Burkman Thomas W., *Japan and the League of Nations: Empire and World Order, 1914–1938* がある。

*7　「聯盟中心主義」については、頴原善徳氏により、国際法学者であった横田喜三郎や国際政治学者であった神川彦松等の知識人の間に、「国際組織の方針に我国の行動の指針を求める考え方」すなわち「国際連盟中心主義と呼びうる考え方」が存在したことがすでに指摘されている（頴原善徳「戦前日本における国際連盟中心主義と日本国憲法」、『日本史の方法』、第六号、二〇〇七年）。しかし、本章では「聯盟中心主義」を、一九二〇年代の外務省に実現性をともなう外交手段として存在した外交行動指針を呼称する言葉として用いる。

*8　先に挙げた日本の国際連盟外交に関する通史的研究においても、日本が国際連盟における経済・財政問題に関する活動に積極的

に取り組んだ事実が明らかにされているが、これらは国際連盟が主催した各種経済会議における日本の行動を中心とした紹介となっている。また、本宮一男氏は「経済外交の展開」（小風秀雅編『近代日本と国際社会』放送大学出版会、二〇〇四年所収）において、経済史的視点から、国際連盟を中心とした通商の自由化を志向する動向とそれへの日本の対応を一九二〇年代に展開された経済外交の一側面としてとらえ、各種国際会議における日本の行動を中心に検証している。その結果、一九二〇年代において日本が、国際連盟が提唱した通商衡平化の推進に積極的に呼応したことを明らかにしている。

＊9　由井常彦監修『人物で読む日本経済史　第十二巻　男爵近藤廉平伝』（末広一雄編『男爵近藤廉平伝』、一九二六年の復刻版、ゆまに書房、一九九八年）二六〇〜二六二頁及び、大岡破挫魔『喜多又蔵君伝』（日本綿花株式会社、一九三三年）二二九〜二三〇頁。

＊10　前掲、佐藤『日本外交史十四　国際連盟における日本』二一一頁。

＊11　『日本外交文書』大正九年第三冊上巻、十一月九日閣議決定「国際連盟総会第一回日本代表ニ対スル訓令ノ件」、一九八文書。

＊12　JACAR Ref.B06150729300、『国際連盟総会第一回総会調書』（B-2-4-2-20-01-07）外務省外交史料館所蔵を参照した。

＊13　『日本外交文書』大正十年第三冊上巻、九月二十八日在ジュネーヴ連盟総会代表発内田外相宛「経済財政問題ニ関スル審議及財政仮委員会報告可決ノ件」、一七六文書。

＊14　『日本外交文書』大正十一年第三冊、九月二十八日在ジュネーヴ連盟総会代表発内田外相「第二委員会可決ノ経済財政仮委員会事業ニ関スル総会決議案要旨報告ノ件」、四五三文書。

＊15　前掲、佐藤『日本外交史十四　国際連盟における日本』一七五頁〜一七七頁を参照。

＊16　前掲、海野『国際連盟と日本』六二頁。

＊17　『日本外交文書』大正八年第三冊上巻、六月二十二日付「山川参事官帰朝報告ニ関シ全権ト打合ノ結果重要問題ニ付説明方針決定覚書（木村書記官記ス）」六三六文書。

＊18　外務省外交史料館日本外交史辞典編纂委員会編『日本外交史辞典』（山川出版社、一九九二年）、「川島信太郎」、一九九頁。なお、川島は『非常時に於ける本邦貿易国策』（一九三四年）、『本邦通商政策条約史概論』（一九四一年）等を出版した他、一九五四（昭和二九）年には『通商条約と通商政策の変遷』により、一橋大学より博士号を授与されている。

＊19　JACAR Ref.B06150624000、「国際連盟仮経済委員会第四回議事経過報告」、『財政経済仮委員会／経済部会議 第一巻』（B-2-4-2-09-02-001）、外務省外交史料館所蔵。

＊20　同右。

＊21　『日本外交文書』大正十二年第三冊、八月三十日内田外相発在ジュネーヴ連盟総会代表宛「財政経済問題ニ関シ訓令ノ件」、二五三文書。
＊22　同右、通商局総務課作成「第四回国際連盟総会ニ於ケル本邦全権ノ財政経済問題ニ関スル活動」、二五三文書。
＊23　『日本外交文書』大正九年第三冊下巻、四月九日閣議決定「国際財政会議ヘノ日本政府参加ニ関スル件」、七六四文書。
＊24　『日本外交文書』大正九年第三冊下巻、七月一日在イギリス永井臨時代理大使発内田外相宛「連盟事務局ヨリ国際財政会議関係期日会議議事等ニ付通牒越セル旨報告ノ件」、七六七文書、九月十五日内田外相発在イギリス林大使宛「国際財政会議ニ関スル森及大久保両委員ヘノ訓令伝達方ノ件」、七六九文書、及び九月二十三日在ベルギー安達公使発内田外相宛「国際財政会議組織委員会ノ構成及同委員会作成ノ議事日程等ニ付本邦委員ヨリ報告ノ件」、七七〇文書（各文書及びその註を参照した）。
＊25　前掲、「国際財政会議ニ関スル森及大久保両委員ヘノ訓令伝達方ノ件」、七六九文書。
＊26　『日本外交文書』大正九年第三冊下巻、九月三十日在ベルギー安達公使発内田外相宛「国際財政会議第六回会議ニ於ケル四個ノ委員会設置及英白日印各委員ノ自国財政事情説明ニ付報告ノ件」、七七三文書。
＊27　『日本外交文書』大正九年第三冊下巻、九月三十日在ベルギー安達公使発内田外相宛「国際財政会議第十一回会議ニ於テ国際貿易問題ニ関シ印度、伊太利、日本等ノ委員演説ノ件」、七七六文書。
＊28　『日本外交文書』大正九年第三冊下巻、（付記）「国際財政会議ノ経過（外務省作成ノ調書）」、七七九文書、十月八日在ベルギー安達公使発内田外相宛「国際財政会議国際貿易委員会ノ起草委員会ガ貿易ニ関スル決議ヲ立案シ貿易委員会ヲ可決セル経緯報告ノ件」、七七七文書。
＊29　『日本外交文書』大正九年第三冊下巻、十月十四日在ベルギー安達公使発内田外相宛「国際財政会議第十六回会議ニ於テ各委員会ノ決議可決ノ件」、七七八文書、なお国際貿易委員会の決議全文は、十月十四日在ベルギー安達公使発内田外相宛　第九五号別電三号 "International Financial Conference, International Trade Committee resolutions"（JACAR Ref.B06150383900、『「ブラッセル」財政会議』第二巻（B-2-3-1-082-00-002）外務省外交史料館所蔵）参照のこと。
＊30　『日本外交文書』大正十年第三冊下巻、一月一五日埴原外務次官発野村満鉄社長外十二名宛（付属書）「交通総会ニ関スル概説」、六四六文書及び前掲、佐藤『日本外交史十四　国際連盟における日本』一八一～一八二頁。
＊31　『日本外交文書』大正十年第三冊下巻、二月二十八日内田外相発在ベルギー安達公使宛「沿岸貿易ノ相互開放、船舶噸数測度法ノ国際的統一等ニ関シバルセロナ交通会議ニ提案方訓令ノ件」、六五四文書。

＊32　日本外交文書大正十年第三冊下巻、三月二十六日内田外相発在バルセロナ松田代表委員宛「自由通商協約案第十条及沿岸貿易開放問題ニ関スル我方ノ措置方ニ付訓令ノ件」、六九四文書、四月二十日在バルセロナ松田代表委員発内田外相宛「バルセロナ交通会議ニ於テ港ノ国際制度ニ関スル決議案審議ノ経過報告ノ件」、七三八文書、四月二十二日在フランス石井大使発内田外相宛「バルセロナ交通会議ノ成果ニ関シ大体ノ観察上申ノ件」、七四五文書。

＊33　前掲、佐藤『日本外交史十四　国際連盟における日本』一八二〜一八三頁。

＊34　JACAR Ref.B03041488300、「大正十四年十二月調　第五十一議会参考資料　国際連盟協会補助金問題（条約局第三課主管事項四ノ三）」、『帝国議会関係雑纂／説明資料／条約局 第三巻』（B-1-5-2-040）、外務省外交史料館所蔵。

＊35　岩本聖光「日本国際連盟協会—三十年代における国際協調主義の展開」（『立命館大学人文科学研究所紀要』八五号、二〇〇五年三月）一二三〜一二五頁、この他に日本国際連盟協会の活動に関する研究として、池井優「日本国際連盟協会—その成立と変質—」（『法学研究』、第六八巻第一号、一九九五年）及び、外務省百年史編纂委員会編『外務省の百年　上』（原書房、一九六九年）九五六頁、前掲、佐藤『日本外交史十四　国際連盟における日本』四四二〜四四五頁、前掲、Burkman. *Japan and the League of Nations:Empire and World Order, 1914-1938*. pp.139 〜 140. がある。なお、外務省の日本国際連盟協会に対する影響力については、前掲、岩本「日本国際連盟協会—三十年代における国際協調主義の展開」が詳しい。

＊36　前掲、「第五十一議会参考資料　国際連盟協会補助金問題（条約局第三課主管事項四ノ三）」。

＊37　JACAR Ref.B04013930300、「国際連盟協会ニ関スル松井大使ノ意見」、『国際連盟協会関係一件 第一巻』（B-09-00-00-02-00-00-00-01）、外務省外交史料館所蔵。

＊38　なお、一九二二年六月にプラハで開催された国際連盟協会連合総会では、日本国際連盟協会が提案した人種差別撤廃問題が可決されている。これについて池井優氏は、実際に効果があったかは疑問であるとしつつも、国際連盟ではパリ講和会議において人種差別撤廃案が否決されたことと比較し、その相違が明確であるとしている（前掲、池井「日本国際連盟協会—その成立と変質—」、三七頁）。

＊39　JACAR Ref.B06150912100、大正十年三月二十六日内田外相発在ベルギー安達大使宛「甲、総会対スル提案」『連盟協会 第一巻』（B-2-4-2-60-00-001）、外務省外交史料館所蔵。

＊40　青木節一「通商衡平待遇問題—日本国際連盟協会の運動（上）—」（大正十二年五月十八日付『時事新報』に掲載）。

＊41　同右。

＊42　青木節一「通商衡平待遇問題―日本国際連盟協会の運動（中）―」（大正十二年五月十八日付『時事新報』に掲載）。なお、第六回総会に提出された議案については、「通商衡平待遇問題に関する本邦提案の内容」（JACAR Ref.B06150912900、『連盟協会 第二巻』（B-2-4-2-60-00-002）、外務省外交史料館所蔵）にも次のような記載がある。
　第一、各国は総ての国に対して一様に最恵国待遇を与ふること
　第二、公安衛生等の理由に依るに非れば、輸出入又は通過の貨物に対し禁止又は制限をなさざること
　第三、特恵関税の施行、殊に本国と属領との間の特恵関税は他の国の利益を害せざる場合に限ること
　第四、沿岸貿易は相互的基礎により開放すること
　第五、通過の貨物並びに原料品は関税其他の負担を免除せらるべきこと
時事新報掲載の議案と文言は異なっているものの、内容については、青木節一による記事と一致していると思われる。
＊43　同右。
＊44　同右。
＊45　乾精末については、「一〇　乾精末（関西学院の人びと）」（『関西学院史研究』第一一号、二〇〇五年）参照。
＊46　前掲、「通商衡平待遇問題に関する本邦提案の内容」。
＊47　「国際連盟協会連合第七回総会報告」（『国際知識』第三巻第十二号、一九二三年十二月、日本国際協会）、二五～二九頁。
＊48　『日本外交文書』大正十二年第三冊、八月三十日内田外相発在ジュネーブ連盟総会代表宛（別電一）「財政経済問題ニ関シ訓令ノ件」、二五三文書。
＊49　前掲、『日本外交文書』大正十二年第三冊、（別電三）「外国人及ビ外国企業ノ待遇ニ関スル勧告案ニツキ訓令ノ件」、二五三文書。
＊50　『日本外交文書』大正十二年第三冊、九月二十二日在ジュネーブ連盟総会代表発伊集院外相宛（別電）「総会ノ報告中ニ追加スベキ経済委員会ニ対スル希望項目」、二六二文書。
＊51　『日本外交文書』大正十二年第三冊、通商局総務課作成「第四回国際連盟総会ニ於ケル本邦全権ノ財政経済問題ニ関スル活動」、二五三文書。
＊52　前掲、佐藤『日本外交史十四　国際連盟における日本』一八四～一八六頁。
＊53　前掲、佐藤『日本外交史十四　国際連盟における日本』一九六頁。
＊54　『日本外交文書』昭和期Ⅰ第二部第二巻、昭和二年一月三日在パリ杉村（陽太郎）連盟事務局長発幣原外相宛（付記）「昭和二年

一二月第五回議会調書（抜粋）右会議召集に至る経緯」、一三二文書。
＊55　同右。及び前掲、佐藤『日本外交史十四　国際連盟における日本』一八八頁。
＊56　『日本外交文書』前掲（付記）「昭和二年一二月第五四議会調書（抜粋）右会議招集に至る経緯」、一三二文書。
＊57　『日本外交文書』昭和期Ⅰ第二部第二巻、昭和二年四月八日在幣原外相発志立（鉄次郎）国際経済委員宛（別紙）外務省「国際経済会議ノ各議題ニ関スル方針（国際経済会議準備書記局ノ決定）」、一三五文書。
＊58　『日本外交文書』昭和期Ⅰ第二部第二巻、昭和二年四月五日幣原外相発在ジュネーブ佐藤連盟事務局長宛「我が方委員などの任命について」、一三四文書、昭和二年五月七日在ジュネーヴ佐藤連盟事務局長発田中外相宛「会議における我が方委員の演説要旨報告」、一三七文書。
＊59　『日本外交文書』昭和期Ⅰ第二部第二巻、昭和二年五月一一日在ジュネーヴ佐藤連盟事務局長発田中外相宛「各委員会における我が方委員の意見について」、一四二文書。
＊60　『日本外交文書』昭和期Ⅰ第二部第二巻、昭和二年五月二三日在ジュネーヴ佐藤連盟事務局長発田中外相宛「会議閉会にあたり我が方委員の演説要旨報告」、一四五文書。
＊61　同右。
＊62　前掲、佐藤『日本外交史十四　国際連盟における日本』二〇〇頁。
＊63　『日本外交文書』昭和期Ⅰ第二部第二巻、昭和五年九月一日幣原外相発在パリ佐藤連盟事務局宛「連盟総会での関税引上げ休止問題討議に際しての我が方方針について」、一九七文書。
＊64　『日本外交文書』昭和期Ⅱ第二部第二巻、昭和八年五月三日内田外相発ロンドン国際会議全権宛（別紙）「国際経済会議ニ関スル件」、一二三文書。
＊65　ロンドン国際経済会議と日本の関係については、前掲、佐藤『日本外交史十四　国際連盟における日本』二〇一〜二〇九頁、前掲、海野『国際連盟と日本』二八四〜二八九頁、伊藤正直「一九三三年ロンドン国際経済会議と日本―貿易・通商問題を軸として」（後藤靖編『日本帝国主義の経済政策』、柏書房、一九九一年、所収）、藤瀬浩司編『世界大不況と国際連盟』（名古屋大学出版会、一九九四年）、木村昌人『財界ネットワークと日米外交』（山川出版社、一九九七年）を参照した。
＊66　前掲、佐藤『日本外交史十四　国際連盟における日本』二〇八〜二〇九頁。

Ⅲ　グローバル化の進展

九　国際通信社の設立と日本情報
――ロイターの日本通信市場掌握をめぐって――

佐藤純子

1　課題の設定――通信社研究の視点――

本章では近代日本における情報通信機関の発達を、対外通信社の草分けである国際通信社に即して考察する。国際通信社（以下、「国際」）は一九一四（大正三）年三月、樺山愛輔を代表に合資会社として設立された通信社である。「国際」は、新聞聯合社（一九二六〔大正一五〕年設立）、同盟通信社（一九三六〔昭和一一〕年設立）、現在の共同通信社と時事通信社の系譜に連なり、いわば日本の対外通信社の祖といえる。だが、この時点で日本からの対外情報発信の実現は困難であった。それは一八七〇年にイギリスのロイター、フランスのアヴァス、ドイツのヴォルフ、アメリカのAP通信が、お互いの通信領域を決める通信社協定を結んでいたからである。東アジアに位置する日本はこの通信社協定により、既にロイターの管轄下に入っていた。すなわち、対外通信社を設立してもロイターが障壁となり、日本から自由に全世界へ情報発信をできる状態ではなかったのである。[*1] こうした状況下にあって、日本はどのように国際情報発信機能の獲得を目指していったのであろうか。

そこで注目されるのが、「国際」の外国人総支配人ジョン・ラッセル・ケネディである。「国際」設立時にシンジケートという形でその財政的基盤を作ったのは渋沢栄一であり、その呼びかけは財界名士の「国際」への出資を実現させた。[*2]「国際」は、出資者の組合組織が渋沢に資金を委託、さらに渋沢が「国際」代表の樺山愛輔らに委託する形式で創業した。のちに社長となる樺山愛輔は、樺山資紀海軍大将の養子であり、アメリカのアマースト大学を卒業した国際感覚豊かな人物である。しかし、樺山自身は日英水電社長や日本製鋼所取締役を兼ねる実業家であり、「国際」もその事業の一つにすぎなかった。ケネディは、事実上、「国際」の実務を担う責任者であったのである。

ケネディは、一八六一年一一月アイルランドに生まれ、のちに渡米してワシントン・ポスト紙を経て一九〇一年AP通信に入社した。戦時特派員、外勤記者、ロンドン特派員、ニューヨーク本社夜間編集長、全米総務部長を経て、一九〇七年にAP通信極東部長として来日した。「国際」設立時には、渋沢栄一の代理人としてイギリスのロイター通信と契約交渉を行い、その後「国際」総支配人になった。関東大震災後、「国際」を退職したが、そのまま日本に在留、一九二八年一月に亡くなった。知日派の外国人ジャーナリストとして日本の対外通信社の創設・発展に尽くしたケネディの功績は大きいと考えられる。

これまでの「国際」に関する研究は通信社研究であったが、「国際」に関する書誌や研究は多くない。『通信社史』は日本の通信社の全体像を網羅し、その発達史を示すが、政府からの補助金問題や関係者が不利になる点には触れていない。[*3]西山武典氏は「国際」設立経緯と全体像を示し、[*4]吉田哲次郎氏は横浜で発行された英字新聞『ジャパン・ウィークリー・メール』の紙面から「国際」とロイターの契約当初の反響を検討した。[*5]また、有山輝雄氏は「国際」設立以前の明治期、日本政府や新聞社がロイターと契約していた事実に言及、さらに「国際」の経営文書から赤字の原因は「国際」が兼営した英字新聞『ジャパン・タイムス』にあったことを示した。[*6]

こうした「国際」の実態を詳細に知るには、実務を担ったケネディ総支配人が重要人物になると考えられる。ケネディの評価には追想座談会[*7]の記録や伝記『古野伊之助』を根拠にしたものがある。古野伊之助はAP東京支局の給仕から「国際」に入社、新聞聯合社創設時には岩永裕吉の右腕として実務を担当し、同盟通信社第二代社長になった人物である。伝記『古野伊之助』では、「国際」創業から一年後の大幅赤字もケネディのずぼらな性格が起因していたと記される。さらに、樺山愛輔とケネディのやりとりを古野が見たとあるのだが、当時「国際」編集補助の立場にあった古野自身が経営に参画することは不可能であり、実際の内容を聞いているわけではなく信憑性に欠ける。[*8]一方、樺山はケネディについて、

その人格識見、専門技術に於いては誠に申分なき人ではあったが、又それだけに積極性に強く、専断的性格にして、兎もすれば人との協力に欠くる所があり、熱情を以て仕事を推進する場合には遺憾なくその出生アイルランド人気質を発揮したものであり、私の種々なる事業の経験に於いても此の人程、私を手古摺らせたものはないのである

と回想する。[*9]通信社研究では記述の最後にある「手古摺らせた」の部分が強調されがちであるが、[*10]注目すべきは、前半部分の専門技術や職務に関して樺山がケネディを高く評価していた点にある。何が樺山を「手古摺らせた」かの捉え方により、ケネディに対する評価は変わってしまうのである。

「国際」設立以前のケネディの経営感覚を示す例に外交文書や逓信省の回答記録がある。一九〇八年、ケネディは新聞電報料金の軽減を願い出た。[*11]一般より低額の新聞電報料金は、新聞紙面に掲載された場合のみ適用され、未掲載のときは後日差額電報料が徴収される規則であった。ケネディは電報料金に疑問を抱き外務省に問合せたと見られる。電報規則の細部にまで気付くケネディが、経理に疎かったとは考え難いのである。また「国際」設立時に、新聞社と通信社の兼営を主張したのはケネディであるとの見方が一般的であるが、新聞社の組合組織であるAP通信出身で、

通信社業務に精通するケネディの意見かどうかも疑問が残る。[*12] 要するに通信社の研究史においてケネディの存在は見落とされているのである。

そこで本章では、ケネディ総支配人の視点から「国際」の設立経緯や業務組織の実態を明らかにし、近代日本の情報機関の発達を捉えなおすことを課題とする。具体的には第一に外国人記者団体の国際新聞協会に着目し、「国際」設立以前のケネディの活動を『東京朝日新聞』紙面を用いて検討する。第二にケネディとロイターの通信契約を外交文書から考察する。この時期に未だ設立されていない日本の新通信社と契約するロイター側の意図についても触れていく。第三に「国際」の実態を樺山愛輔宛のケネディ書簡から提示する。通信社研究の二つの通説、「国際」赤字の要因は人事・経理面のケネディのずぼらで大雑把な性格にあったという点、新聞社と通信社の兼営をケネディが主張した点の再考を試みる。通信社研究に求められがちな対外発信の機能分析の視角ではなく、外国人が業務を遂行した初期通信社として「国際」をみることで、外国の技術・知識を日本に導入、国際化する過程をも概観できると考える。

2　国際新聞協会に集う政治家――ケネディがみた明治の日本――

「国際」設立以前のケネディの活動をみておこう。一九〇九（明治四二）年五月、内外の新聞記者の交流を目的にした国際新聞協会が設立された。箕浦勝人・報知新聞社長を会長におくこの団体は、東京の新聞社の記者と外国新聞社・通信社の特派員を会員にした。設立当初は五ヵ国、二四社が参加し、当時既に著名となっていた外国新聞記者とともにケネディも会員になっていた。現在の外国特派員協会と記者クラブを折衷したような国際新聞協会の設立に、ケネディは積極的に関わり、桂太郎・大隈重信ら政界や官界の大物と交流することになる。国際新聞協会と政治家の関係を朝日新聞記事から追ってみよう。

国際新聞協会発会式は五月二九日、帝国ホテルで開かれた。その後の晩餐会には、伊藤博文・桂太郎・大隈重信ら政界の大物も招待され、それぞれがスピーチをした。伊藤は「各国の新聞紙が各々其独立の識見を以て世界の平和文明に貢献する所有らんとするは、余の最珍重する所なり」[*13]と述べ、新聞業と国際新聞協会に対する期待を演説した。また、大隈は「此協会の如き当然疾くに設立されるべきを、今日に至り僅に其創立を見るは寧ろ遅しと云ふべし」[*14]と述べた。海外の新聞記者・特派員と日本人新聞記者の交流を目的とする組織が早く設立されるべきだったと、大隈は考えたのである。国際新聞協会の設立委員長でもあったケネディは、この晩餐会で桂太郎に祝杯をあげる役目を担った。

大物政治家である伊藤・桂・大隈と国際新聞協会の記事は、発会式から四ヵ月余りすぎた一〇月一三日に再び掲載される。国際新聞協会発会式の返礼として、桂首相が一〇月一二日に国際新聞協会員四二名を招待して晩餐会を開いたからである。来賓は伊藤・大隈、小村寿太郎外相であった。伊藤・大隈・桂は発会式のときと同様に、ともに国際新聞協会が長く存続することを期待すると述べた。また、ケネディは「世界各国の新聞記者が今夜の如き名誉ある賓客と共に、一大強国の首相より招待せられたるは、誠に世界の新聞史上に紀念すべき一大事件なり」[*15]と述べ、一堂から喝采をあびた。伊藤・桂・小村らに招待記者たちがサインを求める場面もあったことから、国際新聞協会という組織が大物政治家と知己を得る機会を外国人記者たちに与えるものだったと考えられる。

なお、この晩餐会では、ホスト役の桂首相自ら伊藤博文の満州訪問を切り出し、それに対して伊藤や大隈がスピーチをした。いわば伊藤博文の壮行会にもなっていたのだが、それから二週間後に伊藤はハルビンで暗殺されたのであった。ケネディは、伊藤暗殺の知らせに対して、晩餐会の時は「中々の元気にて頻りに新聞記者を相手に談論を闘はしたるが、今卒然として其が暗殺の報に接するは何等の意外、何等の惨事ぞや、思ふにハルビン発の電報は同一時間にして倫敦に達し又一時間にして紐育に達すべければ、今頃は此報既に倫敦、紐育の諸新聞の号外となりて欧米諸国の大問題となり居るべし」[16]と、感想を述べている。伊藤博文暗殺事件に対してケネディが寄せた感想からは、一、二時間という速度でロンドンやニューヨークに速報ニュースが伝えられていることがわかる。外国人記者が一堂に集まる国際新聞協会は、大物政治家にとっても利用価値のある存在であった。

3　外国人記者と日本の国際化

国際新聞協会は、政治家と日本に滞在する外国人記者との交流をもたらしただけではなく、来日した海外要人と政治家らとの接点をも生み出している。外国人記者や政治家らが国際新聞協会をどのように利用したのか、ケネディの上司にあたるメルビル・ストーンＡＰ通信社社長来日を例に考えてみたい。有山輝雄氏[17]や我孫子和夫氏[18]は「ナショナル・ニュース・エージェンシー」[19]、新聞組合主義通信社の概念が日本にもたらされた時期としてストーン来日を扱う。本章ではＡＰ東京支局の隣に社屋があった朝日新聞社の記事からストーン来日時の行動を追い、新聞記者レベルの国際化の窓口の役割を見る。

メルビル・ストーンは、一九一〇（明治四三）年三月一二日に二度目の来日をした。ストーン社長来日報道は、三月一〇日からその行動を追うように連日記事として掲載された。ストーン夫妻と家族一行一二名は、一一日夜一〇時にシベリア号で神戸港に入港したが波が高かったために上陸できず、一二日午前になりようやくオリエンタルホテルに到着した。もちろんケネディも出迎えている。その後、午後三時三宮発の貸切列車で一行は京都にむかった。日本の新聞社もストーンを歓迎し、大阪朝日新聞社は国華社の光琳乾山名画帖一巻をストーンに贈呈している。[20]三月一四日午前、ストーンは新橋駅に到着した。神戸から東京にむかう車中では朝日新聞記者らが同乗、ケネディを介してストーンにインタビューも行った。新橋駅では外務省、各社新聞社代表者、アメリカ大使館書記官、ケネディ夫人らが出迎えた。その歓迎ぶりは三月一五日付け東京朝日新聞に写真入りで掲載された。[*21]

ケネディは国際新聞協会を通してストーン社長を日本の政治家・官僚に積極的に引き合わせた。後藤新平逓信大臣も出席した。政府側の出席者は仲小路廉逓信次官、石井菊次郎外務次官、小松謙次郎通信局長、倉知鉄吉政務局長であった。[*22] 国際新聞協会を通じた国際交流に政府も期待をしていたとみえる。ストーンはオブライエン駐日大使同伴で三月一九日に鳳凰の間で天皇に謁見もした。[*23] そして天皇謁見の翌日、ストーンはケネディ邸で佐藤・ケネディ事務所で働く人たちに、「ナショナル・ニュース・エージェンシー」の必要性を説いたとされる。三月二四日午後四時からは、帝国ホテルで開かれた国際新聞協会主催のレセプションがあり、名誉会員の資格で桂太郎・大隈重信が出席、渋沢栄一らを含む総勢百名が参加した。[*24]

また、三月二五日には、大日本平和協会主催のストーン氏招待会が午後二時から東京・早稲田の大隈重信邸で開かれた。当日は大隈だけでなく江原素六、中野武営、渋沢栄一、ケネディ、アメリカ大使ら百数十人が参加する宴となった。大隈は挨拶のなかで、誤まった通信を新聞が取り入れ、新聞から社会に誤解を伝えていると前置きし、「ストーン氏の日本訪問は今日世界に伝へらるる日本に対する誤解を解くに多大の効果あるを疑はず[*25]」と述べた。大隈は、AP通信を起点とした情報が新聞に掲載され、多くの読者に影響を与えることを充分に承知していたのである。ストーン一行は三月三〇日、高橋是清、斎藤実海相、石井外務次官、添田寿一興銀総裁、水野総領事、国際新聞協会の人たちに見送られ、午前八時二〇分新橋発の列車に乗り、正午横浜発のマンチュリア号で帰国した。[*26] なお、ストーンは帰国時、国際新聞協会の厚遇に対し感謝状を送った。[*27] 日本では官民あげてストーンを接待したのである。ケネディは国際新聞協会を通じて日本の大物政治家に接し、またAP通信社長であったストーンを積極的に日本に紹介する役割を担った。

一九一一年二月、ケネディはAP通信社員としてではなく、国際新聞協会東洋主任の肩書きで勲三等瑞宝章を受章した。その理由は、「善ク本邦ノ事情ヲ観察シ公平ニ之ヲ海外へ報道普及セシメ、世間ノ誤解ナカラシメン事ヲ力トメ、之レガ為メ本邦対外施政ニ資スル処少ナカラズ其功績顕著」[*28]だからであった。日本に好意的な記事をケネディが送っていたということだろう。朝日新聞は、ケネディが「所謂黄色紙の虚誕妄説流布を防止し近くは日米条約成立に関しても其功績著大なる」[*29]ことが受賞理由であると報じた。外交目標だった条約改正の実現に記者であるケネディの功績がどの程度あったかを推し量ることは難しい。だが、日本がよりよく理解されるように努めていたのは事実であろう。また受章時の首相が桂太郎であることから考えても、ケネディという人物が当時の日本の政治家・官界に相当知られた存在になっていたといえる。

このように明治末期の数年間に活躍したケネディであったが、一九一二年一〇月頃にはサンクトペテルブルクへの転勤を打診されていた。転勤に関してケネディは「露都特派員の申出は自分にとり結構の事に相違なけれど、折角六ヶ年も日本の交際社会に出入し内外朝野の信頼を得たることなれば、何れにすべきかは自分にも思ひ惑ふ所なきに非ず」[*30]と述べた。サンクトペテルブルグへの転勤で、日本での六年間の自身の努力が無駄になってしまうと悩んでいるのだが、ケネディにとり日本は居心地の良い場所になっていたのである。一方、AP通信からみれば、日本側に近くなりすぎては中立の報道はできず、情報の価値が下がってしまう。それゆえロシアへの転勤話が浮上したのだと考えられる。

日本を離れるにあたり、一九一三年四月二四日に帝国ホテルでケネディ主催の晩餐会が開かれ、三〇人余が出席した。[*31]AP通信は五月一五日付けでケネディを更迭した。帰国予定の五月二一日付けの新聞には新聞記者団体である春秋会の感謝状とケネディの写真が二段抜きで掲載された。[*32]こうしてケネディは一旦、日本を離れた。転勤で来日した場合、離日問題は往々にしてあることである。知日家として存在感をだすか、築いてきた人間関係を継続させるかは悩ましい問題だが、結局ケネディは日本への残留を選んだ。七月にはケネディがAP通信を退職して再来日、「新たに通信社を創立なる計画なるが此計画には渋沢男、中野武営氏等も関係ありと伝ふ」[*33]と報じられた。ケネディはわずか二ヵ月余りで戻ってくるのであった。この記事では、新通信社設立計画が渋沢栄一の提唱であることも伝えられた。一度、日本を離れたケネディの行動が記事になること自体、外国人記者として注目されていたことを示している。

4 ケネディとロイターの通信契約交渉

(1) 外務省の方針とケネディ

再来日後のケネディの仕事、それはロイター通信との契約交渉であった。一九一三（大正二）年一一月、新通信社設立を計画する渋沢栄一の代理人として、ケネディはロンドンでロイターとの契約交渉に臨んだ。いまだ設立されていない日本の民間通信社とイギリスの大通信社ロイターとの契約交渉はなぜか首尾よく進んだ。交渉経過は在外公館と外務省の電報を使って日本に知らされた。渋沢栄一が主導する通信社を外務省側がどのように見ていたのかを示すと同時に、契約交渉が進展した理由をケネディやロイターの意図から探っていく。

一九一三年一一月一三日、ロンドンの井上勝之助大使からの牧野伸顕外相宛電報には、交渉役のケネディの意向が示されている。「ロイターノ意向ガ渝ラザル内ニ直チニ右予約ニ調印スルヲ認メ、追テ日本ニ帰着ノ上電報ニテ之ヲ確認スルコトニ御取計相成リタキ希望ニテ、同氏ハ右予約締結ニ関シ権限ヲ得タ」[*34]いという申し出から、ケネディの権限で取りあえずロイターと予備契約をして良いかどうかを確認したことがわかる。井上大使は、「本件ニ付テハ同氏ニ於テ本邦出発前、大臣へモ相談ヲ遂ゲタル由ニ付、本件関係向へ前陳ノ次第可然御伝達ノ上、何分ノ義電報アリタシ」[*35]と結んだ。牧野外相は事前にケネディから相談を受け、渋沢主導の通信社とロイターの契約問題を承知していたのであった。ケネディはこの段階では、かなり詳細に在外公館に経過を伝えていた。

一一月二一日には設立に関わった小野英次郎・日本興業銀行副総裁が、

右ノ通「ケネヂー《（ママ）》」ニ伝言アリタキ旨、渋沢男ヨリ依頼アリ。電信ノ趣承知セリ。右ハロイテル社ガ日本ニ於ケル同社ノ営業全部ヲ、毎年弐千百磅《ポンド》ノ代償ニテ三年又ハ五年間、名実共ニ渋沢男ノ計画ニ係ル「シンヂケート」ニ譲渡シ、其代表者トシテ「ケネヂー」ニ本契約ヲ結バシムルモノト解釈シ然ルベキヤ。左スレバ申出ノ通リ直ニ予約締結アリタシ。返事待ツ[*36]

と、小池張造政務局長を介して渋沢の言葉を伝えている。小池は政務局長以前、駐英大使館参事官であり臨時代理大使をつとめた人物である。渋沢はロイターの日本における営業権が名実共に新通信社に譲渡されるかどうかを予約契約の段階で確認している。これは新通信社にとって重要な問題であった。なぜならば、後に「国際」や新聞聯合社が改訂に苦心する不平等な通信契約の端緒となったからである。渋沢は契約の重要度合いを認識していたのであるが、伝言は結局ケネディに伝わることはなかった。

新通信社とロイターの契約に対する外務省側の考えを示そう。牧野外相は、「元来本件ノ趣旨ハ帝国政府ノ賛同スル処ナルモ政府ニ於テ関係セル次第ニハ無之ニ付キ[*37]」と前置きし、関係者に異議がない以上、契約に政府が容喙する事を好まないとしたうえで、「契約締結前一度之ヲ精査スル事必要ト認ムルル次第ハ、本件関係者タル樺山愛輔ニモ本大臣ヨリ注意シ置キタル次第[*38]」と述べている。牧野は建前上、外務省が関わるべきではないと考えながらも、新通信社の計画に名を連ねる樺山愛輔には、契約の精査が必要であることを注意したのである。そして、「渋沢男ノ伝言ヲ「ケネディー」ニ伝ヘラルルト同時ニ、貴官ハ契約案ヲ査閲セラレ、御気付キノ点ハ「ケネディー」ニ注意セラルルト共ニ、当方ニモ電報アリタク[*39]」と契約案の確認を井上大使に求め、更に契約の主要条項も必要であれば電報するように述べた。外務省は無関係の立場であるとしながらも、契約案の査閲や契約の主要条項の提出を在外公館に伝えること自体、牧野外相がロイターと新通信社の契約に相当な関心をもち、動静に注目していたといえる。だが、契約案を一度在外公館で精査するという牧野外相の考えも、ケネディには伝わらなかった。

一一月二三日付け牧野外相宛井上大使の電報を示そう。

貴殿第一八五号ニ関シ「ケネヂー」《(ママ)》ハ二三日間旅行不在ニ付、渋沢男ノ伝言ヲ伝ヘ難キモ本件ハ渋沢男ノ解釈通リ、予テ同人ヨリ承知シ居レリ。然ルニ路透《ロイター》電信会社ヨリ催促ノ次第モ有之、同人ハ猶予スルノ不利ナルヲ認メ、且同社ハ当初ヨリ好意的態度ニ出デ、日本側ニ取リ、決シテ不利ナラザル条件ナルニ付、十一月二十一日、自己ノ責任ヲ以テ已ニ仮契約調印ヲ了シタル旨、十一月二十二日来訪申出タリ。尚本人帰着次第右契約条項電報スベシ。[*40]

ケネディは旅行に出かけており、渋沢からの言葉は伝わっていない。新通信社の契約に関してはロイター側からの催促があった。そして、日本側にとって不利な条件ではないため猶予しないほうが良いと考え、ケネディは一一月二一日に渋沢らの返事を待たずに仮契約を調印していたのであった。[*41]牧野外相が示したロイターと新通信社の契約案を在外公館で一度精査した方が良いという判断は、電報が行き違い全く伝わらなかったのである。つまり、実際の契約に関しては外務省も渋沢も関与することはできなかったのである。

ケネディがこのロイターとの通信契約をどう考えていたのかが、一一月二二日付けの井上大使の電報に記されている。

我方ニ於テ此際躊躇スルハ却テ彼ノ不快ヲ招ク事ナシトセズ、随テ万一破談スルガ如キ事有之候テハ遺憾ノ次第ニ付、仮ヒ東京本件関係ノ向キニ於テ承認ヲ与ヘラレザルモ、右通信事務ハ自分一己ニ引受候テ、決シテ損失ノ生ズベキ事断ジテ無之ト充分ニ見込相立候ニ付、右予約ニ調印シタル次第。[*42]

ここで大事なのは、ロイターの不快を招き破談になる可能性があるという表現である。ケネディ自身はロイターとの契約には損失が生じないという見通しがあったので、渋沢らが不承認であったとしてもケネディ個人の責任で調印したかったのである。ケネディは仮契約する事を決めていたことになる。

一一月二七日、ケネディは在英日本大使館で井上大使と面会し、仮契約書の写しを提出した。この面会のなかでケネディは、井上大使に政府と新通信社の関係を述べていた。

右仮契約締結ニ関シ「ロイテル」社ト交渉ノ際、本件「シンヂケート」ハ全体本邦実業家ノ提唱ニ係ルモノニシテ、帝国政府ハ該計画ニ対シ何等関与スル処無之旨、特ニ説明シ置キタル次第[*43]

と、ケネディは新通信社が渋沢栄一らの実業家が提唱したもので、日本政府は設立計画に全く関与していないことをロイターに提示していた。また、ケネディは日本政府に不利となるような発言はしていないとも述べている。通信社と政府が関係を持っていると見られると国営通信社扱いとなり、情報の信頼度が下がるからであろう。だからこそ、外務省電を使いながらも外務省の関与がある前に仮契約を結んだのである。しかし、仮契約の内容はクレジット、手数料、他社との契約などで日本の通信社に不利でありロイターに有利なものといわざるを得なかった。[*44]ケネディは日本政府と無関係であると主張し通信社の独立を表明したのだが、実際はロイター側の意図を汲んだ契約になってしまったのである。

(2) ロイターの裏事情

外務省電報ではロイターが仮契約を催促していたことがわかる。なぜ新通信社との仮契約をロイターが急いだのか、その背景を探ってみる。

ケネディがロンドンのロイター本社を訪問している間、日本に駐在するロイター通信員アンドリュー・プーレーは契約交渉には関わっていない。新通信社の契約交渉が進展していた一一月、プーレーは後に大問題となるシーメンス事件に関与していたのである。シーメンス・シュッケルト電気会社（以後シーメンス社）東京事務所のタイプライターで雇員だったカール・リヒテルが盗んだ機密書類は、日本海軍と同社の贈収賄を記したものであった。リヒテルが犯行に及んだ経緯は給料の増額を断られ、受注の機密書類を他社に漏洩し解雇されたからであった。そして最後にシーメンス社と海軍の贈収賄に関する機密書類を盗んだのである。リヒテルが盗用機密書類の買い取り手を探していたところ、一一月四日、ロイターの横浜事務所でプーレーが七五〇円で買い取った。プーレーの依頼でロイター経理係だったジョージ・ブランデルは一一月六日、長崎に行く途中、神戸から上海へ二〇万円の保険をかけた盗用機密書類を送った。一方、プーレーはロイター通信員の立場を利用して上海経由で配信することを告げてシーメンス社取締役のヘルマンとウィルヘルム支配人を数度にわたり恐喝、一一月二六日に香港上海銀行横浜支店で盗用機密書類と引換えにシーメンス社側から五万円を受取った。翌二七日、シーメンス社のヘルマンらは横浜のドイツ総領事館で贈収賄に関する秘密書類を焼き証拠を隠滅した。[*45]

　ロイター本社がケネディとの交渉段階で、プーレーの犯行をどこまで承知していたかを示す史料は見当たらない。だが、当時ロイター東京事務所は日本電報通信社（電通）のビル内にあり、リヒテルがシーメンス社の盗用機密書類を新聞社に売り歩いていることや、プーレーが買い取ったこと、上海に書類が送られたことは電通も知るところであった。また、シーメンス社はリヒテルが恐喝した段階で訴えていた。ロイター側は一一月初旬、上海経由でプーレーが盗用機密書類を手に入れたことを知ったのであろう。一一月一三日付けの牧野外相宛電報には、ロイター社長がケネディとの交渉中、「三年又ハ五年間ノ契約ヲ以テ「ケネデー《（ママ）》」ヲ日本ニ於ケル其ノ代理人及通信員ト為シ現在ノ通信員ヲ他ニ転ズベシ」[*46]と言及したことが示されている。プーレーの更迭を考えていたからこそ、ロイターは新通信社との仮契約を急いだのであろう。プーレーには一一月二六日付けロイター社長の書簡で、日本で新通信社が設立されることや、一九一四年二月一日付けでケネディがロイター代理人になること等が知らされた。[*47]

このようにロイターと新通信社の仮契約は、ロイターの意向が大きく働いていたと考えられる。盗用機密書類を手に入れたプーレーよりケネディの方が通信員かつ代理人として好人物である点、日本の新聞社との個別契約より新通信社と契約すれば窓口を一括化できる点、財界の援助があれば経営不安がない点など、ロイターにとっては利点が目立つ仮契約であった。一方、ケネディは外務省を無視し結果的にロイター側の利益を守る立場で交渉したことになる。このことが一〇年後のケネディの立場を危うくするのであった。

5　国際通信社の設立とロイター

(1)　新通信社に対する反響

ケネディがロイターと仮契約をしたという情報は在中国の外国新聞や日本国内の英字新聞で取り上げられた。[*48] 日本に設立される新通信社を海外の新聞がどう理解したのか、今井忍郎香港総領事の本省宛報告から考える。

一九一三(大正二)年一二月二四日付け電報には、香港の英字新聞『モーニング・ポスト』紙に新通信社に関する記事掲載があったと記される。『モーニング・ポスト』はドイツの東亜通信の記事を掲載する唯一の英字新聞であり、ケネディがロイター通信員となり新通信社の主任になると報じた。後述するように、この段階でケネディが新通信社の役職につく契約は成立してない。また新通信社に対しては「日本政府ノ勧告ニ従ヒ各商業会議所及船会社等聯合シテ創設」[*49]することや、「現「ルーター」通信社員「エー、エム、プーレー」氏ヲ排斥スル」[*50]ものとして考えられていた。新通信社と政府との関係を疑っているのだが、経済団体が連合して通信社を設立する点などで正確な情報が伝わっている。さらにロイター東京通信員プーレーを排斥するためであるという見方もしているのだが、プーレーはシーメンス事件に関与したので、「排斥」という結論も的を射ている。

社説では、新通信社の目的が「日本及日本政府ノ為メニ其行動ヲ弁護シ、欧米各国ニ対シ単ニ其利益アル報道[*51]」を供給することであるとし、国策を反映した通信社であると推測した。一方、ケネディについては、「日本政府ノ為メニ尽砕シタル報酬トシテ旭日三等ヲ拝受セル以外ニ、同氏ノ努力ニ対スル日本政府ノ実際的感謝ノ表現タル可シ[*52]」と記した。前述したようにケネディは日本事情の報道で勲三等瑞宝章を受章していたが、今回の新通信社への登用も論功行賞扱いで考えられていたのであった。ケネディと比較してプーレーのことは、「過去ニ於テ通信打電以前ニ、日本政府ノ検閲ヲ縷々拒絶シタルガ為メニ、日本外務省ト反目セシハ公然ノ事実ナリ[*53]」と報じた。検閲を拒否するのは当然のことだろうが、プーレーが日本贔屓の報道をしていなかったといえる。今井香港総領事は補足として、「今後東京駐在「ルーター」通信員ガ日本通信社ト関係アル限リハ、各新聞社ハ一切「ルーター」通信ヲ掲ゲザルヲ勧告スル旨「ペキン、ガゼット」ハ記載セリ[*54]」との情報も本省に伝えた。ロイターとの仮契約から一ヵ月足らずで、日本の新通信社幹部とロイター東京通信員は兼務するという情報が、香港のみならず北京でも否定的な考えで広がっていたのである。これらはケネディと日本側から出た情報ではなく、プーレーがロイター社長の書簡から得た情報に基づいているものと考えられる[*55]。

(2) 国際通信社とシーメンス事件

ロイター通信員がプーレーからケネディに交代し国際通信社が設立される経過をたどってみよう。シーメンス事件が公になる以前、一九一四年一月一四日にプーレーは牧野外相と面談していた。一月二〇日付け井上駐英大使宛の牧野外相電報には、その内容が残る。プーレーは牧野外相に対して、「「ケネディー」ト「ロイテル」社トノ間ニ通信事務ニ関シ契約ヲ為スニ当リ在英帝国大使ニ於テ終始斡旋[*56]」したとロイター社長の書簡中にあったが事実かどうか、日本政府の補助があったかなどを尋ね、仮契約の真相に触れた。また、プーレーは「「ロイテル」社ノ仕打、其意ヲ得ズ。自分トノ契約ヲ無視スルモノナルヲ以テ、何レ裁判ニ訴フル積リ」[*57]とも述べた。ロイターからプーレーの更迭が通告されていたためであろう。プーレーはシーメンス社の機密問題を牧野に伝えてもいるのだが、「多分同人ニ於テ、官庁内部ノ機密ニモ通ジ居ル事ヲ示サン為メ、内話シタル事」[*58]と牧野は考えた。さらに牧野は在日外国通信員が新通信社計画に反対するのもプーレーの教唆によるものではないかとさえ推測した。この内容はプーレーに対して外務省が好意的ではないことを示すと同時に、プーレーが確かに機密情報を認識していたこともあらわしている。

一月二三日付けの新聞各紙にドイツにおけるカール・リヒテルの裁判記事が掲載された。シーメンス社と海軍の贈収賄事件の曝露は、シーメンス事件として山本権兵衛内閣を揺さぶるのだが、記事の配信元はロイター上海経由のものであった。[*59]結局、プーレーは牧野との面談から約二週間後の一月二九日、東京地裁検事局の取調べを受け、翌三〇日に恐喝罪で拘引された。

通信員が拘束されたロイターではあったが、その引継ぎは予定通り非常に速やかに行われた。ロンドンで代理人としてケネディが締結したロイターと新通信社の仮契約が一月二七日、渋沢栄一によって正式に承認されていたのである。一月三一日付けの新聞は、「プーレー氏は事実上通信事務に当ること能はざるに至りたれば、今日よりケネデー氏に於て東京通信員たることを引き継がれたし」[*60]と、ケネディに宛てたロイター社長からの急電内容を掲載した。ケネディは当初の予定より二日早く、一月三〇日からロイター通信員になった。二月二日付けの新聞でロイターは、「世に伝へらる、が如き不正の取引には全く無関係にして、之に関し直接何事をも知悉せざるものなることを言明す」[*61]と、シーメンス事件への関与を全否定するに至った。そして、ケネディも朝日新聞本社宛に「小生も亦同社の代表者として此際、貴紙の同情を希望致し申候。之と同時に路透電報会社は如何に日本、日本国民及日本新聞紙の為め尽力せんと欲する者なることを茲に言明するに憚らず候」[*62]と書簡を送った。朝日新聞をはじめとする日本の諸新聞に対して、ロイター側からシーメンス事件報道への配慮を求めたのであった。

こうしてみるとケネディは新通信社というよりもロイター側の立場にいることがわかる。ケネディは契約上、ロイター通信員なので当然であるが、新通信社の設立は未定であり国際通信社という名称もこの時点で存在していなかった。つまり、ロイター代理人という立場だけが先行し、日本の新通信社におけるケネディの立場は未決状態だったのである。三月一七日、岸清一弁護士宛のケネディ書簡には、

奇怪ナル立場ハ何時会社ノ設立ヲ見ルベキカニ付、御予想ヲ承リ候ハバ、今少シク容易ニ説明スルコトヲ得ベキカト存候。ロイテル男爵ノ代表者トシテノ拙者ハ、シンジケートニ於テ此場合躊躇セラルベキ理由ハ毫モ無之候事ヲ確信仕居候。[*63]

とある。渋沢栄一の正式承認書の写しがロイターに届き、ロイター社長が既に新通信社が設立されたと考えているのに対し、ケネディ自身も早期の会社設立を促したのであった。ロイターの代理人であるケネディこそが、渋沢によるシンジケート、すなわち日本の新通信社でも責任ある立場に就くのは当然だと述べたのである。ケネディ以外の人物が国際代表の名に挙がっていたのだろう。ケネディにも催促する事情があった。仮契約の段階で新通信社設立の期限がつけられていたからである。

本契約ハ一九一四年二月一日ヨリ実行シ五ヶ年間存続ス。八月一日迄ニ完全ニ「シンジケート」ヲ組織シ全然本契約ヲ継承スルニ於テハ、本契約ニ関スル「ケネデー《(ママ)》」ノ責務ハ解除セラルベシ。[*64]

二月から八月の六ヵ月間で新通信社が設立されなければならず、完全に設立された場合には、ロイター代理人としてのケネディの交渉権はなくなるのであった。新通信社におけるケネディの地位は保証されていたわけではなく、自力で交渉しなければならなかった。ロイターに有利な交渉をしながらも、ケネディ自身はロイターからは優遇されず、宿題を与えられていたのである。

結局、新通信社は一九一四年三月二六日、合資会社国際通信社として登記された。資本金は無限責任者の樺山愛

輔が七万円、有限責任者の八十島親徳が三万円であった。八十島は渋沢同族会社の役員である。同日付けで「国際」とケネディも契約し、ケネディは総支配人としての立場を得た。契約書の第二条では、「業務執行者ノ資格ニ於テ、ケ子《(ママ)》デイー以外ノ外国人ヲ使用セザルコト」[*65]が定められた。また、ケネディの給与は、年額一万四〇〇〇円の年俸制であり、月割りで支払われることになった。ケネディとの契約は五年間であったが、たとえロイターとの契約が終了してもケネディとの契約には影響がないことも規定された。外国人の業務執行者を唯一人とする点、ロイターとの契約の有無で地位が脅かされない点など、ケネディ自身もロイターに楔を打った内容になっている。さらに第六条で、「純益金ノ半額ヲケ子《(ママ)》デイーニ払渡ス」[*66]ことも約束されていた。後述するように「国際」は赤字であり利益は出ないのだが、契約の時点では会社の利益をケネディ個人と折半することになっていた。総支配人としてのケネディの立場は経営者待遇だったのである。

四月になり渋沢栄一を代表者として財界有志から出資金が集められた。「国際」の経営は出資者の資金を渋沢がまとめ、それらを樺山、八十島に委託することで成り立っていた。出資者と渋沢との覚書の事業欄には、「英字新聞ノ経営及対外通信ノ事業ヲ併セ行フ事」[*67]と記されている。「国際」が英字新聞のジャパン・タイムス社を経営することを述べたものであるが、これこそ総支配人ケネディを悩ませる原因になるのである。渋沢栄一らにしてみれば、シーメンス事件の渦中に新通信社「国際」を設立することに躊躇があったはずである。一方、ロイターにとっては四月二五日から始まるプーレーの裁判前に「国際」が設立されたのは喜ばしいことであった。ロイター社長は四月一五日、「当社ガ今回我同盟国ニ於ケル標本的通信社トモ見ルベキ事業ト密接ナル関係ヲ結ブニ至リタルハ、特ニ我々共ノ喜ビト致ス所ニ御座候」[*68]と、「国際」設立の祝意の書簡を渋沢に送った。シーメンス事件との関係では、ロイターに恩を売った形になる。いずれにしても日本には「国際」という新しい対外通信社が設立されたのである。

6　初期の国際通信社と組織の実態

一九一四（大正三）年創業の「国際」は、第一次世界大戦が勃発する数ヵ月前に創業した通信社になる。「国際」の業務実態にふれる前に、通信記事に対し総支配人となったケネディがどのような姿勢で対処したのかを見ておこう。「国際」創業から四ヵ月を経た一九一四年八月一七日、ケネディは陸軍省を訪ね電信発受の検閲を問い合わせていた。その内容は電報局で検閲を受ける事項、受けない事項、検閲の種類、電報の受領場所や時間などであった。また新聞電報の発送が遅延する場合や「遅延ヲ避クルガ為メニハ、如何ナル地位ノ人ニ電報ヲ提出スベキカ」[*69]ともケネディは尋ねた。電報提出者の地位を気にかけること自体、日本的思考である。さらに通信に関して「総テノ法規ヲ遵守シ、日本官憲ト各種ノ方法ニ於テ協力仕度希望ヲ有スルコトヲ開陳仕候」[*70]と、法令遵守を宣言、ケネディ自身が日本政府と協力する姿勢を示した。問い合わせに対し陸軍省では、検閲発受事項は逓信省の管掌である旨を回答したが、同時に参考として陸軍省の掲載禁止標準を提示した。ケネディの態度は、日本政府が第一次世界大戦に参戦することを見込んだものであろう。陸軍省に検閲事項や新聞電報の遅延問題を問い合せたのも「国際」が政府の敵ではなく、協力する意思を表明したものだと考えられる。

「国際」設立当初の目的、それは日本からの対外発信を行う通信社であった。だが、現実には設立当初からロイターの取次ぎ会社としての役割しか持っていなかった。日本国内では新聞社や企業に配信できたが、海外の新聞社や通信社と「国際」は契約できず、ニュース販売で利益を生み出せる状態ではなかった。つまり、情報の輸出入を担う通信社としては最初から輸入型でありアンバランスな経営だったのである。以下では、「樺山愛輔関係文書」のケネディ書簡を主史料に「国際」の業務や組織の実態を明らかにしていきたい。

「樺山文書」からは、総支配人としてのケネディの指示や業務に対する考え方が見えてくる。樺山愛輔は「国際」代表であったが、経営の実務はケネディが担っていた。「樺山文書」に残るケネディ書簡の多くは、「国際」創業から一年を経た一九一五年のものである。ケネディは「国際」の業務を基本的に書簡の往復で行った。そのことは「国際」に勤務した山田清一郎氏が、「当時、ケネディはずいぶん手紙を書いた。その手紙を、われわれはチット・ブックを持って届けていた[*71]」と証言している。一九一五年四月、ケネディが差し出した書簡は樺山宛七通、松尾幹次宛十八通、「国際」社員宛九通などである。松尾幹次は「国際」の会計責任者とジャパン・タイムス取締役を兼ねる人物である。樺山宛が少なく見えるが、松尾や「国際」社員に宛てた書簡や指示のほとんどを「Copy to Mr.Kabayama」と題し、ケネディは樺山に写しを送り、非常に几帳面に日常業務を報告していた。ケネディの社員に対する指示から、創業一年目の「国際」の業務や勤務体制を見ていこう。

「国際」の勤務はシフト制であった。一九一五年四月、総支配人ケネディの勤務時間は、午前九時から午後一時までと午後五時から一〇時までである。午前の終了時間は午後一時半の週もあれば午後二時の週もあるが、基本的に変化しない。ケネディは赤坂区葵町三番地（現在の港区虎ノ門）の住居兼事務所におり、秘書のミス・フリン、松永あさが共に働いていた。また、ケネディはロイター代理人も兼ね、ロイター東京通信員であるJ・M・バーナードも葵町事務所に詰めていた。署名が必要な書類等は午前中か午後五時から六時の間に持参する決まりであった[*72]。「国際」社員の多くは銀座にあった営業・編集事務所に勤務した。勤務時間が固定化していたのは、東川嘉一、松尾幹次、不破瑳磨太の三人だけであった。東川は日中編集者、松尾は会計として朝九時から午後五時まで、不破は夜間編集者として夕方四時から午前零時までが勤務時間であり八時間体制ということになる[*73]。

シフト制だったのは「国際」の編集補助者たちで、古野伊之助や佐治啓介、のちに加わる土田金雄である。古野は四月四日の段階では、夜一一時から翌朝九時の早朝編集者であったが、四月二八日には朝八時から夕方五時までの勤務になった。[*74] また佐治は午後一二時から夜八時までだったものが、四月二一日には朝八時から夕方五時勤務に変わり、四月二八日には早朝編集者として午後二時から翌朝九時までのシフトになった。この時期に土田が夕方四時から午前零時まで夜間編集補助者として加わった。[*75] ケネディはシフト勤務に関して四月二五日付けの書簡で、「もしできるならば、不破と土田または佐治と古野は夜間従事を週ごとに交代する方が良い[*76]」と意見を述べている。勤務計画はケネディの許可が必須であった。四月二八日付けの東川と不破宛書簡では「佐治の時間はやや長すぎるように見えます。でも彼の時間は大体少なくとも午後四時までは自分自身の自由に使える時間だと思います[*77]」と、早朝編集者として一九時間勤務になっている佐治の勤務時間について、ケネディは疑問を持ち注意している。

「国際」の勤務時間は、朝九時から夕方五時まで、夕方四時から午前零時まで、午後一二時頃から夜八時まで、夜一一時前後から翌朝九時までの四体制であった。ケネディには、日中、夜間全ての時間に会うことができ、「芝二七三〇への電話で夜間のいかなる時間でもすぐに到着できる[*78]」と決まっていた。夜間編集者は重大事件や疑問点があれば、夜十時から朝六時まではケネディの自宅電話に問合せることが求められ、東川と不破も日曜日に連絡がつく手はずになっていた。営業時間以外の編集業務を補完するのは、ケネディ、東川、不破らであったことがわかる。この他に急信者として沖が朝八時から夕方六時を担当、住谷が夕方五時半から翌朝八時を担当した。さらに朝八時から夕方六時までの日中配達者を三人、夕方五時から夜中一時までの夜間配達者を三人置いた。[*79]

ケネディは「国際」社員に業務時間の勤務姿勢を説いている。例えば「目的がいかなるものであっても、デスクからの不在は総支配人の許可が必要です。もし編集者が病気で会社に出勤できないならば、電報や電話、その他の手段で総支配人や会社にすぐに知らせる義務があります。そうでなければ責任を負う義務があります。原因が何であれ、許可のない不在は指示の不従順、違反とみなされます[*80]」と述べている。当然のことだが、この指示からは編集事務を担う「国際」社員が事務所に不在で勤務時間が厳格に守られていないことがみえてくる。また「編集者は業務時間に扱ったり、入電するニュースの間違いや遅れに責任があります。職権以外で電報が発送されたり、浪費してはならない」[*81]という指示もあった。実際、この時期の「国際」は主に記事の和訳・英訳が中心であり、新聞記者のように取材に飛び回ることもなかったはずである。欧米流のビジネス感覚を身につけるケネディの目には、「国際」社員の行動は怠慢に見えていたのだろう。勤務時間や業務に対するケネディの指示を、電話ではなく書簡や文書で記したのは、英語力の乏しい日本人社員が何度も読めるようにしたかったからだと考えられる。

このようにケネディが勤務時間に厳格になるのは、「国際」社員が少数だったことも一因である。四月の給与表に掲載されていたのは、ケネディを含め一〇人余りである。松尾、東川、不破、古野、佐治、フリン、松永、土肥、沖、住谷とボーイたちである。ケネディの秘書フリンの給与は一五〇円であるが、これは国際幹部級の松尾や東川が一〇〇円であったので時間の割りに高い設定である。また日本人秘書の松永あさは七五円であるが、不破や土肥常温も同額であった。土肥は朝九時から午前零時まで外回りを担当していたので、やはり秘書給与のほうが高くなっている。一方、拘束時間に対して給与が低いのが古野の四〇円、佐治の六〇円である。ケネディは、「樺山と私自身により変更しない限り、これが三月の正しいリストであり、四月の唯一のリストです。この他の賃金や名前は許可されないでしょう」[*82]と述べている。新聞社や通信社にはたいてい情報提供者や非正規の記者もいるのだが、「国際」の場合は厳密に給与支払い社員の枠組みを作っていたといえる。

ニュースの特電に関しても、ケネディは度々書簡で指示を出している。四月一七日には「最大限の注意は、朝、国際の入電とロイターの発電サービスの区別に払わなければならないということを、私はロンドンからアドバイスされています。J・M・バーナードがロイターの東京通信員です」[*83]と「国際」編集者宛に注意を促した。また四月二三日に東川、不破、古野、土田、佐治ら「国際」編集者と編集補助者宛には、ケーブルサービスやロイター、アヴァスなどの通信に用いる用紙の色を七種類に分類し提示している。[*84]そして四月二八日付けの東川、不破宛書簡では、「今後、上海からの定期通信は以前のようにロイター東京ではなく、国際東京宛にきます」[*85]と述べた。ロイター東京事務所は、ケネディが普段いる葵町事務所と同居しているのだが、形式的とはいえ「国際」宛に直接通信が届くようになるのであった。書簡という記録に残る方法でケネディは職務上の細部にわたる指示を出していたのであり、非常に注意深い性格だったといえる。

職務上の規律、特に書類が提出される順番や署名にもケネディは詳細な取り決めをした。業務報告書の提出を義務付け、印刷の発注も葵町事務所を通さなければならなかった。四月一三日付けの「国際」編集者宛書簡では、「例えば神戸、ソウル、長崎、北京などの地点からの特電は受取り次第、総支配人に問い合わされるべきです。もし、命令されたら全ての新聞社に送るべきです。独占的に一紙に特電を与えることは間違いです」[*86]と述べている。ここでいう独占的に一紙というのは、『ジャパン・タイムス』のことであろうが、東川や不破、古野ら「国際」編集者の勝手な行動を認めず、基本的にケネディの許可や命令によって記事の配信がなされなければならないことを示している。さらに葵町事務所が「ロイターの制度下にあり、代理人または通信員による署名が無い限り、いかなるメッセージも送受信しない」[*87]という編集者宛書簡もある。電信の発電にもケネディかロイター通信員であるバーナードの署名が必要であり、やはり編集者の独断で送受信できないような仕組みをつくっている。ケネディの指示からは、「国際」があくまでもロイターの下部組織として扱われていることがわかる。

創業一年目の「国際」は通信社としては発展途上段階であり、欧米の通信社と比肩できる状態ではなかった。「国際」は、ロイターが保護者として存在することで漸く成り立つ通信社組織であった。人事や業務の細部にはケネディの几帳面な性格が反映され、欧米流の通信社組織が「国際」に導入されていたと考えられる。ここにケネディのずぼらで大雑把な性格が「国際」の赤字の原因であったとの従来の見方は否定されるのである。

7　ケネディの経営感覚と通信社観

(1)　ケネディの経営感覚

「国際」は創業一年目から赤字経営であった。有山氏は、英字新聞のジャパン・タイムス社を買収、多額の資金を投入し新聞社と通信社を兼営したことも赤字経営の原因だったと分析している。[*88] 新聞社と通信社の兼営に関しては、ケネディが英字新聞を主体に日本ニュースの対外発信を考えて「国際」とジャパン・タイムス社の兼営を計画、実行したために「国際」は赤字に陥ったと考えられてきた。「国際」の失敗は、通信社の独立性の問題を浮き彫りにし、新聞組合主義による新聞聯合社設立に至ったと見るのが従来説である。いわば失敗体験から日本の通信社観が形成されている。以下では、新聞社と通信社の兼営を主導したと考えられてきたケネディが、実際にはどのような経営感覚をもっていたのかを、社員への指示から検証していく。

「樺山文書」に残るケネディ書簡の多くは「国際」の会計経理に関するものである。例えば特電や直電の勘定書を購読者に送る場合、事前にケネディを通す取決めがあった。会計の松尾幹次には「国際通信社は不当にジャパン・タイムスの給与を請求されています[*89]」と述べ、連日にわたり「国際」給与の詳細をケネディへ送るよう指示している。「国際」社員の枠組みを規定したように、ケネディは国際とジャパン・タイムス社の会計を完全に分離することを試みた。電信料チェックに対してもケネディは細かく精査した。四月二六日付けの松尾と不破宛書簡では電信局から受取った勘定書と「国際」で行う単語数が合わないことに触れ、その不一致を追究した。ケネディは書簡で、「電信局は私たちが単語ごとにチェックしていることを理解しなければならない。このチェックはあなたがたの事務所で、そして重役事務所で松永夫人によって続けられる。三つの計算は一致しなければならない[*90]」と述べる。日本の地理的位置から考えても、通信社にとって電信料の負担は大きかった。「国際」の電信料チェックは、まず編集事務所で単語数を計算後、ケネディがいる葵町事務所で秘書の松永あさが計算し、それら二つと電信局からの請求額を合致させる仕組みだった。電話料に関しても四月二九日付けで松尾宛に以下の書簡を送った。

明らかに私たちは電話を止められる危険にあります。そしてこれは国際または通信社の大きな危機です。もし電話が止められたら、それは深刻な痛手です。どうぞジャパン・タイムスとジャパン・メイルが勘定を支払っていることを見て下さい。そしてそれらの電話料金がすぐに支払われるよう手配して下さい。[*91]

電話局から長距離電話料未払いの通知があったため、このような書簡をケネディは送ったのだが、支払いに対して事務所が相当怠惰であったことが理解できる。それと同時に、「国際」ではなく『ジャパン・タイムス』と同時経営した『ジャパン・メイル』の会計処理が問題だったことがわかる。電話の停止はケネディにとり予想さえしない事態だった。

特電供給でも、ケネディは厳格な姿勢をとった。例えば東川宛の「帝国、大阪新報もそれらを支払うべきです。私たちは翻訳や配達を東京シンジケートで請け負っているのだと思います[*92]」という内容からは、「国際」と未契約の帝国通信社や大阪新報に購読料の支払いを求めていたことがわかる。翻訳の横流し問題は、『ジャパン・タイムス』や『ジャパン・メイル』の編集者に宛てた「東川、不破、古野、佐治は国際特電の入電関係以外で新聞社へ翻訳やその他写しを与えることを許されていない[*93]」という指示にもあらわれる。明治期以来、新聞社に横行した外国記事の無断転載は、ビジネス契約を重視するケネディにとり理解できるものではなかったのである。「国際」が兼営したジャパン・タイムス社もケネディは他社同様に扱っていた。五月三日付けの樺山、八十島親徳宛書簡で、「私自身の意見は、タイムスとメイルは国際に月四〇〇円支払うというものです。〔中略〕他の新聞社とも公平にするために、タイムスとメイルに対してこの課金をしたいし、それは支払われるべきだと思います[*94]」と、「国際」への購読料支払をケネディは求めた。明らかにジャパン・タイムス社の分離独立をケネディは意図していた。ケネディの経営感覚は大雑把なものではなく、むしろビジネスに徹していたのである。

(2) ケネディの通信社観

ケネディが「国際」とジャパン・タイムス社の分離を考えたのは、赤字経営の事実に直面したことだけが理由ではなかった。アメリカのAP通信出身で通信社業務に精通するケネディが通信社と新聞社の独立性について如何に考えていたのか、以下でその通信社観を明らかにしていこう。

「国際」の重役会開催に関する五月二〇日付けの書簡は、ケネディの通信社観を明確にあらわしている。

もしあなたが最初の事業案に戻るならば、すなわち通信社と新聞社の完全な分離、私が新聞を監督するという提案が取り消されるならば、そしてあなたが頭本を再びタイムスの職に戻したいならば、それは全くあなたの権限の問題であるし、私が新聞に責任を持たないという条件、国際通信社すなわち通信社は完全に新聞社から分離されるという条件ならば、私は何等それ以上の異論を持たないでしょう。[*95]

書簡内容からは、「国際」設立当初の事業案が通信社と新聞社の分離であったことがわかる。ケネディは最初から新聞経営を担う考えはなく、通信社と新聞社の兼営を完全に否定していた。頭本元貞とは当時のジャパン・タイムス社長である。ケネディは頭本を「国際」副総支配人にむかえる予定だったが、「あからさまに彼の立場では、私の元で働くことができないというように」[*96]断られていた。頭本に対するケネディの意見は辛辣である。

私はいかなる目的であっても、この重役会に頭本を入れることによって役立つとは見れません。新聞社と通信社の両方を支配するという頭本を入れた重役会は、分離という全体の事業案を完全に否定するでしょう。[*97]

「国際」とジャパン・タイムス社を兼営する、すなわち通信社と新聞社の兼営案は、ケネディではなく頭本の事業案であったことが明白である。頭本の重役会への参加にケネディは反対だったのだが、一方で、「頭本の提案が一昨日、渋沢男爵のところで持たれた会合の結果ならば、私はもはや何も言いませんし、最終決定をお待ちしています」[*98]と述べ、出資者であった渋沢栄一や樺山代表の意見に従おうともしている。ケネディは明確に自らの意見を示すのだが、結局は指示を待つという態度で経営に臨んだ。つまり、出資者や代表の立場を超えることはなく、総支配人であるケネディ自身は一歩引いているのである。

五月二六日付けの樺山宛書簡でケネディは、「私は財政に関する計画をあなたから得ていません。〔中略〕私はあなたの事業案を知りたいです。それから私は重役会が認める計画を提示しましょう」[*99]と述べた。外務省からの補助金問題を指していると見られるが、「国際」の出資の詳細をケネディは知らされていなかったのだろう。ケネディの考えは、「私は自分の名を新聞に出したくないし、私は新聞社の外にいたい。私たちがもう一度経営するとき、私は国際をタイムスやメイル、または統合した新聞社と区別したいのです」[*100]というものであった。赤字を抱えるジャパン・タイムス社だから分離したいのではなく、新聞社と通信社の分離はケネディの持論だったのである。五月二七日、樺山、八十島、ケネディによる重役会が開かれ経営事項に関する覚書が交わされた。結局、この重役会にケネディが拒否した頭本元貞は含まれなかった。財政は重役会で決定し、ジャパン・タイムス社には支配人が置かれることになるのだが、ケネディの意図した新聞社と通信社の完全な分離には至らなかった。ケネディの分離という意見は赤字が山積した一九一六年七月二二日、渋沢、樺山、八十島、ケネディの四人の覚書により承認された。

国際設立時、新聞社と通信社の兼営をケネディが主張したという説は否定される。そして、伝記『古野伊之助』にあるケネディのずぼらで大雑把な性格こそが「国際」赤字の原因であるという記述は全く事実と逆だったことが証明されるのである。ケネディは正反対の評価をされてきたことになる。

8　情報国家政策とケネディの引退

以上見てきたように、ケネディが日本の対外通信社の基礎を作った人物であることは疑いようがない。「国際」創業以前、ケネディら外国人記者は国際新聞協会を設立して政治家や政府高官らに接した。明治末期、日本が国際化する過程で日本情報の発信者として外国人記者は優遇されていた。国際新聞協会は外国人記者にとっても日本で築いた人脈やネットワークを後任に引き継ぐために重要な組織でもあった。ケネディの場合はロシアへの転勤を打診されたが日本に在留することを選択、渋沢栄一が主導した「国際」設立に関わりロイターとの契約交渉に臨んだ。契約交渉過程で、ロイターが未だ設立されていない「国際」との契約を急いだのは、シーメンス事件との関係があったからである。「国際」の初期業務形態は、ケネディ総支配人により欧米流の通信社業務が導入されたが、「お店」や「番頭」意識が残る日本人社員にとり、「国際」の業務方針に合わせることは困難があった。また従来、人事・経理面が大雑把で赤字経営の原因と過小評価されてきたケネディは、実際には正反対の性格で日本人には受入れ難いほど几帳面かつ規律を重視する人物であった。「国際」設立当初からケネディが新聞社と通信社の兼営に反対していたことも明らかになった。「国際」の赤字原因がジャパン・タイムス社にあったのは事実である。だがその始点、ケネディが新聞社と通信社の兼営を主張したから、赤字はケネディに起因するという従来説は成り立たないのである。樺山愛輔が「手古摺らせた」人物とケネディを評したのは、職務に望む姿勢が厳格であり、手加減をしない欧米流のビジネスだったからこそである。

最後にケネディが正反対の評価を受けてきた理由を日本政府と「国際」の関係から考えてみる。一九二〇年、外務省の情報部が非公式に活動を開始した。この時期「国際」に対する外務省の補助金は四〇万円であり、赤字補填というよりも事業拡大の要素を持っていたという。[101] そして同年七月二九日に「国際」は株式会社に改組した。ケネディは九月、パリ講和会議における功績で勲二等瑞宝章を受賞した。ケネディが日本の全権委員のために情報の収集や提供を行い、宣伝運動に努力したことが推薦理由であった。パリ講和会議は近代日本が接した国際的大会議であり、情報機関の必要性を現実的に意識するものでもあった。ケネディは情報の仲介者として一定程度の役割を果たしていたのであろう。

その後もケネディは、北米における日本の情報網構築を外務省に提案するなど、政府とは良好な関係を保っていた。例えば、一九二一（大正一〇）年二月の内田康哉外相宛、幣原喜重郎駐米大使電には、ケネディの情報網計画やその意見が示されている。宣伝事業ではなく営利事業として国際通信社の支局設置を考える幣原に対し、ケネディは経済ニュースに関してロイターと共同で北米・カナダの一一都市に支局を設置することを提案した。幣原は、「本邦ニ関スル確実ナル情報ヲ米国ニ伝フルノ機関トシテ適切ノ効果アルベシト思考スルニ付、政府ニ於テ本案採用方至急御詮議アランコトヲ希望ス」[102]と述べ、支局設置の予算総額までも本省宛に報告した。この提案はケネディが東京に到着後、外務省で直接熟考することにもなっていた。だが計画は実現しなかった。それはケネディが要注意外国人として警察当局に行動を監視されるようになったからである。

同年四月一八日付けで井上孝蔵・神奈川県知事が、床次竹二郎内相、内田外相、警視総監、兵庫県知事・福岡県知事に宛てた「要注意外国人渡来ノ件」[103]には、ケネディが四月一六日午後五時に横浜入港、それから赤坂葵町の居住地に出発したと記される。要注意人物と考えられたのは、ケネディが「米探嫌疑」アメリカ人のホバート・セシル・モンティー等と親交があるからであった。モンティーは来日後、「国際」大阪支局の記者になった人物である。幣原大使に情報網計画を提案しサンフランシスコを出発するのが二月だったので、日本に到着した時点でケネディは要注意人物になってしまったのである。この後、葉山の別荘や軽井沢に滞在する際、ケネディは行動監視を受け続けた。

このような結果に至ったのは、外務省が外国人記者の監視を強める政策に方針転換した時期と関係がある。一九二一年九月一九日付けの「外国通信員ノ発スル電報ニ関スル件」には、「在本邦外国通信員ガ東京ヨリ発スル電報写ヲ内密ニ蒐集セシメ居候処」[104]とある。外務省は逓信省に依頼し、前年一二月頃から外国通信員の発信電報の写しを集めていたが、ワシントン会議を控えて横浜電信局取扱の発信電報写しも押えることにしたのである。八月一三日には外務省情報部が正式に発足、情報国家政策への大きな転換期にあたる。日本人による日本のための情報という意識は、外国人記者に対し厳しい情報管理体制に変化した。ケネディだけを対象としないが、外国人排除につながったのである。結局、勲二等瑞宝章受賞からわずか二年でケネディと政府の良好な関係は崩れてしまったことになる。

一九二二年一〇月五日の「国際通信社ノ近状ニ関スル件」からは、「国際」やケネディに対する外務省の考えが明らかになる。「国際」の経営については毎月赤字であり経済部から補足して営業を継続している状態であること、通信に関しても日本側通信というよりも、見方によっては英米の宣伝機関にとられる通信であると見ている。一方でケネディについては、かなり辛辣な意見を持っている。

> 先般来株主及使用本邦人中ニハ、社務ヲ改革シ「ケネデー（ママ）」ニ対シ応分ノ慰労金ヲ與ヘ引退セシメントノ議アリタルモ、目下経済上之ヲ実現スルノ運ビニ至ラズ、一面「ケネデー」対同社ノ関係ハ、直ニ之ヲ実行スル事不可能ノ事情アリ。結局「ケネデー」存命中ハ同社トノ絶縁ハ実現シ能ハザルモノノ如シ[105]

つまり、ケネディ追放計画が社内でもあるのだが、退職慰労金のあてがないため即座に実行できないので、ケネディが生存中は「国際」の問題は解決できないという考えである。だが、これから約二ヵ月足らずでケネディの追放は国際新聞協会解散という形で始まる。

ケネディ来日直後に外国人記者らが組織した国際新聞協会は一九二二年一一月末、解散を決定した。一二月一日付けの新聞には「帝国ホテルに臨時総会を開き頭本元貞氏司会の下に満場一致で解散することに決した」[106]とある。前述のように、ケネディは「国際」の経営に頭本が参画することに反対していた。それは、頭本が新聞社と通信社を兼営する経営方針だったからであり、新聞社と分離し通信社は独立を保つべきであるというケネディの理念とは相違していたからである。頭本は国際新聞協会解散後の一九二三年四月、新たに国際新聞記者協会を設立する。外務省記録には、「国際新聞協会ナルモノ存在セシモ、従来何等実蹟ノ見ルベキモノナク、殆ド有名無実ノ状態ナリシヲ以テ今回之ヲ解散スルト同時ニ、ジャパンヘラルド社頭本元貞、岩永通信社岩永裕吉等発起者トナリ国際的知識ヲ開発シ外交上ノ資料ニ供スル目的」[*107]で設立されたとある。開会式には内田康哉外相、田中都吉外務次官、広田弘毅情報部次長らも出席し、外務省が充分認知していたことが理解できる。発起人に頭本の名前があれば、ケネディが新たな組織に入ることはないとの考えも読み取れる。要注意外国人となったケネディと頭本の立場は逆転したのである。そして、ケネディではなく一九二一年六月に「国際」取締役となっていた岩永裕吉が台頭するのであった。日本人による日本のための情報であるならば、ケネディの存在は用済みだったのである。

結局、関東大震災後の一九二三年一一月、ケネディは「国際」総支配人を辞任、岩永が専務取締役に昇進した。ケネディ引退後の一二月一九日には岩永がロイターとの契約更改交渉に臨んだ。一〇年前、「国際」設立以前の交渉でロイター側に立っていたケネディは、この契約更改前に排除された。外務省から補助金を得る「国際」は、情報国家政策に反することもできず、要注意外国人になったケネディを置いておけなかったのだとも考えられる。その後もケネディは日本に在留し、一九二八年一月一六日、「国際」時代から居住していた葵町三番地の自宅で死去した。新聞には「わが通信界の恩人」[*108]の見出しで、重態の記事から告別式の様子まで掲載された。

さて、ケネディによる人材育成は昭和初期に大きく開花していく。東川嘉一は新聞聯合社大阪支社長として活躍した。また不破瑳磨太は電通専務を経て日本新聞会理事長となり、「国際」設立当初に編集補助だった古野伊之助は第二代同盟通信社社長になった。いわば「お雇い外国人」のようなケネディが通信社の国際標準を導入したからこそ、日本の通信社の土台が築かれたのだと考えられる。新聞社と通信社は分離独立すべきであるというケネディの理念は「国際」から新聞聯合社、同盟通信社へと継承されていった。ケネディに通信社業務を叩きこまれ、その理念を理解していたはずの不破や古野が、一九四二年以降に南方占領地域において新聞社と通信社の兼営を主張するに至った経緯の検討は今後の課題としたい。

注

＊1　ロイター通信社からの脱却、通信協定の廃棄に関しては有山輝雄『情報覇権と帝国日本Ⅱ―通信技術の拡大と宣伝戦―』(二〇一三年　吉川弘文館)がある。また拙稿「対外発信の自由化と通信社―一九三三年の通信協定交渉を中心に―」(『メディア史研究』23、二〇〇七年)を参照されたい。

＊2　『通信社史』(通信社史刊行会編刊、一九五八年)には、一九一〇年、渋沢栄一が日本実業団を率いて欧米視察を行った際、各国の新聞に日本に関する記事が一行も載っていないことに不満を感じていたと記されている(八七頁)。また、カリフォルニア州の排日移民法問題に、対日理解を促した高峰譲吉が渋沢に通信社の創設を促したとされる(八〇頁)。

＊3　西山武典氏は、『通信社史』が古野伊之助・通信社史刊行会会長の指示で、新聞組合組織による国家代表通信社設立のための苦闘の歴史であった点に主眼をおき編集されたと指摘する(『国際通信社・新聞連合社関係資料』第一巻、柏書房、二〇〇〇年、二六頁)。

＊4　西山武典「国際通信社・新聞連合社関係資料」解題(前掲『国際通信社・新聞連合社関係資料』第一巻、二九頁)。

＊5　吉田哲次郎「『国民通信社』とロイター」(『新聞通信調査会報』第三一九号、一九八九年)。

＊6　有山輝雄『情報覇権と帝国日本Ⅰ―海底ケーブルと通信社の誕生―』(二〇一三年、吉川弘文館)。

＊7　「追想　ジョン・ラッセル・ケネディ　主として東京の事務所」(『新聞通信調査会報』第二九七号、一九八七年)。

＊8　「一面ケネディが人事や経理についてルーズな点もあるので、もっと厳重に監督する必要があると考えた代表社員の樺山、八十島は、ケネディに対し、人事と経理は理事会の承認を得ること、予算を励行すること、ジャパン・タイムスには別に支配人を置くこと」を求めたという記述がある(古野伊之助伝記編纂委員会編刊『古野伊之助』一九七〇年、六二頁)。さらに「社へ駆けつけてみえた樺山さんの荒々しい声がケネディ氏の室から漏れていたこともあったし、またそろばんをはじいてじゅんじゅんとケネディ

氏をさとす樺山さんの姿を、東京クラブで見かけたこともある」とも記す（同、六三頁）。

＊9 「国際通信社時代」（「樺山愛輔関係文書」一四八―一。国立国会図書館憲政資料室所蔵。以下、「樺山文書」とする）。なお、これは岩永裕吉に対する樺山の追悼文であり、『岩永裕吉君』（岩永裕吉君伝記編纂委員会編刊、一九四一年、四九頁）にも所収されている。

＊10 里見脩『ニュース・エージェンシー』（中央公論社、二〇〇〇年、三七頁）や、前掲『情報覇権と帝国日本Ⅰ』（三七五頁）で引用されている。

＊11 JACAR（アジア歴史資料センター）Ref.B12081291100 電信事務関係雑件第三ノ二巻 B-3-6-11-2-003-002（外務省外交史料館）。

＊12 有山輝雄氏は、『ジャパン・タイムス小史』から頭本元貞が新聞社と通信社の兼業計画案を立てたとも見ている。（前掲『情報覇権と帝国日本Ⅰ』三三一頁）一方で「ケネディーが計画した国際通信社とジャパン・タイムス社の一体的経営は否定」されたとも記している（同、三四八頁）。全体的にはケネディの計画説に従っているようである。

＊13 『東京朝日新聞』一九〇九年六月一日付朝刊四頁二段「伊藤公の演説」。

＊14 『東京朝日新聞』一九〇九年五月三一日付朝刊三頁二段「大隈伯の演説」。

＊15 『東京朝日新聞』一九〇九年一〇月一三日付朝刊四頁一段「首相の記者招待」。

＊16 『東京朝日新聞』一九〇九年一〇月二八日付朝刊四頁七段「外人の藤公観」。

＊17 前掲『情報覇権と帝国日本Ⅰ』三三三頁。

＊18 我孫子和夫「海外から見た日本の対外情報発信―違和感ある日本のジャーナリズム」（『日本からの情報発信―現状と課題―』公益財団法人新聞通信調査会 二〇一三年）八九頁。

＊19 本章では「ナショナル・ニュース・エージェンシー」については詳述しない。拙稿「『ナショナル・ニュース・エージェンシー』の設立論―岩永裕吉による通信社論の考察―」（お茶の水女子大学大学院人間文化研究科『人間文化論叢』第六巻、二〇〇四年）を参照されたい。

＊20 『東京朝日新聞』一九一〇年三月一四日付朝刊二頁三段「ストーン氏」。

＊21 『東京朝日新聞』一九一〇年三月一五日付朝刊三頁二段写真。

＊22 『東京朝日新聞』一九一〇年三月一六日付朝刊四頁二段「国際新聞協会」。

＊23 『東京朝日新聞』一九一〇年三月二〇日付朝刊三頁四段「ストーン氏謁見」。

＊24 『東京朝日新聞』一九一〇年三月二五日付朝刊二頁八段「ストーン氏接客会」。
＊25 『東京朝日新聞』一九一〇年三月二七日付朝刊四頁一段「大隈氏の招待会」。
＊26 『東京朝日新聞』一九一〇年三月三一日付朝刊三頁五段「ストーン氏出発」。
＊27 『東京朝日新聞』一九一〇年四月二日付朝刊四頁七段「ストーン氏感謝状」。
＊28 JACAR（アジア歴史資料センター）RefA10112722800　叙勲裁可書・明治四四年・叙勲四・外国人一（国立公文書館）。
＊29 『東京朝日新聞』一九一一年二月二七日付朝刊二頁八段「ケ子デー氏の叙勲」。
＊30 『東京朝日新聞』一九一三年三月一一日付朝刊四頁五段「ケ子デー氏の進退」。
＊31 『東京朝日新聞』一九一三年四月二四日付朝刊二頁八段「ケ子デー氏の招宴」。
＊32 『東京朝日新聞』一九一三年五月二一日付朝刊三頁六段「春秋会感謝状」。
＊33 『東京朝日新聞』一九一三年七月三〇日付朝刊二頁八段「ケ子デー氏再来」。
＊34 一九一三年一一月一三日付 牧野伸顕外務大臣宛　井上勝之助駐英大使電第一六六号。（JACAR アジア歴史資料センター Ref. B03040802100　本邦通信機関及通信員関係雑件／通信機関ノ部　B-1-3-189 外務省外交史料館）。
＊35 同右。
＊36 一九一三年一一月二一日付　牧野外相宛　井上駐英大使電第一八五号。（前掲 Ref.B03040802100）。
＊37 同右。
＊38 同右。
＊39 同右。
＊40 一九一三年一一月二三日付　牧野外相宛　井上駐英大使電第一七三号。（前掲 Ref.B03040802100）。
＊41 ロイターとの仮契約は、「国際」設立前なので「国民通信社として知られる一新聞通信社の創立委員長としての渋沢男爵による一つの協定採択に関する覚書」としてケネディとの間に結ばれた。このなかで、ロイターの訓令に基づき日本から通信を打電することや、ロイターの許可なく日本以外に通信を供給できないことが定められた。つまり、新通信社に対外発信の自由はなくロイターの取次会社として扱われた。なお、ロイターと「国際」の契約文に関しては、前掲「対外発信の自由化と通信社」を参照されたい。
＊42 一九一三年一一月二二日付　牧野外相宛　井上駐英大使電第九四号。（前掲 Ref.B03040802100）。
＊43 一九一三年一一月二九日付　牧野外相宛　井上駐英大使電第九九号。（前掲 Ref.B03040802100）。

＊44　一連のケネディの交渉を外務省文書から示した研究に有山輝雄「近代日本における通信社の成立」（『岐路に立つ通信社―その過去・現在・未来―』財団法人新聞通信調査会、二〇〇九年）がある。また有山氏は、この契約を「イギリスの情報覇権の下請けに一層深く組み込まれたのである。ロイターは、これまでのように日本の新聞社と個別的契約を結ぶ必要はなくなり、一括して新通信社と契約し、新通信社からニュース代金を徴収すればよいことになった」と見ている（前掲『情報覇権と帝国日本Ⅰ』三三一頁）。
＊45　『東京朝日新聞』一九一四年四月二六日付け朝刊五頁一段「愈決定したる海軍事件」、同年六月一四日付け朝刊五頁一段「密書売買と其代金」。なお、プーレーが恐喝した機密盗用書類には、ロンドンのシーメンス・シュッケルト商会と藤井光五郎海軍少将の贈収賄、千葉県船橋の海軍無線電信請負に関するシーメンス・シュッケルト電気会社と海軍の贈収賄が記されていた。
＊46　一九一三年一一月一三日付　牧野外務大臣宛　井上駐英大使電第一六六号（前掲 Ref.B03040802100）。
＊47　一九一三年一一月二六日付　プーレー宛　ロイター社長書簡。（JACAR　アジア歴史資料センター　Ref.B03040802200　本邦通信機関及通信員関係雑件／通信機関ノ部　B-1-3-189 外務省外交史料館）。
＊48　前掲「国民通信社とロイター」や、『情報覇権と帝国日本Ⅰ』三三五頁で、仮契約後の反響を分析している。
＊49　一九一三年一二月二四日付　牧野外相宛　今井忍郎香港総領事電第三七七号（前掲 Ref.B03040802200）。
＊50　同右。
＊51　同右。
＊52　同右。
＊53　同右。
＊54　同右。
＊55　一九一三年一一月二六日付　プーレー宛　ロイター社長書簡。（前掲 Ref.B03040802200）。
＊56　一九一四年一月二〇日付　井上駐英大使宛　牧野外相電第三号。（前掲 Ref.B03040802200）。
＊57　同右。
＊58　同右。
＊59　『東京朝日新聞』一九一四年一月二三日付朝刊五頁一段「日本海軍に関する注文書類の窃取」。
＊60　『東京朝日新聞』一九一四年一月三一日付朝刊五頁三段「ロイテルの引継」。
＊61　『東京朝日新聞』一九一四年二月二日付朝刊五頁四段「路透《ロイター》社の言明」。

＊62　同右。
＊63　前掲『国際通信社・新聞連合社関係資料』（第一巻）一一二頁。
＊64　一九一三年一一月二八日付　牧野外務大臣宛　井上駐英大使電第一七七号（前掲 Ref.B03040802100）。
＊65　前掲『国際通信社・新聞連合社関係資料』（第一巻）一二一頁。
＊66　同右　二六頁。
＊67　同右　七五頁。
＊68　同右　九一頁。
＊69　「電信検閲発受ニ関スル件」欧受第八九号（JACAR　アジア歴史資料センター　Ref.C03024883000 大正三年「欧受大日記　八月下」防衛省防衛研究所）。
＊70　同右。
＊71　前掲『新聞通信調査会報』第二九七号。
＊72　一九一五年四月八日付　松尾幹次宛　ケネディ書簡（前掲「樺山文書」一七二―一〇）。
＊73　SCHEDULE OF HOURS FROM APRIL FOURTH.（「樺山文書」一六五）。
＊74　NOTICE（「樺山文書」一五九―一）。
＊75　一九一五年四月二一日付　国際編集者宛　ケネディ書簡（「樺山文書」一七〇―三）。
＊76　一九一五年四月二五日付　国際スタッフ宛　ケネディ書簡（「樺山文書」一五三―二）。
＊77　一九一五年四月二八日付　東川・不破宛　ケネディ書簡（「樺山文書」一五八―一）。
＊78　一九一五年四月二一日付　国際編集者宛　ケネディ書簡（「樺山文書」一七〇―三）。
＊79　NOTICE（「樺山文書」一五九―一）。
＊80　一九一五年四月二一日付　国際編集者宛　ケネディ書簡（「樺山文書」一七〇―三）。
＊81　SCHEDULE OF HOURS FROM APRIL FOURTH.（「樺山文書」一六五）。
＊82　一九一五年四月付　松尾幹次宛　ケネディ書簡（「樺山文書」一七二―一七）。
＊83　一九一五年四月一七日付　国際編集者宛　ケネディ書簡（「樺山文書」一七一―二）。
＊84　一九一五年四月二三日付　東川・不破・古野・土田・国際編集者宛　ケネディ書簡（「樺山文書」一五四―一）。

＊85 一九一五年四月二八日付　東川・不破宛　ケネディ書簡（「樺山文書」一五八―一）。

＊86 一九一五年四月一三日付　国際編集者宛　ケネディ書簡（「樺山文書」一七三―五）。

＊87 一九一五年四月二一日付　国際編集者宛　ケネディ書簡（「樺山文書」一七〇―二）。

＊88 前掲『情報覇権と帝国日本Ⅰ』三三六頁。

＊89 一九一五年四月一〇日付　松尾幹次宛　ケネディ書簡（「樺山文書」一七二―一五）。

＊90 一九一五年四月二六日付　松尾・不破宛　General Manager 書簡（「樺山文書」一五三―三）。

＊91 一九一五年四月二九日付　松尾宛　General Manager 書簡書簡（「樺山文書」一六〇―一）。

＊92 一九一五年四月七日付　東川宛　ケネディ書簡（「樺山文書」一七二―一二）。

＊93 一九一五年四月六日付　ジャパン・タイムス、ジャパン・メイル編集者宛　ケネディ書簡（「樺山文書」一七二―一〇）。

＊94 一九一五年五月三日付　樺山・八十島宛　ケネディ書簡（「樺山文書」一七五―一）。

＊95 一九一五年五月二〇日付　樺山愛輔宛　ケネディ書簡（「樺山文書」一八三―一）。

＊96 同右。

＊97 同右。

＊98 同右。

＊99 一九一五年五月二六日付　樺山宛　ケネディ書簡（「樺山文書」一八七―一）。

＊100 同右。

＊101 前掲『情報覇権と帝国日本』一七二頁。

＊102 一九二一年二月四日付　内田康哉外相宛　幣原喜重郎駐米大使電第五五号ノ二。（JACAR アジア歴史資料センター Ref. B03040805400 本邦通信機関及通信員関係雑件／通信機関ノ部 B-1-3-1-189「対米弘報機関設置案」外務省外交史料館）。

＊103 JACAR アジア歴史資料センター Ref.B03040953800 外国新聞通信機関及通信員関係雑件／通信員ノ部／英国人ノ部第1巻（B-1-3-2-109）外務省外交史料館。

＊104 一九二一年九月一九日付　秦豊助逓信次官宛　埴原正直外務次官電第九八号。（JACAR アジア歴史資料センター Ref. B03040915600 外国新聞通信機関及通信員関係雑件／通信員ノ部 B-1-3-2-096 外務省外交史料館）。

＊105 一九二二年一〇月五日付　外秘乙第三四〇号「国際通信社ノ近状ニ関スル件」（前掲 JACAR アジア歴史資料センター Ref.

B03040802200）。

＊106 『東京朝日新聞』一九二二年一二月一日付け朝刊三頁九段「国際新聞協会解散」。

＊107 一九二三年四月一六日付 外秘乙第一八二号「国際新聞記者協会総会ニ関スル件」（JACARアジア歴史資料センター Ref. B02031091700 本邦新聞、雑誌関係雑件 A-3-5-098 外務省外交史料館）。

＊108 『東京朝日新聞』一九二八年一月一二日夕刊二頁四段「ケネディー氏重態」。

一〇　町村長の見た第一次世界大戦後の欧州
——自治の国際化と国家——

季武嘉也

1　海外視察の大衆化

一九二五（大正一四）年二月一二日、四人の日本の町村長たちが第一次世界大戦後の欧州を視察するため横浜を出発した。その目的は「自治政改善の一新方案として町村行政の衝に当る町村長に於て、内地は勿論広く海外諸国の状況をも視察調査を遂げ、以て斯道に一新光明を与ふるの途を講ぜん」[*1]と、現在では常套句のように思えるものであったが、「町村長としての欧米に印する足跡は恐らく之れが初めてかも知れぬ。仁王様の足跡の溜り水からは蛟龍生じて天上したと言ふ古事があるが、我等五寸の足跡から何が生れやうか、甚だ心許ない」[*2]という惜別の辞にあるように、町村長という下級自治体の首長たちが公式に外国視察をするのは初めてであり、新鮮なものであった。

周知のように、明治期では将来を嘱望される青年たちが数多く海外に留学した。また、国家官僚・軍人・一流企業ビジネスマンも、会議・調査・視察・交渉などのためしばしば海外に出張した。つまり、移民や労働者を除けば、海外に行く者の多くは国家を担うエリートたちであった。それが大正期に入ると、この町村長たちの例でも分かる通り海外渡航に大衆化の傾向が強まった。[*3] その背景には、交通・通信機関の発達、あるいは大戦自体が半ば強制的にグローバル化を促進したことが挙げられるが、しかしだからといって、誰しもがそれにすぐに反応するわけではない。特にこの町村長たちをみていくと、彼らが主体的にグローバル化を受け止め、積極的に自らの変革の契機に利用しようとしていたとの印象を強くする。

そこで本章では第一に、なぜ彼らが海外視察を思い立ったのかを考察する。日本の自治制は「官治」と表現されてきたが、この欧州視察は町村が自立する踏み台として計画されたものであった。そこで、出発前までの全国町村長会の様子をまず明らかにしたい。第二には、自治制・勧業・教育という自治体にとって重要な分野において、彼らが欧州でいったい何をみたのかを紹介する。欧州自治体の多様な在り方は、自立をめざす彼らにとって十分に刺激的であった。その一端を紹介し、日本の町村長たちが特に何に関心を持っていたのかを考察したい。第三に、視察がのちの彼らの行動にどのような影響を与えたのかを考えてみたい。視察したことによって地方自治の方向性に、より明確なヴィジョンを持つようになり、また自治に対する責任感も強めた彼らの活動は、昭和期に入るといっそう活発になる。この点を考慮しながら、視察の意義を考察したい。

グローバル化の進展が世界と地域社会との距離を縮めた結果、彼ら町村長は直接に世界と向き合う機会を得た。彼らは活動の場が各々の町村に限定されており、またそこから抜け出そうという意識が薄い者がほとんどである。他方で、彼らは限定された地域社会では指導者であるという強い自負を持っていた。換言すれば、自治の最前線に立ち最も真剣かつ具体的に考え行動しなければならない立場にある人物たちであった。本章が特に関心を払うのは、そのような人物にとって、グローバル化とは何であったのかという点にある。結論的にいえば、世界に触れたことで彼らの認識が大きく変わることはなかったが、一度触れたことによって自分たちの自治の方向性に対して確信を深め、それまで以上の責任感と自覚をもって仕事に臨むようになった意義は大きかった。また、同時に彼らは国家も再確認した。彼らがイメージしたその新たな国家像は、絶対的なものではなくなったが、従来よりもずっと身近なものとなったのである。

2　全国町村長会の二面性

まず、全国町村長会（第二次世界大戦後には全国町村会）について紹介しておく。既に優れた先行研究があるので、ここでは簡単にみていく。同会結成の発端となったのは、小学校教員俸給国庫補助要求であった。一九一九（大正八）年七月、三重県度会郡町村長会が県内各郡に対して運動を起こすべく檄を飛ばすと同県町村長会もそれに呼応し、政府への陳情を開始した。さらに一〇月には全国の町村長たちにも同じ決議を送付し運動への参加を要請したところ、「最初各府県の方に勧誘して各郡に一名宛の委員を頼み、請願書を送つて調印を請ひ其筋に提出することを諮つた所が、頗る熱烈なる賛同を得、全国六百四十余郡の中、五百四十余郡が議会竝に政府当局に陳情請願すること、なつた」のである。しかし、「各府県の町村長が相提携して此問題を打つて一丸とした鞏固なる団体が設けてない為に、其運動の効果も薄弱」[*4]と感じた彼らは、新団体設立に向けて動き始めた。

この動きは内務省にとって好ましからざるものであった。「内務省をはじめ府県当局の間にあって、町村長の恒久的組織は官の監督方針を脅かすものとして、大いに警戒するところがあった」[*5]のである。そして、町村長たちの機先を制するため一九二〇年五月二一日、中央報徳会が主催し各府県知事が推薦した町村長たちを集める形で全国町村長会議が開催された。この会議では「全国町村長の団体を組織することが議せられた」[*6]が、結論は来年も同時期に開催される予定の全国町村長会議に持ち越されることになった。しかし、内務省主導に不満を持った一部の者たちは同年一二月に会合し、すぐにも「自主的」な形で団体を立ち上げようとした。これに対しては内務省内にもしだいに理解者が増え、[*7]ついに一九二一年二月一三日に発会式を挙行するに至った。

以上の経緯から明らかなことは、町村長たちが内務省の主導を脱し、自立的に活動しようとしたことである。ではいったい彼らは内務省から自立して何をしようとしたのか。つぎに、この点を先行業績に拠りながら紹介しよう。

宮崎隆次「大正デモクラシー期の農村と政党（一）～（三）」（『国家学会雑誌』九三―七・八、九・一〇、一一・一二、一九八〇年）は、町村財政の窮乏や、郡役所廃止など町村長権限の拡大要求を契機に、それまでの中央集権的な「官治」に対し「自治」を主張するようになったとした。植山淳「全国町村長会の成立と町村長」（『書陵部紀要』五二、二〇〇〇年）は、小作争議などによって地方名望家を中心とした伝統的な共同体秩序が崩壊したため、町村長たちは合理的、効率的な町村運営を求めるようになり、それが全国町村長会の成立を促したとした。そして、最近の能川（尾島）志保「一九二〇年代における全国町村長会と行政町村」（『日本史研究』五八一、二〇一一年）は、町村が電力経営など公営事業や社会事業に積極的に乗り出そうとする姿を明らかにし、住民生活と密接に関わる事業経営体への脱皮に注目している。

これらの論点はいずれも的確であると思われる。例えば、一九二三年五月七日に全国町村長会が発表した宣言「地租並に営業税地方移譲に関する件」にはつぎのようにある。

欧州大戦の後に処せる我帝国の状況は世界各国と共に其影響を受け、就中経済界の激変、思想上の動揺、国民生活に及ぼす所頗る深甚なるを覚ゆ。特に地方に在りては政務滋繁にして政費の負担徒らに激増し、産業不振にして国民の生活安定を得ず、人心荒廃して公共の施設、共存の情宜亦其脅威を受けんとす。国家の前途実に憂慮に堪へざるなり。之を以て今や地方振興の声社会の耳目を聳動し、社会経済及農村各種の問題は朝野為政家の間に宣伝せられ研究論議を尽さんとしつゝ、ありと謂ぶべし。

凡そ現下識者間に論究されつゝある問題の対案たる、固より中央政界の力之を解決すべきものあるは勿論なりと雖、之を地方自治の施設に俟つべきもの亦決して尠なからず。而かも其財源欠乏して財政頗る圧迫し、何等施設を試むべき余力を存せざる状況にあり。顧ふに維新の始に方りては内外多事、宜しく政令を統一して人心を収攬するの必要あり。百政之を中央に集め地方をして一に之に頼らしめたりと雖、今や一般人智大に進み自治制実施以来既に三十有余年を経、国家の政務之を地方の施設に俟つを便とするもの挙げて数ふ可らず。[*8]

宣言は、まず経済変動によって町村財政や国民生活が悪化し、さらに社会主義思想の流入（「思想上の動揺」）によって名望家中心の伝統的共同体秩序が危機（「人心荒廃」）にあることを論じている。そして、この「社会経済及農村各種の問題」対策として自治権の拡大、財源の強化（「財政頗る圧迫し、何等施設を試むべき余力を存せざる」）、さらに自治体の事業の拡充（「地方自治の施設に俟つ」）が重要であり、それは「人智大に進」んだことによって可能である、と述べている。周知のように、近世以来の伝統的な名望家秩序は明治農村社会の根幹を担ったが、同時に寄生地主化によってしだいに形骸化する傾向にあった。そのような中で、町村長になった者たちは農村に踏みとどまり荒廃する町村を何とか維持、発展させようと必死に向き合っていたのである。

本章は以上の点の他に、全国町村長会の性質について、菊地慎三「独逸市町村聯合会の発達に鑑みて我国全国市長会及び町村長会の将来を思ふ」[*9]を参考に、つぎの二点を付け加えておきたい。[*10]第一は、同会の成立の背景には、国民の政治参加の拡大をめざそうとする潮流があったことである。

現代は聯合組織の時代であります。如何なる事柄でも如何なる人々の間にても、苟も其の間共同生活が発達しますれば、団結の力聯合の組織に依つて、共同して仕事をし利福を増進するは時代の大勢であります。公共団体たる市町村の聯合組織の出来ることは敢て異とするに足りませぬ

ここにあるように、市町村長の団結を「時代の大勢」と認識していた。ここで菊池が「聯合」組織として最も念頭

に置いていたのは労働組合・農民組合であった。つまり、組合が急増したのと同じように市町村も団結すべきであるとした。

しかも、それは単に国内だけの潮流ではなく国際的なものであると主張し、その例としてドイツを取り上げている。菊池によれば、ドイツでは一八五〇年代から都市の連合組織運動が起こったが、中央政府はそれを阻止し続けた。しかし「都市の駸々たる発達の大勢は聯合運動を抑止するを得なくなり」、最初は一八六六年にハノーバー都市連合会という地方的都市連合会が誕生し、しだいに全国でも同様の都市連合会が組織され、一九一〇年にはドイツ全国都市連盟が創立されるに至った。また町村レベルでも、一八九七年に地方的町村連合会が登場し、一九一九年にプロイセン並ドイツ全国町村連合会が結成された。[*11] そして、こうして結成された町村連合会は、国家の一要素として公認された。すなわち、民族の団結と社会の発展をめざして一九一九年に制定されたワイマール憲法の第一六五条は、労働者やその他団体代表者が資本家と共に経済社会立法作成に参画し、政府案に対して意見を具したり、あるいは自ら立案提出することを規定しているが、それを具体化した一九二〇年の臨時ドイツ全国経済会議（ドイツ暫定連邦経済会議）には、消費者代表としてドイツ大町村連合会代表者および小町村代表者も参加することになったのである。このドイツと同じように、日本の町村長たちも自主的組織を結成し、共同生活の発達、民族の団結のために活動すべきであると菊池は主張した。

第二は、いまのドイツの例にも出てきたが、同じ「聯合」組織である労働組合を牽制するための消費者代表という役割である。菊池はつぎのように述べている。

労資二階級の闘争は止むを得ない免かるべからざる数でありますが、単に生産界に於ける此の二階級の争闘を其の儘に調節するは、消費者一般の存在を無視するものです。社会問題の根本的解決の要諦は生産界に於ける利害調節と共に、消費者の利益代表の発達を図るに在ります。〔中略〕公共団体聯合会の将来の使命は社会問題解決に際し、今日既に一大勢力となれる労働組合と相対立して之を牽制し調節して行くに在ると考へることも出来ます。

先に登場した臨時ドイツ全国経済会議は三二六名の議員で構成されており、その大半を地主・資本家など雇主代表と、労働者代表が同数ずつ占めていた。しかし、その他に数は少ないものの小農者、中小手工業者、町村連合会等消費者代表、文化人、学識経験者などにも議席が分配され、いわば労資の対立を「調節」することが期待されていた。[*12]そして、菊池はこの中間的存在が事実上労働階級を牽制するものと捉えていたのである。前述のように、日本の内務省は当初町村長会の成立を好ましく思っていなかった。しかし、その存在を認知していった背景には、昂揚する農民組合運動への牽制という意図があったのであろう。

以上のように、全国町村長会の成立は国内の民主化、自治要求の運動であり、世界的な風潮に誘導された面もあった。と同時に、やはり世界的民主化風潮によって台頭する労働・農民階級を牽制する役割も期待された。すなわち、二つの方向の「時代の大勢」が同会の周辺で渦巻いており、町村長たちはその渦の中で主体的に舵を取ろうとしたのであった。

3　町村長たちのみた欧州の自治

全国町村長会が欧州視察をすることになった経緯は以下の通りである。

本会〔全国町村長会〕に於ては、自治政改善の一新方案として町村行政の衝に当る町村長に於て、内地は勿論広く海外諸国の状況をも視察調査を遂げ、以て斯道に一新光明を与ふるの途を講ぜんものと予て懸案中なりし処、今回不図帝国地方行政学会主大谷仁兵衛氏に於ても右と同様の感を以て、其実現を期せんが為め、特志を以て所要経費の寄附を申出られ、本会に於ては常任幹事会に諮り右の申出を受理することを決し、追て適当なる方法によりて実行することに決したり。

ここに登場する大谷仁兵衛（一八六五～一九五六）は、一九〇二（明治三五）年から帝国地方行政学会（現・株式会社ぎょうせい）の経営を継承した出版業者で、以後も多くの出版社を経営した。帝国地方行政学会とは、一八九三年に京都で創立され月刊誌『地方行政』を発行、その後本社を東京に移し、一九〇四年には日本最初の加除式法規集を採用して『法規全書』を出版し、これが成功して経営規模を拡大した。こうして利益を得た大谷は、町村長たちが自ら「欧米先進国に於ける地方自治政の発達、農村救済に対する対策、其地方文化の実況を視察し、以て施政上の参考に供せらるゝ事は、目下喫緊なる農村問題の解決、其の他地方自治制の改善発達に寄与する事尠からざるべき」[*13]と感じて、利益を還元すべく一九二四（大正一三）年七月二五日に寄附を申し出たのである。[*14]

これを受け、全国町村長会は毎年二名を欧米に派遣、視察期間は約六ヶ月とし旅費は一人五〇〇〇円ずつ補助することを決定し、同年九月末までに全国各府県から希望者を一名ずつ報告してもらうことになった。[*15]その結果、一〇月にはつぎの五人が選出された。

福澤泰江（長野県上伊那郡赤穂村長）　新田信（神奈川県高座郡茅ヶ崎町長）

平塚喜市郎（宮城県牝鹿郡石巻町長）　中村伝一郎（三重県三重郡常磐村長）

古屋野橘衛（岡山県都窪郡万寿村長）

彼らは同年一一月一日に中央報徳会内にある全国町村長会事務所に参集し「本年冬季より来春に亘り約六ヶ月」[*16]渡航することを決定した。結局、五名のうち平塚が辞退したため、他の四名が派遣されることになった。定員二名だったのがなぜ五名となったのか、あるいは出発が若干遅れた理由は何かなど不明な点もあるが、とにかく、彼らは翌一九二五年二月に日本を出発し、半年に亘る欧州視察に旅立った。

出発に際し、新田信は「他の多くの学者や行政官の為す視察の如く、彼れの長を採り我が短を補ふなどと言ふ才はないのである。只僅かに頼みとする処は在職四年に渉る体験、其体験に依つて得た自治の観念、それを唯一の頼りとして欧米を巡つて来たいと思ふ」と述べている。ここには、自治を理論的に捉える学者や中央官僚に替わり、責任を持って最前線に立つ者としての自負がにじみ出ている。新田はさらに「今までに選奨せられた多くの模範町村が、其主脳者たる町村長が歿すると多くは其成績が落ちる、昔日の名声が消えると言ふ事は、吾々が良く聞く事である。何が為めであつたか、それを私は考察して見たい」とも述べている。すなわち、従来のように内務省や地方名望家個人(村長)によって指導されていては継続性がないと指摘し、それは自治の観念が住民自身にないからであり、それが定着しているであろう欧州の実態を視察し「私の体験と概念とにピツタリと適合したものならば、私は賽の山から帰る爺の如く、背負ひ切れぬ程のものを持つて来たい[*17]」との抱負を語っていた。

つぎに、彼らの旅程を紹介しよう。ただし、彼らは欧州でしばしば別行動を取っていた。そこで、ここでは団長格の福澤泰江[*18]の例を挙げておく。

一九二五年二月一二日　横浜出帆

二月一九日　上海　二月二四日　香港　三月四日　ペナン

三月二六日　マルセーユ着、翌日パリ

四月一六日　スイス（～四月二七日）

五月　一日　ウィーン、プラハを経てベルリン着、以後ドイツ国内視察

五月二六日　（福澤のみ）デンマークをはじめ北欧視察（～六月一四日）

六月一五日　ベルリン着（他視察員と合流）、さらにオランダ、ベルギーへ

六月二一日　パリ着

六月二八日　夜〇時半飛行機でパリ発、三時半ロンドン着、イギリス国内視察
七月一八日　イギリス・サウザンプトン出帆、アメリカへ
八月一八日　サンフランシスコ出帆
九月　三日　横浜着

日程は細部まで決まっていたわけではなく、現地の日本大使館・領事館を通して訪問国の内務省・町村団体に視察希望内容を伝え、訪問国が推薦する町村へ視察に行く、移動に関しては旅行業者やたまたま出会った日本人学者・ビジネスマンと同行する、というのが基本的なスタイルであった。

以下、本章ではこの視察について最も多くの史料を残した福澤を中心に、彼らが強い興味を示した自治制、町村事業、教育についてみていくことにする。

自治制度について。欧州と日本の町村を比較すると、まず何よりもその規模の違いが彼らの目を惹いた。「どの国を見ても、自治団体が其区域が狭くて、さうして資力が乏しくて、人口が少」[*19]なく、例えば面積がほぼ同じの日本とフランスの町村数を比較すると、日本が一万一七〇〇余りなのに対しフランスは三万八〇〇〇なので、一町村当たりの面積は日本の約三分の一となっている、と福澤は驚いている。ただし、日本でも一八八九年の町村制実施前には七万四三五町村あったが、それでは「自治政治と云ふものは旨く運用されない、其自治政治の機能を全うすることが出来ない」ため、町村制実施とともに大規模な町村合併を行った経緯があり、小さすぎることから発する欠点は当然欧州についても同じで、実際に欧州諸国でも町村を合併しようとする動きが起きていると指摘した上で、福澤はさらに、それにも拘わらず欧州ではそのような小規模な町村が日本以上に機能していることを実際に目の当たりにしたため、彼の関心は自ずとその原因に向けられていった。第一に彼が気づいたことは、町村合併をしないことによって維持される伝統であり、それに由来する自治意識の高さと誇りであった。彼によれば「欧羅巴に於ける所の自治政治と

云ふものは、自由都市と云ふものが先きに出来まして、即ち先きに自治団体が出来て、それから国家と云ふものが出来て」いるので、欧州人には国家以上に自治を重視する傾向があるという。また、欧州人の郷土愛も彼らを驚かすに十分であった。

欧米人は自分のやつて居ることが非常に良いと心得て居る。大抵の町村に行きますと、私の町、私の村は、例へば教育なら教育の施設に於きましては此国の中で一番優秀なものである、貴方が此処を御覧になつたことは我々も光栄だが、貴方が此優秀なる教育施設を御覧になると云ふことは貴方も光栄であると、さう云ふやうに恐ろしく自分の事業を自負して居る。[20]

つまり、欧州では自治体にアイデンティティと誇りを強く持ち、現実の共同生活とも密接に結びついていると感じたのである。[21]

気づいたことの二番目は事務運営上の工夫である。その一つは町村の連合体の活用で、特にドイツのアムトという制度に注目している。「聯合自治団体と云ふ意味であります。幾つものゲマインデ〔筆者注・村〕が合してアムトと云ふものが出来て居る。各ゲマインデは人口百人位のものもある。〔略〕小さい各ゲマインデが集まりまして予算を議決し其予算を此アムトの所へ持つて来て執行して貰ふ。アムトにはアムトマンと称する立派な公吏が居る。此処に行けば高等学府を出たやうな立派な人がアムトマン（村長）を長くやつて居る。ゲマインデの村長さんは主に戸籍を扱つて居る」[22]と述べ、さらに日本でも郡役所廃止後にはアムトの制度を採用することを提言している。また、事務量の軽減にも注目している。「仏国では徴税の事務が町村役場の事務でなくて、国県町村税を一括して一つの令書で徴収致しまして、後に夫々分配されます〔略〕予算は議決しまするが現金は政府保管で、唯一歩の利子を政府より町村税に対して交附して呉れる」[23]と、徴税に関する点を挙げている。[24]これに対し「先きに国家が出来て後で自治団体と云ふものが出来」た日本では、国家委任事務が多くて国家の監督が厳しいため「我国の事務は凡てさう云ふ風に法令が指導的に出来て居ります。国民は知らないものとして教へるやうな法令が出来て居りますから、何もかも型に依つてやつて居る。型に依つて囚はれて仕舞」い、そのため「真の地方に適切なる政治が行はれて居らぬと云ふことは甚だ遺憾であります」[*25]と述べている。

第三は、町村長の地位である。福澤は、欧州では市町村長出身者から多くの大臣を輩出している、言い換えれば「大臣の器のある人」、「識見あり学識を有つた立派な人」が市町村長に就いているのに対し、日本では「町村制の実施の初には有力な人が推薦されて町村長になつて居りましたが、其後は全体を見た時に町村長の人は必ずしも一流ではないやうになつた」[*26]と嘆いている。では立派な人物が市町村長になるとどのようなメリットがあるのかといえば、多くの仕事を地方に移譲することができるからである。福澤は、「自分の幸福」を求めるならば「手近かな自治政治」を見つめ直し、「一万二千の町村が自治政治の上に貢献することが本統〔ママ〕に徹底して、教育も産業も是から割出して適切な政治を実現することが出来たならば」、「国家の基礎」が固まり「国家は安泰の極」に至ると主張する。ここでの特徴は「自治政治に於て、是は人のやつて呉れることでない。大きな問題は議論として唱へますけれども、我国民の総てが必ずしもそれに当らなくてもよい。一国の大政治家、一国の大宰相にやつて貰はねばならぬ。我々直接手を下すことでない。我々直接手を下すことは地方自治政治である」[*27]とあるように、国政と自治を明確に区別していることである。自治側の仕事は「教育や産業」分野における自治権を拡大して、自立的で適切な事業を行うことである。そして、それこそが「日本国民として一部々々の皆確つかりした基礎」を形成する、つまり国家の「一部」になるというのである。このような自立的な自治体とするためにこそ、有能な町村長が必要なのであった。

この国政と自治の関係であるが、自治住民が国家と強く結びついているという自覚を持つと同時に、国家と直結しているわけではないのでむやみに国家全体と関わるのではなく、まず「手近」なことに関心を持つべきであるという二つの意味を含んでいる。国家有機体論に立つ分権的な大日本帝国憲法の考え方からすれば、確かに陸海軍や官僚と同じように、各自治体もこのようにまさしく国家の一部分として機能すべしという一面もあろう。しかし同時に、同憲法の発布勅語には国家の二つの目的として「国家ノ隆昌」と「臣民ノ慶福」が掲げられているが、このうち前者を中央政府が、後者を自治体首長を中心とした住民が担うという役割分担の考え方も成り立とう。この分担を強く感じるようになったことで、町村長たちはより明確に自治体首長として自分たちが何をなすべきかを把握したのであった。

最後に、第四に気づいた点は町村財政の問題である。様々な町村事務運営上の工夫にも拘わらず、小規模町村の財政は如何ともしがたいものがあった。福澤がフランスでこの点を自治責任者に尋ねたところ、その責任者は「大なる事業は組合にて施設するし、政府よりも資力の少い町村へは補助をするから差支ない」と答えたが、それに対し福澤は「小生等は未だ十分に事業計画の内容を詮索しませんから、此真相に触るることが出来ませぬ[*28]」との感想を記している。つまり、この時点ではのちの地方交付税のような発想が、彼らにはなかったのである。

つぎに、その町村による事業活動について。彼らが関心を持ったのは主に社会事業と産業であった。まず、福澤が見た欧州の社会福祉事業の実情はつぎのようなものであった。

各国市町村事業の内で多くの費用を支出して居るものは社会的事業である。特に大戦後この施設が最も必要視されて著しく増加して居る。就中労働者の住宅経営は其最たるもので、其他托児所、養老院、療養所、児童健康診断、貧困者の救済、或は産院、共同浴場等である。尚積極的のものでは図書館の如き、特殊の学校（不具者、低能児、結核患者）の如き、或は又博物館の如き公園の如き施設が甚だ多い。夫が為に多くの市町村に社会課、幸福課といふ様な課があつて、専任の吏員が数人其事務を扱つて居る[*29]。

欧州の場合、第一次大戦の影響によって社会福祉事業が喫緊の問題であったため多くの支出を要したが、個人の寄付金に依る部分も多く、それらによってここに挙げられているような施設が作られた。能川志保氏は、全国町村長会が本格的に社会政策としての社会福祉事業に踏み出すのは一九二九年頃からであるとしているが[*30]、確かに福澤の視察談からもこの段階では町村が積極的に社会事業に乗り出すべきだという意識は見あたらない。日本の町村において、社会事業の必要性が強く感じられるようになるのは昭和恐慌の頃からのようである。

「多年羨み居候丁抹の国民高等学校並に産業組合を視ること、、瑞典の農村文化施設を見ること、を一層楽みと致し居り申候[*31]」と述べているように、事業面で福澤が最も注目したのは北欧の農業経営であった。特にデンマーク農法については、既に明治期から日本でも紹介されており、第一次大戦後になると、農産物価格の下落によって農村は苦しい状況に陥ったため、愛知県の山崎延吉や北海道の宇都宮仙太郎らによってその導入がすすめられていた。いわば、農村不況脱出の切り札と考えられていたのである。そのデンマークの農業について、福澤はつぎのような印象を語っている。

丁抹と云ふ国は御承知の通り、国民生活が多く組合経営となつて居つて、共同組織に移つて居るのであります。一人で以て十数個の組合にも加入して居る。牛乳の組合にも加入して居れば、肥料の組合にも加入して居る。有らゆる組合に這入つて居る。さう云ふやうに産業組合が発達して居りまして、其の生活も又自分の従事して居る産業の経営も殆ど大部分が組合経営になつて居る、と云ふやうな国であります。世界のどの国に行きましても農村が凋落をして困つて居る。其中で丁抹の農村が最も利益ある農業生活をして、裕福に楽んでやつて居る[*32]。

すなわち、福澤はこれからの自治にとって、共同組織、組合組織の形成こそが成否の鍵を握ると感じていた。では具体的にどんな組織かといえば、引用文にもあるように産業組合のようなものを創設することであった[*33]。特に、デンマークがそうであったように、共同して規格を揃え商品名を付けて農産物を商品化し市場を開拓しようという、販売を重視したものであったと思われる。もっとも、視察報告ではこれ以上触れていないので、町村がどのように農会や産業組合の活動に関係するのかについては不明であるが、いずれにしても今後の町村の焦点が産業組合活動にあるという強い認識を持ったことは確かである。この点は後述する。

それよりも福澤にとって、共同性を確保するためにより重要の課題と感じられたのが教育の問題であった。自治体を運営する上で「経済上の生活が皆共同的生活に移りつゝあ」ること、「有らゆる方面に又世界的に経済生活と云ふものは連絡を有して居る」ことを国民が理解する必要があり、それが教育の仕事であると福澤は主張する。「〔欧州の〕教育者は社会の実生活と懸離れたやうなことはやつて居らない。是が日本の教育制度を変へなければならぬ理由の一つでありますが、彼方の国ではどの学校でも社会と没交渉のやうな教育はない。さうして地方的色彩を帯びた教育機関が彼方では非常に多い」[*34]と、国家意識・国民意識を重視する従来の教育に対し、社会生活と結びつき地方的実情に沿った非画一的な公民科の新設を提唱する。

この意識は、町村財政に負担をかけていた小学校教員給与に対する国庫補助の増額要求にも拍車をかけることになった。彼らは視察によって、欧州では教員給与はすべて国庫負担となり、町村が負担するのは学校の設備や学用品であることを確認した。そして、教員の人事権も地方にある国があることも確認した。

4 視察後の全国町村長会

視察を終えて、彼ら一行は無事日本に帰国した。[*35] 団長格の福澤泰江はこの後、一九二九年から五年間に亘り全国町村長会の会長を務めることになったが、おそらく会長福澤にはこの視察の際の経験が活かされたものと思われる。以下では、彼らの欧州視察の印象と関連させながら、この後の町村長会の動向を簡単にみていきたい。

前述のように、欧州の小規模ながらも強いアイデンティティと誇りに支えられた自治体の自立的な活動は、日本の町村長たちを大いに刺激したが、これは彼らの目をより小さなものへ、より下のものへと向かわせた。明治以降の日本は、中央集権制を強めるべく上からの系列化をめざしたため、地方人の視線はそれを気にして常に上を向いていた。しかし、その結果は縦割り行政による末端地域の分断であった。町村長たちは町村荒廃の原因をこの分断と捉え、その解決策として打ち出したのが町村長権限の強化と伍人組制度であった。これは、視察団が帰国する以前の一九二五年五月に全国町村長会が内相に提出した意見書の中で提案したものであるが、意見書では兵事・教育・選挙を初めこれまで郡長に委任されていた事務を町村長に移し、さらに町村農会や産業組合など町村内の各種団体の行政監督権を町村長に与えることを主張している。また、伍人組とは「伍人組を根底とし、その上に自治小区、字があり、最終的には町村に統括」するもので、納税・衛生・治安・福祉などさまざまな事務を「伍人組に担わせ、その権限を全て町村長が掌握する」[*36]ものであって、言うまでもなくここには近世の歴史伝統が援用されている。そして、このような新たな自治の在り方は町村長に試行錯誤を要求するものであり、そのためには自治権の拡大や町村長の待遇の向上も必要であった。この方向が、既にみたような視察団のそれとも合致していることは明らかであろう。それゆえに、このののちは日本の歴史伝統と欧州の最新モデルが結合し、彼らの新たな自治像に昇華していくのであった。

教育についていえば、前述のように地方的実情に沿った公民科の新設を提唱したが、欧州視察でもう一つ注目されたものがあった。それは前に引用した史料中にあるように、「多年羨」んでいたデンマークの国民高等学校であり、実際に福澤は視察して深い感銘を受けた。国民高等学校とは、補習学校を終え若干の実務を経験した一八～二五歳の青年男女が約半年間入学し、一般科目ばかりでなく校長・教員・生徒同士が自由に親しく対話する全人教育を行い、これによって人生や社会を理解することをめざしたものであった。そして、実際に共同性を基調としたデンマーク農法は、この国民高等学校教育によって維持されていると言われている。結局、町村や文部省が自ら国民高等学校を創設することはなかったが、この制度をヒントにして、賀川豊彦・杉山元治郎らキリスト教系の運動家や、加藤完治ら農本主義者がこのような学校を次々と創設した。そして、ここから名望家に代わる新たな農村の担い手として「中堅人物」（比較的若い中小農層で、農村の危機を受け止め改革しようと行動する者たち）が多く育成されていったのである。

小学校教員の俸給問題から始まった町村長たちの運動であるが、この時点では彼らの関心が中等教育に移っていることが分かろう。彼らにとって中等教育の目的とは地域社会を支える人物の養成であり、そのような人物とは地方的実情ばかりでなく国際的事情にも通じ、かつ地方の共同性の中核となる者たちであった。

さて、こうして活性化した全国町村長会は当然政治行動にも関心を高め、政府・政党などに対しさまざまな陳情を行った。[*37] その中には郡役所廃止、義務教育費国庫補助増額など実現したものもあるが、総じていえば芳しい結果ではなかった。その原因は松田忍氏が指摘したように、政党内閣全盛の昭和初期では、法制面では既成政党・農林省・帝国農会という中央の三勢力の協議によって基本問題の解決が図られ、事業面では販売斡旋事業・経営改善事業を組み合わせることで系統農会がその中心的役割を担い、「農業利益を代表する政治団体となって活動」[*38] したからであった。「全国町村長会が主張した農業政策は、系統農会などの主張と変わりなく、独自の運動もなかったから重要視するには及ばない」[*39] という宮崎隆次氏の指摘のように、そもそも全国町村長会は構成的には系統農会の末端に位置する町村農会と重複しており、いわばその陰に隠れてしまっていたのである。しかし、地方代表者の集合体である全国町村長会と、農林省の影響を強く受ける帝国農会の間には決定的な相違もあった。それは町村農会の行政監督権を誰が握るかという点であり、前者は町村が、後者は中央勢力が握ることを主張した。これはすなわち、地域の視点と中央の視点の対立ともいえよう。[*40]

しかし、「重要視するには及ばない」全国町村長会に熱い視線を投げかけた政党もあった。田中義一率いる立憲政友会である。そもそも、全国町村長会初代会長漆昌巌は政友会代議士であり、二代会長金子角之助は原敬と親交のある熱心な政友会支持者であった。実際に、田中内閣は同会が主張する地租委譲や知事公選にも好意的であった。ただし、最終的には政友会がそれを全面的に推進することがなかったことも事実である。

最後に、自治と国家の関係について触れておく。既にみたように、町村長たちの主張は自治の拡大であり、それは中央集権と対立するものであったが、他方で町村自治は「国家の基礎」であり、国家とは補完的さらには一体的なものとして捉えていた。では彼らの考える国家像とは何かといえば、「現今思想の悪化益々激甚を加ふるの傾向あり、国家の基礎たる吾人自治体の首脳者は、此危機に際し鋭意励精其の職守に全力を傾注して、国体擁護の実を挙くべく違算無きを期せざる可らず」[*41]とあるように、天皇を中心とした国体の下で国民が醇風美俗を守り、隣保互助する伝統的な国家イメージであった（ただし、それはあくまでも「立憲政治」に依拠するものであり、単純に軍国主義に結びつくものでは決して無かった）。

このような強い国家主義は、じつは欧州視察によって獲得したものでもあった。福澤泰江は欧州諸国の世相について、つぎのように述べている。

皆強い国家主義を高調致して居る。人間は自由平等のものであるから今後の世界は階級闘争に始終するものであつて、国家意義といふものは段々薄らぐものであると云ふことを一つの説として聞くのでありますが、実は国家意識を濃厚にする教育、或は社会相と云ふものが沢山現れて居る。どの国に行きましても明瞭に現れて居る。そんなことを又考へて見ますると、更に国際紛争と云ふものが他日或は経済上の衝突に於て、或は其他の理由に於て決して各国の状態と云ふものが永久に平和で行き得ると云ふことは思ひもよらぬことだと私は考へて参りました。[*42]

この印象は、学者とは異なり「体験に依つて得た自治の観念、それを唯一の頼り」として視察した人たちの言葉として理解することにしたい。ここには従来の中央集権的国家主義に代わり、地方自治的国家主義が台頭したことがうかがえる。全国町村長会では、一九二六年九～一〇月にかけて第二回の海外視察として朝鮮・満州地方に視察団を派遺した。これは地方自治にとっても最重要課題である人口問題・食糧問題の対策のため、海外に殖民する際の移住先を視察しようとの意図からであったが、この面でも自治が国際的な問題となっていることが理解できよう。

5　自治・グローバル・国家

町村長から身を起こし、事業を拡大したり代議士・大臣に出世した一部の全国的名望家と比較した場合、そのまま農村に踏みとどまり全国町村長会に結集した町村長たちは、ある意味では取り残された者たちであった。しかも、その農村は国家によって分断され人心が荒廃している状態にあった。そのような中で行われた海外視察は、つぎの二点で特に大きな影響を残した。

第一は、自らの地方感情や歴史的伝統と、世界最新モデルを結びつけることが可能になったことである。つまり、出発以前から彼らにはそのような素朴な感覚に基づく危機への対処方法が存在していたが、それはいまだ漠然としていた。しかし、視察を実施し具体的なモデルを実見したことによって、彼らは自らの方向性を再確認し、さらに最新理論で武装した。その方向とはより小さなもの、より下のものへと向かうものであり、末端における隣保共助を基礎として生産事業、教育を組み立てようとするものであった。このことはまた、国家という絶対的存在を相対化する過程でもあった。すなわち、これまでは世界—日本—町村という重層性の中に埋没していたが、ここに至って三者をトライアングルな関係と意識するようになったのである。こうして、町村長たちは自分たちの役割と責任をしっかりと自覚するようになった。

第二は、他方で自らを「国家の基礎」と位置づける彼らは新たな国家像をも提示し、その実現に向け国家に対して積極的に働きかける主体となった。つまり、それまでの「お願い」する立場から、主張の実現を要求する存在になったのである。その結果は芳しいものではなかったと前述したが、それは一九二〇年代のことであり、中央の権力構造が大きく変質した一九三五年頃以降になると状況は一変する。一九四〇年の義務教育費国庫負担法によって教員給与は国・府県が負担することになり、また地方間の財源調整のための地方分与税（地方交付金制度の前身）が創設されると町村財政は大幅に改善された。このほか、町村内には部落会が整備され、その下部団体として一〇戸内外の隣保班も組織された。さらに、一九四三年に町村単位の産業組合と農会が統合されて農業会が誕生すると、その長を町村長が兼任することになった。こうして、彼らの要求は実現し、その実力も確かなものとなったのである。ただし、これら実現の背後には内務省という中央機関が存在していたことも事実であった。

さらにいえば、町村長たちが望んだ満州などへの移民も軍の後押しによって強力に推進されたように、彼らの影響は国際的な問題にまで及ぶようになった。つまり、世界・日本・町村というトライアングルは双方向的なものであったのである。

注

＊1　「町村長の海外視察出張の実施」（『斯民』一九―九、一九二四年九月）七九頁。
＊2　新田信「渡欧に際して町村長諸君へ」（『斯民』二〇―二、一九二五年二月）六三頁。
＊3　拙稿「大正期の海外渡航」（慶應義塾福沢研究センター『近代日本研究』二九、二〇一三年）参照。
＊4　『斯民』一六―三（一九二一年三月）一三頁。
＊5　全国町村会編刊『全国町村会五十年史』（一九七二年）一三頁。
＊6　注4に同じ。
＊7　松村茂夫全国町村会事務局長によれば「亡くなられた井上友一博士、この方がたしか市町村課長であった。それからまだ御健在ですが田中広太郎さんとか、このような若手の事務官諸氏が尽力して下さいまして、幹部の方々に対して積極的な反対というものをなくしていただいた。それで総会が開かれた」（全国町村会編刊『全国町村会史』一九五八年、六九九頁）という。

＊8　『斯民』一八―六（一九二三年六月）六八頁。

＊9　『斯民』二〇―六（一九二五年六月）二六〜三二頁。

＊10　菊池慎三は内務官僚で、この当時は復興局書記官、のち秋田県知事。

＊11　ドイツと同じように、フランス、イギリスでも町村の全国的組織が存在していた。詳細は明らかにできないが、「仏国にも市町村長会がありますが、任意的会合でありますから数団体ありまして、吾等の訪問せる会は有力なる市町村六百程の聯合団体でありましたが、我が全国町村長会よりも一層仕事は進んで居る様であります。会報なども立派なものが出来てをりました」（福澤泰江「仏国の町村と町村長会」、『斯民』二〇―六、一九二五年六月）、「更に進んで英国の事例の如く市町村収入役会議、市町村土木吏員会議、市町村建築吏員会議、市町村衛生吏員会議の如きものが出来」ている（注9に同じ）という。また、各国の町村長会の国際会議も開催されていた（福澤泰江編刊『欧米自治政視察談』一九二六年、五七頁）。

＊12　臨時ドイツ全国経済会議の概要については松井春生『経済参謀本部論』（日本評論社、一九三四年）参照。

＊13　注1に同じ。

＊14　具体的には、一、町村長現職者から一、二名を地方自治の現況観察のため欧米諸国へ派遣する、二、人選や派遣場所および期間等は全国町村長会で決定する、三、旅費は一回一万円内外とし、帝国地方行政学会から全国町村長会へ寄附する、四、この計画はなるべく将来も継続するようにする、などで合意した（注1に同じ）。なお、いまだすべてを確認していないが、第二回として一九二七年二月一七日から清家吉次郎（愛媛県北宇和郡吉田町長）が派遣されている。

＊15　『東京朝日新聞』一九二四年九月七日付。

＊16　「町村長の海外視察派遣」（『斯民』一九―一一、一九二四年九月）八二〜八三頁。

＊17　注2に同じ、六四頁。

＊18　福澤は、視察員中では全国町村長会幹部からただ一人選出された者で、おそらく全国町村長会を代表する意味があったと思われる。福澤に関しては、長野県編『長野県史』（長野県史刊行会）の通史編八（一九八九年）・近代史料編二〈三〉（一九八四年）、能川（尾島）志保「一九二〇年代における全国町村長会と行政町村」などで村営電気事業への取り組みが取り上げられており、実際に当時の町村長たちの間でも既に有名であった。彼は金子角之助第二代会長時代（一九二二〜一九二八年）には「実際は長野県の会長の福沢副会長さんが何もかもやっておられた」（小島憲の回顧、全国町村会編刊『全国町村会史』七〇二頁）といわれ、さらに一九二九年一月二八日から一九三四年一月二五日までは第三代全国町村長会会長を務めた。

＊19　福澤泰江『欧米自治政視察談』一七〜二二頁。
＊20　同前、五頁および三三頁。
＊21　この点で、彼らが最も興味を持ったのはスイスの一部の州で行われているランツゲマインデ（住民集会）で、屋外に多数の有権者が集まり、重要事項を討論・議決する直接民主政治であった。
＊22　福澤泰江『欧米自治政視察談』一九〜二一頁、および福澤泰江「欧洲小観四」（『斯民』二一—一、一九二六年一月）七一頁。
＊23　福澤泰江「仏国の町村と町村長会」三二〜三三頁。
＊24　他にも予算の作り方について「我国の予算の様に附記を細かく記入してあつても夫が為め理事者を拘束する訳でなし、そんなことをした所が何にもならない。彼方の予算には附記の様なものは、記入して無い。概ね日本の予算表の項の金額が計上してある位である」（福澤泰江『欧米自治政視察談』二六頁）と、自由度が高いことを紹介している。
＊25　福澤泰江『欧米自治政視察談』五頁および一〇頁。
＊26　同前、三六〜三七頁。
＊27　同前、七七頁。
＊28　福澤泰江「仏国の町村と町村長会」三三頁。
＊29　福澤泰江「欧洲小観四」六八頁。
＊30　能川（尾島）志保「一九二〇年代における全国町村長会と行政町村」四三〜四四頁。
＊31　福澤泰江「再び伯林より」（『斯民』二〇—八、一九二五年八月）三〇頁。
＊32　福澤泰江『欧米自治政視察談』四七頁。
＊33　福澤は、当時北海道真駒内に移住してデンマーク農法を教えていたデンマーク人ラーセンが、日本には組合組織がないため、商人に牛耳られていると嘆いていることを紹介している（福澤泰江『欧米自治政視察談』四九頁）。
＊34　福澤泰江『欧米自治政視察談』三九頁および四二頁。じつは、福澤は一九一七年に村立の実業学校設立に際し、「公民科」という科目を新設しようと文部省と折衝したが、文部省には認められなかったという経験がある。なお、公民科は一九三一（昭和六）年から中等学校で「憲政自治ノ本義ヲ明ニシ日常生活ニ適切ナル法制上経済上並ニ社会上ノ事項」を教える教科として設置された。
＊35　帰国後、福澤泰江は視察の体験から、以下のことを一九二五年一二月七日に全国町村長会に提案した（福沢「本会の前途に対する意見書」『斯民』二一—一二、七七〜七八頁）。

一、政務調査機関を充実すること　（イ）専任及嘱託の調査員を置き地方行政に関係ある事項の調査を為すこと、（ロ）地方行政に関する図書、法規の翻訳出版並に頒布、（ハ）研究員の海外駐在
二、地方行政指導機関を設置すること　（イ）出張又は文書に依る指導、（ロ）報告発行、（ハ）専門家に嘱託して指導の任に当らしむ
三、内務行政研究員を左記諸国へ駐在せしむること　独、仏、英、米、丁抹
駐在員には常に左の資料を提出せしむる　（イ）駐在国内務行政研究の成績、（ロ）駐在国地方行政に関する新規計画、（ハ）駐在国にて出版せる地方行政に関係ある図書
四、地方行政に関する図書館の設立
五、会館の経営　宿泊所、講堂、運動場の設備
六、国際会合に加入すること

＊36　能川（尾島）志保「一九二〇年代における全国町村長会と行政町村」四九頁。高木鉦作「全国町村長会の五人組制度復活構想」（『国学院法学』三五―四、一九九八年）参照。
＊37　全国町村長会『大正十年二月本会創設以来　宣言及決議事項並其経過要覧』（全国町村長会、一九二九年）に、その一覧が掲載されている。
＊38　松田忍『系統農会と近代日本』（勁草書房、二〇一二年）三四九頁。
＊39　宮崎隆次「大正デモクラシー期の農村と政党（二）」七三九頁。
＊40　この点について、松田忍氏は興味深い指摘をしている。一九三一年頃、農業技師出身で農会運動の有力者岡田温は「将来町村に於ては、町村勧業部にて各種の農林業諸団体を網羅し、郡区域以上に至って農会其他の団体に分立する組織に改造する」案を持っていたという（『系統農会と近代日本』二六四頁）。ここでは町村と系統農会の融合が模索されている。
＊41　一九二六年一月二一日の定期総会宣言（全国町村長会『大正十年二月本会創設以来　宣言及決議事項並其経過要覧』一一頁）。
＊42　福澤泰江『欧米自治政視察談』五八～五九頁。

一一　対中経済進出の拠点としての上海
——日本商の直接進出を支えたシステム——

渡辺千尋

1　日清戦後の中国情勢と日本の貿易政策の転換

日清戦後、中国をめぐるパワーバランスは大きく転換し、列強による利権獲得競争が始まった。また鉄道敷設・鉱山開発による商業・運輸上の利益の確保や、鉄道網・海運網の拡張による内地市場進出の可能性は、対中貿易拡張の可能性を拡大させた。中国をめぐる不平等条約体制において列強と対等の立場を獲得した日本は、中国への新たな海運網[*1]、金融網[*2]、情報網[*3]、日本居留地の形成、および居留民団[*4]の整備を進めた。中でも上海はこうしたインフラを備えて日本商の直接進出の受け皿となり、日本製軽工業品の直輸出ルートの形成を支えた。本章ではこの過程を、中小資本の側面から明らかにしたい。

日清戦後における対中進出の課題は、それまでの華僑通商網を如何に打破するか、という点にあった。幕末開港後、上海を中心とする中国商の流通網である「上海ネットワーク」に包摂され[*5]、中国商の流入と勢力拡大によるアジアからの「衝撃」を受けた日本にとって、[*6]華僑通商網への対抗は対中貿易政策の中心的課題であった。一八八〇年代、既に海産物を中心に直輸出奨励政策が取られている。しかしこれは条約改正に伴う内地雑居の可能性を前に、中国商の内地進出を防ごうとする対外自立政策としての性格が強く、具体的には産業組合の結成、直輸出商社への貸付といった国内政策にとどまるものであった。[*7]日清戦後の上海における拠点形成は、貿易政策から言えば対外自立から対外進出への転換であり、日本製品の対中直輸出はこの段階で初めて実現されたのである。

華僑通商網からの離脱が日本にとって課題となった理由の一つに、市場情報の伝達における欠陥がある。上海に陸揚げされた外国製品を東アジア各地の開港場に再分配する中国商の情報力は高く評価されているが、イギリスや日本の生産者が取引相手の華僑通商網から正確な市場情報を入手できるかは、別問題であった。[*8]そしてこの点は、一八九〇年代に対中輸出品として登場した綿布と雑貨——特に市場情報の有無が商品価値に大きな影響を持つ「アジア型近代商品」[*9]——が無視できない割合を占めるようになった日清戦後の日本にとって、[*10]特に問題であった。これらの生産と輸出に関わる日本商にとって、華僑通商網に依存しない直輸出ルートの形成は、市場情報の獲得により仕向地の嗜好に適合する商品の生産を可能とするものであり、中国市場への本格的参入の上で不可欠の条件だったのである。[*11]

対中輸出における華僑通商網への対抗については、籠谷直人が三井物産に代表される有力貿易商によって綿糸を輸出する日本人通商網が形成されていく過程を明らかにした。しかし同氏の研究課題はアジア通商網全体にあり、対中貿易についてはそこで本格的な分析を終えているため、綿糸のあとを追って中小商人を中心に展開する綿布や雑貨の直輸出において、日清戦後に開始した日本商の直接進出を支える諸政策が重要な意味を持ったことは見落とされている。[*12]

上海への日本商進出については、米澤秀夫が日露戦争後から第一次大戦までの上海への日本商進出によって、輸出の担い手が在日中国商から在上海日本商へと移行したと述べ、「居貿易から出貿易への転換」を指摘した。[*13] その後桂川光正は、輸出入における日本商の取扱高の増加をもって「第一次大戦を境にして、上海は対日貿易の拠点としての地位を確保し、上海在住の日本商人・商社は対日貿易の中心的担い手としての役割を盤石なものにしたのである」と評価した。[*14] しかし両氏は日清戦後における貿易政策の転換、および「出貿易」の出現に伴う対中貿易の質的変化を明らかにする視点に欠ける。

そこで本章では、日本の綿製品とアジア向け雑貨の最大の生産地かつ輸出港であった神戸・大阪と、中国市場の玄関口である上海に焦点を当て、日清戦後における外国貿易拡張政策の展開を踏まえながら、上海における直輸出ルートの形成過程を明らかにしたい。このことを通じて、対中経済進出の拠点としての上海の実態を明らかにすることを目的とする。

2 日清戦後の外国貿易拡張政策と対中輸出

(1) 「坐商主義」から「行商主義」へ

日清「戦後経営」[*15] として進められた体系的な経済政策において大きな比重を占めたのは、輸出拡張であった。[*16] 農商務省次官としてそれをリードした金子堅太郎[*17]は、イギリスを将来的な目標とし、「先進国に向つては、美術、工芸品、其他特有物産を以てし、劣等国に向つては、欧米から教へられた、器械製造品を売込む」[*18]「工業立国」構想を打ち出し、「国内に籠居」する「坐商主義」つまり日本にとっての居留地貿易から、「世界のあらゆる所に進出して以て需要を求め」る「行商主義」への転換を目指した。[*19] これを具体化する方法として立案された「外国貿易拡張方法」[*20] は、海外への海運網・金融網拡張の必要性を第一に掲げ、あわせて日本商の海外進出、実業教育、海外視察を奨励するものであり、積極的な対外進出を志向していた。

そしてこの政策は、中国に関して言えば、居留地への日本商進出を意味するものであった。日清戦後の中国への海運・金融網の拡張は先行研究によってその実態が明らかにされているので、ここでは先行研究によりながら簡単にまとめる。

まず、外務省は下関条約を根拠に中国の主要な開港場および新規開港場に日本専管居留地を開設した。[*21]

金融網については、正金銀行が日清戦争直後から中国の外国銀行・外国商社と積極的に為替取引契約の締結を進めた（表1）。一八九九年一月には対清業務の拡張を行い、神戸支店を対清業務の本部に定めるとともに、従来上海一箇所だった中国支店の増設に着手した。[*22] 同年、日本銀行からいわゆる「二千万円低利資金」の預け入れを受け、その一部を銀資金として中国の各支店・出張所に配布した。このことによって、正金銀行の対清為替の取扱高は急激に増加した。[*23]

海運網については、北清直航航路が開設され、揚子江航路についても本格的な進出が開始した。揚子江本支流航路は、一八九六・七年に開設された上海・蘇州線、上海・杭州線に続き、一八九七年に大阪商船が逓信省から命令書の交付を受けて翌九八年に上海・漢口線、九九年に漢口・宜昌線が開設された。一九〇二年には政府補助を受けて湖南汽船が設立され、一九〇四年から営業を開始した。北清航路は一八九九年に大阪商船・日本郵船がそれぞれ北清への直航航路を開設し、一九〇〇年に日本郵船の神戸・北清線が命令航路となった。[*24]

また、一八九五年に成立した農商務省臨時部予算外国貿易拡張費[*25]に基づく施策の焦点が一八九八年に中国にシフトし、中国を日本製軽工業品の輸出市場と位置付けた商況視察が開始した。[*26]

こうした諸政策は、同時に進められていた海軍拡張と合わせて、日本が「強力な海軍力と豊富な商船隊により、世界のどこにでも自国の力だけで進出する力」[*27]を持ち始めたことを意味する。これはつまり、日本が列強（グレート・

表 1　中国における横浜正金銀行の支店・為替取引銀行

1880 年	神戸支店開設 ロンドン・ニューヨーク・リヨン・サンフランシスコ出張所開設
1891 年	上海，香港の「コントワ・ナショナル」銀行と為替取引開始
1892 年	ハワイ出張所開設
1893 年	上海出張所開設
1894 年	香港の「ランドシン」銀行と為替取引開始，孟買出張所開設
1895 年	芝罘の「コルナベ」銀行，漢口のバタフィールド＆スワイヤと為替取引開始
1896 年	香港出張所開設，福州・廈門・牛荘・台湾淡水のバタフィールド＆スワイヤ，上海の露清銀行と為替取引開始
1897 年	沙市への代理店設置について外務省から依頼あり調査するも，代理店は設置せず
1898 年	牛荘の露清銀行と為替取引開始
1899 年	神戸支店を対中業務の本部に定め，本店副支配人山木勇木を支配人とする 威海衛・旅順口・大連湾の「コルネーブ・エッグフォード」会社支店，北京の香港上海銀行と為替取引開始 東京・長崎・天津出張所開設
1900 年	商法改正に伴い，リヨン・サンフランシスコ・ハワイ・孟買・東京・長崎・上海・天津が支店となる．牛荘支店開設．
1901 年	旅順口の露清銀行支店と為替取引開始 青島の「カーロウエツ」会社と為替取引開始
1902 年	北京支店開設
1904 年	青泥出張所開設（のち大連出張所となる） 遼陽出張所開設（翌年廃止）
1905 年	旅順口出張所開設 芝罘出張所開設 奉天出張所開設 鉄嶺出張所開設 大阪出張所開設
1906 年	大連・奉天・大阪出張所を支店とする 安東県出張所開設 遼陽出張所再開 漢口出張所開設
1907 年	長春出張所開設 漢口出張所を支店とする
1909 年	芝罘出張所廃止
1911 年	カルカッタ出張所開設
1912 年	ハルビン出張所開設 ロサンゼルス分店開設 青島出張所開設 シドニー出張所開設 済南分店開設 シンガポール出張所開設

出典　武田晴人解題『マイクロフィルム版横浜正金銀行』1 期 4 集G「諸願伺届書留」（横浜正金銀行書記課，該当年），宮川康「「横浜正金銀行　東洋支店長会議録」に就て」（《横浜正金銀行史資料》3 集 1 巻，横浜正金銀行編『第一回：東洋支店長会議録』坂本経済研究所，1976 年）より筆者作成．

表2　日本各港から上海への重要輸出品（1884年から1887年）

横浜	人参・鯣・海参・刻昆布・鱶鰭・鮑・椎茸其他木菌類・毛皮類・昆布・生銅
神戸	人参・鯣・海参・昆布・刻昆布・鱶鰭・海老・椎茸其他木菌類・寒天・貝柱・硫酸・生銅・熟銅・真鍮線・板銅・木材及板類・摺付木・**洗濯石鹸**・磁器及陶器類・毛皮類
長崎	和紙・樟脳・鯣・海参・鱶鰭・貝柱・海老・椎茸其他木菌類・木炭・**石炭**・木材及板類・磁器及陶器類
函館	鯣・海参・昆布・刻昆布・鱶鰭・毛皮類

出典　町田實一『日清貿易参考表』1889年，「日本より清国へ向け日清両商輸出重要品比較表」．1887年の輸出取扱数量について，日本商の取扱量が中国商の10%以上であれば下線を，50%以上であれば二重線をつけ，中国商の取扱量を上回る場合は**下線太字**とした．

パワーズ〉としての体裁を整え始めたものととらえることができるだろう。

(2) 軽工業品の対中輸出の開始と華僑通商網への依存

しかし、こうした政策によって自前の輸出ルートを形成することができたのは主として綿糸を扱う大商社のみであり、それ以外の軽工業品については華僑通商網への依存状態が続いた。

まず日清戦争以前の対中輸出の実態を確認すると、一八六八年の開港とともに、神戸は上海に荷揚げした外国産綿製品を東アジア各港へ再輸出する中国商の「上海ネットワーク」に取り込まれた。[*28] 一八八〇年代から九〇年代前半にかけての〈中国高―日本安〉の物価体系によって日本の対中輸出が拡大すると、新たな中国商が神戸に渡来し「日本製品を中国へ輸出する華僑通商網」が形成された。[*29]

一八九〇年代に入ると、対中輸出品の構成に変化が現れる。表2と表3から、日本の対中重要輸出品を確認すると、[*30] 一八八四年から一八八七年の重要輸出品のほとんどが海産物や乾物といった伝統的輸出品であるのに対し（表2）、一八九〇年代には軽工業品の種類が増加し、輸出額を拡大している（表3）。[*31] その背景には一八八〇年代後半の企業勃興がある。この時期に紡績業が日本の基幹産業に成長するとともに、一八九〇年代に入って中小工業による雑貨生産も本格化した。[*32] これら軽工業品は輸出依存度が高く、特に中国市場と強い利害関係を有しており、日本経済にとっての中国市場の重要性が高まった。[*33]

表 3　日本対中輸出重要品価額（1892 ～ 1901）

単位：千円（千円以下四捨五入）

	1892	1893	1894	1895	1896	1897	1898	1899	1900	1901	輸出の担い手
綿織糸	—	48	877	683	3524	9655	14412	22912	14680	17617	中国商，日本商
石炭	902	903	1208	1637	1937	3176	4682	5407	4361	6529	日本商
燐寸	416	636	832	1267	1170	1421	1865	2020	1650	2852	中国商
紙巻煙草			14	30	36	81	48	179	366	1173	日本商
綿布	154	338	388	355	548	603	524	1071	820	1065	日本商，中国商
木材	213	170	212	196	342	313	284	222	279	355	日本商，欧米商館
鉄道枕木								558	538	466	日本商，欧米商館
マッチ箱用木片								51	80	67	
麦酒					32	23	91	101	473	775	日本商
洋傘	257	298	401	343	430	316	359	479	451	537	中国商
浴巾					70	63	94	111	149	277	
洋燈及部分品					124	109	89	110	125	241	中国商
鈕釦					141	109	132	161	192	182	中国商
綿毛布					19	26	31	75	76	182	中国商，日本商
羽二重	—	4	12	3	23	30	107	114	40	177	
綿繰器			98	6	110	132	83	40	76	173	中国商
擬洋紙	25	11	6	11	17	26	21	198	98	172	中国商
化粧石鹸	19	26	22	32	55	42	44	61	80	165	
掛置時計					14	24	49	101	59	161	中国商
マッチ軸木					59	75	119	145	131	158	
セメント			—		—	1	44	135	157	147	
陶磁器	58	76	71	34	63	74	83	113	100	145	中国商
玻璃鏡							72	75	66	132	中国商
玻璃製品	98	118	130	108	12	158	15	26	38	143	中国商
メリヤス肌衣	14	16	14	10	19	10	9	18	41	79	
洗濯石鹸	33	31	25	17	21	9	13	15	29	50	
荒，熟，銅板					（判読困難）						日本商，欧米商館
昆布及刻昆布	929	902	581	597	578	797	648	909	831	1369	中国商
海参	266	268	273	288	292	271	274	334	256	404	中国商
鯣	133	230	170	106	199	212	144	175	192	346	中国商
鰕	78	82	87	100	105	101	109	124	99	130	中国商
鱶鰭	64	86	84	71	80	90	88	103	76	88	中国商
貝柱	34	49	86	16	52	62	36	54	42	71	中国商
樟脳	54	8	2	11	39	27	16	10	14	64	
鮑	32	37	51	33	28	39	41	43	21	31	中国商
寒天	279	320	269	197	285	214	227	289	395	672	中国商
椎茸	204	199	200	157	228	179	158	189	181	223	中国商
人参	166	156	189	137	194	307	218	281	227	298	中国商
木炭	68	66	54	89	98	110	82	68	63	77	中国商
大茴香	20	22	24	16	12	13	16	30	9	54	中国商

出典　吉田虎雄『支那貿易事情』民友社，1902 年，166 ～ 170 頁より作成．「—」は四捨五入して千円に満たない数値を表す．木材は 1898 年までは鉄道枕木，マッチ軸木，マッチ箱用木片を含む．重要輸出品目のうち，（表 2）で挙げられていないものは網掛けで示した．

輸出の担い手は農商務省商工局『日清貿易事情』1904 年，37 ～ 39 頁．

「日本商」は，「生産者か自ら清国より注文を受け，又は委託販売の為め輸送するもの」と，「仲買人および委託商人（コムミッシヨンマーチヤント）輸出」（生産者より買受け，または販売委託を受け清国へ輸出するもの）の双方を含む．

しかし、その対中輸出は華僑通商網に負うところが大きかった。表3から一九〇四年における輸出の担い手を見ると、[*34]軽工業品で日本商が輸出に関与しているのは綿糸布、紙巻煙草、ビールのみである。煙草やビールの最終消費地は中国市場ではなく居留日本人であるため、実質中国に進出することができたのは、綿糸を扱う貿易商だけであった。

一九〇〇年の時点で、上海には日本人綿糸商の組織である月曜会が結成されており、三井洋行（三井物産）、有信洋行（内外綿会社）、日東洋行（日東綿糸会社）、鹿島洋行（鹿島商店）、東興洋行（半田綿行）の五社が加盟していた。[*35]一八九〇年代末には、直輸出率が六〇％前後に達し、輸出額の点でも綿糸は最大の対中輸出品となった。[*36]政府は一八九四年に綿糸輸出関税、一八九六年に棉花輸入関税を免除したほか、一八九八年に紡績連合会からの綿糸輸出金融強化の要求に応じ、日銀を通じて正金銀行に銀塊および一円銀貨三〇〇万円を無利子で預入れ、正金銀行はこれを資金として紡連会員の輸出綿糸に荷為替を組み、また上海・香港で綿糸担保貸付を行った。[*37]一八九九年に北清航路と正金銀行天津出張所が開設されると、天津への直輸出も行われるようになった。[*38]

一方、綿糸以外の軽工業品、つまり「綿布類及燐寸・陶磁器・玻璃器類・紙類・時計類・石鹸類其他の雑貨は総て〔日本に居留する〕清商に売込[*39]」んで輸出していた。表4は、一九〇三・四年において上海で一万円以上の取引を行う日本商の一覧である。[*40]海運業を除いた二九社の取引高を見ると、三井物産が突出して多く、前述の東興洋行・有信洋行（内外綿）、月曜会には加入していないが綿糸を扱う吉隆洋行がこれに続く。一方雑貨を扱う貿易商は、のちに上海の老舗と言われる吉田号・中桐洋行以外、取引高が一〇万円に満たないものがほとんどである。取引高一〇万円以下の日本商は御売のみならず小売を兼業する場合が多く、小規模な日本商が多い。[*41]

当時の日本商について、一九〇一年九月に締結された北京議定書に基づき、日清通商航海条約と清国輸入税率の改定交渉のため上海を訪れた清国公使館一等書記官日置益は、[*42]交渉過程における列強の委員の居留民との関係を日本の

表4　上海に店舗を構え1年1万円以上の取引を行う日本商（1903・1904年）

1906年取引高（万円）

			（本籍）		
	大阪商船株式会社	支店	大阪		
	日本郵船株式会社	支店	東京		
	大東汽船株式会社	支店	東京		
1	内外綿株式会社	支店	大阪		0
2	三井物産合名会社	支店	東京		5980
3	中井商店	支店	東京	紙商	
4	日本貿易合資会社	支店	東京	鶏卵商	
5	内外鶏卵株式会社	支店	東京	鶏卵商	17
6	吉田号		大阪	貿易	113
7	中桐洋行	支店	大阪	貿易	61
8	怡豊洋行		神戸	雑貨	
9	吉隆洋行	支店	大阪	貿易（棉花綿糸蚕繭雑穀肥料等）	88
10	東興洋行（半田綿行）		大阪	綿糸棉花雑貨	500
11	東洋関西合資会社	支店	神戸	鶏卵商	
12	鴨川商行		長崎	雑貨及写真	8
13	酒井鶏卵合資会社	支店	横浜	鶏卵商	17
14	喜多洋行		長崎	呉服及雑貨	7
15	市原合名会社	出張所	横浜	鶏卵商	
16	裕信洋行		福岡	石炭商	
17	田邊洋行		滋賀	雑貨	12
18	土橋号		秋田	雑貨	9
19	合資会社瀛華洋行		石川	雑貨	3
20	植木号		長崎	雑貨	
21	済生堂大薬房		長崎	薬種商	
22	岸田洋行		滋賀	雑貨	5
23	児玉商行		長崎	雑貨	1
24	古賀商店		長崎	雑貨	2
25	天野号		長崎	雑貨	3
26	岡田洋行		千葉	雑貨	
27	楽善堂	支店	東京	売薬	
28	佐藤写真店		新潟	写真	1
29	松村洋行	支店	横浜	蚕糸貿易（棉花綿糸蚕繭雑穀肥料等）	72

出典　外務省通商局『海外日本実業者の調査』1905・1907年（高嶋雅明解説，不二出版復刻，2006年）．1903・4年の取引高は不明のため，1906年のデータを利用した．1906年の為替レートを基準に，1両＝1.55墨銀＝1.4円として換算した（『中国旧海関史料』京華出版社，2001年）．

それと比較して次のように嘆いた。

〔議定書によって新たな税率は一八九七年から三年間の平均価格の五分と定められており〕彼れ等〔上海の英米独居留民〕は既に政府の代表者が彼の地に於て未だ今回の税率換算の起らざる以前に於て十分の調査をして自国の品物の支那へ這入る処の各物品に就いて遺憾なき統計と報告とを持つて居つたのである、して《ママ》各々其の国の委員が来ると之れを目の前に於て税率換算は宜しく此の通りなさいと云ふ、是れは実に実際に基くものであつて政府の命令よりも正に効力を持つて居る処の材料を各国の委員に与へたのである、然るに日本人は予ねて斯る準備か無いのみならず、此方より進んで求めたるに対しても尚ほ要領を得なかつた……[*43]

つまり、列国の居留民が自国の対中貿易品について「遺憾なき統計と報告」を持っており、政府の交渉を積極的にサポートしたにもかかわらず、日本商はこうした役割を果たすことができないという。

この清国輸入税率の改定交渉と、イギリスの主張する裁釐課税問題への対処において[*44]、日本政府は対中貿易の実態と問題点を把握していった。駐清公使や各省嘱託清国派遣員の報告にみる上海の日本商の問題点は、以下の三点に集約できる。

第一に、上述の通り、上海の日本商が市場情報に疎いことである。

第二に上海の日本商の行う取引は未熟で、現地における信用が薄いことである。上海海関では三井物産等信用ある日本商以外はインボイスに基づく課税ではなく、開函のうえ鑑定吏の鑑定価格によって課税されており、それは日本商が清国海関のインボイスの書式に従わず、荷物に届出のない品物が混入し、脱税目的の故意の場合もあるためであるという[*45]。そして、日本製品の商標と日本商の提示する見本は信用ならないことが「支那社会一般の輿論」であり、日本商による直輸出の阻害原因となった[*46]。加えて日本製品は荷造が不完全で、輸送中往々にして包装が崩壊して商品が破損するため、荷造し直しや破損の分を差し引いて値が付けられていたという[*47]。

第三に、長崎・神戸・大阪といった日本の対中貿易港と上海との相互連絡がないことである。一九〇二年二月、神戸税関嘱託清国出張員の宮崎駿兒[*48]は上海に「内外貨物の現状、相場関税の変更、倉敷料の模様等、凡そ其他当地の貿易上に係る通信等」を行う機関を設立し、日本国内への情報伝達を行うことが急務であると述べている。[*49]

一方、華僑通商網すなわち在日中国商を通じた輸出には弊害があることも、農商務省、大蔵省調査によって認識されるに至った。それは、華僑が安価な日本製品を選好することによる粗製濫造問題と、その結果としての販路喪失である。農商務省商工局の調査によれば、大阪に居留して上海との貿易を行っていた寧波上海商の多くは「手数料商人」であり、取扱高が多ければ手数料収入が増える反面、仕向地における売行きの良し悪しは自己の利益に直接関係するものではなかった。[*50]そのため彼らは安価な製品の大量取引を好む傾向があり、日本の生産者にたびたび値下げを要求した。在日中国商からしか中国市場の動向を知る術のなかった日本の生産者は、中国市場では廉価な品が求められていると誤解し、品質を落とし続けた。その結果、日本は粗悪下等品しか生産できないと中国で誤解されてしまうという、日本側にとっての悪循環が出現しているというのである。[*51]

加えて、中国商が中国市場において日本製雑貨を販路開拓用の安物と位置づけているのではないかという疑いが持たれた。大蔵省調査によれば、「アジア型近代商品」は中国の消費者にとっては新奇な物であり、安価な日本製品は初めての購入にふさわしかった。しかし耐久性のない日本製品が壊れる頃には、ドイツが商務官制度に支えられた情報力と技術力によって[*52]「日本出来に似[*53]」たものを生産し、中国市場へ供給するため、「日本がイツても先鋒隊て其後は独逸品となり、それから今一歩進んたものは値は高くても丈夫たから英国製に限るといふ様に[*54]」日本製品は駆逐されているという。そして、「支那の商人か日本から買つて往つた品物をは初に甲の地に持つてゆけは二度目には乙の地に持つてゆく、三度目には丙の地に持つてゆくといふ様な風で二度とは買はないから始終変つた土地に使用されて居る[*55]」というように各地の市場を転々とし、日露戦争開戦前頃には多くの日本製雑貨が販路を喪失するか、「僻遠の内地に供給すへき田舎廻はしの商品として取扱はれ、都府都会に向ては絶へて人の顧みさるか如[*56]」き状態に陥っているというのである。

こうした日本製雑貨の流通は、かつて「上海ネットワーク」にのって、「天津に売れなければ漢口がある。寧波に売れなければ神戸がある[*57]」と神戸に流れてきたイギリス製の下級の綿布を想起させる。日本側は対中輸出品の品質の選択を在日中国商に依存し続ける限り、日本製雑貨が中国市場において次第に販路を失っていくことになる、と認識したのである。

3　華僑通商網からの脱却をめざして

(1)　情報活動と輸出手続きの改善——大阪商業会議所を中心に——

こうした政府の対中輸出の実態に関する認識は、商業会議所にも伝達された[*58]。このことにより、国内の生産者・売込商に中国市場の実態を理解させ、進んでは在日中国商を輸出ルートから外し、日本商による直輸出ルートを形成しようという動きが起こるようになった。大阪商業会議所はこうした啓蒙活動のセンターとなった。

清国輸入関税改定交渉に日置とともに派遣された大蔵省鑑定官山岡次郎[*59]は、帰国後の一九〇三年三月、大阪商業会議所において「是迄支那に不適当な品の輸入されるのは、諸君か直接に支那に往つて取引をなさぬから能く向ふの事情か分からぬからてあります」と述べ、日本の生産者や売込商に積極的な中国視察を求めた[*60]。山岡は渡清に際して和歌山の第一綿ネル会社の岩谷民蔵を勧誘して中国に連れていき、紀州の綿ネルで「支那向」と言われていた下等品と極上等の品の二種類の見本の試売を行わせたところ、上等品ばかりが売れて岩谷は不思議がっていたという例を挙げ、「私共〔官吏〕か参つても広く見ますから精くは行渡りませぬか、岩谷君の如き綿ネルなら綿ネルの専門の人かお行きになれは……実地支那商人と取引をして而して其の取引の間に自ら決断をして事を処分することの出来る人か向ふへ往くことになれは非常の利益であります」[*61]と、官吏だけでなく対中輸出に関係する日本商自らが中国へ赴く必要性を述べた。

また、一九〇三年一月、駐清公使内田康哉は大阪商業会議所における演説において「今日の如く維新以来日本に来て所謂川口の如き、或は神戸辺に居りまして目先の小利のみを逐うて居る支那人のみを仲買人として扱ふのは最も不得策であらうと思ひます……支那本土には必す適当なる我か仲買人たるへき者か数多居らうと思ひます」と述べ[*62]、在日中国商を輸出ルートから外し、現地の中国商と直に取引をするよう勧めた。

現地の中国商と直接交流するきっかけとなったのが、一九〇三年三月一日から七月三一日に開催された第五回大阪内国勧業博覧会である[*63]。

第五回内国博は大阪での開催が決定した一九〇一年の時点で、既に貿易品、特に工業製品を重視する方針が打ち出されており[*64]、大阪商業会議所はこれを対中貿易拡張の好機会と位置付けたと考えられる[*65]。博覧会事務局は「特に清韓両国に向ては国際上の関係其他通商貿易上の関係よりして可成多数の来観者を迎ふるは将来に影響すべき利益亦尠からず」[*66]として、欧米各国と中国にそれぞれ約四〇〇〇通、韓国に二〇〇〇通の招待状を発送し、欧米から二四二人、中国から二六三人、韓国から一五人の来観者を得た[*67]。前述の山岡次郎は「今年は博覧会て上海の当業者も大分参る筈てありますから、其時分には御紹介も致しませう」[*68]と述べている。

関係者は博覧会の会期をどのように過ごしたのだろうか。日露戦後に全国のタオル輸出額の約二割を占め[*69]、一九一五年頃「イカリタオル」の商標で上海市場において売行きを伸ばした兵庫県加古川の稲岡商店は[*70]、博覧会にタオルを出品して二等賞牌を受けている。経営者の稲岡孝治郎は五ヵ月間の会期中、少なくとも一四回博覧会を訪れ、会場において上海における代理店の東興洋行（半田綿行）や、阿部洋行と会談し、道中頻繁に神戸・大阪川口に立ち寄って中国商とタオルの約定を行い、同博覧会の呼び物であるカーマン・セラの電気の舞を二回見て、店員一四名を伴った日はメリーゴーランドやウォーターシュートを楽しんだ。[*71] そして注目すべきは、上海の代理店東興洋行・田辺洋行の、博覧会会期中である一九〇三年度上半期における販売額が、東興約一万二五〇〇円、田辺約七五〇〇円で、前年度上半期の東興約三五〇〇円、田邊約三〇〇〇円と比べて大きく伸びていることと、一九〇三年度下半期から前年度には取引のあった在日中国商、増泰盛・大成祥との取引が途絶えたことである。[*72] 増泰盛・大成祥は上海において日本製綿布・雑貨を取扱う中国商であり、大阪に支店を持っていた(表7)。稲岡商店のタオルの対上海輸出にとって、博覧会期は在日中国商を排して在上海日本商へと輸出ルートを一本化させた時期と重なるのである。

稲岡工業は先進的な例であるが、会期半ばの一九〇三年六月には宮崎駿児より「近年支那に於ける商工業視察の必要を認め、個人同志の間にも、亦各商組合業者の間にも、その必要急務を談し、五七人の申合せより、又組合業者の共同より、一人二人を選抜して之を其の視察員となし、以て支那に派出せるもの昨年以来漸く其数を増加し」てきたとの報告がなされており、民間の中国視察も増えてきたことが見て取れる。[*73] 同報告では視察員が渡航前に清国の海関報告、外務省の『通商彙纂』等を読んでいないことが注意され、これまで充分に活用されていなかった官製情報網の周知も試みられている。[*74]

これに加えて、政府・商業会議所により、日本商の無秩序な取引の改善が行われた。インボイスと荷造の改良である。インボイスについては、日置益が清国輸入税率改定交渉の際その不備に気づき、上海税関に勤務する日本人立花政樹に嘱託して税関手続案内を作成し、東京商業会議所から出版した。[*75] 同書が上海日本商からも注目されていたことは、一九〇二年一二月に吉田号が「当地従業者間にも右書希望の向も少なからさる」ため、一〇〇部もしくは五〇部、インボイスの書式もそえて送るよう東京商業会議所に依頼したことから明らかである。[*76]

荷造改良については、日露戦争中の一九〇四年七月に大阪商業会議所が荷造改良委員会を開催、同一〇月に全国荷造共進会が開催された。これが契機となり、これ以降農商務省商務局や外務省通商局によって荷造法調査が行われ、報告書が刊行された。こうした取り組みにより、日露戦後期には荷造法改善がある程度進んだ。[*77]

(2) 日露戦後における揚子江流域の航路・金融機関の拡充と居留民団法の施行

日露戦後になると、華中への航路が格段に強化された。それは第一に上海航路の大幅な拡充であり、一九〇六年一〇月の日本郵船に対する命令改定によって、従来の横浜上海間を週一回・年五二回から、週二回・年一〇四回へと二倍に増えた。[*78] また神戸上海線が一九〇九年八月に命令化され、二週に一回就航した。[*79] 第二に揚子江本支流航路の拡充であり、一九〇五年以降大阪商船・日本郵船による大阪・漢口直航線、神戸・漢口直航線が開通して漢口との通し荷が可能となったことに続き、一九〇七年三月に政府主導で日本郵船・大阪商船の揚子江航路と大東汽船・湖南汽船が統合され、満鉄と並ぶ国策会社と期待された日清汽船が発足した。[*80]

金融機関も拡充された。横浜正金銀行上海支店の一覧払手形の発行高が一九〇二年から一九〇五年にかけて急増し、香港上海銀行には及ばないものの、チャータード銀行に並ぶようになった。[*81] この一覧払手形は一九〇二年に上海・天津、翌三年に牛荘支店において発行され始め、天津では「清国人及外国人共何れも其便利を感じ、就中本邦人の如きは最も其携帯使用の便益を喜[*82]」んだという。また銭荘へのチョップ・ローンの供給額も一九〇六年下半期以降急激に増加した。[*83] チョップローンは輸入貨物引取代金を支払う際に外国銀行から銭荘へ貸し出され、輸出為替の振り替え作用によって相殺される仕組みであり、上海を経由する外国貿易を支えていた。[*84] また、大阪における上海との為替取組銀行は、一九一一年の時点で正金銀行以外にも台湾銀行・住友銀行・北濱銀行が加わっており、[*85] 特に台湾銀行は一九一一年に支店を開設している。台銀支店は「単に大会社大商店のみならず中流以下の本邦商人の金融機関としても大に貢献せんとする方針を採」ったため、「支那人及中流以下の本邦商人間に大に利用せられ」たという。[86]進出した日本商の生活基盤を整えるため、居留民団法が一九〇七年に中国の居留地に適用され、上海・漢口・天津・牛荘・安東に居留民団が設立された。居留民団は居留民から民団課金を徴収して日本人居留民のための公共事業を行うものであり、[87]居留地の自立的運営が意図されていたといえよう。

4　日本商の上海進出の本格化

(1)　直輸出ルートの形成

北清事変以後の対中貿易の実態を見てみよう。日本の対中輸出額は、一九〇三（明治三六）年頃から一九〇六年の間に約二倍に増加した（図1）。これを港別に見ると、同時期に大阪港の対中輸出額が急成長して一九〇六年に神戸に追い付いており、神戸港の輸出額に大きな変化がないことを考えると、この間の増加は主として大阪港の急成長に支えられていたことが分かる（図2）。大阪港は一八九七年に築港建設が始まり、第五回内国博覧会の会期が終わった翌月の一九〇三年八月に一般公開が告示された。大阪港は軍艦が横付けできる大桟橋を備え、日露戦争期は軍事輸送に貢献するとともに、大阪大連線・大阪漢口線の開設によって一九〇四年から一九〇五年にかけて対中輸出を急増させた。[88]輸出先別に見ると、戦後の一九〇六年において満州・北清・中清にほぼ同額の輸出を行っており（表5）、日露戦争を経て大阪から満州・北清のみならず、中清つまり上海・漢口への輸出ルートも形成されたことが分かる。

そしてこの頃、上海における日本商の構成も変化した。米澤秀夫[89]によれば、大阪の雑貨商吉田号が一八八七年に上海フランス租界洋涇濱に店を持ったのが上海への大阪商人進出の先鞭であったが、「この吉田号を宿屋同様に利用し、大阪の雑貨問屋が続々見本携帯で乗り込むやうになつたのは、漸く明治も末年の四十年頃」であった。これら大

図１　日本の対中貿易額（1894 年〜1913 年）

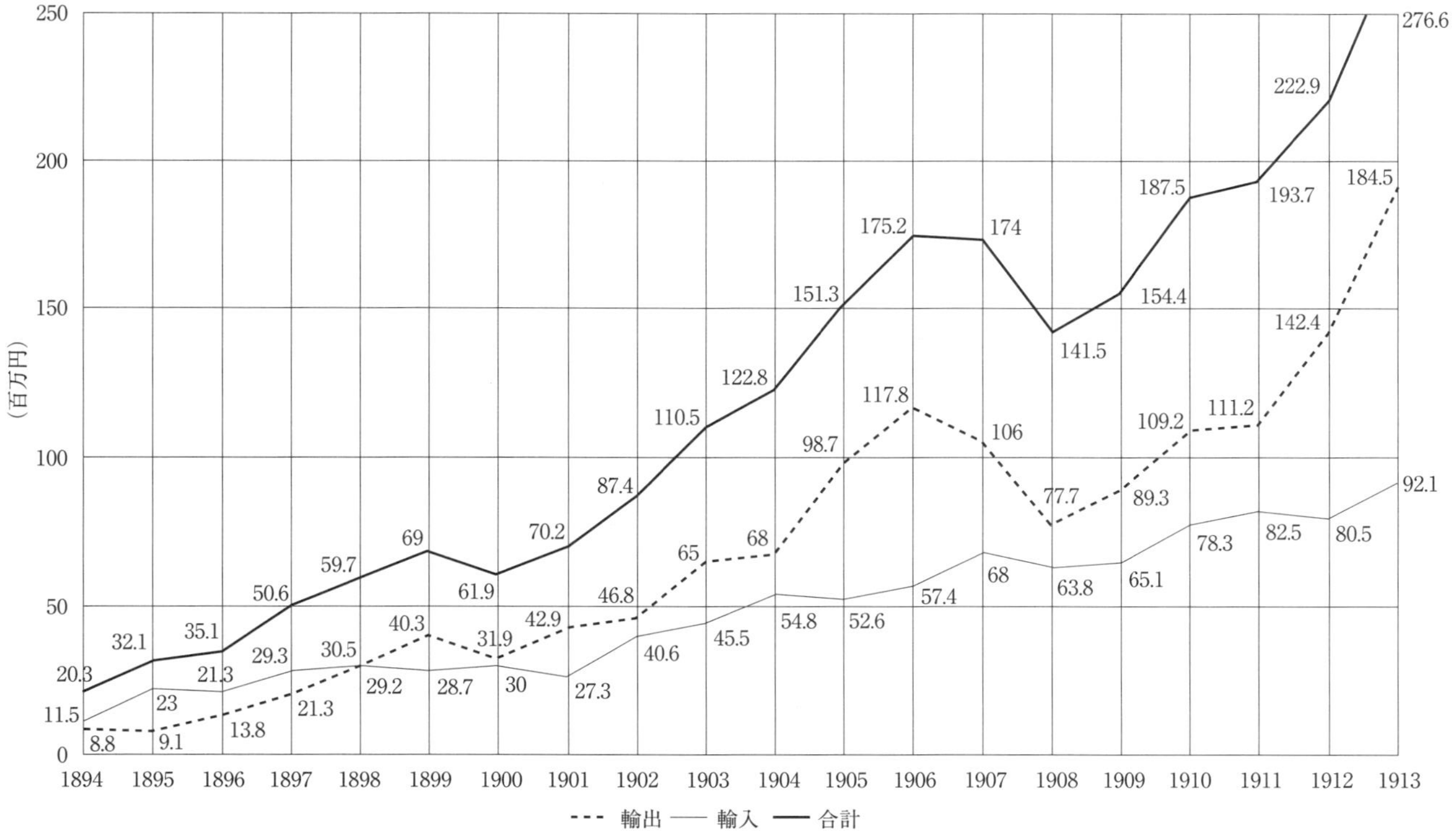

出典　東洋経済新報社編・発行『日本貿易精覧』1935 年増補再版，「国別輸出額表」，「国別輸入額表」．関東州を含む．

図2　横浜・神戸・大阪・長崎の対中輸出額（1894〜1913）

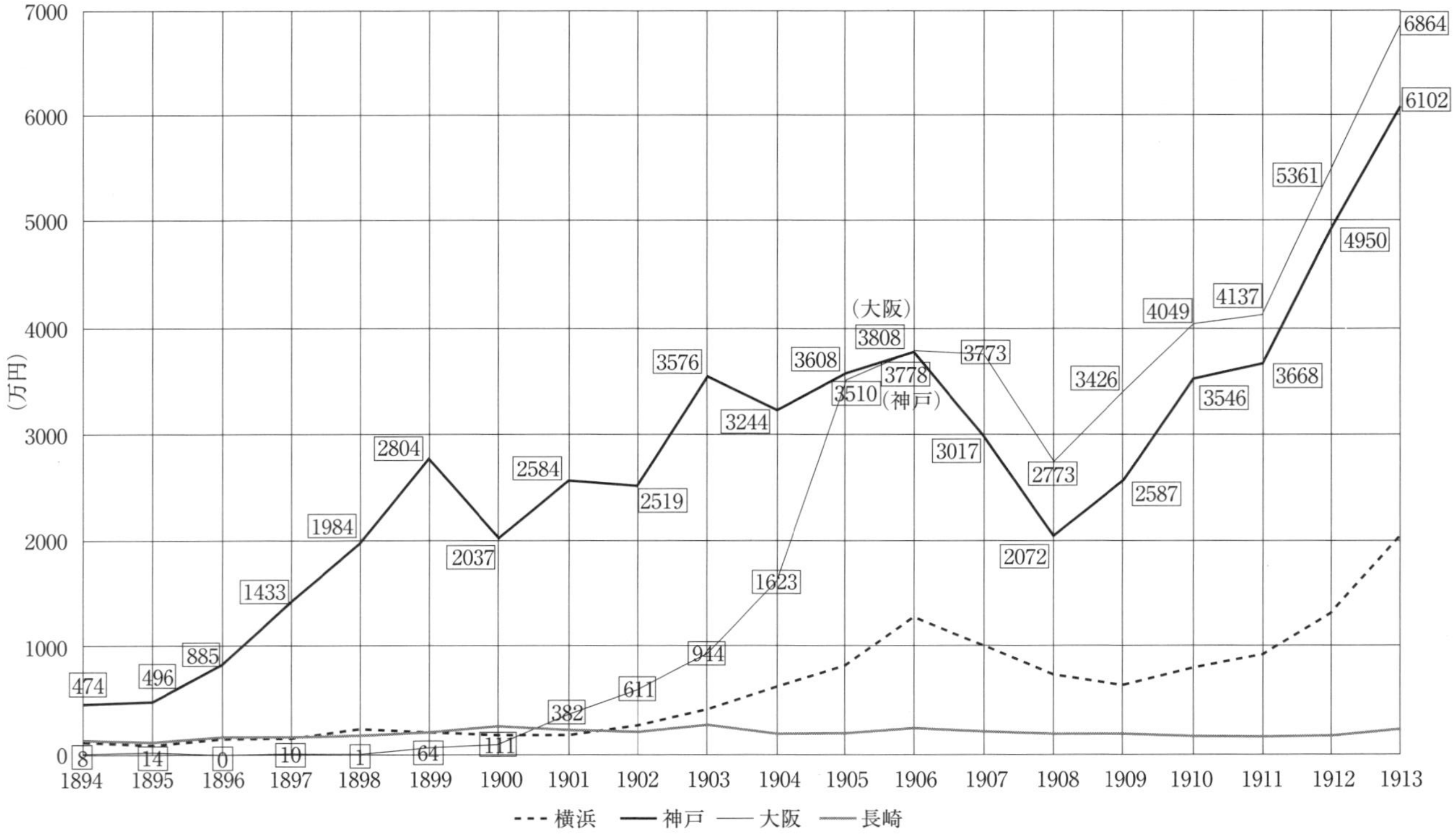

出典　大蔵省編『大日本外国貿易年表』1894年〜1913年,「各港輸出品価額国別表」より筆者作成.

阪の雑貨商は、当初は上海の中国商から注文を取って帰っても、その代理店の川口の在日中国商に荷渡しをして輸出させる「注文取り営業」を行っていた。それが次第に「上海での開店営業」に変化し、「洋涇濱、東棋盤街を中心に、大阪雑貨を取扱ふ邦商洋行の数が相当増へた」という。[*90] 表6は、毎年一万円以上の取引額のある上海日本人実業者のうち、銀行・海運・保険・製造業を除く商社・商人の本籍地を集計したものである。これを見ると、一九〇三・四年から一九〇六年の間に大阪が五から一四に急増しており、増えた九店舗のうち六店舗が雑貨輸出に関わる日本商であった。[*91] 米澤の言う「大阪の雑貨問屋」の増加、つまり直輸出ルートが形成されたことが見て取れる。

こうした日本商の勢力は、現地の中国商にも認識されるようになった。上海の日本人雑貨商によって商親会という同業組合が組織されると、同じく上海において織物・雑貨を輸入販売する中国商から提案を受け、一九〇六年に日中合同で雑貨商組合「東荘同業公所」が設立されたのである。[*92] 日本側は綿糸も取扱う有力商社、東興洋行・有信洋行、老舗雑貨商の吉田新号・中桐洋行等に加え、一九〇三年以降に新たに大阪から進出した雑貨商を含む。中国側には代表的「東洋荘」として知られる盈豊泰、東林[*93]のほか、一九一〇年に「上海に於ける本邦雑貨取扱清商[*94]」として紹介された中国商が多く見られる（表7）。組織の目的は、「一致協和と福利の増進を図り、且つ営業上の弊害を矯正する」ことであり、東荘同業公所章程によって、商取引は基本的に現銀支払いとすること（零砕貨物の代金は月半及月末の二度を期限としても可）、日中双方から幹事を二名ずつ選出し、会員の取引上の紛争や取引先の倒産に対処すること、毎週日曜日に談話会を開催して商況や利害得失を談することなどが定められた。このことから、上海に進出した日本商と現地の有

表5　大阪から中国各地方への輸出額

単位：万円（千円以下四捨五入）

	満洲	北清	中清	南清	不詳
1906年	1334	1294	1137	43	－
1907年	250	959	1587	14	－
1908年	265	791	910	5	61
1909年	320	1077	1190	8	30
1910年	386	1239	1479	3	30
1911年	428	1144	1358	1	65
1912年	454	1609	1861	3	76
1913年	604	2231	2503	1	43

出典　前掲『大日本外国貿易年表』「対清貿易港別表」1906年～1913年．満洲：満洲及盛京省，北清：山東．直隷省，中清：江蘇．浙江省，南清：福建省以南．

表 6　上海の日本商の本籍地

	1903・1904 年	1906 年	1907 年	1908 年	1909 年	1910 年	1911 年	1913 年	1914 年	1915 年	1918 年
大阪	5	14	11	8	9	11	7	18	14	8	19
奈良							1				
三重		1			1	1					
愛知					1	1			1		
兵庫	2	1	4	3	6	3	2	7	5	6	3
岡山					1	1					1
香川				1	1	1		1			
京都		3	2		1	4	1	3	1	2	1
滋賀	2	1		1	2	1					
岐阜		1	1					1	1	1	
石川	1	1	1	1	1	1					
富山					3	3	1	1			2
東京	5	7	8	6	7	8	8	19	18	13	20
神奈川	3	6	5	4	5	2	2	6	7	6	8
群馬		1	1					1	1	1	1
千葉	1										
長崎	7	6	4	4	6	1		1			
福岡	1		1		1		1		1	1	1
佐賀		4	2						1		1
秋田	1	1	1		1	2					
宮城					1						
上海						2	18	48	52	38	10
大連・天津							1(大)	1(大)	1(大)		1(天)
台北・孟買								1(台)			1(孟)
不明			1								63
総数	28	47	42	28	47	42	42	108	103	76	132

出典　前掲外務省通商局『海外本邦実業者の調査』1905 年〜1920 年.
一年に一万円以上の取引を行う銀行・海運・保険・製造業・居留日本人向けのサービス業を除く商社・商人（小売業を含む）の本籍地.

力中国商との間に取引関係が生まれていること、その取引秩序が整備されようとしていることが分かる。

進出した日本商の詳細については先行研究を参照されたいが、[*95] ここでは三井物産等一流商社のみならず、「第二流の貿易商」[*96]（鈴木商店・湯浅洋行・伊藤忠合名会社・服部洋行・増田合名会社）が進出して多くの生産者の代理店を引き受けたこと、中小商社については大阪の雑貨商以外にも特定の生産者と強い取引関係を持つ輸出商が進出したことを指摘しておきたい。[*97]

一九一五年の外務省通商

表7　東荘同業公所会員

日本会員				
店名	備考	出典	上海における開店	本籍
東興洋行	綿糸・綿布・タオル・金庫等輸入，棉花輸出 タオルは播州稲岡商店，大阪池尾の代理店であり上海で独占的地位を占める	d	1887	大阪
吉田新号	1887年に吉田号として設立，本店大阪市，のち本店を上海に移す 時計・帽子・洋傘・化粧品・莫大小その他雑貨輸入，棉花・雑穀・肥料・製油原料等輸出	d	1887	大阪
小泉洋行	雑貨	a	1887	京都
有信洋行	内外棉株式会社上海支店，綿糸棉花輸出入	b1906	1888	大阪
松村洋行	綿糸・棉花・雑穀・蚕繭・肥料輸出入	b1906	1890	横浜
中桐洋行	鉄工業諸器械販売，雑穀・雑貨輸出入	b1906	1891	大阪
日華洋行※	・雑貨（商品陳列所の出資者である大阪の雑貨商，岡崎が始めた商社）	e	1893	大阪
	・京都西陣織業者・農商務省が共同調査の上設立，のち西村市兵衛の個人経営 絹綿各種織物および加工品，腿帯子，マンチェスター各種織物等輸入，雑穀肥料等輸出	d	1904	京都
吉隆洋行	綿糸・棉花・雑穀・蚕繭・肥料輸出入および委託販売	b1906	1899	大阪
中井洋行	製紙販売	b1906	1900	京都
川内敬次郎	川内回漕店，通関業	e	1902	
日信洋行	日本綿花株式会社上海支店．綿糸・棉花・綿製品取扱	b1906	1903	大阪
田辺洋行	特殊の雑貨，タオル，化粧品等の輸入	d	1903	滋賀
田村洋行	雑貨販売	b1906	1903	大阪
山田商会	鶏卵商	b1907	1903	大阪
日本貿易洋行	鶏卵商	b1903・4	(1903, 4)	東京
植木洋行	雑貨	b1903・4	(1903, 4)	長崎
鴨川洋行	雑貨販売	b1907	(1903, 4)	長崎
北福号	ガラス器，雑貨販売	b1906	1904	大阪
興盛洋行	織物・雑貨輸出入および委託品販売	b1906	(1906)	東京
須藤洋行	電気材料	e	1909	上海
東昇洋行				
田島洋行				
山田商号				
謙治洋行				
古館洋行				

出典　a，町田實一『日清貿易参考表』1889年，b，外務省通商局『海外日本実業者の調査』該当年，c，遠山景直著・発行『上海』1907年，d，外務省通商局『上海に於ける日本及日本人の地位』1915年，e，米澤秀夫『上海史話』畝傍書房，1942年．

開店年は，a，c，e，より判断．正確な開店年が分からないものは，『海外日本実業者の調査』に掲載されている最も早い年を記載した．その場合は（　）で示した．本籍は基本的にbによる．

※同名の商社が二つあり，どちらか分からない．

中国会員				
店名	営業内容	①	②	
			支店所在地	取扱品
増泰盛	日本雑貨，莫大小類	◎	大阪	雑貨
大成祥	日本雑貨，莫大小類	◎	大阪	雑貨
盈豊泰	日本雑貨，莫大小類	◎		
泰生祥	日本雑貨，莫大小類	◎	大阪	雑貨
恒豊康	日本雑貨，莫大小類	◎	大阪	雑貨
東林	日本雑貨，莫大小類	◎		
鴻泰昌（鴻泰錩）	日本雑貨，英，独，米各国品兼売	○		
源豊順	日本雑貨，莫大小類	○		
義大	日本雑貨，英，独，米各国品兼売	○		
東裕	日本雑貨，莫大小類	○		
東華号				
治盛永				
同福康				
仁泰号				
同和協				
瑞祥号				
万源永				
永泰隆				
大豊昌				
巨誠昶				
永泰祥				
幡聚豊				
東康				
裕大				
協康永				
晋間				
源和祥				
黄増加				
黄裕和				
福泰森				
恒泰昌				
同豊公				
晋泰頃				
恒記				

出典　『通商彙纂』25号，1906年4月，「日清雑貨商組合東荘同業公所」等より筆者作成．
①1910年8月12日在上海帝国総領事館報告「上海に於ける本邦雑貨取扱清商」に紹介されている中国商で，「就中大なるもの」は◎，それ以外は○．（『通商彙纂』52号，1910年9月）．
②農商務省商務局『対清貿易の趨勢及取引事情』1910年，26～35頁に「各港に於ける重なる清商」として紹介されている中国商．
※店名の（　）は「上海に於ける本邦雑貨取扱清商」掲載の店名．

局調査『上海に於ける日本及日本人の地位』に、日本商による輸出品取扱いのおおまかな比率が掲載されている。[*98] これによれば、日本から上海への重要輸出品として、綿糸布、石炭、精糖、海産物、燐寸、木材、紙、雑貨（洋傘、タオル、靴下、莫大小、石鹸、帽子、陶磁器、硝子器）の八種類が挙げられており、このうち綿糸布、石炭、精糖、紙、雑貨のうち洋傘とタオルは日本商が商権を掌握しており、海産物は依然として中国商の勢力が強いものの、燐寸と雑貨（洋傘・タオル以外）については日本商・中国商が半々まで上昇しているという。約一〇年前の北清事変後の調査（表3）に比べて日本商の取扱いが大きく伸びていることが分かる。

(2) 対中輸出の拠点機能の確立——上海日本人実業協会の設立——

辛亥革命への対応として一九一一年に設立された上海日本人実業協会（以下上海実業協会）は、上海の日本商が、対中輸出に携わる国内の日本商のパートナーとして成熟したことを示すものであろう。従来、上海実業協会の活動は日貨排斥運動への対応に注目が集まってきたが、本稿にとっては、上海実業協会の設立によって北清事変後に上海の日本商が抱えていた問題点（二節二項）が解決に向かった点が重要である。[*99]

上海実業協会は銀行・海運会社、三井物産・三菱・古河・大蔵・鈴木・日綿など財閥系有力貿易商、日本に本店をおく中堅貿易商、上海に本拠を置く土着的企業の上層を会員とし、大企業主導ではあるものの「上海に在留する中堅以上の邦人企業の利害を広く結集する」[*100] 組織であった。その活動は、第一に調査活動の充実と情報の共有がある。特に一九一一年から年一回発行された『上海日本人実業協会報告』、一九一二年から発行された『週報』とその年一回の臨時増刊号『上海港輸出入貿易明細表』は、上海を中心とする経済・実業界の動向、経済上の重要事項が掲載されており、『実業協会報告』は当時再版されるほど需要があった。[*101] また『上海港輸出入貿易明細表』は、海関報告には掲載されない品目別の国別輸出入表が掲載され、上海日本商が海関から必要なデータを入手できるようになったことが分かる。[*102] 第二に、国内の実業家と上海の中国商との交渉・提携の仲介を行った。例えば一九一四年上半期だけでも、浙江省渡日実業団の接待、来滬した函館支那実業視察団への茶話会、渋沢栄一一行の招待会、山口高等商業学校への講演会を企画・実行している。[*103] 第三に、海関、会審衙門、電信等に関して、租界当局や日本政府との交渉を担った。特に海関における日本商の信用増進に取り組み、『支那税関と其通関手続　付支那海関税率表及釐金税率表』を編纂し、会員に配布した。[*104] こうした活動によって彼らが一九〇〇年代初頭に抱えていた問題点——市場情報に疎いこと、信用がないこと、日本との通信がないこと——が改善され、上海の日本商が、国内の日本商の対中進出を支える拠点としての役割を果たすようになっていたと言えるだろう。

5　日本商進出の限界

(1)　主要開港場への集中と淘汰

しかし、日本商の進出は上海や漢口といった主要開港場に限られており、内地市場へはやはり中国商のネットワークによって移出・販売されていた。一九一四年に長谷川桜峰によって書かれた『支那貿易案内』によれば、上海・漢口に日本商が開店して直輸出を開始したことにより、杭州・寧波・南京・長沙等「地方の開港場」の中国商は現地の日本商ではなく上海・漢口の日本商と取引を行うようになり、日本商が撤退しているという。[*105] 表8を見ると、蘇州・杭州・寧波・鎮江・蕪湖の雑貨商数が減少している。その原因として、長谷川は主要開港場の日本商に比べて地方開港場の日本商の資本力が弱いことと、地方開港場における金融機関の不備を挙げた。揚子江本流への海運網は一九〇五年以降に日本から漢口への直行便が開通したが、金融機関は上海・漢口の横浜正金銀行支店、上海・九江の台湾銀行支店（出張所）と少なかった。[*106] そのため日本商は上海・漢口など主要な開港場において卸売を行い、内地への移出は依然として中国商の通商網――特に中国商の金融網に依存する形態が定着していたのである。[*107]

こうした日本商の上海への集中は、新たな問題を生み出した。表6によれば、次の日本商増加のピークは辛亥革命後の一九一一年から一三年の間で、総数が二倍に増えたのち、一九一五年までは停滞している。一九一五年頃の上海における綿糸の取扱業者は、三井、大倉、伊藤、日本綿花、湯浅等の数店であるが、ここに至るまでに、「二、三年前に於ては当地中流以上の商人にして綿糸を取扱へるもの十数の多きに上り、其結果同業者の競争激烈となり、失敗に帰し[*108]」ていた。綿布も綿糸と同様の状況であり[*109]、雑貨に至っては「雑貨類は同業者の競争最も激烈なるものにして、最近数年間に於て当地に於ける雑貨を取扱へる本邦商人は利益を得たるものよりも損失したるもの多[*110]」いという状況

表8　揚子江下流域における日本人貿易商・雑貨商数

都市	種別	1907年	1914年または1915年
上海	会社員		1591
	貿易業	392	228
	薬種商	62	172
	雑貨商	597	765
寧波	雑貨商	16	6
	売薬行商	3	
	海産物商	1	
蘇州	雑貨商	8	2
	売薬商	2	1
	雑貨行商	2	
	売薬行商		
杭州	雑貨商	8	1
	売薬商	12	4
	輸出入業	2	
南京	貿易商		1
	雑貨商	6	26
	軍需品売込商		2
	売薬商	1	3
	売薬行商	1	
	雑貨行商	17	
鎮江	雑貨商	1	1
	売薬商	1	
	売薬行商	3	
	貿易商		1
蕪湖	雑貨商	2	2
	売薬商	2	1
	売薬行商	2	

出典　外務省通商局編『在支那本邦人進勢概覧』1915年より，貿易商・雑貨商を選出.

に達していた。

こうした過当競争の背景には、日本の生産者が同一商標の商品を数社に委託しているという販売戦略上の問題もあったが[*111]、根本的な問題として上海における軽工業の勃興があった。三井物産が一九〇二年に上海紡績株式会社への出資を始め、一九〇七年には日本綿花が、一九一〇年代には内外綿が上海における紡績工場の経営を開始した。これら日本資本を含む中国紡績業は一九一〇年代始めには輸入綿糸の約三分の二の規模となり、一九一三年には上海製綿糸の約三五％が移出されるようになった。加えて中国で生産される綿糸の種類も、大戦の始まる頃には日本の輸出綿糸の主力の一つである一六番手の製造量が増え、日本製綿糸との対抗関係が直接的になったのである[*112]。そのため、日本製綿糸は一九一五年頃に既に「上海に於ては荷造包装を要せざる支那綿糸と競争すること能はざるを以て当地より他港に再輸出するもの輸入品の大部分を占め[*113]」るようになっていた。綿糸のみならず雑貨についても、上海におけるタオル・靴下・石鹸産業の勃興が日本製品の対中輸出を圧迫するようになった[*114]。こうした輸入代替の進行により、日本の生産者・輸出商は内地への進出、現地生産への転換[*115]など新たな対応を迫られるようになる。

(2) 内地進出への意欲と重点政策の変化

一九一五年一〇月に大阪商業会議所会頭が総理・大蔵・農商務大臣あて提出した日支銀行設立に関する意見書は、二一ヵ条要求をきっかけとする日貨排斥運動への対応ではあるが[*116]、これを機に日本商の主要開港場集中という状況を打開して、内地へと流通拠点を拡大しようとする大阪商業会議所の姿勢を示すものと見ることもできよう。同意見書は、中国の主要開港場には外国銀行を始め正金、台銀があり、外国為替の取組に支障はないものの、「内地に於ける金融機関頗る不整備にして資力薄弱なるが為め、地方金融の円滑を阻止し、内地為替の取扱に欠くる所頗る多し。之れが為め我国の商品は開港場並に其の付近地には容易に散布せらるるも、深く内地に普く集散せらるるに至らず」と現状分析し、「支那内地に於ける金融機関を整備せんには、普通銀行を設立するより急はなし」として、資本金二〇〇〇万円以上、株式および重役は日中両国人に等分し、本支店は第一に上海、北京、漢口、重慶、広東、第二に長沙、天津、寧波、青島、汕頭、香港、第三に南昌、襄陽、太原、西安、成都、南寧、重南、杭州、済南、営口、南京、其他の順に設置することを求めたのである。[*117]

一九一五年から一八年にわたる第一次大戦の好況期に、日本において雑貨生産の機械化・工場工業化が進んだこと、[*118]ヨーロッパ製品が中国市場から後退したことにより、大阪の対中輸出額は一九一五年の約六七〇〇万円から一九一九年には約三四五〇〇万円と約五倍に増加した。[*119]しかし日支銀行構想が実現されなかったことは、対中政策の重点が既に商品輸出から資本輸出へと転換していたことを示すものであろう。

日清戦後は、条約改正と日清戦勝による日本の国際的地位の上昇、一八八〇年代以降の軽工業勃興による輸出品の変化、下関条約による最恵国待遇の均霑という通商条件の変化という三重の変化が起こった時期であった。伝統的輸出品である海産物とは異なり、軽工業製品は市場情報の有無が商品価値に大きな影響を持つ「アジア型近代商品」であった。しかしそれまで対中輸出を担っていた華僑通商網は、商品を需要のあるところへ運ぶ機能はあっても市場情報を正確に生産者に届ける機能は希薄であり、日本人通商網の形成が中国市場進出の要件となった。そしてそれが可能となったのが、日本が自前の海運網・金融網の中国進出を本格化させ、居留地（租界）への日本商進出の条件が整う日清戦後だったのである。日本製「アジア型近代商品」は、情報活動を強化していたドイツにも模造された。日清戦後は列国が中国市場により適した商品を開発し、新たに敷設された鉄道網・海運網で中国内地へと運ぶ、対中輸出本格化の時期でもあったといえよう。

注

＊1 小風秀雅『帝国主義下の日本海運―国際競争と対外自立―』（山川出版社、一九九五年）Ⅲ編。

＊2 通商産業省編『商工政策史』（五巻貿易（上）商工政策史刊行会、一九六五年、二編二章）、横浜市編・発行『横浜市史』（四巻上、一九六五年、一編四章二節）、古沢紘造「日清戦後の対清業務拡張」（渋谷隆一編著『明治期　日本特殊金融立法史』早稲田大学出版部、一九七七年）。

＊3 高嶋雅明「領事報告制度の発展と「領事報告」の刊行―『通商彙編』から『通商彙纂』まで―」、角山幸洋「農商務省の海外貿易情報」（両論文とも角山栄編著『日本領事報告の研究』同文舘出版、一九八六年）、高嶋雅明「輸出貿易政策と海外商品見本陳列所」（『経済理論』和歌山大学経済学会、二一八号、一九八七年七月）。

＊4 木村健二「在外居留民の社会活動」（岩波講座《近代日本と植民地》五巻『膨張する帝国の人流』一九九三年）、拙稿「居留民団法の制定過程と中国の日本居留地―天津日本専管居留地を中心に―」（『史学雑誌』一二二編三号、二〇一三年三月）。

＊5 古田和子『上海ネットワークと近代東アジア』（東京大学出版会、二〇〇〇年）。

＊6 籠谷直人『アジア国際通商秩序と近代日本』（名古屋大学出版会、二〇〇〇年）一〇～一二頁。

＊7 同右一・二章。この時問題とされたのは、中国商に奪われた価格規制力を生産者側に取り戻すことであった。

＊8 前掲籠谷直人『アジア国際通商秩序と近代日本』七九～八〇頁、本章二節二項。また、古田和子はマンチェスター製の綿布が上海でのオークションを通じて東アジア各地へ再分配されていったことから、「イギリス綿業資本は、どの程度明確に日本市場を見据えて綿布の生産をしていたのであろうか」と述べている（前掲古田和子『上海ネットワークと近代東アジア』三二頁）。

＊9 「アジア型近代商品」の指すものは論者によって異なる。杉原薫は「アジア型商品連鎖の「近代化」すなわちアジア型近代商品」と述べており、アジアの伝統的な消費構造にかみ合う物でありながら、近代的製法で作られた物を指す（杉原薫『アジア間貿易の形成と構造』ミネルヴァ書房、一九九六年、二八頁、一一三～一一八頁、同「アジア間貿易と日本の工業化」、浜下武志・川勝平太編『新版　アジア交易圏と日本工業化 1500–1900』藤原書店、二〇〇一年、二五三～二五六頁、初版一九九一年）。また古田和子は、アジアの特性に配慮して作り変えられた西洋雑貨を指し、それらが単なる生活必需品ではなく、装飾や嗜好が商品価値を左右しやすいハイカラ商品であると指摘した（古田和子「二〇世紀初頭における大阪雑貨品輸出と韓国」《日韓共同研究叢書》二十巻、濱下武志・崔章集編『東アジアの中の日韓交流』慶應義塾大学出版会株式会社、二〇〇七年）。どちらも市場情報の獲得が商品の販路拡大に密接な関わりを持つ工業製品であり、本章では両者を合わせて「アジア型近代商品」と考えたい。

＊10　日本の対アジア貿易における輸出雑貨業の重要性については、角山栄『「通商国家」日本の情報戦略』（日本放送出版協会、一九八八年）二九頁、村上勝彦「貿易の拡大と資本の輸出入」（石井寛治・原朗・武田晴人編『日本経済史2産業革命期』東京大学出版会、二〇〇〇年、一章）一八～二一頁を参照。村上「貿易の拡大と資本の輸出入」表1―4によれば、軽工業品のうち雑品もしくは雑貨と一括される非金属鉱物製品・その他の軽工業品の輸出総額に占める割合は、一八九二年に約八％、一九〇二年に約一二％、一九一二年に約一三％。

＊11　杉原薫は「近代アジア市場用の商品群」を作り出す上での市場情報の獲得の重要性を指摘し、官製の「情報のインフラストラクチャー」（外務省・農商務省による情報収集と産業組合を通じた伝達）の果たした役割を高く評価した（前掲杉原薫『アジア間貿易の形成と構造』八章）。しかし対中輸出に関しては本文中で述べるように輸出の担い手の変化が大きな意味を持った。また古田和子は大阪雑貨の対韓輸出を例に、雑貨品工業にとってアジアの市場情報は「生き残りをかけた切実かつ貴重な情報」であったことを指摘した（前掲古田和子「二〇世紀初頭における大阪雑貨品輸出と韓国」）。本章では上海を例に、直輸出が市場情報獲得の手段であったことを明らかにする。

＊12　日本人通商網形成の要件として、籠谷直人は生産者の資本規模と団結の有無を重視し、日本人通商網の拡張は、伝統的商品や中小規模の生産者から供給される商品よりも、工場制かつ寡占的な産業構造から供給される近代的な輸出用商品を通して展開されると述べた（前掲籠谷直人『アジア国際通商秩序と近代日本』一一六頁）。また村上勝彦は輸出商の資本規模と情報力に注目し、在日中国商が資本力の弱体性によって一九〇七年以降の銀貨下落・中国市場不況に耐えられず、団結性（情報力）も同郷者間に限られていたことから、資本力が大きく農商務省調査等に支えられた日本商が勢力を伸ばすこととなったと述べた（前掲村上勝彦「貿易の拡大と資本の輸出入」三三～三四頁）。しかし綿布・雑貨については、生産者・輸出商ともに中小資本が多く、資本力や団結力よりも、中国商の対中貿易の弊害により日本人通商網が必要となったこと、その時に彼らの進出の受け皿となる中国の居留地（租界）が利用可能であったことが重要であると考える。

＊13　米澤秀夫『上海史話―付・上海史文献解題―』（畝傍書房、一九四二年）所収の「上海邦人発展史」七「日露戦後の在留邦商人」、「滬上雑記」三「大阪商人と東洋荘」。ただし筆者は、完全な移行ではなく並存であると考える。

＊14　桂川光正「上海の日本人社会」（上海研究プロジェクト編『国際都市上海』大阪産業大学産業研究所、一九九五年）六二頁。

＊15　中村政則「日本資本主義確立期の国家権力―日清「戦後経営」論―」（『歴史学研究』別冊「歴史における国家権力と人民闘争」一九七〇年一〇月）、同「日清「戦後経営」論―天皇制官僚機構の形成―」（『一橋論叢』六四巻五号、一九七〇年一一月）。

＊16　安良城盛昭「産業資本確立期における国家と経済との特殊日本的関連」（高橋幸八郎編『日本近代化の研究』上、東京大学出版会、一九七二年）によって、日清「戦後経営」における輸出拡張政策の重要性が指摘された。
＊17　第二次伊藤内閣において農商務次官、第三次伊藤内閣において農商務大臣を務める。
＊18　農商工高等会議編『農商工高等会議議事速記録（上）第一回会議』（一八九七年《明治百年史叢書》原書房、一九九一年）二五頁。
＊19　金子堅太郎「坐商主義と行商主義とを論して戦後の経済計画に及ふ」一八九四年一一月、「工業立国策」一八九五年六月（金子堅太郎『経済政策』大倉書店、一九〇二年）、中元崇智「日清戦後における経済構想―金子堅太郎の「工業立国構想」と外資輸入論の展開―」（『史林』九一巻三号、二〇〇八年五月）一章、前掲中村政則「日本資本主義確立期の国家権力」八五～八六頁。
＊20　伊藤博文編『秘書類纂一四　実業・工業資料』（《明治百年史叢書》原書房、一九七〇年）、「外国貿易拡張方法」。これは一八九五年一一月に金子が発表した「戦後経済の方針及機関」（『東方協会会報』一六号）とほぼ同内容である。前掲中元崇智「日清戦後における経済構想」八三頁。
＊21　前掲拙稿「居留民団法の制定過程と中国の日本居留地」表一。
＊22　前掲『横浜市史』四巻上、四八三～四八四頁。
＊23　前掲古沢紘造「日清戦後の対清業務拡張」表1―22、一八九四年に約三七八万円、一八九九年に約三二三〇万円。
＊24　前掲小風秀雅『帝国主義下の日本海運』二四二～二四四頁、二七〇～二七八頁。神田外茂夫『大阪商船株式会社五〇年史』（大阪商船株式会社、一九三四年）二五八～二六〇頁。
＊25　前掲『商工政策史』五巻貿易（上）、二編一章二節。
＊26　『農商務省報告第十六回』～『農商務省報告第十八回』（農商務大臣官房文書課、一八九八年～一九〇〇年、『明治前期産業発達史資料』別冊二二巻二～四）。
＊27　小風秀雅編著『近代日本と国際社会』（放送大学教育出版会、二〇〇四年）一七～一九頁。
＊28　前掲古田和子『上海ネットワークと近代東アジア』一章。
＊29　前掲籠谷直人『アジア国際通商秩序と近代日本』六二～七一頁、同「1880年代の日本をとりまく国際環境の変化―中国人貿易商の動きに注目して―」（愛知学泉大学『経営研究』二巻二号、一九八九年六月）。世界的な銀価の低落を背景に、中国の物価水準は一八八三年を起点に上昇に転じるものの、松方デフレ下にあった日本の物価水準は八〇年代後半まで低下しつづけたため、九〇年代前半までは中国を下回った。

＊30　表二の町田實一は漢口領事、表三の吉田虎雄は農商務省商工局員。
＊31　明治前期の対中貿易と中国の開港場への日本商の進出については、前掲角山栄『「通商国家」日本の情報戦略』二部三章を参照。
＊32　黄完晟『日本都市中小工業史』（《日本資本主義史叢書》、臨川書店、一九九二年）三頁。
＊33　一八九八年において綿糸の輸出依存度（生産に対する輸出比）は約三四％、うち約九四％が中国向けであった（高村直助『日本資本主義史論―産業資本・帝国主義・独占資本―』一九八〇年、ミネルヴァ書房一二一～一一四頁）。また、一九一一年の大阪市の雑貨工業の輸出依存度は約二二％で、特にメリヤス・ブラシ・ガラス・化粧品は三〇％以上、洋傘・ボタンは二〇％前後にのぼった（黄完晟「産業革命期における大阪市の工業構造」『経済論叢』一四四巻一号、一九八九年七月、六一～六二頁）。
＊34　なお対中輸出において外国商は既に中国商に圧倒されていたため、本章では考慮しない「〔外商輸出は〕従来は其勢力却々大なりしも、居留清商の圧倒する所となり、今や対清貿易上は微々たるものとなれり。而して其取扱ふ商品も概鉄道枕木、石炭、綿糸、綿布の如き、大取引のもの多く、其他燐寸等の雑貨をも取扱ふも其額多からす。之れ我直輸出業者か居留清商の手を離るるときは清国内地に適当なる販売を為す能はさると同一困難を感する為めにして、勢小売的性質を有せさる商品をのみ扱ふこととなれるものならん」農商務省商工局『日清貿易事情』一九〇四年、五一頁。
＊35　高村直助『日本紡績業史序説』上（塙書房、一九七一年）三四七頁。
＊36　高村直助『近代日本綿業と中国』（東京大学出版会、一九八二年、二〇一二年二版を参照）五〇～五一頁、本章表3。
＊37　前掲高村『日本紡績業史序説』上、三三二頁、三五〇～三五一頁。
＊38　前掲高村『近代日本綿業と中国』五〇～五一頁。
＊39　前掲農商務省商工局『日清貿易事情』四〇頁。以下、引用史料の〔　〕は補註を表し、原則として漢字は常用漢字に、カタカナはひらがなに統一し、適宜句読点を付した。
＊40　外務省通商局『海外日本実業者の調査』（高嶋雅明解説、不二出版復刻、二〇〇六年）。
＊41　外務省通商局『上海に於ける日本及日本人の地位』一九一五年、四〇頁。
＊42　清国の輸入税は一八五八年に従価五分を標準として定められた税則に基づいて徴収されていたが、その後銀貨低落により輸入品の価格が上がったため、北清事変後には現実の輸入価格の従価四分強に下がっていた（吉田虎雄『支那貿易事情』民友社、一九〇二年、三一一頁。）。一九〇一年九月に締結された北京議定書によって、清国と列国との通商航海条約を改定すべきこと、清国は列国に償金四億五千万海関両を支払うこと、償金の担保となる税源の確保のため、清国輸入税率を「現実五分税」へ引上げ、

従量税とすることが定められた（『日本外交文書』三三巻別冊北清事変下、事項一八の一、文書番号一九二二）。

＊43　日置益「日清通商条約改訂に就て　付対清貿易の注意」（『大阪商業会議所月報』一二七号、一九〇四年三月、以下『大商月報』とする）二頁。

＊44　飯島渉「「裁釐課税」問題と清末中国財政—一九〇二年中英マッケイ条約交渉の歴史的位置—」（『史学雑誌』一〇二巻一一号、一九九三年一一月）。

＊45　「神戸税関嘱託清国出張員宮崎駿兒報告」（『大商月報』一〇四号、一九〇一年一一月）、「山岡次郎君の対清貿易談　付清国関税協定税率に付て」（同一一八号、一九〇三年三月）、前掲日置「日清通商条約改訂に就て」。

＊46　宮崎駿兒「対清貿易上本邦商人の注意」（『大商月報』一〇六号、一九〇二年一月）七頁。

＊47　同右六頁。

＊48　宮崎駿兒、一八五八年生、静岡藩校、慶應義塾等に学び、一八八六年外務省交際官試補として清国北京に在勤するが、官を辞して大倉組天津支店等にて北海道産枕木の対中輸出に取組む。日清戦争中は陸軍省に勤務し各国観戦軍人接待員として戦地に出張、戦後職を解かれ、日本の貿易状態視察のため北清地方を歴遊、一九〇一年以来大蔵省または農商務省の嘱託を受け南清・北清・朝鮮等に出張し、関税の状態、輸出貨物の商況、商取引等の調査を行うとともに、各府県に出張し対中貿易の状況を説いてその奨励に努めた。大阪商業会議所は宮崎を中国事情に通暁する人物と評価し、一九〇一年一二月以降、その談話や報告書を頻繁に『大商月報』、『貿易通報』等の定期刊行物に掲載した。宮崎は自身を「支那通商の気違ひ」と表現し、大阪商業会議所での談話会において「上海の領事館宛て御通信下されは私相当の観察の及ふ限りのお答は致す積り」と述べた。「宮崎駿兒氏対清貿易談（続）」（『大商月報』一一四号、一九〇二年一一月、二頁）、古林亀治郎編・発行『現代人名辞典』（第二版、中央通信社、一九一二年、復刻版『明治人名辞典』下、一九八七年を参照）。

＊49　前掲宮崎駿兒「対清貿易上本邦商人の注意」六頁。

＊50　前掲農商務省商工局『日清貿易事情』六章「手数料商人」は特に大阪に居留する寧波上海商に多く、香港上海商は資本力があり、北清商は資本力は弱いながらも堅実な取引を行う傾向があったという。籠谷直人は、一九二五年において大阪から中国東北・華北、香港への輸出において在阪神華僑の取引額が五〇％以上を占めているのに対し、大阪上海間が〇・七％にすぎないことについて、上海華僑の経済活動の後退ではなく、上海の工業化によって上海華僑が日本からの工業品輸出よりも上海製品の内地への流通に軸足を移したためであると評価しているが、寧波上海商が広東商、北清商に比べて弱体であり、日本商の上海進出を招いたこ

とも、その原因の一つではないかと考える（籠谷直人「戦間期アジア通商網の歴史的意義―日本加工綿布取引を事例に―」《孫中山記念会研究叢書Ⅲ》日本孫文研究会・神戸華僑華人研究会編、『孫文と華僑―孫文生誕一三〇周年記念国際学術討論会論文集―』汲古書院、一九九九年、三二三～三二七頁）。

＊51 農商務省商工局『対清貿易の趨勢及取引事情』（一九一〇年）六二～六四頁。「春元氏清国視察の所見」（『日清』二号、一九〇七年、一一頁）。

＊52 「大蔵省調査」（『大商月報』一二七号、一九〇四年三月）一六頁。前掲角山栄『「通商国家」日本の情報戦略』一部一項。

＊53 「宮崎駿兒氏対清貿易談」（『大商月報』一一三号、一九〇二年一〇月）三頁。

＊54 同右。

＊55 同右。

＊56 前掲「大蔵省調査」一六頁。

＊57 前掲古田和子『上海ネットワークと近代東アジア』三二頁。

＊58 『大商月報』の一九〇一年以降、日置益、山岡次郎、内田康哉、宮崎駿兒らの対清貿易談が掲載されている。

＊59 山岡は輸出織物の専門家であり、政府が清国輸入関税改定において、織物の税率を重視していたことが窺える。山岡次郎（一八五〇～一九〇五）。一八七一年に福井藩留学生としてアメリカに派遣され、化学と染色法を修める。一八七六年帰国、東京大学理学部、東京職工学校（現東京工業大学）勤務。一八八五年～一八八七年、農商務省技師として各地の染色改良および足利・伊勢崎・桐生・八王子の講習所（工業学校の前身）創立に参加。一八八八年～一八九〇年、日本織物株式会社工務長。一八九三年から横浜税関鑑定官として輸出織物の監査に従事し、その改善に努めた。（亀田光三「桐生織物業と足尾鉱毒事件―日本織物会社と山岡次郎と足尾鉱毒―」、亀田貴雄編『桐生織物史と産業遺産』亀田幸子、二〇一一年、桐生織物史編纂会編『桐生織物史』中、桐生織物同業組合、一九三八年、五〇九～五一〇頁）。

＊60 前掲「山岡次郎君の対清貿易談」四頁。

＊61 同右。第一綿ネル会社は一九〇〇年、資本金一〇万円の紀州綿布製工株式会社として創業、一九〇二年に第一綿ネル株式会社に改称し、同時に販路拡張に着手。技手を欧州に派遣して捺染法を習得させ、捺染ネルを製織して名声を挙げた。紀州ネルの鼻祖と言われる（『大阪毎日新聞』一九一五年二月五日、神戸大学付属図書館新聞記事文庫を参照）。

＊62 「内田清国公使の日清貿易談」（『大商月報』一一七号、一九〇三年二月）二頁。

＊63 渋沢青淵記念財団竜門社編『渋沢栄一伝記資料』（渋沢栄一伝記資料刊行会、二三巻、一九五八年）六一六～六二二頁。なお、このときの大阪市長鶴原定吉は天津・上海領事等を経て大阪市長に就任。鶴原市政時代に大阪築港、伝染病病院の設立、大阪高等商業学校設立等の施策を行い、大阪における外国貿易拡張に資した。
＊64 一九〇一年四月四日、第五回内国博評議員会での林農商務大臣の演説（『大商月報』九八号、一九〇一年五月、九～一〇頁）。
＊65 「第五回内国勧業博覧会に関し清国人の多数来観を勧誘する件」（『大商月報』一〇六号、一九〇二年二月）一頁。
＊66 「外人款待準備会」（『大商月報』一一二号、一九〇二年九月）一一頁。
＊67 農商務省商工局『第五回内国勧業博覧会事務報告』下巻、一九〇四年、一四五～一四六頁。この人数は招待者のみであり、実際の来観者は清韓合わせて八六七七人（大阪市商工課『第五回内国勧業博覧会報告書』一九〇四年、四七頁）。
＊68 前掲「山岡次郎君の対清貿易談」四頁。
＊69 西向宏介「在来綿織物産地の変容と近代アジア貿易―播州稲岡商店のタオル輸出をもとに―」（『史学研究』二二四号、一九九九年五月）一二頁。
＊70 稲岡工業は一九〇三年から一九一〇年代を通じて模造品に悩まされており、上海市場においてブランドとして認知されていたことがうかがえる。加古川市史編さん専門委員会編『加古川市史』兵庫県加古川市、三巻九・一〇章（西向宏介執筆）。
＊71『明治大正当用日記　稲岡孝治郎』（稲岡毎一、二〇〇〇年）一九〇三年三月から七月。
＊72 前掲西向宏介「在来綿織物産地の変容と近代アジア貿易」表四「稲岡商店のタオル主要販売先」。
＊73 「清国商工視察員派遣の件に付大蔵省嘱託員宮崎駿児君より注意事項に関する左の報告あり」（『大商月報』一一九号、一九〇三年六月）一三頁。
＊74 同右、「長江一帯の状況」（『大商月報』一二九号、一九〇四年五月）五頁。
＊75 前掲日置益「日清通商条約改訂に就て」五頁。
＊76 東京商業会議所「雑用書類　自明治三十四年至同三十六年」（雄松堂『全国商業会議所関係史料』第Ⅰ期、東京商業会議所、A-b-3、雑用書類、八九八）。吉田号は一八八七年に上海に店舗を構えた雑貨商、本籍地は大阪。
＊77 高嶋雅明「明治後期における農商務省の貿易拡張策と領事報告」（『生駒経済論叢』七巻一号、二〇〇九年七月）三章。
＊78 貨物課（日本郵船）編『我社各航路ノ沿革』一九三一年、付表「上海線命令条項概要」其一。
＊79 同右、付表「三菱郵船上海航路の沿革一覧表」其四。

＊80　前掲小風秀雅『帝国主義下の日本海運』六章二節三項。
＊81　蕭文嫻「横浜正金銀行上海支店（一九〇〇〜一三年）―香港上海銀行・チャータード銀行との比較を通じて―」（『経済史研究』一四号、二〇一一年）表三。
＊82　「外務省記録」3.3.3-1「本邦銀行関係雑件　正金銀行之部」一巻、一九〇二年一二月二〇日、在天津総領事伊集院彦吉より外務大臣小村寿太郎宛公信一七六号「横浜正金銀行天津支店発行一覧払手形に関する報告」（JACAR（アジア歴史資料センター）Ref. B10074149300、一六〜一九コマ）。
＊83　平智之「日本帝国主義成立期、中国における横浜正金銀行」（『経済学研究』二五号、一九八二年）七一頁。
＊84　横浜正金銀行編『第一回東洋支店長会議録』坂本経済研究所、一九七六年、四一〜四五頁（《横浜正金銀行史資料》三集一巻）。
＊85　有岡直治『第四回大阪為替取組地一覧』（大阪銀行集会所、一九一一年）五八頁。
＊86　前掲『上海に於ける日本及日本人の地位』八八〜八九頁。辛亥革命を契機とする台湾銀行の対中国植民地銀行化への構想については、平智之「第1次大戦以前の対中国借款と投資主体」（国家資本輸出研究会編『日本の資本輸出―対中国借款の研究―』多賀出版株式会社、一九八六年）を参照。
＊87　前掲拙稿「居留民団法の制定過程と中国の日本居留地」六九頁。
＊88　『大阪港史』一巻（大阪市港湾局、一九五九年）一篇三章一・三節。
＊89　米澤秀夫、一九〇五年生、山口高等商業学校卒業後大阪市役所産業部貿易課勤務、上海大阪貿易調査所長、満鉄勤務を経て一九三九年中支那振興株式会社に入社、文書係長、調査係長、南京事務所長を経て一九四二年より同社調査部資料課長。戦後も中国の対外貿易に関する著書多数。谷サカヨ編『大衆人事録』（帝国秘密探偵社、一九四三年、復刻版『昭和人名辞典』四巻を参照）。
＊90　前掲米澤秀夫『上海史話』「三、大阪商人と東洋荘」一八五〜一八八頁。巻末の「上海史文献解題」からは、同書が現在は入手困難な史料も利用して書かれた貴重な著作であることがうかがえる。
＊91　前掲『海外本邦実業者の調査』一九〇六年。雑貨六社の他は、鶏卵輸出と呉服店がそれぞれ一、日本綿花支店で計九社。
＊92　「日清雑貨商組合東荘同業公所」（『通商彙纂』二五号、一九〇六年四月）四八〜五〇頁。
＊93　上海社会科学院経済研究所、上海史国際貿易学会学術委員会編『上海対外貿易』（上海社会科学院出版社、一九八九年）上、五八一〜五八四頁。東洋荘とは上海において対日貿易を行う商社のことである。
＊94　「上海に於ける本邦雑貨取扱清商」（『通商彙纂』五二号、一九一〇年九月、八一〜八二頁）。

＊95 前掲桂川光正「上海の日本人社会」、山村睦夫「第一次大戦期における上海日本人居留民社会の構成と「土着派」中堅層」（『和光経済』三〇巻一号、一九九七年）、陳祖恩『上海に生きた日本人―幕末から敗戦まで―』大修館書店、二〇一〇年、一二章など。

＊96 長谷川宇太治（桜峰）『支那貿易案内』（亜細亜社、一九一四年）七七九～七八二頁。

＊97 例えば、森下仁丹・津村中将湯・山田胃活・中山クラブの代理店東亜公司（一九〇五年）、京都西陣織の日華洋行（一九〇四年）、陶磁器を扱う岐阜県多治見の日比野洋行（一九〇六年）、富山の重松大薬房、大阪狗頭印清快丸本舗である高橋盛大堂支店の日信大薬房（どちらも一九〇六年）、群馬県桐生の織物「買継商」書上洋行（一九〇七年）、横浜精糖の安部幸洋行（一九一〇年）など。

＊98 前掲『上海に於ける日本及日本人の地位』、三章。

＊99 山村睦夫「上海日本人実業協会と居留民社会」（波形昭一編著『近代アジアの日本人経済団体』同文館出版株式会社、一九九七年）、同「上海日本人実業協会役員層の分析―第一次大戦期在外経済活動の担い手とその社会的位置―」（『和光経済』二六巻三号、一九九四年三月）。同稿は在上海日本商の日貨排斥への対応を主たる分析対象とするため、実業協会成立当初の平時の活動をそれまでの対中貿易と関連づける視点は持たれていない。第一次大戦期における日本国内の商業会議所とアジア諸地域の領事館、商業会議所、居留民団、日本商との間の経済情報ネットワークの存在については、須永徳武「商業会議所のアジア経済情報ネットワーク」（前掲波形昭一編著『近代アジアの日本人経済団体』）が指摘している。

＊100 同右山村睦夫「上海日本人実業協会と居留民社会」一七一頁。

＊101 上海日本人実業協会編『上海日本人実業協会報告』一、一九一一年一二月。一九一四三月に再版されている。同『一九一二年大正元年上海港輸出入貿易明細表』一九一三年十二月発行週報臨時増刊、第八七号。

＊102 同右『一九一二年大正元年上海港輸出入貿易明細表』、「支那税関統計概説」。

＊103 『上海日本人実業協会報告』八、一九一四年八月。

＊104 上海日本人実業協会編・発行『支那税関と其通関手続』一九一三年。『上海日本人実業協会報告』七（一九一四年三月）の巻頭広告。

＊105 前掲長谷川宇太治『支那貿易案内』七七九～七八三頁。

＊106 前掲『上海に於ける日本及日本人の地位』八八～八九頁。

＊107 一九一五年頃の上海における綿糸・綿布の取引について見ると、日本商が輸入した綿糸は、上海の中国人綿糸商の手を経て、中国各地から買付にやってきた中国人「客商」に販売された。客商のネットワークは揚子江流域に限らず、四川、漢口、江西、天津、

青島、福州と華北・華南にも広がっていた。上海の中国人綿糸商は客商の名を日本商に教えず、また客商自身も日本商との直接取引を望まなかったという。なぜなら、綿糸は市価の変動の大きい商品であり、中国人綿糸商は相場変動によるリスクを負担する役割を果たしていたからである。前掲『上海に於ける日本及日本人の地位』二七〜二八頁。

*108 前掲『上海に於ける日本及日本人の地位』二六頁。

*109 同右、二八頁。

*110 同右、三七頁。

*111 同右、二六、三二頁。

*112 前掲高村直助『近代日本綿業と中国』七五〜九五頁。

*113 前掲『上海に於ける日本及日本人の地位』二六頁。

*114 同右三六〜三七頁。

*115 一九一二・一三年に上海における日系雑工業の設立が最初のピークを迎えた。許金生「近代上海の日系雑工業企業における経営者の系譜」(『立命館経済学』五五巻、五・六号、二〇〇七年三月)六三頁。

*116 原田敬一「日貨ボイコット運動と日支銀行設立構想—一九一〇年代大阪のブルジョアジーの立場—」(『ヒストリア』九〇号、一九八一年三月)。

*117 「日支銀行設立に関する意見開申書」(大阪商業会議所『貿易通報』一〇一号、一九一五年一〇月)。

*118 由井常彦『中小企業政策の史的研究』(東洋経済新報社、一九六四年)六五頁。

*119 大蔵省編『大日本外国貿易年表』一九一五年、一九一九年「各港輸出品価額国別表」関東州を含む。

一二　米国大衆消費社会の成立と日本製陶磁器
――モリムラ・ブラザーズの陶磁器輸出――

今給黎佳菜

1　米国大衆消費社会の成立と日本輸出陶磁器

(1)　本章の課題

近代日本の陶磁器輸出は、美術工芸品から日用飲食器に至るまで幅広く、また、美術商、雑貨商、陶磁器専門店、百貨店、通信販売店など、様々な販売主体を通して展開した。なかでも、一八九〇年代以降は、米国向け輸出が増加し（表1）、重要な販路となった米国市場の動向を正確に把握し、需要に適した製品を供給することは、日本の陶磁器輸出業者にとって重要課題となった。

近代における日本の対米陶磁器輸出を実質的に牽引したのは、一八七六（明治九）年創業の森村組、およびそのニューヨーク販売店であるモリムラ・ブラザーズであった（図1、表2）。モリムラ・ブラザーズの米国における商業活動は、近代日米貿易の展開を考える上で、また近代の日本人がどのように海外市場に参入していったかについて

表1　輸出先別日本陶磁器輸出額

（単位：千円）

	米国	割合	ヨーロッパ	割合	東アジア	割合	東南・南アジア	割合	その他	割合	合計	割合
1880（明治13）年	167	35%	209	44%	76	16%			22	5%	475	100%
1890（明治23）年	400	32%	529	42%	177	14%	32	3%	108	9%	1,246	100%
1900（明治33）年	1,028	42%	437	18%	581	23%	146	6%	280	11%	2,472	100%
1910（明治43）年	2,782	50%	708	13%	757	14%	326	6%	941	17%	5,514	100%
1920（大正9）年	9,450	30%	2,225	7%	2,453	8%	7,216	23%	10,108	32%	31,452	100%
1930（昭和5）年	10,821	40%	3,321	12%	3,064	11%	5,245	19%	4,721	17%	27,171	100%

出典　大蔵省編『大日本外国貿易年表』各年度版より作成.

知る上で、重要な事例である。しかしながらその営業活動の実態や、同時代の世界的状況との関連性については、これまであまり明らかにされてこなかった。[*1]

日本の対米陶磁器輸出が一九四五年以前に最大の伸びを示したのは、一九一〇年代後半から一九二〇年代にかけてである（表2）。この時期の米国は、大型小売商の出現によって大量生産・大量流通・大量消費が全米規模で進展する時期に当たり、陶磁器については、第一次世界大戦によるヨーロッパ製品の一時供給停止や、米国陶磁器業の発達により、市場構造が大きく変化する時期であった。

よって本章では、対米陶磁器輸出が急拡大する一九一四年から世界恐慌が発生した一九二九年までのモリムラ・ブラザーズの実態および戦略について、当該期の米国社会の状況や陶磁器市場の動向とともに明らかにしたい。

(2)　米国大衆消費社会の成立と日本輸出陶磁器の質的転換

一九世紀から二〇世紀への世紀転換期は、米国の消費文化が大きく変容する時期である。運輸・通信技術の発達や自動車の普及に伴い、百貨店、通信販売店、チェーン・ストアという極めて多種多様な商品系列を持つ、新たな形態の大型小売商が、全米規模で展開するようになった。[*2] これにより、居住地域、階級、所得、職業にかかわらず、誰もが工場生産の食品、衣類、洗剤、家具等を購入し、使用するようになった。[*3] 大衆消費社会の成立である。これまで日常生活に必要な商品を顔見知りの職人や店主から購入していた「顧客」は、全国市場に参加する「消費者」へと変貌した。[*4]

表 2　対米陶磁器輸出額と森村組輸出額

（単位：千円）

	対米陶磁器輸出額	森村組輸出額	森村組の割合		対米陶磁器輸出額	森村組輸出額	森村組の割合
1880 年	167			1906 年	4,333		
1881 年	283			1907 年	3,816		
1882 年	166			1908 年	2,655		
1883 年	118			1909 年	2,897		
1884 年	126			1910 年	2,782		
1885 年	127			1911 年	2,787		
1886 年	210			1912 年	2,586		
1887 年	296			1913 年	3,130		
1888 年	327			1914 年	3,145		
1889 年	399			1915 年	2,910		
1890 年	400			1916 年	4,167		
1891 年	448	141	31%	1917 年	4,942		
1892 年	605	174	29%	1918 年	4,459		
1893 年	614	251	41%	1919 年	6,055		
1894 年	463	157	34%	1920 年	9,450	4,861	51%
1895 年	723	280	39%	1921 年	8,544	4,572	54%
1896 年	803	375	47%	1922 年	6,335	2,333	37%
1897 年	620	277	45%	1923 年	8,893	3,359	38%
1898 年	644	308	48%	1924 年	9,593	3,520	37%
1899 年	686	325	47%	1925 年	12,022	3,051	25%
1900 年	1,028	509	50%	1926 年	13,947	3,912	28%
1901 年	1,027	564	55%	1927 年	12,244		
1902 年	913	662	73%	1928 年	13,793		
1903 年	1,375	845	61%	1929 年	14,501		
1904 年	1,932			1930 年	10,821		
1905 年	2,826						

出典および注

・対米陶磁器輸出額：『大日本外国貿易年表』各年度版.

・森村組陶磁器輸出額 1891 年〜 1903 年：『日本陶器 70 年史』p.186「陶磁器および雑貨類」の額. ただし,「雑貨」の中には陶磁器製品以外も含まれるため, 実際の値はこれより小さくなると考えられる.

・森村組陶磁器輸出額 1920 年〜 1926 年：森村商事所蔵 W1-46『大正十五年度年報』第三章第二節「名古屋店積出高」.「仕向地別による自陶および他陶雑陶の過去七ヶ年間の比較表」中,「米国約売」・「米国店売」の合計額.

このような社会的変化は、陶磁器の消費空間をも変えた。すなわち、アメリカ人消費者は、国内外の様々な生産地、ブランド、種類、デザインの陶磁器を、美しく整備された大型百貨店のフロアや、通信販売会社の発行するカタログ紙面上において、一覧し、比較検討しながら購入することが可能となったのである。

また、世紀転換期頃からテーブル・マナーや食卓のスタイルについての本や雑誌が出版され始め、[*5]磁器製ディナーウェアで日常的に食事をするという文化が米国に定着していた。[*6]新婚の妻は、必ず一組か二組のディナーウェアのフルセットをもって、新婚生活に臨んだ。[*7]「普通の家庭に於てはディナーセットの清楚なる意匠の品で来客に馳走をなす事が一つの婦人の誇りとする習慣」であった。[*8]このように、量産飲食器、なかでも磁器製ディナーウェアの需要は、二〇世紀前半の米国において、年々拡大した。

二〇世紀に入るまで、自国の陶磁器製造業が未発達であった米国は、その供給のほとんどを輸入に頼っていた。表3は、米国輸入陶磁器市場における上位五ヵ国を表したものであるが、上位五ヶ国が常に九割以上の高いシェアを維持していたことが注目される。その主要国は、イギリス、ドイツ、日本、フランス、オーストリア、チェコスロバキア（一九一八年成立）であった。これによると、一九世紀中はイギリスが市場の大半を占めていたが、世紀転換期頃から次第にドイツに取って代わられている。そのドイツは、第一次世界大戦の興廃により一時輸出が途絶える（一九一七年、一九一八年）ものの、一九二〇年代には早くも上位国の地位を取り戻している。その他、フランスは一九一〇年代までは常に一五%ほど（一〇〇〇ドル台）の安定したシェアを持ち続け、オーストリア（オーストリア＝ハンガリー帝国）は五〇〇〜一〇〇〇ドルという安定的な輸入を維持した。そして一九二〇年代には、それに替わってチェコスロバキアが伸びてくるという構図である。

このような市場構造およびその変遷の中、日本からの輸入額は一九二〇年代には三〇〇万ドルを超えるようになり、戦前のピークである一九二六年には五七六万ドルにまで及んでいる。日本は、ドイツの一時後退を契機として、一気に上位国の仲間入りを果た

図１　モリムラ・ブラザーズ店舗（1907 年）（森村商事株式会社所蔵）

（単位：千ドル）

第４位			第５位			上位五ヵ国シェア	輸入額合計
国名	輸入額	割合（%）	国名	輸入額	割合（%）		
墺	626	7.5%	日	286	3.4%	98.5%	8,381
墺	638	7.3%	日	338	3.9%	98.2%	8,709
墺	808	8.5%	日	407	4.3%	97.9%	9,529
墺	564	8.2%	日	335	4.9%	98.1%	6,879
墺	702	7.8%	日	196	2.2%	98.4%	8,956
墺	783	7.4%	日	388	3.7%	97.8%	10,606
墺	659	6.6%	日	440	4.4%	98.3%	9,977
墺	509	7.6%	日	314	4.7%	97.5%	6,687
墺	501	6.6%	日	290	3.8%	97.3%	7,604
墺	548	6.3%	日	373	4.3%	97.2%	8,645
墺	622	6.6%	日	460	4.9%	97.4%	9,473
墺	696	7.2%	日	470	4.9%	96.7%	9,680
墺	714	6.8%	日	519	4.9%	95.9%	10,512
墺	858	7.1%	日	716	6.0%	96.4%	12,005
日	959	8.2%	墺	910	7.8%	95.8%	11,660
日	1,530	11.9%	墺	1,022	7.9%	96.4%	12,878
仏	1,936	14.1%	墺	944	6.9%	96.0%	13,707
日	1,452	10.8%	墺	991	7.4%	97.3%	13,428
日	1,082	11.2%	墺	856	8.9%	97.6%	9,649
日	1,257	11.6%	墺	827	7.7%	97.1%	10,796
日	1,246	10.9%	墺	706	6.2%	96.3%	11,412
日	1,232	12.3%	墺	673	6.7%	96.5%	9,998
日	1,196	11.8%	墺	668	6.6%	96.8%	10,173
日	1,350	12.7%	墺	664	6.2%	96.6%	10,629
仏	1,051	12.1%	墺	401	4.6%	94.8%	8,681
仏	1,025	17.6%	墺	115	2.0%	92.9%	5,837
加	128	2.1%	中	80	1.3%	94.5%	5,990
加	175	2.6%	中	99	1.5%	95.7%	6,825
仏	802	11.2%	加	142	2.0%	94.1%	7,150
仏	666	5.7%	加	307	2.6%	93.2%	11,628
仏	980	7.8%	チェコ	275	2.2%	93.7%	12,523
仏	867	7.3%	チェコ	653	5.5%	93.5%	11954
仏	959	5.4%	チェコ	819	4.6%	92.8%	17710
チェコ	1,202	7.0%	仏	1,122	6.5%	93.4%	17270
チェコ	1,262	7.4%	仏	1,084	6.3%	93.9%	17110
チェコ	1,472	7.6%	仏	1,029	5.3%	93.1%	19,286
仏	1,690	8.4%	チェコ	1,369	6.8%	90.7%	20,198
チェコ	1,457	8.1%	仏	1,167	6.5%	90.5%	17,947
チェコ	1,291	6.9%	仏	1,214	6.5%	90.9%	18,803
仏	821	5.8%	チェコ	701	5.0%	92.4%	14,070

表3　米国輸入陶磁器市場における上位五ヵ国（1891-1930年）

	第1位			第2位			第3位		
	国名	輸入額	割合（%）	国名	輸入額	割合（%）	国名	輸入額	割合（%）
1891年	英	4,672	55.7%	独	1,475	17.6%	仏	1,193	14.2%
1892年	英	4,465	51.3%	独	1,683	19.3%	仏	1,432	16.4%
1893年	英	4,697	49.3%	独	1,853	19.4%	仏	1,564	16.4%
1894年	英	3,248	47.2%	独	1,519	22.1%	仏	1,079	15.7%
1895年	英	4,651	51.9%	独	1,910	21.3%	仏	1,350	15.1%
1896年	英	4,887	46.1%	独	2,692	25.4%	仏	1,621	15.3%
1897年	英	4,017	40.3%	独	3,034	30.4%	仏	1,656	16.6%
1898年	英	2,710	40.5%	独	2,090	31.3%	仏	899	13.4%
1899年	英	2,933	38.6%	独	2,252	29.6%	仏	1,423	18.7%
1900年	英	3,235	37.4%	独	2,787	32.2%	仏	1,462	16.9%
1901年	独	3,393	35.8%	英	3,187	33.6%	仏	1,568	16.6%
1902年	独	3,651	37.7%	英	2,928	30.2%	仏	1,619	16.7%
1903年	独	3,962	37.7%	英	2,996	28.5%	仏	1,892	18.0%
1904年	独	4,816	40.1%	英	3,212	26.8%	仏	1,970	16.4%
1905年	独	4,770	40.9%	英	2,805	24.1%	仏	1,729	14.8%
1906年	独	5,132	39.9%	英	2,759	21.4%	仏	1,977	15.4%
1907年	独	5,154	37.6%	英	3,150	23.0%	日	1,976	14.4%
1908年	独	5,287	39.4%	英	3,147	23.4%	仏	2,183	16.3%
1909年	独	3,525	36.5%	英	2,267	23.5%	仏	1,683	17.4%
1910年	独	4,011	37.2%	英	2,598	24.1%	仏	1,794	16.6%
1911年	独	4,676	41.0%	英	2,572	22.5%	仏	1,788	15.7%
1912年	独	4,102	41.0%	英	2,159	21.6%	仏	1,486	14.9%
1913年	独	3,859	37.9%	英	2,421	23.8%	仏	1,704	16.8%
1914年	独	4,158	39.1%	英	2,435	22.9%	仏	1,660	15.6%
1915年	独	3,148	36.3%	英	2,366	27.3%	日	1,265	14.6%
1916年	英	1,932	33.1%	日	1,269	21.7%	独	1,084	18.6%
1917年	英	2,498	41.7%	日	1,933	32.3%	仏	1,021	17.0%
1918年	英	2,876	42.1%	日	2,568	37.6%	仏	814	11.9%
1919年	英	2,699	37.7%	日	2,276	31.8%	独	811	11.3%
1920年	日	4,821	41.5%	英	4,052	34.8%	独	995	8.6%
1921年	英	4,191	33.5%	日	3,773	30.1%	独	2,516	20.1%
1922年	英	4,307	36.0%	日	2,829	23.7%	独	2,518	21.1%
1923年	英	5,590	31.6%	独	4,908	27.7%	日	4,155	23.5%
1924年	独	5,223	30.2%	英	4,742	27.5%	日	3,848	22.3%
1925年	独	5,022	29.4%	英	4,756	27.8%	日	3,950	23.1%
1926年	日	5,762	29.9%	独	5,237	27.2%	英	4,449	23.1%
1927年	独	5,753	28.5%	英	4,780	23.7%	日	4,731	23.4%
1928年	独	5,120	28.5%	日	4,662	26.0%	英	3,836	21.4%
1929年	日	5,335	28.4%	独	5,281	28.1%	英	3,964	21.1%
1930年	日	4,632	32.9%	独	3,697	26.3%	英	3,143	22.3%

出典　米国政府統計 The Bureau of Statistics, *Commerce and Navigation of the United States.*

注1　略記号.

英：イギリス（1891年のみ Great Britain and Ireland，その他の年は England），仏：フランス，独：ドイツ，日：日本，墺：オーストリア（1918年まではオーストリア・ハンガリー帝国），加：カナダ，中：中国，チェコ：チェコスロバキア.

注2　1907～1913年は統計の項目内容が前後の時期と異なるため，煉瓦およびタイルの小計を含まない.

し、そして、一九二〇年代には、イギリス・ドイツ・日本の三ヵ国が拮抗するまでになっている。

そもそも、日本の陶磁器が米国で市場を形成した契機は、一八七六年のフィラデルフィア万国博覧会における出品陶磁器が来場者の好評を得たことにある。以来、一九世紀末の米国では、有田焼、九谷焼、京焼、薩摩焼などの美術工芸品や、横浜や神戸で絵付けされた装飾的で安価な土産品の類が、日本趣味の延長で好まれ、蒐集・購入された。しかし、それらの多くはあくまでその図柄や技巧性が珍重され、室内装飾用に購入されたものであったため、陶器・磁器を合わせても一九〇〇年まで日本製陶磁器の米国への輸入額が五〇万ドル（一〇〇万円）を超えることは無かった（表2、表3）。

ところが、このような状況は、先のディナーウェア需要の拡大に伴い、二〇世紀以降は大きく変容した。一九二七年の報告によると、「本邦大部分は磁器製日用食器を以て供給しつゝあり」、「是等は総て中流以下の家庭の需要に応ずべき品」である、と述べられている。[*9] 一九世紀から二〇世紀にかけての日本の成長は、量的な拡大と同時に、日本趣味を背景とした美術工芸品・装飾品輸出から、大衆消費社会の需要を背景とした量産飲食器輸出への質的転換があったことを示しているのである。

そして、以上のような全体的動向の中で、年々増加する日本からの輸出品を米国で実際に販売し、美術工芸品輸出から飲食器輸出への大きな転換を果たしたのが、モリムラ・ブラザーズであった。

2　モリムラ・ブラザーズの実態

(1)　売上高の推移と主力製品

表4は、二〇世紀初頭から戦前までのモリムラ・ブラザーズの総売上高を表したものである。一九一〇年代後半の

急激な伸びが特徴的であり、また市場競争が激しくなる一九二〇年代においてもほぼ全ての年において五〇〇万ドル以上を売り上げていることは評価すべきである。

モリムラ・ブラザーズでは、日本陶器（一九〇四年に森村組が名古屋に設立した陶磁器製造工場。現ノリタケカンパニーリミテド）で生産される製品を「自製品」または「自陶」、他店から仕入れる磁器を「他陶」、他店から仕入れる陶器を「雑陶」と呼んでいた。[*10]

「自製品」には「ファンシーウェア」と「ディナーウェア」があった。一九〇〇年代前半までは、「花瓶」、「飾皿」、「飾壺」、「コーヒーセット」、「チョコレートセット」などの装飾的な「ファンシーウェア」がモリムラ・ブラザーズの商品の中心であったが、[*11]日本陶器がディナー皿の試作に成功した一九一三年以降は、実用食器としての「ディナーウェア」が主力製品として売上に貢献した（表5）。それは、「ノリタケ・チャイナ」という一つのブランドとして広告、宣伝されたものである。

表4　モリムラ・ブラザーズ総売上高

（単位：ドル）

	総売上高		総売上高
1906 年	2,307,684.51	1924 年	5,848,714.99
1907 年	2,439,454.41	1925 年	5,054,067.52
1908 年	2,054,419.02	1926 年	5,686,777.68
1909 年	1,878,410.50	1927 年	5,521,992.94
1910 年	1,895,389.31	1928 年	4,731,586.87
1911 年	2,031,168.89	1929 年	4,523,108.04
1912 年	2,282,631.38	1930 年	3,680,850.63
1913 年	2,711,519.41	1931 年	2,362,608.60
1914 年	2,777,296.17	1932 年	1,802,496.44
1915 年	2,775,793.73	1933 年	2,040,474.57
1916 年	3,680,957.49	1934 年	2,878,315.14
1917 年	5,008,465.45	1935 年	2,737,823.64
1918 年	5,546,877.04	1936 年	2,698,164.94
1919 年	5,830,435.43	1937 年	3,370,338.63
1920 年	8,181,520.79	1938 年	2,164,490.78
1921 年	7,679,630.97	1939 年	2,343,264.60
1922 年	4,520,138.04	1940 年	2,634,234.95
1923 年	5,398,141.80		

出典　森村商事所蔵 D3-16『森村商事 100 年史資料（雑）I』.

「他陶」や「雑陶」を具体的にどこから仕入れていたのかは不明であるが、一九世紀後半の取引関係が継続していたとすれば、「他陶」には瀬戸焼や美濃焼が、「雑陶」には淡路焼や伊予焼が多かったと思われる。[*12]ちなみに一九二六年の記録からは、「雑陶」に、「四日市の萬古焼及び大正焼」、「掛花生、水盤、花留」、「常滑焼（重にランプ台）」が含まれていたことが分かる。[*13]

表5　ディナーセット出荷組数と売上高

	自製ディナーセット出荷組数（組）	モリムラ・ブラザーズ「ディナーウェア部」売上高（ドル）
1915		50,000
1916	11,000	250,000
1917	32,000	450,000
1918	39,700	1,000,000
1919	32,200	945,060
1920	37,000	1,435,743
1921	60,600	2,383,128
1922	24,500	1,033,121
1923	39,000	1,523,569
1924	42,900	1,769,021
1925	26,000	990,108
1926	39,000	1,469,196
1927	48,600	1,965,623

出典
・自製ディナーセット出荷組数（1916-1927 年）：日本陶器七十年史編纂委員会『日本陶器七十年史』日本陶器株式会社，一九七四年，226 頁.
・モリムラ・ブラザーズ「ディナーウェア部」売上高（1915-1918 年）：株式会社ダイヤモンド社『森村百年史』森村商事株式会社，116 頁.
・同（1919-1927 年）：森村商事所蔵 D3-16『森村商事 100 年史資料（雑）Ⅰ』.

(2) 販売網の拡大

一八七六年、創業者の一人である森村豊《とよ》が渡米した当時は、兄である森村市左衛門や、大倉孫兵衛が日本各地で買い集めた陶磁器や雑貨類を、ニューヨークの店舗で小売するという販売形態をとっていた。しかし、接客に要する時間や労力に比し利益が上がらないことを問題視し、一八八二年、小売販売から卸売販売に転換した。

卸売に転換した後も店舗での販売（店売）は続けられたが、取扱額の大半は、一八八四年にモリムラ・ブラザーズに導入された「約売（＝Import Order)」であった。[*14] 約売とは、日本からアメリカの顧客へ商品を直送する方法である。約売では、セールスマンが持ち歩く見本帳（画帖）によって顧客の注文をとり、[*15] 先発見本を受注の三ヵ月～四ヵ月後に、本荷を受注の六ヵ月～八ヵ月後に納めるという契約であった。これによってモリムラ・ブラザーズは、米国における在庫管理のコストやリスクを軽減することができ、商品の大量取引が可能となった。よってモリムラ・ブラザーズでは、約売で契約をする顧客には次のような価格割引を設けた。すなわち、五〇〇ドル以上の契約は正価のまま、一〇〇〇ドル以上は三%引、一五〇〇ドル以上は五%引、二〇〇〇以上は七、五%引、三〇〇〇ドル以上は一〇%引とした。[*16]

モリムラ・ブラザーズと取引のあった顧客は、表6にまとめられるように、百貨店、陶磁器専門店、通信販売店、チェーン・ストアなど、二〇世紀初頭の米国の商品流通を色濃く反映したものであった。これらは、ニューヨークにおける店舗を大きく飛び出し、全米各地への供給を可能にした。

例えば、メイシー（Macy）やマーシャル・フィールド（Marshall Field）などの有名な大型百貨店の陶磁器フロアに、各国製品に混ざってモリムラ・ブラザーズ製品も陳列されていた。製品例は、モリムラ・ブラザーズがフィラデルフィアの百貨店、ジョン・ワナメーカー（John Wanamaker）に宛てた現存の注文確認書から窺い知ることができる。[*17] これは、一九一八年一二月四日受注のディナーウェア「Pattern #D 1622/M」（計一九五ドル二四セント）の注文に対するものであり、製品内容は、ディナー・プレート、ブレックファスト・プレート、ブレッド&バタープレート、スープ皿、フルーツ皿、オートミール皿、カップ&ソーサー、ソース・ボート、キャセロールなど、計九一四点である。翌一九一九年八月頃の渡しになることが記されている。

通信販売店ラーキン社（Larkin & Co.）との取引は、モリムラ・ブラザーズに転機をもたらした。同社は、石鹸製造販売業から拡大した、食料品・雑貨・日用品の通信販売大手であり、購入者が商品のパッケージ等についているマークを集めると景品（プレミアム）と交換できるという販売促進方法を開発した。また、消費者の主婦たちに「ラーキン・クラブ」という共同購入クラブの結成を勧めた。これは、一〇名の主婦が寄り集まり、それぞれ月に一ドルずつ出して一〇ドルの商品と一〇ドル相当のプレミアムを得、一〇ヵ月後には一〇人の主婦全員にそれらが行き渡るという仕組みである。[*18] これによってラーキン社は一口の注文額を大きくしながら、連続的な商売をおこない、また主婦間の宣伝効果を上げた。二〇世紀米国における大衆消費文化の一様相である。

このラーキン社のプレミアム用陶磁器の供給を請け負ったことが、モリムラ・ブラザーズの発展に大きく影響した。農村を含む全米各地の家庭に「Noritake China」の名を知らしめることに成功したのである。特に、一九二四年

表6　モリムラ・ブラザーズ取引先（1900年代～1930年代）

店舗種別	店名	拠点
百貨店	B. Altman & Co.	ニューヨーク
百貨店	R. H. Macy Co.	ニューヨーク
百貨店	Gimbel Bros.	ニューヨーク
百貨店	Stern Bros.	ニューヨーク
百貨店	Orrington	ニューヨーク
百貨店	John Wanamaker	フィラデルフィア
百貨店	Snellenberg & Co.	フィラデルフィア
百貨店	Strawbridge & Clothier	フィラデルフィア
百貨店	Henry Siegel Co.	ボストン
百貨店	Jordan Marsh	ボストン
百貨店	Marshall Field	シカゴ
百貨店	Mandel Bros.	シカゴ
百貨店	Rothschild	シカゴ
百貨店	Boston Store	シカゴ
百貨店	Carson Pirie Scott & Co	シカゴ
百貨店	Wieboldt Co.	シカゴ
百貨店	Grand-Leader	セントルイス
百貨店	Broadway Department Store	ロサンゼルス
百貨店	Parmelee-Dohrmann Co.	ロサンゼルス
陶磁器専門店	Fisher, Bruce & Co.	フィラデルフィア
陶磁器専門店	Jones, McDuffie & Stratton	ボストン
陶磁器専門店	Frank P. Dow Co.	ロサンゼルス
陶磁器専門店	Higgins & Seiter	ニューヨーク
通信販売店	Larkin & Co.	バッファロー（ニューヨーク州）
通信販売店	Sears-Roebuck	シカゴ
通信販売店	Montgomery Ward	シカゴ
通信販売店	Butler Brothers	シカゴ
チェーン・ストア	F. W. Woolworth	ニューヨーク
チェーン・ストア	S. H. Knox	バッファロー
チェーン・ストア	Kirby	ウィルクスバリ（ペンシルベニア州）
チェーン・ストア	E. P. Charleston	プロビデンス
チェーン・ストア	Dorhman Commercial	サンフランシスコ
チェーン・ストア	S. H. Kresge Co.（のちK-mart）	デトロイト（ミシガン州）
チェーン・ストア	S. H. Kress Co.	アメリカ南部
チェーン・ストア	W. T. Grant Co.	ジャクソンビル（フロリダ州）
チェーン・ストア	J. J. Newberry Co.	ストラスバーグ（ペンシルベニア州）

出典　New York Times, Chicago Tribune, Los Angels Times, San Francisco Chronicle など各新聞広告，『森村百年史』p. 91・p. 111，森村商事所蔵D3-17『森村商事100年史資料（雑）Ⅱ』昭和53年中山武夫・森村茂樹氏面談記録.

に初めてラーキン社のカタログに登場した「アザレア・パターン」（図２）は、長年に渡り人気が高く、一九三一年までに全米で「最も人気のあるパターン」になった。[*19]

ラーキン社以外にも、バトラー・ブラザーズ社（Butler Bros.）のカタログ（一九二八年八月号）にも、「Noritake」というブランド名を打ち出した日本陶器製品がいくつか確認できる。[*20] このような通信販売会社からの受注は、一回につき数万組に上ったため、それまで数百組単位の取引をしていたモリムラ・ブラザーズにとっては、大きな変化であった。

また、チェーン・ストアとは、五セントや一〇セントの格安価格で日用雑貨を売るいわゆる「バラエティ・ストア」を指すが、その代表格であるウールワース（Woolworth）とも、モリムラ・ブラザーズは取引をおこなっていた。取引期間は、一八九〇年から、ウールワースが日本品直輸入業を開始する一九一九年までであった。この間、モリムラ・ブラザーズがウールワースへ卸していた主要製品は、「各種陶磁器、クリスマスおよびイースター用のノベルティ（人形等）、箱根寄木細工」などであった。また、一九一九年以後も、横浜と名古屋において同社の仕入れの手助けをしていたが、横浜においては中村貿易商会に、名古屋においては日本陶器の「輸出部」にその取引は譲られた。[*21]

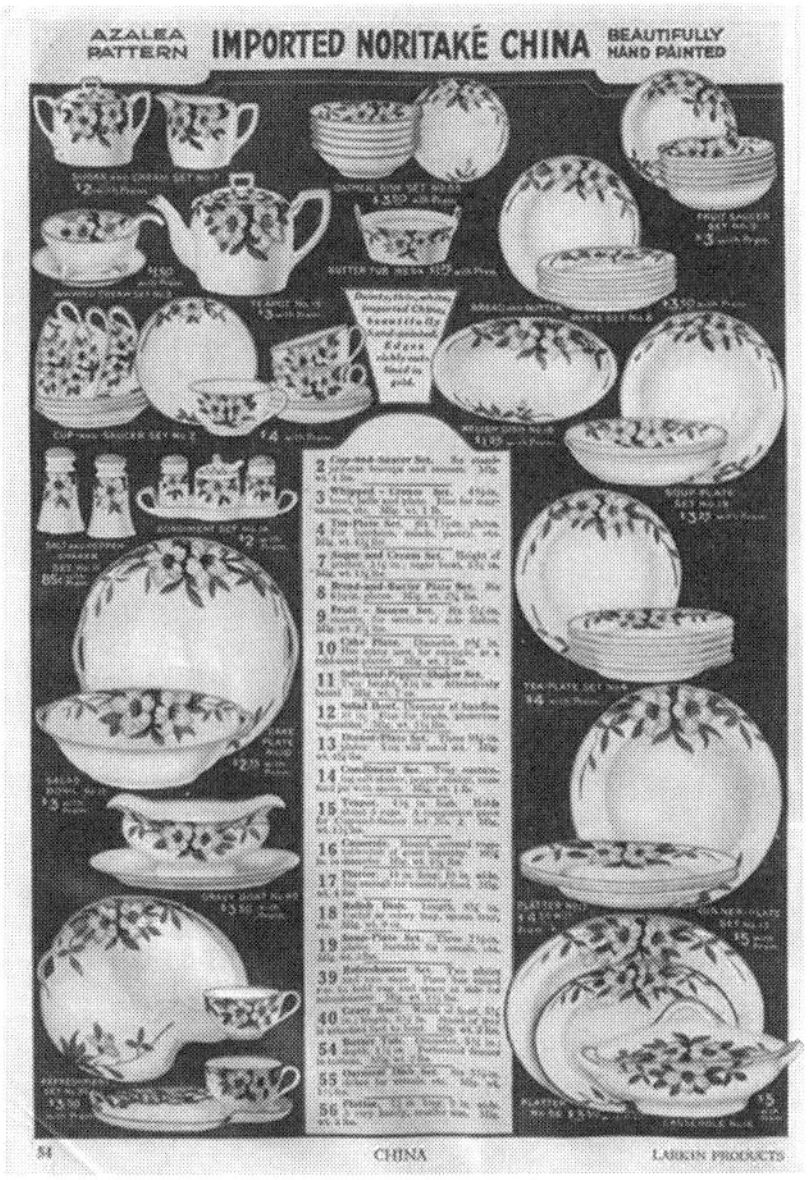

図２　Larkin & Co. カタログ（1927 年春夏号）（ウィンタートゥアー図書館所蔵. Courtesy, The Winterthur Library: Printed Book and Periodical Collection）

(3) 組織と人材

モリムラ・ブラザーズのニューヨークにおける店

表7　モリムラ・ブラザーズ店舗の所在地（Manhattan, N.Y.）

移転年	所在地	備考
1876年	97 Front Street	佐藤百太郎と共同で「Japanese Hinode Store」を営業
1877年	Fulton Street	「Japanese Hinode Store」の店舗の中で「Morimura Bros.」を営業
1878年	238 6th Avenue	「Japanese Hinode Store（Morimura Bros. & Co., Proprietary's）」として独立（ニューヨーク現地法人）
1881年	221 6th Avenue	「Morimura Bros. & Co.」に社名変更
1883年	540 Broadway	卸売への転換に伴う店舗拡大
1890年	530 Broadway	ニューヨークのディレクトリやモリムラ・ブラザーズの移転広告には537, 539, 541という番地も見られる
1894年	538 Broadway	
1902年	546 & 548 Broadway	
1917年	53-57 West 23rd Street	1921年～「Morimura Bros. Inc.」に社名変更，森村組の支店に
1941年	（閉鎖）	

出典　森村商事所蔵 D3-17『森村商事100年史資料（雑）Ⅱ』，『森村百年史』．

舗兼事務所は、事業拡大と共に表7のように変遷した。

一九一〇年代～一九二〇年代における店内の部署は、おおよそ次のように分かれていた。幹部、営業部、ディナーウェア部（一九一五年設置）、約売陶磁器部、雑器部、デザイン部、商品積出部、在庫管理部、運輸部（一九一四年設置）、税関部（一九一六年設置）、リネン部、ボタン部、ランプ部、ブラシ部、特品部、アート部、会計、電話係、タイピスト、郵便係、書類係、荷造り人、雑役夫、シカゴ出張所、ボストン出張所である。

また、店員数も表8のように増加した。日本人よりも、米国人またはその他の外国人店員の方が多いことが注目される。これほどまでに多く現地の人材を雇用・管理していたことは、当時の日本企業との比較においても特筆すべきであろう。

モリムラ・ブラザーズの支配人は、森村豊が一八九九年まで務めていたが、豊の死去後、それまで豊の右腕として働いていた村井保固《やすかた》が務めた。村井は、「書状では商売はできない」と太平洋を計九〇回横断し、日本の森村組とニューヨークのモリムラ・ブラザーズの情報共有に自ら貢献した人物である。村井の後の支配人は、手塚國一[*22]、地主延之助、水野智彦が順に務めた（水野が戦前最後の支配人となった）。手塚と地主は、同じく米国で日本陶磁器販売をおこなっていた関西貿易会社から、同社の解散に伴い、村井によって引き抜かれた人物である。

日本人の店員は、現地採用の者もいたが、基本的には森村組や日本陶器で数年働いた後に、ニューヨークへの異動を命じられる者が多かった。図3は一九一八年頃（推定）のモリムラ・ブラザーズ日本人店員の集合写真である。[*23]

なかでも、一九一〇年代以降のモリムラ・ブラザーズの発展に最も貢献した日本人の一人に、飯野逸平がいた（図4）。飯野は同郷の村井の推薦で一九〇四年に日本陶器に入社し、大倉孫兵衛社長邸に寄宿しながら工場勤務をしていたが、一九一二年、ニューヨーク行きを命じられた（渡米当時三〇才）。一九一三年に、前述のラーキン社からの大量受注を獲得したのは、着任早々の飯野であった。彼は村井が現役を退いた後、日本陶器での勤務経験を活かしながら日米間を何度も往復し、生産と市場をつなぐ役割を果たした。[*24]

一方、営業部のセールスマンには米国人店員が多く配置された。彼らは全米各地を巡回して注文をとるトラベリング・セールスマン（Travelling Salesmen）と、店舗内で顧客を相手にするストア・セールスマン（Store Salesmen）に分かれていた。流通網の拡大により、一九一〇年代、ボストンとシカゴにも出張所が置かれたが、拠点を設け在庫を持つよりも、このトラベリング・セールスマンが見本帳を持って定期的に各地を巡回する方が効率的であると判断され、この二出張所はまもなく閉鎖された。[*25]

表8　モリムラ・ブラザーズ店員数

（単位：人）

	日本人	米国人、その他外国人	総数
1911年	29	51	80
1912年	36	51	87
1913年			
1914年	40	72	112
1915年	47	84	131
1916年	40	102	142
1917年	47	193	240
1918年	45	152	197
1919年	35	128	163
1920年			
1921年	33	132	165
1922年	28	126	154
1923年	25	117	142
1924年	27	128	155
1925年			
1926年	24	144	168
1927年	25	116	141

出典　森村商事所蔵 W5-10『米店員給料原簿』, W5-11『重役及米店』, D3-9『森村組70年史』p.31.

注

・日本人と，米国人・その他外国人の内訳は，名前から判断した.

・ボストン・シカゴ出張所員や積出しの多い時に一時的に雇われた荷造り人・雑役夫等も含む.

図3　モリムラ・ブラザーズ日本人店員（1914年頃）（森村商事株式会社所蔵）

図4　飯野逸平（森村商事株式会社所蔵）

米国人セールスマンの中で功績が大きかったのは、手塚・地主と共に関西貿易会社から引き抜かれ、米国人としては最長の勤続四〇年であったカイザー（Charles Kaiser）である。カイザーは、セールス・マネージャーとして、米国人の趣味・嗜好、文化、商慣習などを理解した上で営業をおこなったため、モリムラ・ブラザーズの売上に最も貢献した。ドイツ製品が第一次世界大戦時に市場から一時撤退したことにいち早く目をつけ、ドイツ品の取引先に積極的に営業をおこなう方針を立てたのも彼である。また、妻子を連れて何度も来日し、名古屋の日本陶器において製品ラインについてアドバイスもおこなった（図5）。

他にも、運輸業界の専門家であるヒッチコック（C. A. Hitchcock）を運輸部主任として、また、元米国税関鑑定官のウォーカー（David Walker）を税関部主任としてそれぞれ採用するなど、米国事情に通じた人材の取り込みに励んだ。[*26]

陶磁器において最も重要な要素となるデザインについては、一八九五年という早い段階から店内に「デザイン部（意匠図案部）」を設け、専属の日本人デザイナーを置いていた。米国における最新の流行や嗜好を踏まえてデザイナーが考案したデザイン画が日本へ送られ、それをもとに日本陶器での製品開発がなされた。ここで、日本初のディナーセット「セダン」をはじめ、一九一〇年代以降の数々のディナーウェアのデザインを担ったのは、古田土貞治《こたとていじ》というデザイナーであった（図6）。彼は、一九二四年の帰国まで、ほとんど一人で一九一〇年代～一九二〇年代のディナーウェアデザインを手がけたと考えられる。[*27]

図５　チャールズ・カイザー氏と日本陶器社員（森村商事株式会社所蔵）

図６　古田土貞治（森村商事株式会社所蔵）

このデザイン考案に関して、森村組には、「新案物」を開発した従業員には森村豊と村井保固が「認可」および「賞与」を与えることで開発の促進を図るシステムがあったが、[*28] 実際古田土もこの規則に従い、一九一二年に四五〇円、一九一三年に六〇〇円の特別賞与を受け取っている。[*29] また古田土考案のデザインは、「Designer Teiji Kotato」の名前で米国特許局に意匠登録がなされている（最初の申請は一九二一年一一月三日、翌一九二二年七月一八日登録）。

古田土の帰国後は、イギリス人デザイナー、シリル・レイ（Cyril Leigh, 一九一九年九月入社、一九四一年退社）が中心となって、ノリタケ・アール・デコのデザインを進めたと思われる。他にも、一九二〇年代のデザイナーとして、宮永寅之助、富田浦三郎、木村義一、武間之男《ぶまゆきお》、和気忠雄がいたことが史料より判明する。[*30]

以上のように一九一〇年代～一九二〇年代のモリムラ・ブラザーズは、店員の役割分担を明確にしながら需要に適した製品の供給を図り、二〇世紀初頭に発展した大型小売商との取引を中心に大量販売をおこなっていた。

3　モリムラ・ブラザーズの戦略

(1)　拡大するディナーウェア需要に対して

先に述べた通り、二〇世紀初頭の米国におけるディナーウェア需要は非常に大きかった。また、ディナーセットの販売には次のような利点があった。すなわち、①全てのピースを一気に買うことのできない顧客もあとから少しずつ買い足すことができるため、低所得者層も顧客に取り込むことができる。②一部破損した場合、消費者は同じ製品で補おうとするため、連続的な商売が可能である。③デザインによる付加価値で勝負ができるため、僅かな値段の差に左右されない。④一度ブランドを確立し信用を得れば、長い取引が可能である。[*31]

無論、モリムラ・ブラザーズもこのようなディナーウェア販売の有望性を認識していたものの、日本陶器の生産技術が伴わず、一九一〇年代に入る頃はいまだファンシーウェアや装飾的なカップ・アンド・ソーサーの輸出に留まっていた。現にファンシーウェアによって一定の売り上げは上がっていたため、技術開発の見込みが立たないディナーウェアよりも、このままファンシーウェア輸出を継続すべきであるとの声も日本陶器社内にはあった。[*32]

日本陶器社長の大倉和親が二度目の欧米視察をおこなったのはこのような時期であった（一九一二年）。この視察において、大倉はニューヨーク中の百貨店に陳列されている商品を見て回ったが、「何れの店も四分の三以上は場所も力も」ディナーセットに入れており、「我々の品物は四分の一中の一〇分の一位にしか当るまいか或はもっと力の入らぬ店もあるらしい」という状況を名古屋の日本陶器幹部に宛てて報告している。[*33] また別の書簡では、「花活や飾り具に努力す可きは勿論なれども、より多くの食器のラインに向かひて歩を進め度き者に御座候。〔中略〕需要の薄い範囲のせまいファンシーラインに全力を注いでは迚も未来の発展は計り得ぬ事は確実と心得申し候」と明言している。[*34] この視察を契機として、モリムラ・ブラザーズ、そして日本の森村組および日本陶器は、やはり何としてでもディナーウェア輸出を実現しようという方針を明確にしたのである。

日本陶器では、村井の命で技師長が飛鳥井孝太郎から百木三郎に替えられ、技術部の常務主任には江副孫右衛門が就任し、ディナーウェアの開発に一層力が注がれた。最も苦心したのは、メインディッシュを盛る大皿であったが、一方でその他のピースについては、セット売りのための規格化が進んだ。そして、一九一三年七月、ようやく直径二五センチのディナー皿の試作品が成功すると、翌一九一四年六月、日本初のディナーセット「セダン」（九三ピース）が誕生した。

折しも、同じ一九一四年、第一次世界大戦が勃発し、ヨーロッパ品（特にドイツ品）が米国市場から撤退したため、モリムラ・ブラザーズへのディナーセットの注文は殺到した。しかし、「日陶の生産力たるや誠に微々たるもので、ドイツ、フランス、英国の各商品を駆逐するには、余に小量であり過ぎた。森村のセールスマンたちは地団駄ふんで口惜しがった」ようである。[*35]

その後、窯の大増築や指揮系統の再編などを通して、大量生産・大量輸出体制が整えられていく。また、古田土貞治をはじめとするデザイナーの活躍によって、「ノリタケ・チャイナ」の名のもと、独自のパターンが米国で展開された。

一九二七年の報告によると、イギリス品、ドイツ品、日本品がほぼ同量を供給するまでになった。イギリス品は、陶器製の日用食器および一部の高級工芸品を中心としていたため、日本品と競合することはなかったが、同じ「磁器製日用食器」を供給していたドイツやチェコスロバキアとは激しい市場競争を展開することとなった。[*36] このようにして、一九世紀末日本の美術工芸品・装飾品を中心とした輸出は、一九二〇年代、日用飲食器輸出に完全に移行した。モリムラ・ブラザーズの売り上げにおける「ディナーウェア部」の割合も、一九二〇年の一八％から一九三〇年の五一％へと増加しており（表9）、明確な変化が窺える。

表9　モリムラ・ブラザーズ売上高内訳

（単位：ドル）

	1920 年	割合	1930 年	割合
ディナーウェア部	1,435,743	18%	1,890,252	51%
陶磁器部	2,967,894	36%	1,686,486	46%
雑器部	3,227,929	39%	104,112	3%
その他	549,954	7%	0	0%
総売上高	8,181,521		3,680,851	

出典　森村商事所蔵 D3-16『森村商事 100 年史資料（雑）Ⅰ』
注　ディナーウェア部がディナーウェアを，陶磁器部がファンシーウェアを，雑器部が人形や玩具などを扱っていた．

(2) 激化する市場競争の中で

第一次世界大戦後、ヨーロッパ品が米国市場に復活してくると、再び市場競争が起こり、特に一九二〇年代以降、それはさらに激しさを増すようになった。一九二〇年代の森村組の営業報告書にも「欧州品との競争」の厳しさが毎年のように言及されている。[*37] また、一九二四年当時、モリムラ・ブラザーズの支配人を務めていた地主延之助の帰朝談でも、「近年欧州からの輸入激増」のため、「漸次日本品が圧倒されつつある」と語られている。[*38]

さらに、二〇世紀以降の米国陶磁器業の発達により、安価な米国製飲食器も日本品の競合相手として勢力を持つようになった。米国政府は、自国産業保護のため、数度に亘り関税引き上げの措置をとったため、モリムラ・ブラザーズは対策を迫られるようになった。このような市場競争に勝ち抜くため、一九二〇年代にモリムラ・ブラザーズが力を入れた戦略として、次の四点を指摘することができる。

第一に、「ノリタケ・チャイナ」ブランドの確立である。商品カタログや広告では積極的に「Noritake」の名前を打ち出すようにした。ここで注目すべきは、米国陶磁器市場の中で、自らの製品を中間ランクに位置づけたことである。すなわち、ヨーロッパの高級ブランドと米国の低級ブランドの間の価格帯をとることによって、一定の品質をアピールし、かつ大衆家庭の婦人たちが買いやすい商品を提供した。図7は、ニューヨークの百貨店ギンベル・ブラザーズ（Gimbel Brothers）の一九二四年のディナーウェアセールの広告である。中段右端のノリタケ・チャイナは上段の米国製品と下段のヨーロッパ製品の間に位置している。

第二に、陶磁器事業への集中をおこなった。市場が広がるほど、情報量とその処理作業も増加したが、本来の事業である陶磁器販売に集中することでその事業を確実なものにしようとしたのである。よって、一九二〇年前後から、それまで人形、細工物、玩具等を扱っていた「雑貨部」を極力縮小しようという動きが起こる。[*39] 最終的には、一九二八年一二月、村井が雑貨部の廃止を決定し、[*40] それに伴い、雑貨の仕入れ・積荷を中心におこなっていた森村組神戸店も閉鎖された。

第三に、運輸部主任ヒッチコックの指示を仰ぎ、米国内の輸送をできるだけ効率よく低コストでおこなえるよう改善した。それまで、横浜港および神戸港から積み出された商品は、太平洋岸に着荷し、いったんニューヨークへまとめられたあと、分送していたが、ニューヨークから遠方の地域への発送は、太平洋沿岸の税関仲介業者に通関業務を委託し、ニューヨークを経由することなく、顧客へ直送するようにした。[*41]

第四に、関税引上げに対する対策が挙げられる。一八七八年、モリムラ・ブラザーズは、ニューヨーク州庁の法律に基づく米国企業として営業を開始し、ニューヨーク州に営業税および所得税を納税していた。よって日本の国立銀行や正金銀行で多額の荷為替を取り組むことなく、現地法人としてニューヨークの市中銀行（Pacific Bank, のちIrving Trust Co.）から低金利で資金を借りることができていた。[*42] この時点では、形式上は、日本の森村組とニューヨークのモリムラ・ブラザーズは、別々の経営組織であった。したがって、モリムラ・ブラザーズが、森村組に一定の口銭を支払い、日本における仕入れおよび積出しを委託するという形であった。

図７　Gimbel Brothers広告（The New York Herald, New York Tribune; 1924年9月7日 ; p.13）

しかし、日本に派遣された米国調査員が日本の輸出インボイス記載の輸出価格が、内地価格より二～三割安いこと、また荷造費の見積もりも虚偽であることを報告したのを契機として、[*43] 米国製陶業者による関税引上運動が起こった。彼らの主張は、米国は原料や賃金が高く、生産費は日本の二倍に相当するため、関税引上げによる保護が必要であるというものであった。一方、米国の陶磁器輸入陶商たちは、「陶器商協会」を組織し、関税引上げは一万人余の従業員の存亡に関わると訴え、反対したが、結局引き上げは断行された。

これを受け、モリムラ・ブラザーズでは、一九一六年一月一日から、モリムラ・ブラザーズを米国法人のまま「本店」とし、日本の森村組をその「支店」として申告することで、日本からの商品はすべて自社の「支店」による仕入れ・積出しということにして、口銭にかかる税を節約しようとした。[*44]

ところが、米国が第一次世界大戦に参戦し、連邦政府や各州による営業税や所得税の徴税がさらに厳しくなると、わずか数年で、米国の会社法に則った経営は難しいと判断された。そして、一九二〇年一〇月、逆にモリムラ・ブラザーズが森村組に吸収合併され、一九二一年一月一日から、モリムラ・ブラザーズは森村組のニューヨーク「支店」、すなわち日本企業の一部として、ニューヨーク州庁の許可を得て営業をする形となった。[*45]

しかし、米国の自国産業保護はますます進み、一九二一年六月二九日、新関税法案（フォドネー法案）が下院に提出された。これは、陶器は四割五分から二割八分に、磁器は五割五分から四割に改めようとする案であったが、これらはいずれも「アメリカン・バリュエーション」という米国における類似品の市価を基準として課されるものであったため、結局日本の輸出価格の九割または十割以上の輸入税を課せられる計算になるものであった。これでは「日本品は其市場を失うに至るべしとて当地当業者は頗る悲観の状態」となったため、モリムラ・ブラザーズは、このアメリカン・バリュエーション案の阻止運動を開始した。

審議は難航したが、結果として、アメリカン・バリュエーションの条項は上院決議の段階で削除されており、原則として列国（生産国）価格による、ということで決着した。具体的には、無色陶磁器は一割五分から六割に、有色陶磁器は三割五分〜五割五分から七割に引き上げられ、これはドイツ品との競争上、日本品が困難な状況になるには変わりはなかったが、アメリカン・バリュエーションを採用しようとした下院案に比べれば、決定事項の従価六割及び七割というのは、相当緩和されたものとして日本の当業者に受け入れられた。[*46] モリムラ・ブラザーズによる運動の詳細は不明であるが、その努力が結実した事例である。

4　米国社会とモリムラ・ブラザーズ

以上のように、一九一〇年代後半から一九二〇年代におけるモリムラ・ブラザーズは、米国社会や陶磁器市場の変化に合わせるように様々な対策を講じながら発展した。

アメリカ人の生活習慣の変化やディナーウェア市場の急拡大に伴い、「ディナーウェア部」の設置や洋食器デザイナーの活用を通して、また日本陶器の技術革新および生産体制の変革を通して、ファンシーウェアから自製ディナーウェアへの方針転換を図った。また、百貨店、通信販売店、チェーン・ストアという新たな流通構造に素早く入り込み、これらを利用しながら売上を急増させると同時に、全米各地へ自社ブランドを普及させた。特に、第一次世界大戦時のドイツ品の間隙を狙って、通信販売によるディナーウェア販売に力を入れ、農村部の消費者をも取り込んだことは、時宜を見極めた重要な判断による功績であったと評価できる。年々激しさを増すヨーロッパ品や米国品との市場競争においては、流行を取り入れたオリジナルデザインの創出、中級ブランドの確立、陶磁器事業への集中、輸送面での低コストの実現などを通して、地位を確保した。

このような不断の努力と、日本の森村組および日本陶器の支えによって、モリムラ・ブラザーズは、一九一〇年代後半から一九二〇年代にかけて着実に利益を上げ、米国市場における「ノリタケ・チャイナ」の存在感は高まっていった。このノリタケ・チャイナの勢いにより、一九二〇年代半ばから一九四〇年代にかけて、多くの米国製陶業者は破綻を余儀なくされた。[*47] そのため、米国税関当局の目も年々厳しくなり、日本国内における販売実態の欠如を根拠に訴えを起こされたり、日本陶器の名古屋工場に視察が入ったりもしたが、[*48] いずれも対米輸出品は正当価格での取引である旨を主張し対処した。モリムラ・ブラザーズ税関部主任のウォーカーは、自らの来日調査や個人的人脈による情報収集をもって、「米国各税関のアプレーザー（税関査定官）は皆ＭＢ（モリムラ・ブラザーズ）の通関に対しては満足して居る」との認識であった。[*49]

以上のようなモリムラ・ブラザーズの戦略の根底には、森村市左衛門・豊による創業初期以来、社内で大切にされてきた次の二つの方針があったと思われる。

一つは、日米間の密接な情報共有により連携を図り、基本的に米国市場の動向やモリムラ・ブラザーズの状況に日本の生産側が合わせるという原則である。これは、一九世紀以来「米状神聖」（モリムラ・ブラザーズからの要求は絶対に尊重せよの意）という言葉と共にグループ内で引き継がれた理念とも言える。書簡・電報の頻繁なやりとりはもちろん、森村豊や村井保固がそうであったように、日米往復を積極的におこなった飯野逸平やカイザーのような人物が、製品と市場をつなぐ重要な架け橋となり、規格・価格・デザインなどのあらゆる面において需要に適した製品の供給を実現した。

もう一つは、米国人（イギリスやドイツ生まれの者も含む）スタッフの重用である。森村豊や村井保固は、当初、言語や商慣習の違いに苦労したが、一八八一年にはすでに五人の米国人店員を雇い、[*50]店舗販売や避暑地への行商の際に人材を活用していた。その頃から外国人雇用・管理の経験を有していたモリムラ・ブラザーズは、一九二〇年代には、一〇〇名以上の米国人店員を雇っており、その中で、数十名をセールスマンとして全米各州に配置し営業の最前線に立たせることで、米国の習慣や風土に合わせた円滑な取引をおこなうと同時に、顧客の需要を的確に捉えた。また、カイザー（営業）、ヒッチコック（運輸）、ウォーカー（税関）、レイ（デザイン）などの専門家に各部の主任格を与え、その専門知識、ノウハウ、提言を尊重しながら活用したことは、モリムラ・ブラザーズが米国で展開していく上で大きな強みとなった。そのマネジメントは容易くはなかったようであるが、飯野逸平は次のように語っている。

何様商売に於てカイザー、税関に関しウォーカー、共に米国中の其の道に懸けての逸物、一と癖も二た癖もあり、荒馬を飼ふに等しく、金も懸るが、何んと申しても大切なる役者に有之、大局上、保険に懸ったつもりで同氏を力一杯働かせる事有意義且つ肝要事中の肝要事と深く感じ申候也。[*51]

モリムラ・ブラザーズは、日米店員の平等な待遇を徹底したため、日米店員間の信頼関係は厚く、米国人の永年勤続者が多いのも特徴であった（一九四一年八月時点における勤続一〇年以上の米国人は二六名）。[*52] 日米開戦によるモリムラ・ブラザーズ閉鎖時は、将来の再会を約束した涙の別れであったことが記憶されている。[*53]

これまで、森村組の発展史の中では、日本陶器のディナーウェア開発という技術的革新が転機として強調されてきたが、その挑戦の背景にはどのような市場の状況があったのか、またどのような販売活動の展開によって実際の利益に結び付いたのかについては、あまり目が向けられていなかった。本章では、モリムラ・ブラザーズの活動実態を明らかにし、その戦略と米国社会における様々な変化とを具体的に関連づけることによって、日本製陶磁器の質的転換やその輸出の発展について、より深い理解を供することができたであろう。このモリムラ・ブラザーズの事例が示唆するように、同時代の世界的状況の中で近代日本人の営みを捉えると、近代日本の新たな側面が浮かび上がってくる。

注

＊1　モリムラ・ブラザーズは、創業当初から「日本雑貨輸入業者」というニューヨークの現地法人（Morimura Bros.& Co.）として営業していたが、森村組の株式会社化に伴い、一九二一年一月一日から、森村組の「支店」、すなわち日本企業の一部（Morimura Bros., Inc.）として営業することになった。そのため、モリムラ・ブラザーズの内部資料は、一九四一年七月に始まる在米日本資産凍結の際、米国司法省敵国資産管理委員会に接収された。その接収資料は、ニューヨークの同委員会倉庫にしばらく保管されていたようであるが、その後現在に至るまで存在は確認されていない。詳細は、木村昌人「森村豊―村井保固との比較を通じて」（阪田安雄編著『国際ビジネスマンの誕生―日米経済関係の開拓者―』東京堂出版、二〇〇九年）一五四―一五五頁参照。

ちなみに、他の日本商社の接収資料は、アメリカ合衆国国立公文書館（The U.S. National Archives and Records Administration）に現在も所蔵されており、近年それを基にした研究が進んでいる（上山和雄・吉川容編著『戦前期北米の日本商社—在米接収史料による研究』日本経済評論社、二〇一三年など）が、その中にモリムラ・ブラザーズの資料は含まれていない。

＊2　アルフレッド・D・チャンドラーＪｒ．著、鳥羽欽一郎・小林袈裟治訳『経営者の時代（上）—アメリカ産業における近代企業の成立』（東洋経済新報社、一九七九年）三九五—四一二頁。原著：Alfred D. Chandler, Jr., *The Visible Hand: The Managerial Revolution in American Business*, Belknap Press, 1977.

＊3　スーザン・ストラッサー著、川邉信雄訳『欲望を生み出す社会』（東洋経済新聞社、二〇一一年）四頁。原著：Susan Strasser, *Satisfaction Guaranteed: The Making of the American Mass Market*, Pantheon Books, 1989.

＊4　前掲スーザン・ストラッサー、一四頁。

＊5　井谷善恵「明治期における日本人の食生活の変遷と輸出磁器について」（国際文化融合学会『融合文化研究』第六号、七二〜八七頁、二〇〇五年）八二頁。

＊6　Harry L. Rinker, *Dinnerware of the 20th Century: The Top 500 Patterns*, New York: House of Collectibles, 1997. "A Brief History of Dinnerware", p.6

＊7　前掲 Harry L. Rinker, p.7.

＊8　加藤千一「米国市場に於ける陶磁器需要供給の状況（費府博覧会報告）」（『大日本窯業協会雑誌』第三五集第四一〇号、一九二七年）三三三頁。

＊9　加藤千一「米国市場に於ける陶磁器需要供給の状況（費府博覧会報告）」（『大日本窯業協会雑誌』第三五集第四一〇号、一九二七年）三一一頁。

＊10　水野智彦『開戦当時の思い出』（非売品、一九七五年）四頁。

＊11　ノリタケカンパニーリミテド監修『ノリタケデザイン一〇〇年の歴史』（朝日新聞社、二〇〇七—二〇〇九年）七二頁。

＊12　森村商事所蔵Ｗ７—１１『輸出送状綴込』。

＊13　森村商事所蔵Ｗ１—４６『大正十五年度年報』。「ランプ台」とは、米国において日本陶磁器をランプ台として使用する需要があったことを示している。

＊14　一九二四年の史料では、ファンシーウェアとディナーウェアの合計のうち、約売七七％、店売二三％であった（森村商事所蔵「Statement of Sales 1924」より算出）。

＊15　卸売業者に対しては前年七月頃から、小売業者に対しては前年九月頃から受注を開始し、いずれも翌年二〜三月には注文を締め切った。
＊16　森村商事所蔵Ｄ３―１７『森村商事一〇〇年史資料（雑）Ⅱ』。
＊17　ノリタケカンパニーリミテド本社資料室に額装して保管されている。
＊18　Joan Van Patten, *Collector's Encyclopedia of Noritake*, Kentucky: Collector Books, 1984, pp.30-31.
＊19　前掲 Harry L. Rinker, p.6
＊20　Joan Van Patten, *Collector's Encyclopedia of Noritake*, Kentucky: Collector Books, 1984, pp.62-63.
＊21　一九五九年五月九日付ウールワース社 Mr. Porter 宛、遠藤吉雄書簡（森村商事所蔵Ｄ３―１６『森村商事一〇〇年史資料（雑）Ⅰ』）。ウールワースからの問い合わせに対し、戦前のモリムラ・ブラザーズでウールワースとの取引を担当していた中山武夫氏からの情報をもとに回答した書簡である。
＊22　精磁会社創業者手塚亀之助子息。一八八六年渡米し、東海岸を有田磁器見本を持って廻っていた。一八九三年シカゴ博の際は日本の中央出品協会を組織した。一八九八年から関西貿易会社支配人となるが、一九〇一年モリムラ・ブラザーズ入社。一九一九年死去。
＊23　これとは別に、公益財団法人森村豊明会には、“*Member of Morimura Bros. Inc,*”（Oct. 1st, 1922）というモリムラ・ブラザーズの日米店員全員の個別顔写真（氏名付き）がおさめられたアルバムが現存している。
＊24　株式会社貿易之日本社『太平洋の蟻　故飯野逸平翁を偲ぶ』（日本窯工貿易株式会社、一九六四年、非売品）。飯野は自身を「太平洋の蟻」と称した。一九三九年一二月から、日本陶器株式会社社長。
＊25　株式会社ダイヤモンド社『森村百年史』（森村商事株式会社、一九八六年）九二頁。
＊26　前掲『森村百年史』一一二頁。
＊27　森谷美保「画帖とデザイナー―モリムラブラザーズ図案部について」（ノリタケカンパニーリミテド監修『ノリタケデザイン一〇〇年の歴史』朝日新聞社、二〇〇七―二〇〇九年）一七頁。
＊28　宮地英敏「明治期日本における「専門商社」の活躍―森村組を事例として―」（企業家研究フォーラム『企業家研究』二、二〇〇五年）四一頁。
＊29　「古田土貞治賞与状」。

＊30　森村商事所蔵W5―11『重役及米店』一九二四年―一九二七年。

＊31　加藤千一「米国市場に於ける陶磁器需要供給の状況（費府博覧会報告）」（『大日本窯業協会雑誌』第三五集第四一〇号、一九二七年）三三頁。

＊32　大森一宏「海外技術の導入と情報行動―日本陶器合名会社」（佐々木聡・藤井信幸編『情報と経営革新―近代日本の軌跡』同文舘出版株式会社、一九九七年、一三七・一六四頁）、一四六―一四九頁。

＊33　ノリタケカンパニーリミテド所蔵、一九一二年四月二六日大倉和親書簡（前掲大森一宏論文参照）。

＊34　ノリタケカンパニーリミテド所蔵、一九一二年五月十日〔前後〕（六月四日日本陶器受）大倉和親書簡（前掲大森一宏論文参照）。

＊35　ノリタケカンパニーリミテド所蔵、小出種彦『輸出陶磁器物語』複製本（一〇）、一九五八―一九五九年、三七頁。

＊36　加藤千一「米国市場に於ける陶磁器需要供給の状況（費府博覧会報告）」（『大日本窯業協会雑誌』第三五集第四一〇号、一九二七年）。加藤千一は日本陶器「製陶研究所」所属の技術者であった。

＊37　森村商事所蔵W1―45、W1―2、W1―3ほか『株式会社森村組　営業報告書』。

＊38　『大阪朝日新聞』一九二四年五月十日「邦産陶器と米国　森村組支配人の帰朝談」。

＊39　「陶器会社業態　森村組」（『大日本窯業協会雑誌』第三〇集第三五四号、一九二二年）。

＊40　森村商事所蔵W3―15『書翰綴・第壹』三六、森村組（東京）幹部宛日本陶器（名古屋）飯野逸平書簡「雑貨部廃止ニツキ飯野氏来状二通」、一九二八年一二月二五日・二八日。

＊41　森村商事所蔵D3―9『森村組七〇年史』一七頁。

＊42　「昭和五三年四月中山武夫氏・森村茂樹氏面談メモ」（森村商事所蔵D3―17『森村商事一〇〇年史資料（雑）Ⅱ』）。

＊43　『日本輸出陶磁器史』五七頁。

＊44　前掲『森村百年史』一一七頁。森村商事所蔵D2―7『大正四・五年ニ於ル森村組改組ニ関スルモノ（含　大正八年新組織原案）』社史編纂室作成。

＊45　前掲『森村百年史』一三三頁。ノリタケ一〇〇年史編纂委員会『ノリタケ一〇〇年史』二〇〇五年、総合史三四頁。

＊46　『中外商業新報』一九二一年八月一三日「米新関税と本邦陶磁器」。陶器の現行税率が「二割五分」とあるが、「四割五分」の誤りであろう。『大日本窯業協会雑誌』第三〇集第三五八号、一九二二年六月二〇日「陶器対米輸出」。

＊47　『大阪時事新報』一九二二年九月二八日「対米貿易と関税影響（農商務当局談）」。
＊48　前掲 Harry L. Rinker, p.7.
＊49　森村商事所蔵W３―１５『書翰綴・第壹』、三〇、森村開作宛中山武夫書簡「日本駐在合衆国大蔵省特別検査官 Martin G. Scott 氏の件」、一九二八年八月六日（八月二四日受）。米国大蔵省のから派遣され日本に駐在していたマーティン・スコット特別検査官が、一九二八年八月、日本陶器名古屋工場の調査に訪れた。
＊50　森村商事所蔵W３―１５『書翰綴・第壹』、一六、「追加　雑録（米店税関係 Walker 氏の回答）」、一九二八年五月三日。
＊51　「明治十四年在紐育日本領事館第十年報」一八八一年一二月（復刻版『通商彙纂』明治一四年、不二出版）三二頁。
＊52　森村商事所蔵W３―１５『書翰綴・第壹』、一六、「追加　雑録（米店税関係 Walker 氏の回答）」、一九二八年五月三日。
＊53　U.S. National Archives & Records Administration, RG: 131, Records of the Office of Alien Property, Foreign Funds Control Files, 1940-1960. SL: 230/38/03, Bx: 138, REP0006C. *Correspondence and Memoranda, Employees Morimura Bros., Inc.*
＊53　前掲水野智彦、九―一一頁。

あとがき

本書の執筆メンバーを中核とする研究会を始めたのは、二〇一〇年五月のことである。お茶の水女子大学大学院で日本近代史を先専攻し、修士論文や博士論文を執筆して学位を取得していたメンバーを中心に、研究を進めていく環境を維持するため、定期的な研究会を持とう、というところから始まった。

女性が学位を取得した後にも研究を継続していくことは、男女共同参画社会の実現を目指す現代においてもまだまだ多くの困難に直面せざるを得ない。女性が研究を継続していくことは、本人の努力に加えて、周囲の理解と協力も必要である。

とはいえ、だから女性の研究会を立ち上げよう、としたわけではない。メンバーが女性であったに過ぎない。男女を問わず、研究のモチベーションを維持する上で、こうした研究会には意味があるように思う。そのことは、自分自身恩師高村直助先生を座長とする研究会に参加して痛感していたので、そうした思いが、参加者の気持ちと相まって、研究会が立ち上がった。

また、共同編者である季武氏とは二〇〇四年以来放送大学で日本近代史を担当して、「近代日本と国際社会」という講義を開いたことがあり、その後千葉氏を加えて放送大学で「日本近現代史」を引き続き担当したこともあって、季武・千葉の両氏にも参加していただき、研究会が開始された。

研究会のテーマとしては、国際関係を掲げていたものの、それに限っていたわけではなかったが、二年ほどたった二〇一二年初夏のころから、国際的視点を共有する論文集を編むことを決め、準備に入った。こうした領域に関心を有し研究テーマとするメンバーが多かったこともあるが、外交史、政治史、国際関係史、交流史、経済史、などの多様な関心の方向が一致し、論文集として刊行のめどが立ったことによる。その後、それぞれの関心から近代グローバル世界の解明に取り組んだ結果、本書が出来上がった。章立ても事前に意図して立てたものではないが、結果として、多角的な視点からの研究としてまとまりを持つものになったように思われる。

本書の女性執筆者たちは、筆者のかつての指導学生であるか、現在指導中の学生であるが、すでに自立した歴史研究者である。それぞれの論文は、その内容のみが世に問われるべきであることは当然である。読者諸兄姉の忌憚のないご批判、ご叱正を乞う。

最後に個人的感想を一言。現代の世界を考えるとき、歴史的視点が重要であり、世界史的文脈に即してグローバル化の過程を解明していくことが、必要欠くべからざる作業なのだ、という念にかられるのは筆者だけであろうか。現在ほど、グローバルな歴史的視点が求められている時代はかつてなかったかもしれない。本書が、歴史研究の重要性を喚起する一石となれば幸いである。

二〇一四年一一月

紅葉を望む研究室にて

小風秀雅

執筆者紹介（執筆順）

小 風 秀 雅（こかぜ　ひでまさ）　→編者紹介参照
真 辺 美 佐（まなべ　みさ）　1972 年生まれ、宮内庁書陵部主任研究官
古 結 諒 子（こけつ　さとこ）　1981 年生まれ、お茶の水女子大学大学院人間文化創成科学研究科リサーチフェロー
矢 野 裕 香（やの　ゆうか）　1988 年生まれ、お茶の水女子大学職員
于　　紅（う　こう）　1968 年生まれ、和洋女子大学非常勤講師
千 葉　功（ちば　いさお）　1969 年生まれ、学習院大学文学部教授
加 藤 厚 子（かとう　あつこ）　1972 年生まれ、横浜市立大学非常勤講師
和 田 華 子（わだ　はなこ）　1977 年生まれ、大妻女子大学非常勤講師
佐 藤 純 子（さとう　じゅんこ）　1973 年生まれ、常磐大学国際学部・関東短期大学非常勤講師
季 武 嘉 也（すえたけ　よしや）　→編者紹介参照
渡 辺 千 尋（わたなべ　ちひろ）　1983 年生まれ、お茶の水女子大学大学院人間文化創成科学研究科博士後期課程
今給黎佳菜（いまきいれ　かな）　1984 年生まれ、お茶の水女子大学大学院人間文化創成科学研究科博士後期課程

編者紹介
小 風 秀 雅（こかぜ　ひでまさ）
1951 年生まれ、東京大学大学院人文科学研究科博士課程中退、博士（文学）
現在　お茶の水女子大学大学院教授
主要編著書：『帝国主義下の日本海運』（山川出版社、1995 年）
『日本の時代史 23　アジアの帝国国家』（吉川弘文館、2004 年）
『日本近現代史』（放送大学教育振興会、2009 年）

季 武 嘉 也（すえたけ　よしや）
1954 年生まれ、東京大学大学院人文科学研究科博士課程中退
現在、創価大学教授、博士（文学）
主要編著：『大正期の政治構造』（吉川弘文館、1998 年）
『選挙違反の歴史』（吉川弘文館、2007 年）
『原敬』（山川出版社、2010 年）

グローバル化のなかの近代日本――基軸と展開――
2015 年 3 月 25 日　第 1 刷発行

編　者　小風秀雅・季武嘉也
発行者　永 滝　稔
発行所　有限会社　有　志　舎
〒101-0051　東京都千代田区神田神保町 3 丁目 10 番、宝栄ビル 403
電話　03（3511）6085　　FAX　03（3511）8484
http://www18.ocn.ne.jp/~yushisha
振替口座　00110-2-666491
D T P　言 海 書 房
装　幀　古 川 文 夫
印　刷　株式会社シナノ
製　本　株式会社シナノ

ISBN978-4-903426-93-8